योग का जादू

पवन गुरु
ममता गुरु

MANJUL
मंजुल पब्लिशिंग हाउस

MANJUL
मंजुल पब्लिशिंग हाउस
कॉरपोरेट एवं संपादकीय कार्यालय
द्वितीय तल, उषा प्रीत कॉम्प्लेक्स, 42 मालवीय नगर, भोपाल-462 003
विक्रय एवं विपणन कार्यालय
7 / 32, भू तल, अंसारी रोड, दरियागंज, नई दिल्ली-110 002
वेबसाइट : www.manjulindia.com

वितरण केन्द्र
अहमदाबाद, बेंगलुरू, भोपाल, कोलकाता, चेन्नई,
हैदराबाद, मुम्बई, नई दिल्ली, पुणे

यह हिन्दी संस्करण 2016 में पहली बार प्रकाशित

ISBN 978-81-8322-706-3

मुद्रण व जिल्दसाज़ी : मणिपाल टेक्नोलॉजीज़ लिमिटेड, मणिपाल

अर्पण

वरिष्ठ पत्रकार एवं साहित्यकार

स्व. श्री जगदीश गुरु

एवं

स्व. श्रीमती मनोरमा गुरु

को समर्पित

प्रेरणा स्रोत

योगरत्न स्व. डॉ. के.एम. गांगुली जी

शिवराज सिंह चौहान

मुख्यमंत्री

मध्यप्रदेश शासन

भोपाल-462004

सं.क्र. 156, 12 फ़रवरी, 2014

संदेश

प्रसन्नता का विषय है कि योग साधना एवं अनुसंधान केन्द्र, भोपाल द्वारा योग का जादू पुस्तक के तृतीय संस्करण का प्रकाशन किया जा रहा है।

वर्षों की तपस्या और दीर्घ साधना करते हुए हमारे ऋषि-मुनियों ने दीर्घायु तथा शरीर को जीवन पर्यन्त निरोगी और हृष्ट-पुष्ट रखने के लिए अद्‌भुत योग पद्धतियाँ विकसित कीं। शारीरिक-मानसिक स्वास्थ्य के लिए निःसंदेह योग सर्वाधिक उपयोगी साधन है। गुरुजनों तथा तपस्वियों के प्रयत्नों से भारत में ही नहीं बल्कि विश्व में योग की प्रतिष्ठा पुनः स्थापित हो रही है।

आशा है योग, आहार, सूर्य नमस्कार, प्राणायाम और ध्यान जैसे विषयों पर केंद्रित यह पुस्तक समाज के लिए उपयोगी होगी।

पुस्तक के पुनः प्रकाशन पर हार्दिक शुभकामनाओं सहित।

(शिवराज सिंह चौहान)

शुभकामना संदेश

पवन गुरु का नाम भोपाल ही नहीं बल्कि प्रदेश के ख्यातिनाम योगाचार्यों में लिया जाता है। आज पवन गुरु ने अपनी योग कक्षाओं, शिविरों तथा टीवी चैनलों के माध्यम से योग के अनेक शिष्य तैयार कर दिए हैं, जो योगासनों को अपनी दिनचर्या में शामिल कर मानसिक तथा शारीरिक दृष्टि से स्वस्थ और प्रसन्नचित्त जीवन व्यतीत कर रहे हैं।

मुझे ऐसा लगता है कि योगाचार्य पवन गुरु किसी योगी, ऋषि अथवा संन्यासी का पुनर्जन्म हैं। बचपन से ही आपमें योग विद्या के प्रति गहरा लगाव रहा है, आपने डॉ. गांगुली को अपना गुरु बनाया और उनके शिविर में जाकर योगविद्या अर्जित करने के साथ ही योगाचार्य की मानक उपाधि ली। योग को जीविका का साधन बनाने के साथ ही आप इस विद्या के माध्यम से मानव सेवा में अपना तन-मन-धन समर्पित कर रहे हैं।

मैं ईश्वर से कामना करता हूँ कि वे पवन गुरु को इसी तरह संकल्पवान, ऊर्जावान बनाए रखें, जिससे वे निरंतर मानव सेवा करते रहें।

शुभकामनाओं के साथ।

रमेश चंद्र अग्रवाल

चेयरमैन,
डी.बी. कॉर्प. लिमिटेड

अनुक्रमणिका

प्रस्तावना

योगासन हमारे शरीर का दर्शन है। नियमित योगाभ्यास करने से हमारा शरीर, स्वास्थ्य, मन, मस्तिष्क एवं हमारे संस्कार उच्च कोटि के बनते हैं। योगासन द्वारा अपने आप को पहचानने के लिए मनुष्य को मन, बुद्धि, चित्त और अहंकार की तहों को भेदना पड़ता है। उसके लिए योग साधना करनी पड़ती है, बिना योग साधना के यह संभव नहीं है। पुस्तक पढ़ने से, तर्क करने से, टी.वी. देखने से, कोई आलोचना करने से कुछ हासिल नहीं होता है। मनुष्य की बहुत सी मानसिक शक्तियाँ इसी प्रकार नष्ट हो जाती हैं, जो इस फेर में रहते हैं।

योग एक महाज्ञान का संसार है। जो हर धर्म व व्यक्तियों के उद्देश्य की पूर्ति करता है। योगी का स्वर बहुत मीठा होता है। योगाभ्यास करने से पंच तत्व - वायु, अग्नि, जल, आकाश, पृथ्वी - विशेषतः शुद्ध होकर उन्नति को प्राप्त होते हैं। इस योगाग्नि से तपाए हुए शरीर में न रोग होता है, न जल्दी बुढ़ापा आता है और न ही मृत्यु समय से पूर्व उसका नाश कर पाती है। संसार के जितने भी बड़े-बड़े व्यक्ति हुए हैं वे प्रायः सभी योगी थे। कितने तो योग के नाम और तमाम नियमों से परिचित नहीं थे। फिर भी संयोगवश उनसे योग साधना हो गई है। इसी कारण वे उस समय अपने देश में अनेक अद्‌भुत कार्य कर सके। यही कारण है कि योग से सारे संसार का परिचय कराने के बाद इस समय योग साधना के ज्ञान और प्रेम से कोई देश अछूता नहीं है। इन्हीं बातों को ध्यान में रखते हुए, योग साधना पर एक विस्तृत पुस्तक लिखकर, जिससे योग के प्रत्येक अंग का ज्ञान हो सके, हमने अपने पाठकों को अर्पित करने का प्रयास किया है।

विनम्र योगाचार्य -

पवन गुरु - समाज सेवी/लेखक

ममता गुरु

(योगाचार्य, आहार विशेषज्ञ, लेखिका)

प्रेरणा एवं आभार

योगाभ्यास की प्रेरणा हमें परिवार से प्राप्त हुई। योग का ज्ञान अंतर्राष्ट्रीय ख्याति प्राप्त विश्व चैम्पियन योगाचार्य योगरत्न डॉ. के. एम. गांगुली द्वारा मिला। हम हृदय से उनके आभारी हैं। हमारे पूजनीय माँ और बाबूजी, स्व. श्रीमती मनोरमा गुरु और स्व. श्री जगदीश गुरु (वरिष्ठ पत्रकार और साहित्यकार) का अनवरत प्रोत्साहन मिलता रहा।

राष्ट्रीय प्रसार हेतु समाज-सेवा राष्ट्रीय श्रेष्ठ साधना से सम्मानित कृति *योग का जादू* को अखिल भारतीय भाषा साहित्य द्वारा वर्ष 2014 के राष्ट्रीय पुरस्कार से सम्मानित किया जा चुका है। आपको योग द्वारा मानवता की सेवा में समर्पित "उद्धवदास मेहता" राज्य स्तरीय चिकित्सा पुरस्कार, 2015 प्रदान किया गया।

हमारे बड़े बाबूजी स्व. डॉ. चन्द्रभूषण गुरु (स्वतंत्रता संग्राम सेनानी) से सकारात्मक विचारों, जीवन मूल्यों का महत्त्व सीखा और उनके आशीर्वाद से सारे कार्य सम्पन्न हुए। हमारे परिवार के अन्य सदस्यों श्रीमती गुलाब गुरु, श्री कैलाश पाराशरी और सरला पाराशरी का भी प्रोत्साहन रहा। श्री मुकेश मूलचन्दानी तथा श्री राकेश श्रीवास्तव 'गुड्डू' का विशेष सहयोग रहा।

हम मंजुल पब्लिशिंग हाउस के निदेशक माननीय विकास रखेजा के अत्यंत आभारी हैं, जिन्होंने इस पुस्तक को सुन्दर स्वरूप प्रदान करने एवं प्रसारित करने में अति महत्त्वपूर्ण भूमिका निभाई है।

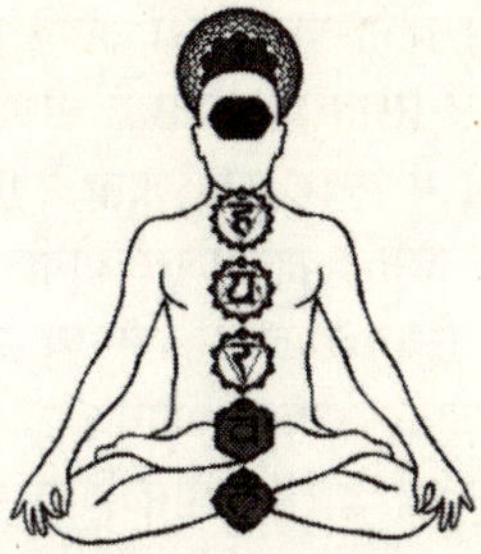

योगासन क्या है?

योग पद्धति में मन तथा आत्मा का विशेष महत्त्व है। चूँकि मन ही योग पद्धति का केन्द्र बिन्दु है, योग पद्धति का उद्देश्य मन की चंचलता को रोकना तथा इसे इन्द्रिय विषयों की आसक्ति से हटाना है। मन को इस प्रकार प्रशिक्षित किया जाए कि वह बुद्धि और जीव को अज्ञान के दलदल से निकाल सके। इस जगत में मनुष्य मन तथा इन्द्रियों के द्वारा प्रभावित होता है। वास्तव में मन मिथ्या अहंकार में लगकर प्रकृति के ऊपर प्रभुत्व जताना चाहता है। अतः मन को योग द्वारा इस प्रकार प्रशिक्षित करना है कि वह तड़क-भड़क से आकृष्ट न हो, जिससे कि इन्द्रियों पर बुद्धि का शासन हो ना कि बुद्धि पर इन्द्रियों का। जिसने मन को जीत लिया है उसके लिए मन सर्वश्रेष्ठ मित्र है अथवा मन सबसे बड़ा शत्रु है। हम अष्टांग योग के अभ्यास द्वारा मन को वश में कर सकते हैं। जब मन अविजित होता है तब हम काम, क्रोध, लोभ, मोह आदि की आज्ञाओं का पालन करते हैं। जब मन पर विजय प्राप्त हो जाती है तो हम इच्छानुसार उस भगवान की आज्ञा का पालन करते हैं जो सब के हृदय में आत्मा स्वरूप स्थित है। योगाभ्यास तो हृदय के भीतर परमात्मा से भेंट करना तथा उनकी आज्ञा का पालन करना है। मनुष्य जैसे ही योग पद्धति द्वारा मन को वश में कर लेता है वैसे ही मनुष्य लक्ष्य को प्राप्त कर लेता है और आत्म-साक्षात्कार को प्राप्त कर जितेन्द्रिय कहलाता है। इसी को हम अंतरंग की शुद्धि कहते हैं।

प्रारम्भिक योगाभ्यास में निपुण होने के बाद जब योगी ध्यान योग में प्रवेश करता है तब योगाभ्यास करने वाले को चाहिए कि वह अपने शरीर, गर्दन तथा सिर को सीधा रखे और नाक के अगले सिरे पर दृष्टि लगाए। इस प्रकार वह अविचलित तथा शांत मन से भय रहित, विषयी जीवन से पूर्णतया मुक्त होकर अपने हृदय में ओम का चिन्तन करे, तभी अन्तरंग की शुद्धि होती है और उसका संपर्क परमपिता परमेश्वर के साथ जुड़ जाता है जो कि उसके अपने अन्दर ही विद्यमान है।

इस प्रकार हमें शरीर, मन तथा कर्म में निरन्तर संयम का अभ्यास योग द्वारा करते रहना चाहिए। जब योगी योगाभ्यास द्वारा अपने मानसिक कार्यकलापों को वश में कर लेता है और अध्यात्म में स्थित हो जाता है अर्थात् समस्त भौतिक इच्छाओं से रहित हो जाता है तब वह योग में स्थिर कहा जाता है। जिस प्रकार वायु रहित स्थान में दीपक हिलता-डुलता नहीं, उसी प्रकार जिस योगी का मन वश में होता है वह आत्म तत्व के ध्यान में सदैव स्थिर रहता है। मनुष्य अपने शुद्ध अन्तरंग से अपने आपको देख सकता है और अपने आप में आनंद उठा सकता है। उस आनन्दमयी स्थिति में वह अपनी दिव्य इन्द्रियों द्वारा असीम दिव्य सुख की स्थिति में रहता है।

हमें चाहिए कि हम संकल्प तथा श्रद्धा के साथ योगाभ्यास में लगें और पथ से विचलित न हों। हमें चाहिए कि मनोधर्म से उत्पन्न समस्त इच्छाओं को निरपवाद रूप से त्याग दें। इस प्रकार अपने मन और इन्द्रियों को वश में करें। हम निरन्तर योगाभ्यास करें, वैसे भी भगवान निश्चित रूप से उनकी सहायता करते हैं जो अपनी सहायता स्वयं करते हैं। चूँकि हमारा मन चंचल, हठीला तथा अत्यन्त बलवान होता है। अतः इसे वश में करना वायु को वश में करने से भी अधिक कठिन है। इसलिए हमें संकल्प के साथ ही योगाभ्यास करना चाहिए। धीरे-धीरे क्रमशः पूर्ण विश्वासपूर्वक हमें अपने मन और इन्द्रियों पर विजय प्राप्त करनी चाहिए, इस प्रकार मन का आत्मा में विलय हो जाता है।

अगर हम दुःख के कारणों को गहराई से देखें तो पता चलता है कि कलियुगी मनुष्य का मन इतना चंचल है कि वह वास्तव में अपने दुख से दुःखी है, इससे ज़्यादा मन की चंचलता का क्या प्रमाण हो सकता है। इसके अतिरिक्त जब कलियुगी प्राणी किसी शरीर को श्मशान में जलता हुआ देखता है तो उसके मन में आता है कि एक दिन उसका भी शरीर इसी प्रकार अग्नि, मिट्टी, वायु, जल व आकाश में लीन हो जाएगा। इसी प्रकार सोचता हुआ जब वह श्मशान भूमि से बाहर आता है तो उसका मन फिर सांसारिक विषयों में उलझ जाता है। हम इसी से यह समझ सकते हैं कि मन कितना चंचल है और यही दुःखों का कारण है। ऐसी स्थिति में क्या हम अपने जीवन को सुखी बनाने के लिए थोड़ा समय योग को नहीं दे सकते, क्योंकि योग द्वारा ही हम अपने मन को स्थिर कर सकते हैं। जब तक मन शुद्ध या स्थिर नहीं होता, हमारा तन भी अशुद्ध रहता है। योगाभ्यास द्वारा ही तन व मन की शुद्धि होती है और हमारा तन-मन निरोगी हो जाता है।

अब हमारे सामने प्रश्न यह उठता है कि हम योगाभ्यास किसकी देख-रेख में करें। प्रायः देखा गया है कि बड़े-बड़े शहरों में अनेक योग साधना केन्द्र खुल गए हैं या फिर मीडिया द्वारा दी जा रही योग की जानकारी के अनुसार कुछ लोग स्वयं ही अभ्यास करने लगते हैं। यह सर्वथा अनुपयुक्त है, क्योंकि किसी श्रेष्ठ गुरु के मार्गदर्शन के बिना किया जाने वाला योगाभ्यास हमारे शरीर को लाभ के बजाय हानि पहुँचाता है। हमें न ही किसी भी केन्द्र में जाकर योगाभ्यास शुरू कर देना चाहिए, बल्कि जाने

से पूर्व उसकी पूरी जानकारी होनी चाहिए। जिस योग केन्द्र में योगाभ्यास सीख रहे हों उनका स्वयं का मन विचलित न हो, जो आत्म संयमी न हो, वह योगाभ्यास नहीं करा सकता। इसलिए इस कलियुग में जबकि लोग अल्पजीवी आत्म-साक्षात्कार के प्रति निरुत्साहित तथा चिन्ताओं में व्यग्र रहते हैं उन्हें अपने शरीर व मन को योगाभ्यास द्वारा शुद्ध करना चाहिए।

• योगासन और मन

स्वास्थ्य के विषय में अनेक भ्रमपूर्ण धारणाएँ फैली हुई हैं। लोग मनोवैज्ञानिकों (psychologists) के पास जाकर मनोवैज्ञानिक विश्लेषण व इलाज कराते हैं इससे कितनी परेशानी होती है। समय की भी बर्बादी और घंटों मनोवैज्ञानिक के प्रिय और अप्रिय प्रश्नों का उत्तर देना।

पर क्या आप यह जानते हैं, कि योगासन मानसोपचार (psychotherapy) भी करता है? आप जानते हैं, शरीर का प्रभाव मन पर पड़ता है। यदि आप थके हैं, भूखे हैं, तो क्रोध और चिड़ाचिड़ापन ज़रूर आएगा। कमज़ोर व्यक्ति को गुस्सा अधिक आता है। मोटे लोग हँसोड़ हुआ करते हैं। स्वस्थ बच्चे रोते कम हैं। कारण क्या है? यही कि शारीरिक स्वास्थ्य से मन प्रफुल्लित, शान्त और तीक्ष्ण होता है। योगासन करने से, सर्वप्रथम मन का स्वास्थ्य प्राप्त होता है। द्वितीय, योगासन से स्नायु-नियंत्रण होता है। सहनशक्ति बढ़ती है। किसी एक योगासन को अधिक देर करने में मन की शक्ति लगानी पड़ती है। विशेष अंगों में दर्द या दबाव को सहने से मन की दृढ़ता और संकल्पशक्ति का विकास होता है, जो जीवन की सफलता का गुप्त रहस्य है। इससे मानसिक तन्दुरुस्ती अच्छी होती है।

बड़े-बड़े अफ़सर मन बहलाव और स्वास्थ्य की रक्षा के बहाने क्लबों में जाते हैं, ताश खेलते हैं, गप लगाते हैं या पिकनिक-प्रोग्राम करते हैं। पर वैज्ञानिक तथ्यानुसार वास्तविकता यह है कि वास्तव में ये स्वास्थ्य सुधारने वाले साधन नहीं हैं। क्योंकि इन कार्यों से भी मन विक्षिप्त ही रहता है। जिनके पास उत्तरदायित्व कम, समय और वेतन अधिक हो, वे ही इसमें सम्मिलित होते रहते हैं। यह फ़ायदा आप योगासनों से उठा सकते हैं। आप योगासनों का सुबह-शाम आधा घंटे अभ्यास करें। देखिए आप स्वयं कितनी ताज़गी और मानसिक शांति का अनुभव करते हैं।

हमारा मन, बाहर जो कुछ भी हो रहा है, सभी प्रभावों को ग्रहण करता है। जैसे वह अशुभ को ग्रहण करता है, उसी प्रकार शुभ-विचारों को भी ग्रहण करता है। यदि मन को अस्वस्थ करने वाले विचारों (suggestions) को न ग्रहण करने दें तथा स्वास्थ्य बढ़ाने वाले विचारों के संस्कार मन में भरें तो मनुष्य स्वस्थ रहने लगेगा। प्रायः बीमारियों की शुरुआत मन में होती है। बीमारी का भय बीमारी के कीटाणुओं को बढ़ने से रोक नहीं पाता। मन के भय से शरीर की रोग निरोधक

शक्ति (resistance power) क्षीण हो जाती है और रोग धर दबोचता है। योगासन द्वारा मन को स्वस्थ और शान्त बनाया जा सकता है।

योगासनों के द्वारा मन को एकाग्रता का प्रशिक्षण मिलता है और एकाग्र मन से रोगों के निवारण में सहायता मिलती है। बहुत सी बीमारियाँ चित्त एकाग्र करने से छूट जाती हैं। योगासन में शरीर के अवयवों या संवेदना या मानसिक जप द्वारा मन को एकाग्र किया जाता है। योगासन तभी फ़ायदेमंद हैं, जब उन्हें चित्त एकाग्र कर मन से किया जाता है। इसलिए योगासन मन को वशीभूत और एकाग्र करने के साधन होते हैं। आत्म उपचार या अध्यात्म उपचार या मानस उपचार में योगासन माध्यम बनते हैं। किसी शक्ति को पाने या प्रवाहित करने के लिए माध्यम की आवश्यकता होती है। इसलिए हमारे यहाँ भभूत, टीका, चरणामृत, तुलसी आदि देने और प्रणाम, चरण-स्पर्श आदि करने की प्रथा है। इनसे आध्यात्मिक शक्ति एक के पास से दूसरे में पहुँचती है। योगासन भी इसी तरह स्वास्थ्य - शक्ति का माध्यम है।

इसलिए मनोरंजन के नाम पर अस्वास्थ्यकर व्यवहार, बातचीत, आदतों और नियमों को जीवन में न अपनाएँ। इनसे न केवल आपके जीवन, स्वास्थ्य और मन पर, बल्कि बच्चों के ऊपर भी प्रभाव पड़ता है। माँ-बाप अपनी ज़िम्मेदारी न समझकर कभी-कभी बच्चों के सामने क्रोध, ताश खेलना, निन्दा इत्यादि करते हैं। यह सब अच्छा नहीं होता। सिनेमा भी इसीलिए देखना हानिकारक है कि मन बुरे प्रभावों को ज़्यादा ग्रहण करता है।

मन में स्वास्थ्य, प्रफुल्लता, शांति लाने के लिए योगासन का अभ्यास करें। योगासन करने वाले का मन संतुलन को प्राप्त करता है और स्फूर्ति, साहस, धैर्य और हल्कापन महसूस करता है।

• योगासन और भोजन

प्रायः लोग योगासन इसलिए भी नहीं करना चाहते, क्योंकि वे समझते हैं कि खाने का स्वाद उन्हें छोड़ना पड़ेगा। वास्तव में केवल योगासनों के लिए आपको अपना किसी प्रकार का खाना नहीं छोड़ना पड़ेगा। ऐसी कोई बात नहीं है कि यदि आप मांसाहार और अण्डा लेते हैं तो वैसी अवस्था में योगासन करने से नुक़सान होगा। सभी लोग बिना अपवाद के आसन कर सकते हैं। खाने में परहेज़ आपको तभी करना है, जब आप योगासनों का पूरा लाभ लेना चाहते हैं तो आपको आहार और विहार में सतर्क रहना होगा। तामसिक और राजसिक दोनों को छोड़कर सात्विक आहार लेना होगा। अधिक भोजन छोड़, न कम न ज़्यादा भोजन लेना होगा।

यदि योगासन के साथ-साथ खान-पान और विचार शुद्ध कर लें तो असर ज़्यादा होता है। भोजन से ही हमारा शरीर पोषित होता है। जैसा भोजन लेंगे, वैसा ही शरीर और मन पर प्रभाव पड़ेगा। अधिकतर रोगों का कारण अनियमित खान-पान और भोजन का ठीक से न पचना तथा क़ब्ज़ का रहना है। यदि भोजन ठीक हो तो

शरीर के सब संस्थान भी ठीक कार्य करते हैं।

साधारणतः बहुत अधिक तेल और घी वाला तथा चटपटा और वात-प्रधान भोजन करना अच्छा नहीं होता। हल्का, सुपाच्य और ताज़ा भोजन लेना चाहिए। मसालों का उपयोग कम करना चाहिए। भोजन कभी भी भरपेट करना अच्छा नहीं। थोड़ी भूख बच जाने पर उठ जाना चाहिए। भोजन का नियम है कि चतुर्थांश पेट को ख़ाली रखें - चतुर्थांश विवर्जितः। दो भाग भोजन और एक भाग जल लेकर एक भाग प्राणवायु के चलने अर्थात् वायु के लिए पेट में ख़ाली रखना चाहिए।

अधिक नमक का उपयोग भी स्वास्थ्य के लिए हानिकारक है। खट्टा भोजन भी ज़्यादा करना अच्छा नहीं। योगशास्त्र में ठण्डे भोजन को दुबारा गर्म करके खाना भी मना है। ये सब शरीर में अम्लता (acidity) को बढ़ाते हैं और विष (toxins) पैदा करते हैं। इससे अनेक रोग होते हैं। आजकल पार्टियों का अधिक प्रचलन है। पार्टियों का भोजन किसी भी प्रकार से स्वास्थ्य के हित में नहीं होता है। वह केवल स्वाद और दिखावे के लिए बनाया जाता है।

वास्तव में अनियमित और अनुपयुक्त भोजन भी रोगों का कारण है। इसलिए अच्छे स्वास्थ्य के लिए भोजन में भी सतर्क रहना आवश्यक है। योगासन के लिए भोजन का नियम किसी पर लादा नहीं जा सकता किन्तु तब भी भोजन ठीक रहने से फ़ायदा अधिक होगा।

यदि भोजन में सुधार करने में आप स्वयं को असमर्थ पाते हों, तो भी योगासनों का अभ्यास करें। आपको लाभ अवश्य होगा।

• योगासन और महिलाएँ

प्रायः स्त्रियाँ यह समझ लेती हैं कि योगासन उनसे नहीं होगा इसलिए यह उनके लिए नहीं है लेकिन यह समझना उनकी भूल है। कोई भी स्त्री किसी भी अवस्था में, प्रौढ़ अवस्था हो या बुढ़ापा या जवानी में आसन कर सकती है। वृद्ध स्त्रियाँ भी वैसे आसन कर सकती हैं, जो उनसे बन पड़ें।

प्रायः स्त्रियों की कमर का हिस्सा विवाह के पश्चात् भारी हो जाता है। बच्चा होने के बाद पेट बढ़ जाता है और शरीर मोटा हो जाता है। शरीर को सुडौल बनाने के लिए आसन बहुत उपयोगी हैं। यदि आपका शरीर मोटा और भारी है तो हिम्मत न हारकर पहले मोटापे को कम करने वाले आसन करें। तत्पश्चात् शरीर की आकृति सुन्दर करने वाले आसन करें।

अमेरिका में स्त्रियाँ अपने शारीरिक सौन्दर्य को बनाए रखने के लिए आसन करती हैं। आप मोटापे को कम करने के लिए पश्चिमोत्तानासन और हस्तपादासन का 10 से 40 बार तक नित्य अभ्यास कर सकती हैं। शारीरिक सौन्दर्य के लिए मत्स्येन्द्र आसन, त्रिकोणासन और ताड़ासन अन्य आसनों के साथ करना चाहिए।

स्त्रियों को बहुत सी ऐसी बीमारियाँ होती हैं, जिन्हें योगासनों से अच्छा किया जा सकता है। गर्भाशय संबंधी सभी बीमारियों में सर्वांगासन और शीर्षासन का अभ्यास करना चाहिए। बार-बार गर्भपात (abortion) हो जाना या बच्चा न होने की अवस्था में उन्हें शीर्षासन से लाभ पहुँच सकता है।

प्रायः स्त्रियों को यह कहते सुना जाता है कि घर के काम में ही उनका इतना व्यायाम हो जाता है कि वे अलग से योगासन करने की आवश्यकता नहीं समझतीं। यह कथन युक्तिसंगत नहीं है और ऐसा समझना उनकी भूल भी है। योगासन और काम-धाम की तुलना नहीं की जा सकती। योगासन का अभ्यास करना चाहिए। योगासनों से स्फूर्ति और शक्ति उत्पन्न की जाती है। योगासन द्वारा शरीर पर क्या प्रभाव पड़ता है, यह आपको पूर्व में बताया जा चुका है।

योगासनों से इच्छा शक्ति (will-power) मज़बूत होती है। इच्छा शक्ति को बढ़ाने के लिए एक आसन को ख़ूब देर-देर तक करना चाहिए।

• योगाभ्यास द्वारा हमारे शरीर की शुद्धि

योग द्वारा मन निर्मल हो जाता है, ऐसे निर्मल मन वाला व्यक्ति परमपिता परमेश्वर से साक्षात्कार प्राप्त करता है, यही आत्मा और परमात्मा का मेल है, यही योग है। इस मेल को प्राप्त करने में हमारी देह साधन के रूप में कार्य करती है। इस साधन की शुद्धि को योग के व्याख्याकार बहिरंग शुद्धि के नाम से पुकारते हैं। निरंतर अभ्यास से जब बहिरंग की शुद्धि हो जाती है तो अंतरंग भी प्रभावित हुए बिना नहीं रहता।

बहिरंग में सिर, धड़, दो हाथ, दो पैरों से युक्त अस्थितंत्र प्रथम है, जिसका मुख्य कार्य शरीर के भार को सँभालना, शरीर को आकृति प्रदान करना तथा मस्तिष्क हृदय, फेफड़े आदि कोमल अंगों को सुरक्षित रखना है। इसके अलावा हमारे शरीर के सभी तंत्र व ग्रंथियाँ जो मस्तिष्क से लेकर पैरों तक शरीर को स्वस्थ बनाए रखने में अपने रस प्रदान करती हैं व श्वसन प्रक्रिया के रूप में दो साँसों का आवागमन होता है, इससे ही शरीर में गति, स्पंदन व जीवन का मान होता है।

इन विभिन्न क्रियाओं से युक्त इस बहिरंग शरीर को शुद्ध रखना हमारा परम धर्म है। इसकी शुद्धि यम-नियमों के पालन से होती है। यम तो योग का धर्म ही है। नियमों को आचरण में लाने से शुद्धि स्वतः सरल हो जाती है। नियमों में जहाँ शौच का वर्णन आता है, उसमें सरल क्रियाएँ हैं यथा - कुंजल, नेति, ऐनीमा, अग्निसार, भस्त्रिका और त्राटक। ये निरापद हैं। इन्हें सभी कर सकते हैं। इन शुद्धि क्रियाओं के बाद सरल योगासनों के विधि-पूर्वक नियमित अभ्यास से अस्थि तंत्र, पेशी तंत्र तथा विभिन्न प्रणालियों के दोष नष्ट हो जाते हैं। शरीर शुद्ध हो जाता है। लम्बी गहरी साँसों को लेने-छोड़ने तथा बन्धों सहित प्राणायाम का अभ्यास (अग्निसार, कपालभाति, भस्त्रिका तथा नाड़ी शोधन) विशेष रूप से बहिरंग शुद्धि की प्रक्रिया को तीव्र करने में

सहायक है। यह शुद्धि मल के निष्कासन तथा रोगों को रोकने में महत्त्वपूर्ण है तथा रोग निवारण प्रक्रिया का प्रारंभ है।

इन सभी शुद्धि क्रियाओं के साथ-साथ शुद्ध शाकाहारी भोजन योगाभ्यासी के लिए आवश्यक है। यह शुद्धि की प्रक्रिया को सहज बनाता है, चटपटा, मिर्च-मसाले से युक्त, बासी, तला-भुना, मांस आदि का सेवन बहिरंग के साथ-साथ अंतरंग को भी दूषित करता है। रोगी बनाता है। अतः भोजन सादा, समय पर, मौसम के अनुकूल, ठीक मात्रा में किया जाए तो यह शुद्धि प्रक्रिया में सहायक होता है।

जो लोग निरंतर योगाभ्यास करते हैं या जिनका बहिरंग शुद्ध हो जाता है उन्हें गर्मी-सर्दी के प्रकोप नहीं सताते, आकस्मिक घटनाओं का उन पर प्रभाव नहीं पड़ता, शरीर हल्का व रोग रहित हो जाता है। चेहरा कान्तिमान होता है, वाणी मधुर, गंध शुभ तथा मलमूत्र थोड़ा होता है। बहिरंग शुद्धि में प्राणायाम के प्रभाव को पतंजलि महाराज ने "ततः क्षीयते प्रकाश वरणाम" सूत्र द्वारा परिभाषित किया है। जिस प्रकार सूर्य की चमक व तेज उसके आवरण के हटने पर पता लगते हैं, उसी प्रकार मानव के व्यक्तित्व की चमक व तेज प्राणायाम द्वारा मलों के निष्कासन से जो शुद्धि होती है उसके द्वारा प्राप्त होती है। बहिरंग शुद्ध होने पर ही मन की चंचलता भी समाप्त होती है। ध्यान में बैठना सरल हो जाता है। अंतरंग साधना, तप, मौन, जप, स्वाध्याय, ईश्वर प्राणिधान आदि का मार्ग निर्मित हो जाता है।

योगासन योग का प्रथम पाठ है क्योंकि मनुष्य का पहला कर्तव्य है स्वास्थ्य की रक्षा। *हठ योग प्रदीपिका* कहती है –

हठस्य प्रथमांगत्वादासनं पूर्वमुच्यते।
कुर्यात्तदासनं स्थैर्यमारोग्यं चांगलाघवम्।।

• मांसपेशियाँ और योगासन

शरीर के अवयवों का उचित व्यायाम न होने से उसके विभिन्न अंगों पर बहुत चर्बी (fat) चढ़ जाती है। यदि उचित समय पर परवाह न करें तो हृदय रोग (heart diseases), उच्च रक्तचाप (high blood pressure), रक्त का थक्का बनना (thrombosis), मधुमेह (diabetes) और वायु संबंधी बीमारियाँ आपको परेशान कर देंगी। यदि आप ठीक से योगासन करें तो इन सब रोगों के आने का द्वार बन्द कर दिया जा सकता है।

योगासन से शरीर की मांसपेशियों के समस्त तन्तु (muscular, nerves, connective and epithelial tissues) स्वस्थ दशा में रहते हैं। योगासन क्रिया करते समय तन्तु और सेल (ligaments and cells) सक्रिय होते हैं। क्रिया के परिश्रम का प्रभाव उन्हें उत्तेजित करके एकीकृत अर्थात् भोजन लेने और पचाने में मदद करता

है, वृद्धि में सहायता करता है। दूसरे सेल्स तैयार करने और अपने अन्दर के विकार को बाहर निकाल फेंकने में मदद करता है। शरीर का स्वास्थ्य, तन्तु और सेल्स के स्वास्थ्य पर निर्भर करता है।

• हड्डियों पर प्रभार

हमारा शरीर हड्डियों से बना है। हमारे शरीर में कुल 206 हड्डियाँ होती हैं। बहुत से रोगों का कारण हड्डियों की अस्वस्थता और आवश्यक कर्म न करना है। हड्डियाँ भी सेल्स से बनती हैं और इन सेल्स पर योगासनों की क्रियाओं का प्रभाव पड़ता है।

रीढ़ की हड्डी जिसे सुषुम्ना कहते हैं, बहुत महत्त्वपूर्ण है। हमारे सारे शरीर का स्वास्थ्य सुषुम्ना के स्वास्थ्य पर निर्भर करता है। सुषुम्ना पर प्रहार होने से या उसमें दोष होने से सारे शरीर पर दुष्प्रभाव पड़ता है। हृदय और फेफड़ों का अत्यंत महत्त्वपूर्ण स्थान है, उसी प्रकार सुषुम्ना का भी है। शरीर की सारी चेतनाशक्ति सुषुम्ना के "अन्दर से" प्रवाहित होती है।

इसलिए रीढ़ की हड्डी के स्वास्थ्य के लिए आगे झुकना, पीछे झुकना, दाएँ-बाएँ झुकना और विभिन्न आसनों से उसे लचीला बनाना और नाड़ी के प्रवाह को ठीक रखना आवश्यक है। योगासनों में सुषुम्ना पर बहुत अधिक ध्यान दिया जाता है। योगसिद्धि का आधार सुषुम्ना है। स्नायुओं का जाल इस नाड़ी से ही संबंधित है। योगासनों से सुषुम्ना का स्वास्थ्य अच्छा रह सकता है, क्योंकि प्रत्येक आसन में रीढ़ की हड्डी का व्यायाम होता है।

हड्डियों का उचित विकास न होने पर शरीर का विकास रुक जाता है। लोगों का छोटा क़द होने का कारण यही है कि उनकी हड्डियों को जिस तरह बढ़ना चाहिए, नहीं बढ़तीं। योगासन का हड्डियों पर सीधा प्रभाव पड़ता है।

• रक्त परिभ्रमण पर प्रभाव

योगासन से रक्त संचार बढ़ता है। रक्त संचार करने वाले अवयव योगासन से पुष्ट होते हैं और रक्त दौड़ाने का काम अच्छी तरह होता है। रक्त के परिभ्रमण द्वारा सभी अवयवों को पौष्टिक पदार्थ प्राप्त होते हैं व उनके विषाक्त तत्व बाहर निकलते हैं। रक्त परिभ्रमण तेज होने से शरीर के समस्त अवयवों को जल्दी-जल्दी पोषक पदार्थ पहुँचते हैं और सफ़ाई का काम भी शीघ्र होता है। योगासन से शरीर की गन्दगी पसीने के रूप में भी बाहर निकल जाती है।

• पाचन संस्थान और योगासन

यह अनुभूत है कि योगासन से पाचन शक्ति बढ़ती है। योगासनों के विषय के अन्दर बहुत सी क्रियाएँ, बंध और आसन हैं, जो पक्वाशय संस्थानों पर प्रभाव डालते हैं

जिनसे भोजन पचने में मदद मिलती है। अग्निसार, उड्डियान बंध और कई आसन व क्रियाएँ पाचन संस्थान (digestive system) को मज़बूत बनाती हैं। योगासनों से जठराग्नि तीव्र होती है। यदि भोजन ठीक से न पचे और भूख न लगे तो शरीर स्वस्थ नहीं रह सकता। एलोपैथ डॉक्टर दवाओं के बल पर भोजन पचाते हैं। लेकिन क्या यह सही तरीक़ा है? शरीर के अन्दर ग्रंथियों से रस निकलकर भोजन पचाने में मदद करते हैं।

आसन में जब हम किसी विशेष अवस्था में कुछ देर तक रहते हैं तो कई अंगों की मांसपेशियों, हड्डियों, तन्तुओं और अन्दर के यंत्रों पर दबाव या खिंचाव और तनाव पड़ता है इससे उस अवयव विशेष का व्यायाम होता है।

• ग्रंथियों पर प्रभाव

हमारे शरीर में बिना नली वाली (ductless) बहुत सी ग्रंथियाँ भी हैं, जिनसे द्रव निकलकर रक्त में मिल जाता है। उसी द्रव के कारण हमारा शारीरिक और मानसिक विकास होता है। ये ग्रंथियाँ थायरॉइड, पैराथायरॉइड, थाइमस, पीनियल, पिट्यूटरी, ऐड्रिनल और सुप्रैरीनल हैं।

'थायरॉइड' ग्रंथी गले के पास होती है। इससे शरीर की रासायनिक क्रिया अच्छी तरह से होती है। इसकी कमी से कमज़ोरी व मन्दबुद्धि हो जाते हैं। इसी प्रकार 'पीनियल' ग्रंथी मस्तिष्क में होती है, यह सेक्स हॉर्मोन को नियंत्रित करती है। 'पिट्यूटरी' ग्रंथी के रस की कमी से बच्चों का विकास रुक जाता है, या अधिकता होने से बहुत अधिक बढ़ोतरी होती है। इसी प्रकार सभी ग्रंथियों का अत्यंत महत्त्वपूर्ण स्थान है। योगासनों द्वारा ये प्रभावित और नियंत्रित होती हैं।

उदाहरणार्थ, सर्वांगासन से थायरॉइड पर दबाव पड़ता है। शीर्षासन से पीनियल और पिट्यूटरी ग्रंथियों पर। इन ग्रंथियों को स्वस्थ रखना आवश्यक है। योगासन ग्रंथियों को पुष्ट ही नहीं करते, बल्कि अनावश्यक बाढ़ या रस-प्रवाह की अधिकता और कमी दोनों को नियंत्रित कर उचित दशा में रखते हैं।

• श्वसन संस्थान पर प्रभाव

योगासन करने से श्वास-प्रश्वास जल्दी चलने लगती है। उस समय शरीर में ऑक्सीजन की आपूर्ति होती है, फेफड़ों की कसरत होती है, शरीर से कार्बन अधिक मात्रा में बाहर निकलता है और ऑक्सीकरण अधिक होने से शरीर की सफ़ाई होती है।

आसनों से श्वास-प्रश्वास की गति पर भी नियंत्रण होता है। पूरक (inhale), रेचक (exhale), कुम्भक (retain) के नियम होते हैं। आगे झुकते समय रेचक क्रिया की जाती है यानी श्वास रोकी जाती है। इस तरह न केवल शारीरिक व्यायाम होता

है, वरन श्वसन भी नियंत्रित होता है। आसनों से फेफड़े मज़बूत होते हैं और श्वास रोग दूर होते हैं। श्वास का जीवन, आयु और प्राण से घनिष्ठ संबंध है। श्वास वायु को, जिसे प्राण भी कहते हैं, नियंत्रित करने से दीर्घजीवन और आरोग्य मिलता है।

मस्तिष्क को भी योगासनों द्वारा स्वस्थ रखा जा सकता है। योगासन में आप ऐसा तरीक़ा पाएँगे, जिससे हम शरीर के सबसे नाजुक यन्त्र मस्तिष्क को भी व्यायाम दें, रक्त की आपूर्ति कर, उसमें स्थित ग्रंथियों को प्रभावित कर सकते हैं। शीर्षासन वैसे सभी अंगों के स्वास्थ्य के लिए अच्छा है। परन्तु विशेषकर सिर के अन्दर स्थित यंत्रों को पुष्ट करने की क्रिया है। मस्तिष्क को स्वस्थ रखना व स्मरण शक्ति तीव्र करना शीर्षासन से ही संभव है। शीर्षासन का सहयोगी सर्वांगासन है। लेकिन शीर्षासन सभी नहीं कर सकते हैं। इसके बजाय विपरीतकरणी मुद्रा या सर्वांगासन किया जा सकता है। शीर्षासन को ग़लत करने से ख़तरा हो सकता है।

• • •

योगाभ्यास करने से पूर्व निर्देश एवं सावधानियाँ

कोई भी व्यक्ति किसी श्रेष्ठ गुरु के निर्देशन में योगाभ्यास कर सकता है परन्तु आसन प्रभावशाली एवं वास्तव में लाभकारी तभी हो सकते हैं जबकि उनके लिए उचित ढंग से तैयारी की जाए।

1. योगासन शौच जाने के बाद ख़ाली पेट करना चाहिए। यदि स्नान करने के पश्चात् अभ्यास करें तो अच्छा होगा। बिना स्नान किए करें तो आसन समाप्त करने के कम से कम आधे घंटे बाद ही स्नान करें।
2. योगासन का अभ्यास एकान्त जगह में करना चाहिए। लोगों के आने-जाने व बातचीत से ध्यान भंग होता है। मन दूसरी ओर चला जाता है। एकान्त और शान्त जगह में योगासन का अभ्यास अच्छा होता है। एकाग्रता में सहायता मिलती है और तब योगासनों से फ़ायदा भी अधिक होता है।
3. योगासन करने का समय प्रातःकाल है। सूर्योदय से पूर्व या सूर्योदय के समय आसनों का अभ्यास करें। संध्या के समय भी आसनों का अभ्यास किया जा सकता है।
4. आसन करने से पूर्व पेट में भोजन नहीं रहना चाहिए। भोजन के कम से कम 3 घंटे बाद ही अभ्यास करना लाभप्रद होता है।
5. आसन चौपरत कम्बल, दरी या कालीन पर करने चाहिए। चारपाई, पलंग या बिस्तर पर योगासन नहीं करने चाहिए।
6. ख़ाली ज़मीन अथवा नंगे फ़र्श पर आसन नहीं करने चाहिए।
7. आसन करते समय मुँह बंद रखना चाहिए।
8. योगासन करते समय आँखें बन्द रखें। आँखें खुली रहने से चित्त भटकता है। बन्द रखने से एकाग्रता बढ़ती है, और मन को शान्त करने में सहायता मिलती है।
9. वस्त्र ढीले होने चाहिए, जिससे आसन करने में रुकावट न आए। कम से कम वस्त्र पहनकर ही अभ्यास करना चाहिए।

10. आसन करते समय शरीर पर सीधी और तेज हवा नहीं लगनी चाहिए।
11. गेरुए रंग के वस्त्र पहनकर सूर्य के सम्मुख अभ्यास करना अति उत्तम होता है। गेरुए रंग से छनकर शरीर पर धूप का पड़ना स्वास्थ्य के लिए अच्छा है।
12. अभ्यास प्रारंभ करने से पूर्व चश्मा, घड़ी, आभूषण आदि उतार देने चाहिए।
13. रजस्वला महिलाओं को आसन नहीं करने चाहिए एवं गर्भवती महिलाओं को निर्दिष्ट आसनों के अलावा अन्य आसनों का अभ्यास नहीं करना चाहिए।
14. प्रत्येक आसन करने के बाद शवासन अवश्य करना चाहिए।
15. किसी भी आसन का अभ्यास तब तक सरलतापूर्वक कर सकते हैं जब तक आप बिना थके देर तक कर सकें।
16. आसनों का अभ्यास करते समय झटका नहीं देना चाहिए। झटका देने से शरीर में पीड़ा हो सकती है और हानि पहुँच सकती है।
17. आसन करते समय आपका ध्यान आसन पर ही रहना चाहिए, इधर-उधर नहीं।
18. मच्छर प्रधान देशों में, मच्छरदानी में आसन करने का इंतज़ाम करें तो अच्छा होगा।
19. योगासन करने के बाद कम से कम आधे घंटे तक कुछ भी खाना अथवा पीना नहीं चाहिए।
20. सैर करने के बाद आधे घंटे तक विश्राम करना चाहिए। इसके बाद आसन आरंभ करने चाहिए। आसन करने के तुरन्त बाद सैर नहीं करनी चाहिए।
21. आसन के बाद प्राणायाम तुरन्त कर सकते हैं।
22. शरीर के किसी अंग का ऑपरेशन हुआ हो तो उस अंग को प्रभावित करने वाले आसन कम से कम छः महीने तक नहीं करने चाहिए।
23. वे लोग जो हर्निया, टी.बी., पेट में छाले जैसे दीर्घ व स्थायी रोगों से पीड़ित हैं अथवा जिनकी हड्डी टूट गई हो, उन्हें आसनों का अभ्यास प्रारंभ करने से पूर्व किसी योग शिक्षक से सलाह लेनी चाहिए।
24. यदि आसन के दौरान शरीर के किसी अंग में अत्यधिक पीड़ा होती है तो उस आसन का अभ्यास तुरन्त बन्द कर योग प्रशिक्षक की सलाह अवश्य लें।
25. आसन और प्राणायाम के पश्चात् पेशाब अवश्य करना चाहिए।
26. योगासन के अभ्यास में क्रम का भी ध्यान आवश्यक रूप से रखें। पहले आसन, फिर प्राणायाम और अन्त में ध्यान करें।
27. आसनों की संख्या और उनकी अवधि में धीरे-धीरे वृद्धि करें। पहले ही दिन अधिक आसन कर डालने का प्रयास करना ठीक नहीं होगा।

28. योगासनों का अभ्यास धीरे-धीरे बढ़ाना चाहिए ऐसा करने से शरीर में लचीलापन उत्पन्न होगा और थोड़े ही समय में सरलता से आसन की पूर्ण स्थिति प्राप्त की जा सकती है।
29. योगासन एक वैज्ञानिक प्रक्रिया है। उसका संबंध शरीर के अन्तर्बाह्य अंगों से है। इसलिए किसी जानकार व्यक्ति के निरीक्षण में ही अभ्यास करना लाभप्रद होता है जो योग विशेषज्ञ हो।
30. 45 से 60 मिनट, सप्ताह में पाँच दिन योगासन/प्राणायाम/ध्यान अपनी उम्र/बीमारी/आवश्यकतानुसार गुरु के मार्गदर्शन में करें।

• • •

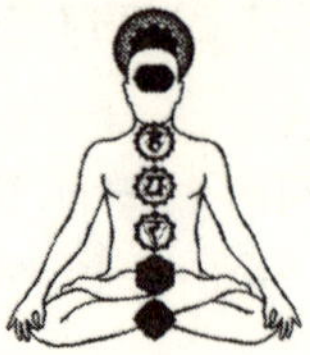

अष्टांग योग का जादू

गीता में भगवान कृष्ण ने कहा है कि योग अत्यन्त प्राचीन विद्या है जिसे सृष्टि के प्रारंभ में विवस्वान, मनु और इक्ष्वाकु को दिया गया था, किन्तु कालान्तर में यह विद्या नष्ट हो गई।

लगभग 2 हज़ार वर्ष पूर्व पतंजलि में प्रसिद्ध ग्रंथ *"योग दर्शनम्"* की रचना की जिसमें योग के आठ अंग बताए। यह आठ क्षेत्र हैं : यम, नियम, आसन, प्राणायाम, प्रत्याहार, धारणा, ध्यान और समाधि।

1. यम

योग का सर्वप्रथम चरण है यम। यम पाँच होते हैं : अहिंसा, सत्य, अस्तेय (चोरी न करना), ब्रह्मचर्य और अपरिग्रह।

अहिंसा : सबसे पहला यम - "अहिंसा" है। पतंजलि मुनि के अनुसार योगाभ्यास के पूर्व तन-मन में पवित्रता होनी चाहिए। निंदा/दुर्गुणों के संपूर्ण त्याग से योग में सिद्धि प्राप्त कर सकते हैं। किसी को कष्ट नहीं पहुँचता, साधारणतः किसी को शारीरिक, मानसिक, सामाजिक यातना न दें। सिर्फ़ मनुष्य के शरीर को ही नहीं समस्त प्राणीमात्र में से किसी को भी दुःख न पहुँचाएँ, हिंसा न करें, सबसे एक समान व्यवहार करें।

सत्य : दूसरा यम - "सत्य" है। सत्य को छोड़कर अर्थात् झूठ बोलने वाले कमज़ोर, डरपोक हो जाते हैं। सत्य बोलने से मन, मस्तिष्क, विचार सदैव शांत रहते हैं और शरीर को निरोगी बनाते हैं। झूठ आत्मा को समाप्त करता है। एक झूठ सौ झूठ को जन्म देता है। आपको नर्क का भागीदार बनाता है। सत्य बोलने से हमें सोचना नहीं पड़ता कि पहले क्या बोला था।

अस्तेय : तीसरा यम - "अस्तेय" है। चोरी न करें, जो चीज़ हमारी नहीं है उस पर अधिकार न करें। झूठ, छल, कपट को जीवन में प्रवेश न दें।

ब्रह्मचर्य : चौथा यम - "ब्रह्मचर्य" है। विवाहित जीवन में ब्रह्मचर्य का पालन करें। नियंत्रित योग करें। संग्रह न करें तो भविष्य की सुरक्षा कैसे हो? मर्यादा के अनुसार रहना चाहिए।

अपरिग्रह : पाँचवाँ यम - "अपरिग्रह" है। इसका तात्पर्य है कि हमें अपनी ज़रूरत के अनुसार संग्रह करना चाहिए, उससे अधिक नहीं। अगर हम शरीर में आवश्यकता से अधिक संग्रह करेंगे तो रोग जन्म लेता है।

2. नियम

योग का दूसरा चरण है नियम। नियम पाँच होते हैं : शौच, संतोष, तप, स्वाध्याय, ईश्वर प्राणिधान (ईश्वर-भक्ति)।

शौच : शौच का सीधा अर्थ है सफ़ाई या पवित्रता। शौच का पालन गन्दगी से घृणा करके नहीं होता है। घर के अंदर, घर के बाहर, तन में, तन के बाहर, मन में, मन के बाहर सब पवित्र होना आवश्यक है। स्वस्थ तन में स्वस्थ मन का वास है।

संतोष : संतोष का तात्पर्य है जो मिल गया उसी में प्रसन्न रहना, आनन्दमय रहना, अपना कर्म करते जाना। इससे जीवन दीर्घायु एवं व्याधिमुक्त रहेगा। असंतोष हमारे मन में हिंसा, क्रोध, छल-कपट, अशांति उत्पन्न करता है। संतोष का अर्थ यह नहीं है कि आप कर्म न करें।

तप : योग में तप का अभ्यास आवश्यक है। शीत-ऊष्म, सुख-दुख, निन्दा-प्रशंसा सब में अभ्यस्त और एकरस रहना यौगिक मनोभूमि प्राप्त करना है। आप जिस परिस्थिति में रहते हैं उसी वातावरण के अनुकूल अपने आपको परिवर्तित करना तप है।

स्वाध्याय : अपनी मेहनत से प्राप्त फल से ख़ुश रहना अनावश्यक तनाव से बचाता है। अच्छी पुस्तक, ज्ञानी का सत्संग स्वाध्याय है जिससे स्वास्थ्य, मानस और चेतन स्वरूप का निर्माण होता है। स्वाध्याय में अपने गुणों एवं अवगुणों पर नज़र रखना स्वयं की उन्नति के लिए आवश्यक है।

ईश्वर प्राणिधान : प्राणिधान का अर्थ समर्पण होता है। ईश्वर के स्वरूप को जानने के लिए ईश्वर के प्रति भक्ति, आस्तिकता के साथ ईश्वर का प्राणिधान ज़रूरी है। इस संसार में माता-पिता और गुरुजन से बढ़कर कोई पूज्य नहीं है।

3. आसन - स्थिरं सुखं आसन

योग का तीसरा चरण है आसन। जो स्थिति सुखपूर्वक स्थिर रख सके वह स्थिति विशेष ही आसन कहलाता है। प्रत्येक आसन अपने आप में स्थिति, गुण, स्वरूप, विशेषता आदि में भिन्न होते हैं और अपना भिन्न-भिन्न महत्त्व भी रखते हैं। योगासनों के अभ्यास से काया निरोगी रहती है। सुख, सौंदर्य, तनाव रहित जीवन के लिए

यह एक सुन्दर साधना है जो अध्यात्म प्राप्ति और स्वस्थ तन और मन के लिए आवश्यक है।

आसनों का अभ्यास बहुत तेज़ी से न किया जाए, बल्कि धीमी गति से शांति से अभ्यास करें। अस्वस्थ अवस्था में योगासन न करें। आसन एक वैज्ञानिक पद्धति है। प्रत्येक आसन से शरीर और मन स्वस्थ रहता है और आसन के द्वारा शारीरिक, मानसिक, आंतरिक, अवयवों की कार्यक्षमता तथा शरीर का संपूर्ण विकास होता है। संपूर्ण जीवन को स्वस्थ बनाने, लम्बी आयु एवं हमेशा युवा बने रहने के लिए आसनों का बहुत महत्त्व है।

4. प्राणायाम

योग का चौथा चरण है प्राणायाम। प्राणायाम के माध्यम से प्राण यानी श्वास की गति को नियंत्रित किया जाता है। निरंतर अभ्यास से प्राणायाम के माध्यम से सभी रोगों पर विजय प्राप्त की जा सकती है। हमारे शरीर में तीन नाड़ियाँ प्रमुख होती हैं - इड़ा, पिंगला और सुषुम्ना। प्राणायाम के माध्यम से नाड़ियों को संतुलित किया जाता है। योग अनुसार निरोगी शरीर और लम्बी आयु प्रदान करने हेतु प्राणायाम का महत्त्व है। प्राणायाम के अभ्यास से फेफड़े मज़बूत होते हैं, शरीर के अंगों की क्षमता बढ़ती है। प्राणायाम का अभ्यास हमेशा गुरु के मार्गदर्शन में करना चाहिए।

5. प्रत्याहार

योग का पाँचवाँ चरण है प्रत्याहार। योग अनुसार यम, नियम, आसन, प्राणायाम तथा प्रत्याहार बहिरंग योग कहलाते हैं। इनके अभ्यास से योगी का मन, मस्तिष्क, बुद्धि, स्नायुमण्डल एवं शरीर पवित्र होते हैं। धारणा, ध्यान, समाधि के माध्यम से शरीर के आंतरिक अंग और परमात्मा तक पहुँचाने के द्वार खोले जा सकते हैं। प्रत्याहार में विषयों के ज्ञान को लेकर इंद्रियाँ मन तक पहुँचती हैं। मन बुद्धि को समर्पित करता है। बुद्धि इन समस्त विषयों पर निर्णय करके इस निर्णय को सूक्ष्म बनाकर हृदय में स्थित अंगभूत को संस्कारों के रूप में भेजती है। चित्त इन संस्कारों का संग्रह करता है। इस क्रम में स्थूलों-द्वीपों का संपर्क मन-बुद्धि के साथ होता है। यदि चित्त इंद्रियों तक नहीं पहुँच पाता है तो इसका परिणाम यह होता है कि कान खुले होने पर भी सुनाई नहीं देता है, नेत्र खुले होने पर भी दिखाई नहीं देता है। इन्द्रियाँ इतनी बलवान हैं - विषयाभिमुख हुए पुरुष को क्षुब्ध कर देती हैं। मन का हरण करके उसे अपने अनुकूल करती हैं। इंद्रियाँ वश में होती हैं तो बुद्धि भी स्थिर हो जाती है। जब तक बुद्धिमान अभ्यासी के मन व इंद्रिय वश में नहीं हैं, जब तक पूर्ण रूप से इन पर आधिपत्य नहीं होगा, तब तक सिद्ध योगी बन पाना संभव नहीं है।

6. धारणा

योग का छठवाँ चरण है धारणा। जब प्रत्याहार द्वारा मन व इंद्रियों पर अधिकार प्राप्त हो जाता है। जब अंतर्मुखी हो जाते हैं। मन में स्वयं की धारणा, स्थूल या सूक्ष्म किसी में स्थान हृदय-भृकुटि या ओम में मन को लगाना धारणा कहलाता है। धारण करने की सामर्थ्य होने पर ध्यान में सफलता प्राप्त की जा सकती है।

7. ध्यान

योग का सातवाँ चरण है ध्यान। जब हम वर्तमान में जीते हैं तो वह ध्यान कहलाता है। इसमें किसी एक स्थान पर एकाग्र होना पड़ता है। ध्यान करने से पहले प्राणायाम का अभ्यास करें। शुरुआत में आपकी जितनी उम्र है सिर्फ़ उतने मिनट ध्यान करें। ध्यान स्वयं से परिचय कराता है। ध्यान हमें अंतर्मुखी बनाता है। यदि आपका मन आपके वश में है तो ध्यान अपने आप हो जाएगा। शरीर को स्थिर रखना भी ज़रूरी है। शरीर के अंदर मन रहता है। शरीर स्थिर रखने पर मन भी स्थिर रहेगा। श्वास और मन दोनों एक सूत्र से बंधे हैं। श्वास यदि स्थिर हो जाए तो मन भी नियंत्रित हो जाएगा। श्वास का दर्शन करते जाना, अनुभव करते रहना है। श्वास का अंदर आना, बाहर जाना, मन और चेतना की आँख से देखते जाना। श्वास और ध्यान से मन स्थिर होता है। योग में ध्यान एक महत्त्वपूर्ण अवस्था है। जो वर्तमान युग में तनाव, चिन्ता, शांति, क्रोध, अहंकार एवं स्वयं को पहचानने की प्रमुख साधना है। इसका अभ्यास अवश्य करें।

8. समाधि

योग का आठवाँ चरण है समाधि। जब ध्यान अवस्था में परिपक्व हो जाते हैं - ध्यानावस्था में ध्यान एवं समाधि में इतना अन्तर है। ध्यान करने वाले जिस मन से जो ध्यान करता है, एक रूप में हो जाता है। धारण, ध्यान, समाधि इन तीनों को योगशास्त्र में “संयम” कहा गया है। वास्तव में मनुष्य का स्वाभाविक और नियत लक्ष्य है समाधि प्राप्त करना। गुफा में छः महीने बैठे रहना भी समाधि नहीं और न गड्ढे खोदकर रहना ही समाधि है।

समाधि का अर्थ चित्त का समाहित हो जाना। समाधि का लक्षण ज्ञान है और पूर्ण ज्ञान की अवस्था समाधि है।

• • •

पवन मुक्तासन श्रंखला क्र. 1

आसनों का अभ्यास

पवन मुक्तासन या सूक्ष्म आसन

नाम : पवन का अर्थ है "वायु" एवं मुक्त का अर्थ होता है "बंधन रहित।" अर्थात् इस आसन के अभ्यास से पेट की दूषित वायु गुदा मार्ग से बाहर निकल जाती है और पेट दूषित वायु से मुक्त हो जाता है, इसलिए इस आसन को पवन मुक्तासन कहते हैं।

टखनों का अभ्यास

प्रारम्भ : एक स्वच्छ, हवादार स्थान पर दरी या कम्बल बिछाकर बैठ जाएँ।

चित्र नं. 1

(1) **प्रथम स्थिति :** दोनों हाथों को बाजू में रखकर बैठ जाएँ। शरीर सीधा रखें। घुटने न उठाएँ। अब दोनों पैरों की अंगुलियों को आगे-पीछे करें। श्वास क्रिया स्वाभाविक रखें। इस प्रकार के 10 चक्र पूरे करें।

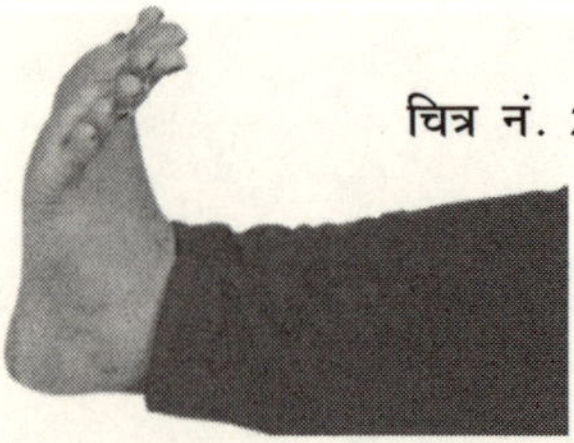

चित्र नं. 2

आसन

पवन मुक्तासन सीरीज नं.1

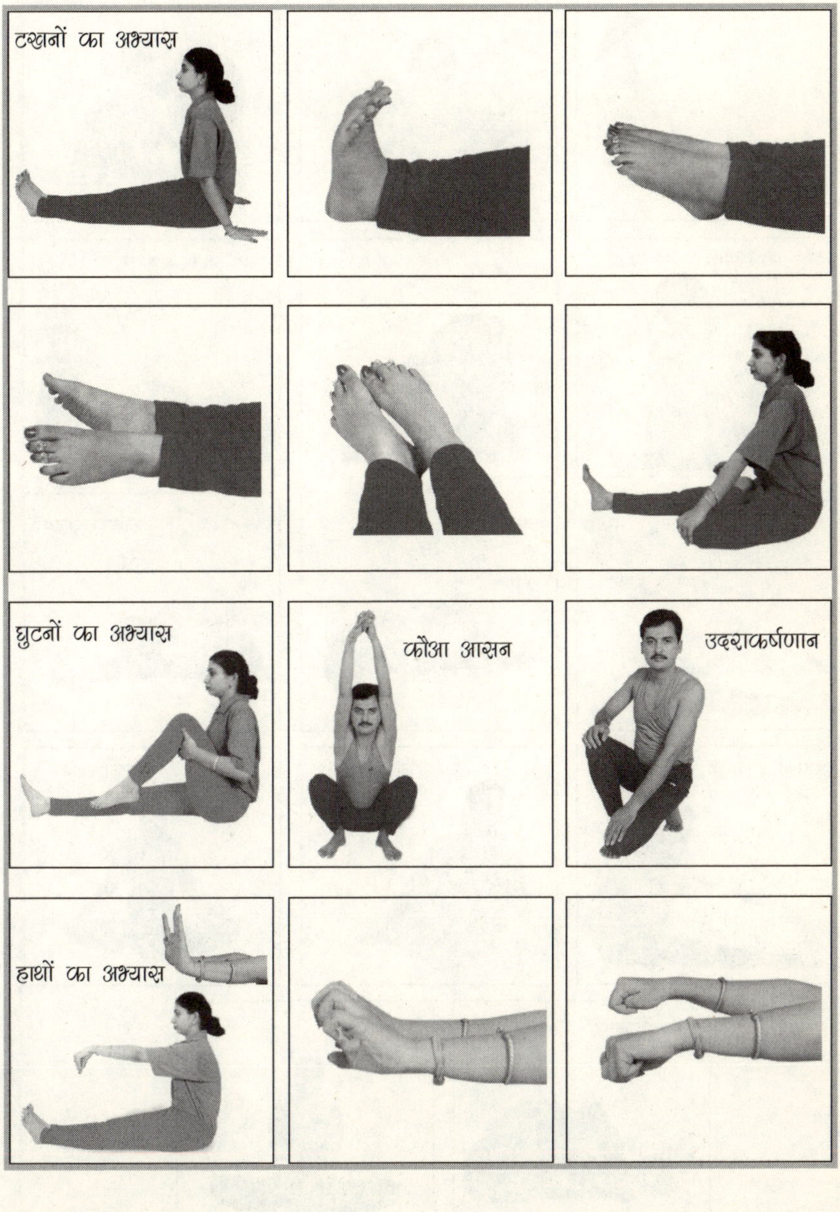

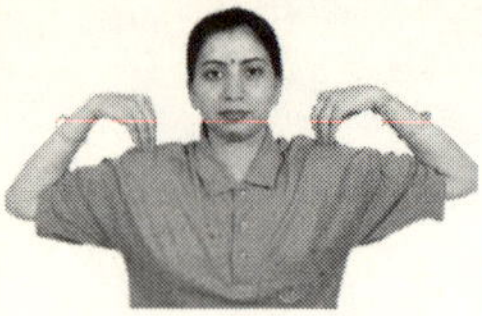

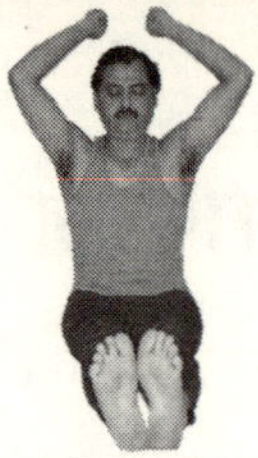

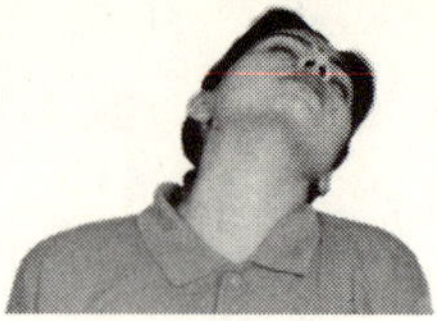

गर्दन के अभ्यास

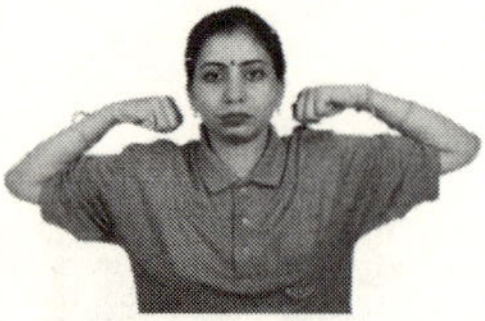

गर्दन के अभ्यास

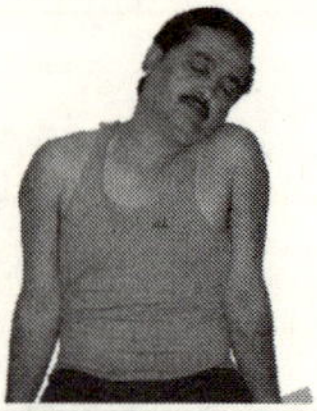

गर्दन के अभ्यास

गर्दन के अभ्यास

नौका संचालन

चक्की आसन

भूनमनासन

जानुशिरासन

आकर्ण धनुरासन

अर्धमत्स्येन्द्रासन

चतुष्कोणासन

पश्चिमोत्तानासन

तितली आसन

एकाग्रता : पैरों की अंगुलियों पर ध्यान लगाएँ।

(2) **द्वितीय स्थिति :** दोनों हाथ बाजू में रखी हुई स्थिति में दोनों पैरों के टखनों को एड़ी मिली हुई स्थिति में आगे पीछे करें। अंगुलियाँ स्थिर रखें। ऐसे 10 चक्र करें।

चित्र नं. 3

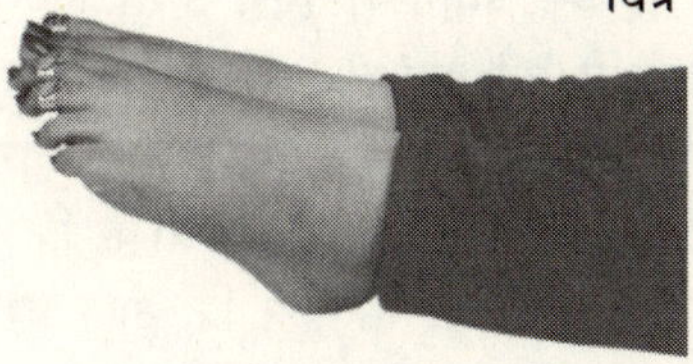

एकाग्रता : मन को टखनों पर केंद्रित करें।

(3) **तृतीय स्थिति :** टखनों को धुरी पर घुमाएँ। पूर्व स्थिति में बैठे हुए दोनों पैरों की एड़ी मिली हुई स्थिति में अलग-अलग दिशा में छोटे सुन्दर वृत्त बनाएँ। ध्यान रहे कि घुटने ऊपर न उठें। पहले बाहर की दिशा में घुमाएँ, फिर अन्दर की दिशा में घुमाएँ। इस प्रकार 5-5 बार करें।

चित्र नं. 4

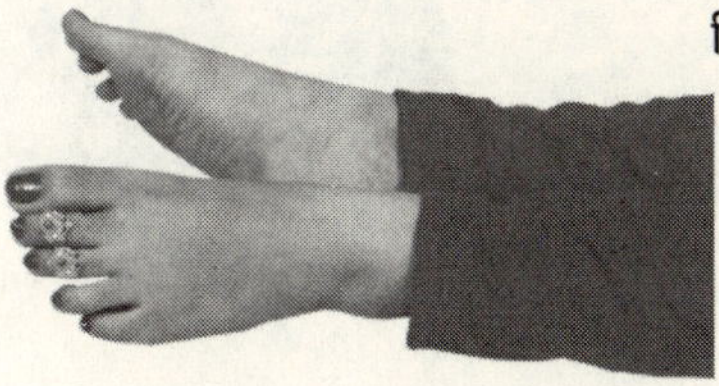

(4) **चतुर्थ स्थिति :** अब दोनों पैरों से एक साथ वृत्त बनाएँ। पहले सीधा और फिर उल्टा। एड़ियाँ मिली हुई रहेंगी। इस प्रकार 5-5 बार करें।

चित्र नं. 5

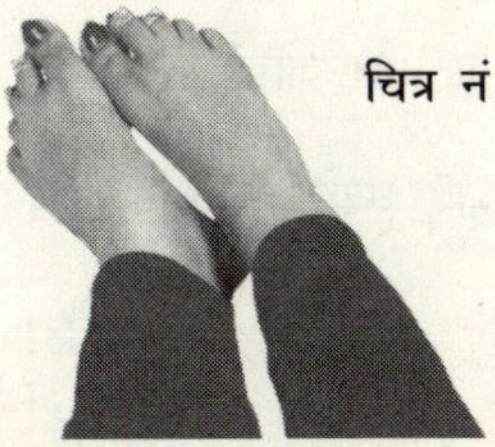

टखनों एवं कूल्हे के जोड़ों का अभ्यास

प्रारम्भ : एक स्वच्छ व हवादार स्थान पर दरी या कम्बल बिछाकर बैठ जाएँ।

1. प्रथम स्थिति : इसमें पहले बाएँ पैर को मोड़कर दाएँ पैर के घुटने से 3 इंच ऊपर रखना है और तीन इंच बाहर निकालकर रखना है। इसमें पीठ बिलकुल सीधी रखनी है। दाएँ पैर को ज़मीन से स्पर्श करते हुए रखना है। अब बाएँ हाथ को बाएँ घुटने पर रखना है एवं दाएँ हाथ से बाएँ पैर के पंजे को पकड़कर रखना है। इस स्थिति में दाएँ हाथ से पंजों को टखने से 5 बार सीधा एवं 5 बार उल्टा घुमाना है। इसमें एक बात का ध्यान रखना ज़रूरी है कि पंजे के अलावा शरीर का समस्त हिस्सा नहीं हिलेगा। मतलब यह नहीं कि आप पूरे शरीर को तानकर रखें। पूरे शरीर को ढीला छोड़कर रखना है।

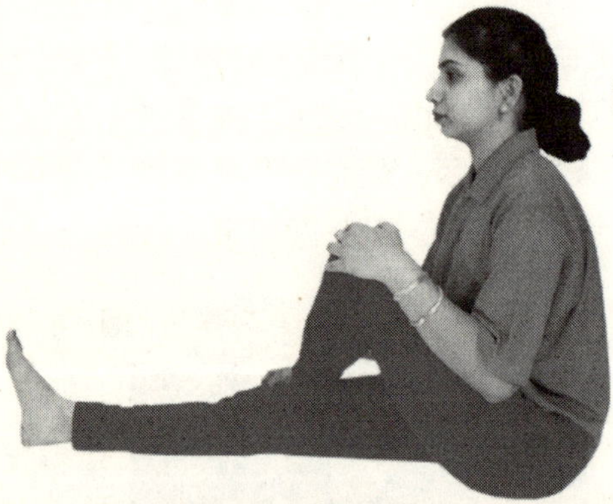

चित्र नं. 6

2. द्वितीय स्थिति : अब बाएँ हाथ को घुटने पर रखी हुई अवस्था में घुटने को पेट से लगाते हुए लम्बा गोल चक्र घुमाएँगे। यह पहले 5 बार सीधा फिर 5 बार उल्टा घुमाना है। फिर घुटने को बाएँ हाथ से दबाकर ज़मीन से स्पर्श करना है।

एकाग्रता : इसमें ध्यान पैरों के टखनों में लगाना है।

विशेष : यह विशेषकर गठिया और जोड़ों के दर्द के लिए फ़ायदेमंद है।

3. तृतीय स्थिति : इसमें बाएँ घुटने को बाएँ हाथ से बार-बार ज़मीन पर स्पर्श कराएँ। दस बार दोहराएँ।

चित्र नं. 7

विशेष : इसी प्रकार दाएँ पैर से दोहराएँ।

लाभ : इससे टखनों से जोड़ लचीले हो जाते हैं, जोड़ों में उपस्थित विजातीय पदार्थों को बाहर निकाल देता है।

घुटनों के अभ्यास

प्रारंभ : एक स्वच्छ हवादार स्थान पर दरी बिछाकर दोनों पैरों को फैलाकर बैठ जाएँ।

(1) **प्रथम स्थिति :** दोनों हाथों की अंगुलियों को आपस में बाँधकर बाएँ पैर की जंघा के नीचे से पकड़कर रखें। अब बाएँ पैर को ज़मीन से 6 इंच ऊपर उठाकर रखें। अंगुलियों को आगे की तरफ़ तानकर रखें। दाएँ पैर को ज़मीन पर आराम से रखें। श्वास लेते हुए पैर ज़मीन से ऊपर उठाएँ और श्वास छोड़ते हुए बाएँ पैर को मोड़कर पेट पर लाएँ और श्वास लेते हुए वापस ज़मीन पर पैर को

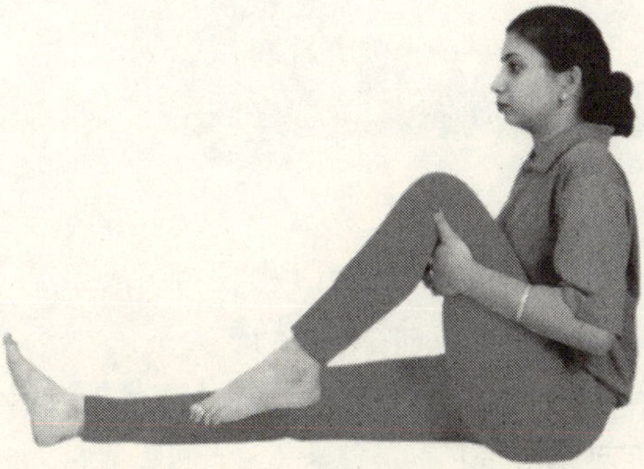

चित्र नं. 8

फैला दें। इस प्रकार यह एक चक्र पूरा होता है। इस प्रकार 5 चक्र करने हैं।

(2) **द्वितीय स्थिति :** बाएँ पैर से अभ्यास करने के बाद दाएँ पैर की जंघा के नीचे दोनों हाथों की अंगुलियों को बाँधकर रखें। श्वास लेते हुए दाएँ पैर को ज़मीन से 6 इंच ऊपर उठाएँ और श्वास छोड़ते हुए घुटने को पेट पर ले जाएँ। पैर की अंगुलियों को आगे तानकर रखें और बायाँ पैर ढीला छोड़ दें। इसके भी 5 चक्र पूरे करें।

घुटनों के अभ्यास – 2

(1) **प्रथम स्थिति :** दोनों पैरों को फैलाकर रखें। अब बाएँ पैर को मोड़कर पेट पर लाना है। बाएँ पैर के नीचे दोनों हाथों को आपस में बाँधकर पैर को पेट पर दबाकर रखें। इस स्थिति में दाएँ पैर को ढीला छोड़ना है। गर्दन को सीधा रखना है। बाएँ पैर की अंगुलियाँ तानकर रखें। इस स्थिति में बाएँ पैर से 5 चक्र सीधे (क्लॉकवाइज़) घुमाना है और 5 चक्र उल्टे (एन्टीक्लॉकवाइज़) घुमाना है। पूरा पैर घुटने से घूमता रहेगा।

(2) **द्वितीय स्थिति :** अब बाएँ पैर को फैला दें और दाएँ पैर के नीचे दोनों हाथ बाँधकर पैर को घुटने से पेट पर दबाएँ। अब दाएँ पैर से 5 बार सीधे और 5 बार उल्टे चक्र घुमाएँ। पैरों की अंगुलियाँ आगे की ओर तानकर रखें।

चित्र नं. 9

एकाग्रता : ध्यान को घुटने पर लगाएँ।

विशेष : जोड़ों के दर्द के लिए विशेष लाभकारी है।

लाभ : इसके अभ्यास से घुटनों के जोड़ लचीले हो जाते हैं और उनमें उपस्थित विजातीय द्रव बाहर निकल जाते हैं।

विशेष : हृदय रोगी एवं उच्च रक्तचाप वाले रोगी इसे स्वाभाविक श्वास में ही करें। वे श्वास को रोककर न करें।

• कौआ आसन

प्रथम स्थिति : मन को पेट पर केंद्रित रखें, अब पूरे शरीर से पंजे के बल या दोनों पैरों को फैलाकर बैठ जाएँ। दोनों हाथों की अंगुलियों को आपस में फँसाकर दोनों कोहनी सीधी रखते हुए हाथों को ऊपर-नीचे करें। जैसे कि आप कुल्हाड़ी चला रहे हों। ऐसा 10 बार करेंगे।

द्वितीय स्थिति : अब पूरे पंजे के बल आगे की तरफ़ चलें। कोहनी सीधी रखते हुए दोनों हाथों की अंगुलियों को बाँधकर सामने रखते हुए चलें। मन को पेट के अन्दर रखें। 10 बार आगे और 10 बार पीछे की ओर चलें।

चित्र नं. 10

समय : शुरू में 5-5 बार दोनों तरफ़ फिर धीरे-धीरे कुछ दिनों पश्चात् 10-10 बार दोनों तरफ़ से अभ्यास करें।

एकाग्रता : पेट और पीठ पर ध्यान लगाकर रखें।

लाभ : आमाशय के रोग से पीड़ित व्यक्तियों के लिए बहुत उपयोगी आसन है, क्योंकि यह पाचक अंगों एवं मांसपेशियों को संकुचित करता और फैलाता है। यह पेट और आँतों को साफ़ करने वाली क्रिया शंखप्रक्षालन के दौरान किए जाने वाले आसनों में से एक है। क़ब्ज़ से पीड़ित लोगों को यह आसन नियमित रूप से करना चाहिए। यह सर्वाइकल में भी लाभदायक है।

• उदराकर्षणासन

प्रारम्भ : स्वच्छ व हवादार स्थान पर दरी या कम्बल बिछा लें।

स्थिति : पंजों पर उकड़ूँ बैठ जाएँ, हाथों को घुटनों पर रखें। बाएँ घुटने को ज़मीन पर झुकाएँ। यथासम्भव धड़ को दाहिनी ओर मोड़ें। पीछे की तरफ़ देखें। हथेलियाँ घुटनों पर ही रहें। वापस लौट आएँ। अब शरीर को दूसरी तरफ़ मोड़कर करें।

चित्र नं. 11

समय : शुरू में 5-5 बार दोनों तरफ़ फिर धीरे-धीरे कुछ दिनों पश्चात् 10-10 बार दोनों तरफ़ से अभ्यास करें।

एकाग्रता : ध्यान पेट पर लगाएँ।

लाभ : आमाशय के रोग से पीड़ित व्यक्तियों के लिए बहुत उपयोगी आसन है, क्योंकि यह पाचक अंगों एवं मांसपेशियों को संकुचित करता और फैलाता है। यह पेट और आंतों को साफ़ करने वाली क्रिया शंखप्रक्षालन के दौरान किए जाने वाले आसनों में से एक है। क़ब्ज़ से पीड़ित लोगों को यह आसन नियमित रूप से करना चाहिए।

• क्रो जम्प : (सामर्थ्य अनुसार) (चित्र नं. 11)

पंजे पर बैठी हुई स्थिति में, दोनों हाथ घुटनों पर रखें। हर बार घुटनों को ज़मीन से स्पर्श करते हुए जम्प करें। ऐसे 10 बार जम्प करें।

लाभ : महिलाओं के वक्षस्थल का विकास करता है। गर्भाशय की मांसपेशियों को मज़बूत बनाता है। जंघा, घुटने, कंधे, भुजाओं की मांसपेशियों को शक्तिशाली बनाता है। फ्रोजन शोल्डर्स, सर्वाइकल में लाभदायक है, पाचन तंत्र की मांसपेशियों को शक्तिशाली बनाकर क़ब्ज़ समाप्त करता है।

हाथों के अभ्यास

अब दोनों पैर फैलाकर जोड़कर रखें। दोनों हाथों को सामने की तरफ़ फैलाएँ। बिलकुल सीधे बैठ जाएँ और आँखें बंद रखें। अब हम शरीर के ऊपरी अंगों की शक्ति बढ़ाएँगे।

प्रथम स्थिति : दोनों हाथों को सामने फैला दें और मन को हाथों की अंगुलियों में लगाएँ। दसों अंगुलियों को फैला दें और अंगुलियों को मिला दें। इस प्रकार एक चक्र पूरा होता है। इसी प्रकार हमें 10 चक्र तक करना है।

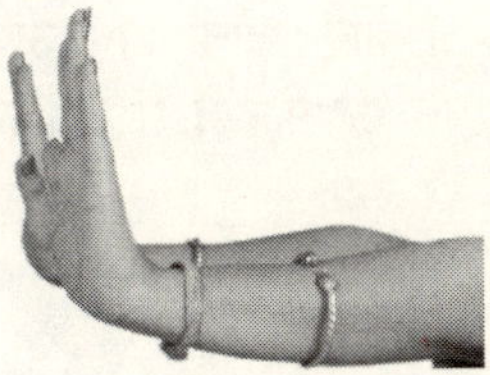

चित्र नं.12

द्वितीय स्थिति : अंगुलियों को फैलाकर रखें। अब किसी चीज़ को ज़ोर से पकड़ते हैं वैसे ही अंगुलियों को ताक़त से मोड़ें। इस प्रकार 10 बार करें।

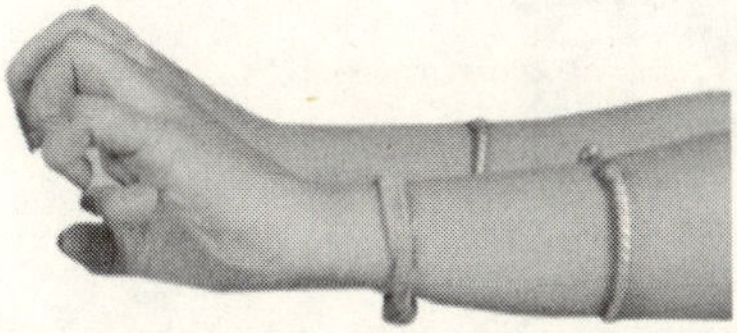

चित्र नं. 13

तृतीय स्थिति : इसमें हाथों का अंगूठा अंदर कर मुट्ठी बंद रखें। इसी स्थिति में मुट्ठी को 5 बार सीधा घुमाएँ और 5 बार उल्टा घुमाएँ।

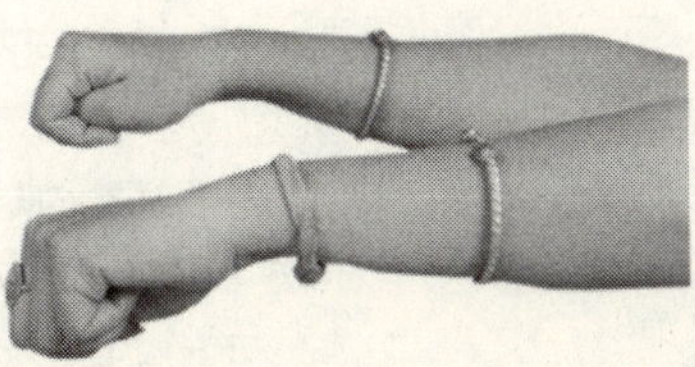

चित्र नं. 14

चतुर्थ स्थिति : इसमें दोनों हाथों को कंधे पर रखें और 5 बार सीधा और फिर उल्टा घुमाएँ।

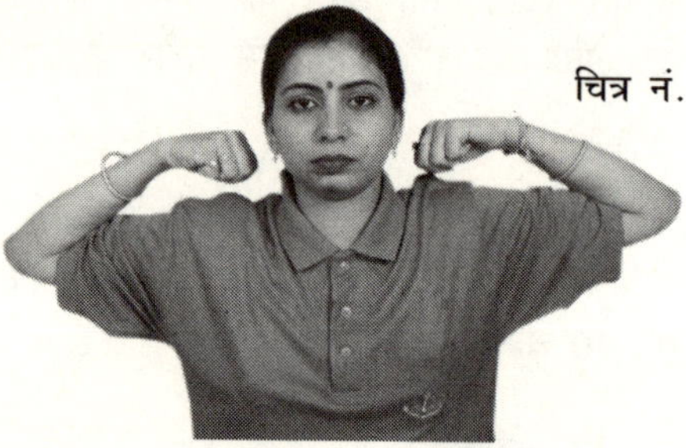

चित्र नं. 15

पाँचवीं स्थिति : अब दोनों हाथों की मुट्ठी बन्द करें और अंगूठा अन्दर करते हुए ऊपर ले जाएँ। दोनों हाथ ऊपर मिलाएँ और फिर नीचे कोहनी पीछे ले जाते हुए करें। मन को फेफड़ों में लगाकर रखें। इस प्रकार 10 बार करें।

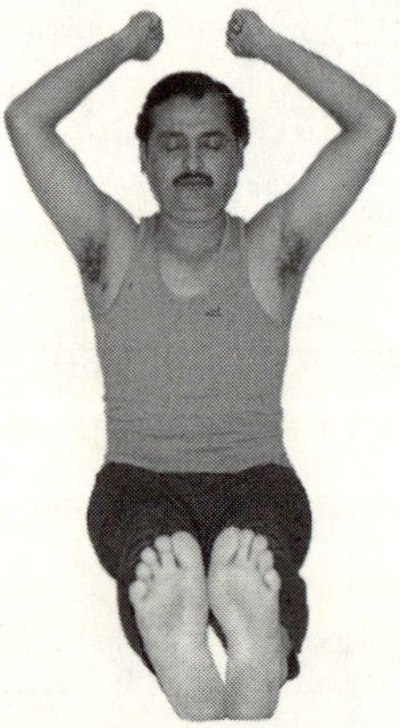

चित्र नं. 16

छठी स्थिति : बैठी हुई अवस्था में दोनों हाथों को साइड में फैलाकर रखें। दोनों हाथों की अंगुलियों को फैलाकर रखें। गर्दन और पीठ बिलकुल सीधी रखें। अब बिलकुल धीरे-धीरे दोनों हाथों को ताक़त के साथ कंधे पर लेकर आएँ। फिर श्वास छोड़ते हुए दोनों हाथों को ताक़त के साथ कंधे पर लेकर आएँ। फिर श्वास छोड़ते हुए दोनों हाथों को वापस फैला दें। इस प्रकार 10 चक्र करें।

चित्र नं. 17

सातवीं स्थिति : दोनों हाथों को कॉलर बोन पर रखें। दोनों हाथों को एक साथ घुमाएँ। जब हाथ आगे आएँ तब दोनों हाथों की कोहनियों को आपस में चित्र के अनुसार मिलाएँ। पहले 5 बार सीधा (क्लॉकवाइज़) और 5 बार उल्टा (एन्टीक्लॉकवाइज़) घुमाएँ।

चित्र नं. 18

आठवीं स्थिति : इसमें बायाँ हाथ कंधे पर और दायाँ हाथ घुटने पर रखकर बाएँ हाथ से वृत्त बनाएँ। (इसी प्रकार दाएँ हाथ से करें।)

चित्र नं. 19

नौंवी स्थिति : अपने दोनों हाथों को मोड़कर कंधे पर ले जाएँ। अंगुलियाँ मिली रहेंगी। हाथों से मुड़ी हुई अवस्था में कोहनी मिलाते हुए वृत्त बनाएँ। पहले सीधा (क्लॉकवाइज़) फिर उल्टा (एन्टीक्लॉकवाइज़) ऐसे 5-5 बार करें।

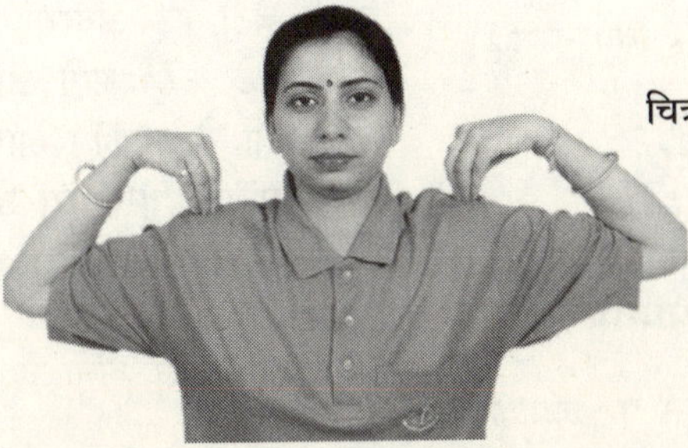

चित्र नं. 20

एकाग्रता : इसमें मन को कंधे पर केंद्रित रखें।

श्वास : श्वास लेते हुए दोनों हाथ कंधे पर लाएँ और श्वास छोड़ते हुए दोनों हाथ वापस फैला दें।

विशेष : जिन्हें उच्च रक्तचाप और हृदय रोग की समस्या हो, उन्हें यह अभ्यास स्वाभाविक श्वास में ही करना चाहिए।

लाभ : इसमें दोनों हाथों के कन्धों की शक्ति बढ़ती है। मन बिलकुल शान्त हो जाता है। कंधे व बाँहों की शक्ति बढ़ती है।

• गर्दन के कुछ सरल एवं उपयोगी आसन

प्रारम्भ : एक स्वच्छ, हवादार स्थान पर दरी या कम्बल बिछा लें।

विधि : दोनों पैरों को आगे फैलाकर बैठ जाएँ। दोनों पैर जोड़कर रखें। पीठ सीधी रखें। दोनों हाथों को बाजू में रखना है।

प्रथम स्थिति : इसमें गर्दन को दाएँ से बाएँ घुमाना है। पीठ सीधी रखें। आगे की तरफ़ आने पर ठुड्डी चित्र के अनुसार छाती से स्पर्श करती हुई घुमानी चाहिए। कान दोनों तरफ़ कंधों से स्पर्श करते हुए घुमाने हैं। इसमें आँखें बंद रखनी हैं, नहीं तो चक्कर आने का भय रहता है। 5 बार सीधा और 5 बार उल्टा घुमाना है।

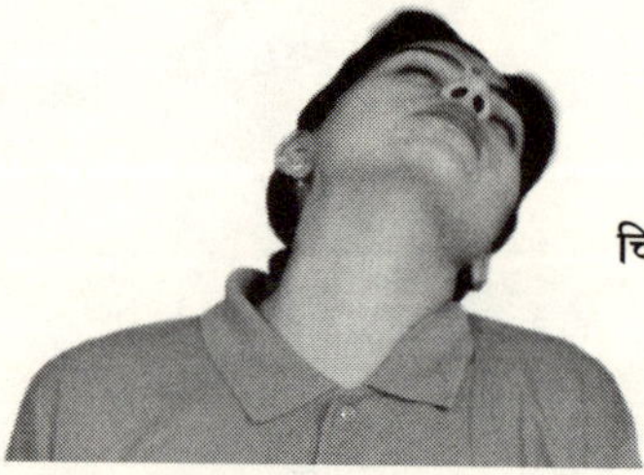

चित्र नं. 21

एकाग्रता : मन को गर्दन के अन्दर रखना है।

विशेष : इसे उच्च रक्तचाप एवं हृदय रोग की समस्या वाले रोगी न करें।

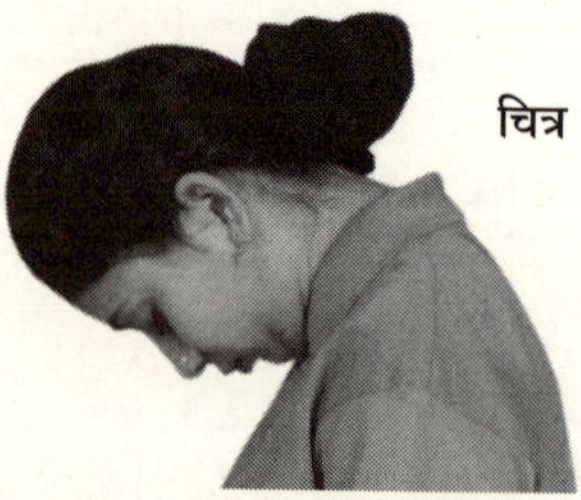

चित्र नं. 22

द्वितीय स्थिति : वज्रासन में या सीधी बैठी हुई अवस्था में गर्दन को आगे-पीछे करें। आगे आने पर गर्दन को छाती से लगाएँ। आगे और पीछे मिलाकर एक वृत्त पूरा होता है। इस प्रकार 5 चक्र करने हैं। इसे सभी कर सकते हैं।

एकाग्रता : ध्यान को गर्दन पर लगाकर रखें।

तृतीय स्थिति : गर्दन को दाएँ-बाएँ झुकाएँ। इसी प्रकार बैठी हुई अवस्था में गर्दन को बाएँ से दाएँ झुकाएँ। हर बार कान को कंधे से स्पर्श करें। अगर कान कंधे से स्पर्श न हों तो प्रयास करते रहना चाहिए।

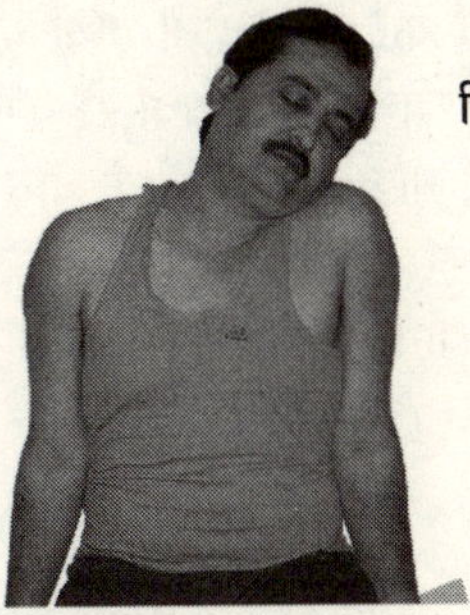

चित्र नं. 23

चतुर्थ स्थिति : इसमें बिलकुल सीधे बैठी हुई अवस्था में गर्दन को पहले बाईं फिर दाईं तरफ़ ले जाएँ। दोनों तरफ़ ठुड्डी को कंधे से स्पर्श करें। इसमें किसी भी प्रकार का झटका न दें, धीरे-धीरे करें।

चित्र नं. 24

पाँचवीं स्थिति : (चित्र 24 के अनुसार) अब गर्दन को हम इस प्रकार घुमाएँगे कि ठुड्डी छाती से स्पर्श करते हुए बाईं ओर जाएँ और फिर दाईं ओर जाएँ अब बाईं तरफ़ ले जाएँ। इस प्रकार दोनों तरफ़ ले जाएँ। आँखों को खुला रखें ताकि आँखों का भी व्यायाम साथ-साथ हो जाएँ इसके 5 चक्र पूरे करेंगे।

एकाग्रता : ध्यान गर्दन पर केंद्रित करके रखें।

लाभ : यह सर्वाइकल और गर्दन की तकलीफ़ों जैसे गर्दन का कड़ापन दूर करने में लाभदायक है। इसके अभ्यास से गर्दन की शक्ति भी बढ़ती है। इस अभ्यास से गर्दन में जमा विजातीय पदार्थ निकल जाते हैं। गर्दन में रक्त संचरण सामान्य हो जाता है। गर्दन का कड़ापन व सख़्ती समाप्त हो जाती है। गर्दन का मोटापा, डबल चिन व शरीर की बादी समाप्त हो जाती है। गर्दन की माँसपेशियाँ नर्म व मज़बूत हो जाती हैं, क्योंकि गर्दन, शरीर व मस्तिष्क को जोड़ने वाली नस-नाड़ियाँ (nerves), धमनियाँ (arteries), शिराएँ (veins) गर्दन से ही होकर गुज़रती हैं। गर्दन हमारे शरीर का एक महत्त्वपूर्ण अंग है।

• नौका संचालन

प्रारम्भ : एक स्वच्छ व हवादार स्थान पर दरी या कम्बल बिछाकर बैठ जाएँ।

विधि : दोनों पैरों को फैलाकर बैठ जाएँ। दोनों पैर आपस में जोड़ दें, रीढ़ की हड्डी बिलकुल सीधी रखें। मुट्ठी बन्द करें और दोनों हाथों को बाजू में रखें। कोहनी को पीछे की तरफ़ तानें। पेट अन्दर खींचें, दोनों हाथों से कानों को दबाएँ और फिर श्वास लेते हुए आगे की तरफ़ झुकें। नाक को घुटनों के बीच लाने की कोशिश करें। एक श्वास में एक चक्र पूरा करें। कुल 10 चक्र करने हैं। पहले ऊपर से नीचे ले जाते हुए 10 चक्र करें, फिर उल्टा यानी नीचे से ऊपर 10 चक्र करें।

चित्र नं. 25

एकाग्रता : संपूर्ण शरीर पर मन केंद्रित करें।

लाभ : समस्त शरीर को क्रियाशील बनाता है। गर्भाशय और आमाशय की मांसपेशियों की मालिश करता है। पैर के समस्त रोगों में लाभदायक है। मधुमेह व क़ब्ज़ में लाभदायक है। मांसपेशियों को शक्तिशाली बनाता है।

विशेष : इसे कमर दर्द वाले न करें।

• चक्की आसन

प्रारम्भ : एक स्वच्छ व हवादार स्थान पर दरी या कम्बल बिछा लें।

विधि : दोनों पैरों को सामने फैलाकर बैठ जाएँ। पैरों को जोड़कर रखें। पीठ बिलकुल सीधी रखें और दसों अंगुलियों को आपस में फँसाकर बाईं तरफ़ के अनुसार रखें। दोनों कोहनियों को बिलकुल तानकर रखें। जब आगे आएँ तो दोनों हाथों को

पैरों के आगे लाएँ। पीछे जाने पर हाथों को घुटनों के पीछे ले जाएँ, लेकिन कोहनी न मोड़ें। इस प्रकार 15 चक्र करें।

चित्र नं. 26

एकाग्रता : इसमें मन को पूरे शरीर में रखेंगे और कल्पना करेंगे कि पूरे शरीर की शक्ति बढ़ रही है।

विशेष : इस अभ्यास में कमर दर्द के रोगी आगे न झुकें।

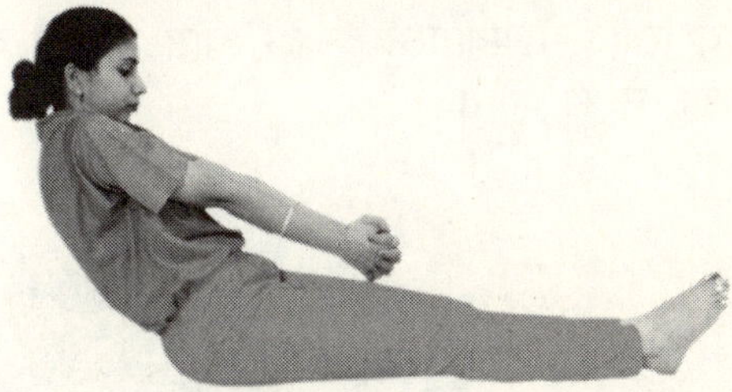

लाभ : इसके अभ्यास से पूरे शरीर की शक्ति बढ़ती है। नौका संचालन व चक्की आसन के लाभ समान हैं।

• भूनमनासन

प्रारम्भ : हवादार स्वच्छ स्थान पर दरी या कम्बल बिछा लें।

प्रथम स्थिति : दोनों पैरों को सामने फैलाकर बैठ जाएँ और पीठ सीधी रखें। दोनों हाथ बाएँ नितम्ब के बाजू में रखें। ऊपरी धड़ बाईं ओर 90 अंश के कोण पर मोड़ें। नितम्ब ज़मीन से ऊपर नहीं उठने चाहिए। शरीर को झुकाकर नासिका से भूमि को स्पर्श करें। कमर तथा मुख को सीधे कर प्रारम्भिक स्थिति में आ जाएँ। बैठी हुई अवस्था में श्वास लें और झुकते समय श्वास छोड़ें।

चित्र नं. 27

समय : आरम्भ में 2 से 5 बार व कुछ दिनों पश्चात् दोनों तरफ़ 10-10 बार अभ्यास करें।

एकाग्रता : पृष्ठ प्रदेश की मांसपेशियों के शिथिलीकरण या श्वास प्रक्रिया पर।

लाभ : यह आसन मेरुदण्ड तथा पीठ के निचले प्रदेश का व्यायाम करता है।

पीठ की नाड़ियों की क्रियाशीलता बढ़ाता है।

• अर्ध वक्रासन

नाम : इस आसन में शरीर का ऊपरी हिस्सा आधा वक्र (टेढ़ा) अर्थात् मुड़ा होता है। इसलिए इस आसन का नाम अर्ध वक्रासन है।

प्रारम्भ : स्वच्छ व हवादार स्थान पर दरी या कम्बल बिछा लें।

स्थिति : दोनों पैर सामने फैलाते हुए बैठ जाएँ। दायाँ पैर मोड़कर बाएँ पैर के घुटने पर रखें। दायाँ हाथ पीठ पर रखें। शरीर को कमर से सामने की तरफ़ झुकाएँ। इस स्थिति में यथासम्भव रुकें। श्वास सामान्य व धीरे-धीरे लें। यही प्रक्रिया दूसरी तरफ़ से भी दोहराएँ।

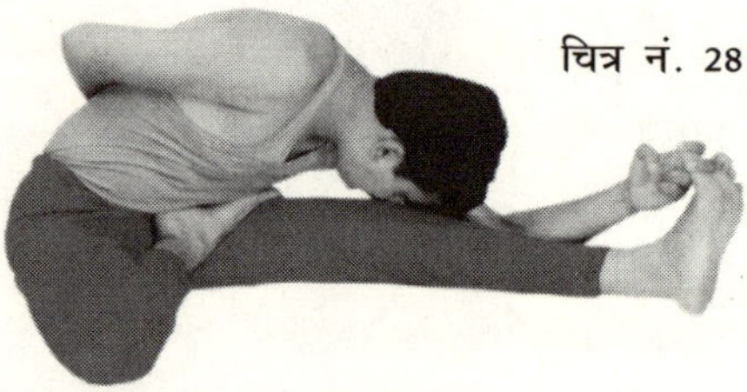

चित्र नं. 28

समय : प्रारम्भ में दोनों तरफ़ 2-2 बार करें।

अभ्यास होने पर प्रतिदिन 4-6 बार करें।

लाभ : इस आसन से पुरुषों की शुक्रग्रंथि तथा स्त्रियों की रजः पिण्ड की कार्यक्षमता बढ़ती है। क़ब्ज़ व पेट की अन्य तकलीफ़ें दूर होती हैं।

• आकर्ण धनुरासन

नाम : इस आसन में धनुष की प्रत्यंचा खींचे जाने की स्थिति होती है। इसलिए इस आसन को 'आकर्ण धनुरासन' कहते हैं।

प्रारम्भ : स्वच्छ व हवादार स्थान पर दरी या कम्बल बिछा लें।

चित्र नं. 29

स्थिति : पैर लम्बे करके बैठ जाएँ। बाएँ पैर को मोड़कर दाएँ पैर पर रखें। बाएँ हाथ से दाएँ पैर के अंगूठे को पकड़ें और दाएँ हाथ से बाएँ पैर के अंगूठे को पकड़कर पैर को ऊपर उठाकर तानें। श्वास लेकर रोक लें और फिर श्वास धीरे-धीरे छोड़ें। पैर को धीरे-धीरे नीचे ले आएँ। दूसरे पैर से दोहराएँ।

समय : शुरू में इस आसन का अभ्यास 4 से 5 बार करें।

लाभ : इस आसन के अभ्यास से दमा, क्षय और खाँसी के रोगियों को बहुत आराम मिलता है। हाथ, पैर के जोड़, गर्दन, स्नायु और मेरुदण्ड को उचित व्यायाम मिलता है जिससे वे सशक्त बनते हैं। आकर्ण धनुरासन के अभ्यास से स्त्रियों की ऋतुस्राव की अनियमितता, गर्भाशय सम्बंधी शिकायतें और पेडू की पीड़ा दूर होती है।

• अर्ध-मत्स्येन्द्रासन

नाम : मत्स्येन्द्रनाथ नाम के एक प्रसिद्ध योगी हुए हैं, वे इस आसन में बैठकर साधना किया करते थे इसलिए इस आसन का नाम 'मत्स्येन्द्रासन' है। 'अर्ध मत्स्येन्द्रासन' मत्स्येन्द्रासन का सरलीकरण है इसलिए इस आसन का नाम 'अर्ध मत्स्येद्रासन' है।

प्रारम्भ : स्वच्छ हवादार स्थल पर दरी या कम्बल बिछा लें।

चित्र नं. 30

स्थिति : दरी या कम्बल पर दोनों पैरों को सामने की तरफ़ फैलाकर बैठ जाएँ। दाएँ पैर को घुटने से बिना उठाए दाहिनी तरफ़ मोड़ें। अब दाहिनी जाँघ ऊपर की ओर खड़ी होगी और दाहिने पैर का नितम्ब उठा होगा। एड़ी दाहिने नितम्ब के पास लम्बी रखें। श्वास लेकर रोक लें। बाएँ हाथ को दाहिने पैर के बाहर की ओर ले जाते हुए दाहिने पैर के पंजे को पकड़ें। दायाँ घुटना बाईं भुजा के अधिक से अधिक पास रखें। दाहिना हाथ पीठ पर पीछे मोड़कर रखें। शरीर को दाहिनी ओर मोड़ें। गर्दन और पीठ को ज़्यादा से ज़्यादा मोड़ने का प्रयास करें। आपके दाएँ पैर का अंगूठा, घुटना, बायाँ कंधा सीध में होने चाहिए। कुछ सेकंड के लिए रुकें। धीरे-धीरे समय बढ़ाते जाएँ। इसे आधे मिनट तक करें। फिर 2-3 मिनट तक बिना श्वास रोके रुक सकते हैं।

एकाग्रता : मन को श्वास पर केंद्रित करें।

समय : रोगियों को यह आसन चार बार करना चाहिए एवं सामान्य व्यक्तियों को यह आसन दिन में कम से कम एक बार अवश्य करना चाहिए।

लाभ : क्लोम ग्रंथि या पैंक्रियास को सक्रिय करता है। अतः मधुमेह रोग के प्रकोप

को कम करता है। यह अन्य ग्रंथियों जैसे ऐड्रीनल, थायरॉइड तथा यौन ग्रंथियों पर बहुत अधिक प्रभाव डालता है।

पीठ की मांसपेशियों की मालिश कर नाड़ियों को शक्ति प्रदान करता है व मेरुदण्ड को लचीला बनाता है। उदर प्रदेश के अंगों की मालिश कर पाचन संस्थान संबंधी रोगों को दूर करता है। मस्तिष्क से संबंधित संपूर्ण शरीर की नाड़ियों को शक्तिशाली और स्वस्थ बनाता है। शरीर में रक्त संचालन सुधर जाता है। इसलिए फेफड़ों पर भी अच्छा प्रभाव पड़ता है।

• जानुशिरासन

नाम : जानु का अर्थ है 'घुटना।' इस आसन में अपने सिर को अपने घुटने से सटाया जाता है। इसलिए इस आसन का नाम 'जानु शिरासन' है।

प्रारम्भ : स्वच्छ व हवादार स्थान पर दरी या कम्बल बिछा लें।

प्रथम स्थिति : दोनों पैर सामने की ओर फैलाकर बैठ जाएँ। बाएँ पैर को मोड़कर उसकी एड़ी को मूलाधार के साथ सटाएँ व पंजा दाएँ पैर की जंघा से सटा हुआ रखें। अब अपने दोनों हाथों से दाएँ पैर का अंगूठा पकड़ें। श्वास छोड़ते हुए धड़ को इतना आगे झुकाएँ कि माथा घुटने से छूने लगे। थोड़ी देर श्वास रोककर इसी स्थिति में रुकें फिर पूर्व स्थिति में आ जाएँ।

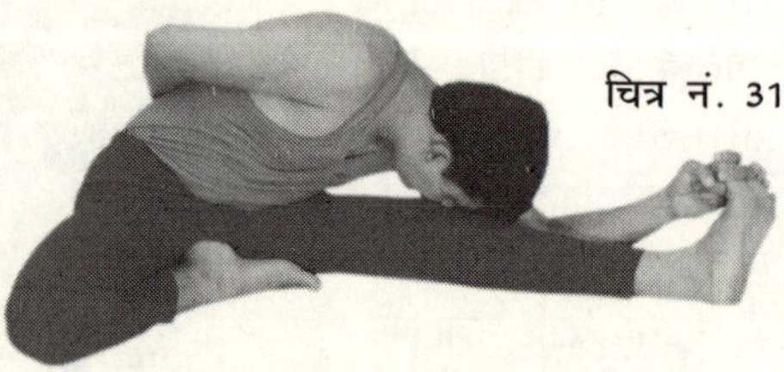

चित्र नं. 31

द्वितीय स्थिति : इसी क्रिया को बाएँ पैर से भी दोहराएँ।

सावधानी : गर्भवती महिलाओं को जानुशिरासन नहीं करना चाहिए।

लाभ : मधुमेह के रोगियों के लिए यह लाभप्रद आसन है। यह प्लीहा, लीवर व आँतों के दोष दूर कर पाचन शक्ति को बढ़ाता है। क़ब्ज़ दूर होती है। बढ़ा हुआ पेट घटने लगता है। इससे पैरों के जोड़ों के विकार दूर होकर उनमें लचीलापन आ जाता है। जानुशिरासन से पीठ, कमर व टाँगों में तनाव आता है। मेरुदण्ड (रीढ़ की हड्डी) लचीला हो जाता है। साइटिका दर्द में यह लाभ पहुँचाता है।

• पश्चिमोत्तानासन

नाम : इस आसन से शरीर के पृष्ठ अर्थात् पीछे के भाग पर खिंचाव पड़ता है। इसलिए इस आसन का नाम 'पश्चिमोत्तान' आसन है।

प्रारम्भ : स्वच्छ हवादार स्थान पर दरी या कम्बल बिछा लें।

स्थिति : दोनों पैर सामने फैलाकर पीठ सीधी रखते हुए बैठ जाएँ। दोनों पैरों के अंगूठे व एड़ियाँ मिलाकर रखें। दोनों हाथ जाँघों पर रखें। श्वास छोड़ते हुए दोनों हाथों की अंगुलियों से दोनों पैरों के अंगूठों को पकड़ने का प्रयास करें। धीरे-धीरे दाएँ हाथ से दाएँ पैर का अंगूठा और बाएँ हाथ से बाएँ पैर का अंगूठा पकड़ लें। सामने की ओर झुकें और श्वास रोक लें। धीरे-धीरे नाक को दोनों घुटनों के बीच में लाए। घुटना ऊपर की ओर उठना नहीं चाहिए। दोनों हाथों की कोहनियों को ज़मीन पर स्पर्श करने का प्रयत्न करें। कुछ सेकंड के लिए इसी स्थिति में रुके रहें। फिर श्वास लेते हुए वापस पूर्व स्थिति में आ जाएँ।

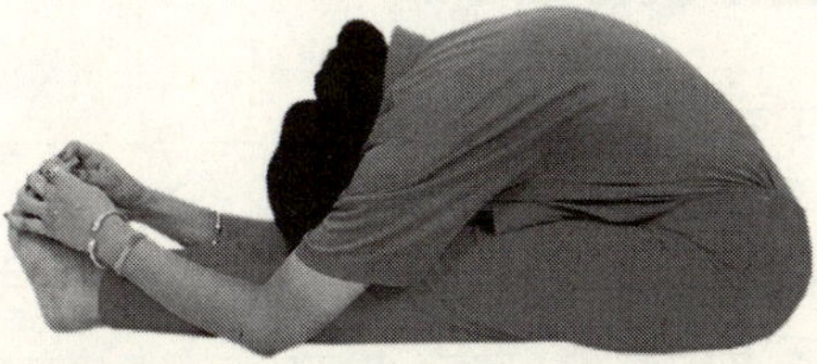

चित्र नं. 32

एकाग्रता : पीठ की मांसपेशियों पर ध्यान केंद्रित करें या फिर श्वास-प्रश्वास पर केंद्रित करें।

समय : शुरू में पाँच बार करें। धीरे-धीरे दस बार तक करें।

सावधानी : इस आसन को करने के बाद चक्रासन अथवा सुप्त वज्रासन करना चाहिए। इस आसन को जोड़ों के दर्द, पीठ दर्द, उदर रोक, साइटिका आदि रोगों में न करें।

क्रम : इस आसन को पीछे झुकने वाले किसी आसन के बाद करना चाहिए।

लाभ : पश्चिमोत्तानासन से पीठ पर पूर्णतः खिंचाव आता है। पेट की अनावश्यक चर्बी कम होती है। पेट के सभी अंगों पर दबाव डालता है एवं इससे संबंधित सभी बीमारियों, जैसे : मधुमेह, गुर्दों, जिगर, क्लोम व उपवृक्क ग्रंथि को क्रियाशील बनाता है।

स्त्रियों के प्रजनन अंगों के रोगों को दूर करने में विशेष रूप से लाभकारी है। रीढ़ की नसों में ताज़े रक्त का संचार करता है। यह आसन मस्तिष्क की नाड़ियों पर आश्चर्यजनक प्रभाव डालता है और मस्तिष्क के समस्त तनावों को दूर कर मानसिक संतुलन बनाए रखने में उपयोगी आसन है। मेरुदंड को लचीला बनाता है। इससे साइटिका तथा कमर दर्द दूर हो जाता है।

• तितली आसन

प्रथम स्थिति : दरी या कम्बल पर बैठने की स्थिति में पैरों के तलवे एक साथ सटा लें। एड़ियों को शरीर के पास लाए। दोनों हाथों की अंगुलियों को फँसाकर पंजों के नीचे रखें। इसके बाद कोहनियों से घुटनों को ज़मीन की ओर करें और उन्हें फिर से उछलकर ऊपर आने दें।

चित्र नं. 33

समय : पूर्ण तितली आसन को बीस बार दोहराएँ।

लाभ : महिलाओं के लिए विशेष लाभकारी है। समस्त स्त्री रोगों में लाभ मिलता है। यूरिन इन्फ़ेक्शन, प्रोस्टेट ग्लैंड संबंधित तकलीफ़ों में लाभ मिलता है। मेरुदण्ड एवं पेल्विक ज्वॉइंट में लाभदायक है।

• चतुष्कोणासन

द्वितीय स्थिति : दोनों तलवों को सटाए हुए ही हाथों को घुटनों पर रखें। भुजाओं का दबाव डालते हुए घुटनों को ज़मीन की ओर करें फिर घुटने ऊपर आने दें।

चित्र नं. 34

समय : 20 बार दोहराएँ।

लाभ : संपूर्ण मेरुदण्ड को लचीला बनाने में सहायक है। महिलाओं की तकलीफ़ में लाभ मिलता है। जाँघ की मांसपेशियों को मज़बूत बनाता है। उम्र बढ़ने के साथ

पूर्ण भद्रासन

पद्मासन

अर्धपद्मासन

सुखासन

स्वस्तिकासन

मत्स्यासन

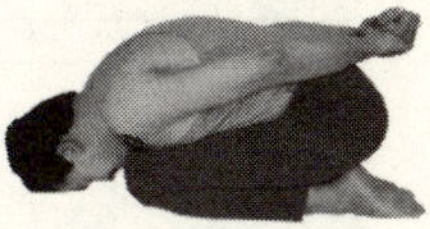

पद्मासन में योगमुद्रा

वज्रासन स्थिति-1

वज्रासन स्थिति-2

वज्रासन स्थिति-3

उष्ट्रासन

सुप्तवज्रासन

सिंहासन या सिंह क्रिया

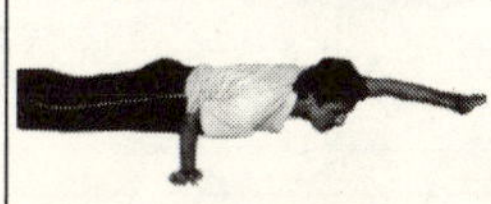

मयूरासन

शीर्षासन पद्मशीर्षासन

वृश्चिकासन

वीरासन

व्याघ्रासन

मार्जारी आसन

गोमुखासन

पादांगुष्ठासन

कटिचक्रासन

योग मुद्रा

योग मुद्रा

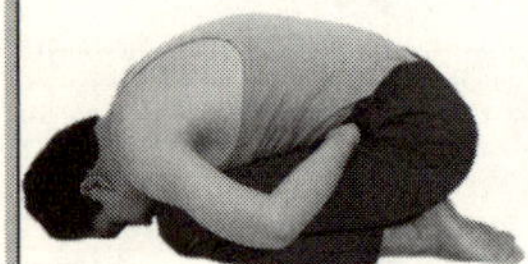

मन्डूकासन

त्रिभुजासन

शशांकासन

न्यू लाइफ़ या भरकटासन

न्यू लाइफ़ या भरकटासन

न्यू लाइफ़ या भरकटासन

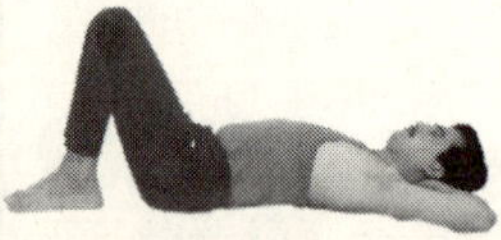

न्यू लाइफ़ या भरकटासन

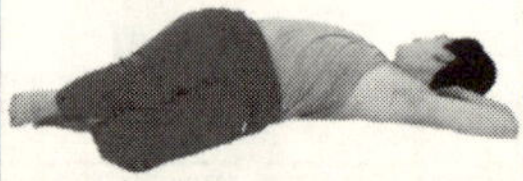

न्यू लाइफ़ या भरकटासन

न्यू लाइफ़या भरकटासन

प्रोस्टेट की तकलीफ़ में लाभदायक है। जोड़ों के लिए लाभदायक है। पैल्विक ज्वॉइंट को लचीला बनाता है। प्रसव सामान्य करने में मदद मिलती है।

• पूर्ण भद्रासन

प्रारम्भ : स्वच्छ व हवादार स्थान पर दरी या कम्बल बिछा लें।

स्थिति : इस आसन को तितली आसन के बाद करते हैं। इसके नाम के अनुसार ही यह अभद्र शरीर को भद्र बना सकता है। इसमें बैठी हुई अवस्था में दोनों पैरों को मिलाकर रखें। दोनों हाथों से दोनों पैरों को पकड़कर रखें और श्वास छोड़ते हुए आगे की ओर झुकें। शरीर के पाँच प्वॉइंट्स को ज़मीन से स्पर्श करें। जब आगे झुकें तब दोनों घुटनों को ज़मीन से स्पर्श रहने दें। दोनों कोहनियों को ज़मीन से स्पर्श करें और ठुड्डी को भी ज़मीन से स्पर्श करें। आगे झुकी हुई अवस्था में साँस न लें। जितनी देर आराम से रुक सकते हों रुकें। धीरे-धीरे श्वास लेते हुए अपनी प्रारम्भिक अवस्था में आ जाएँ।

चित्र नं. 35

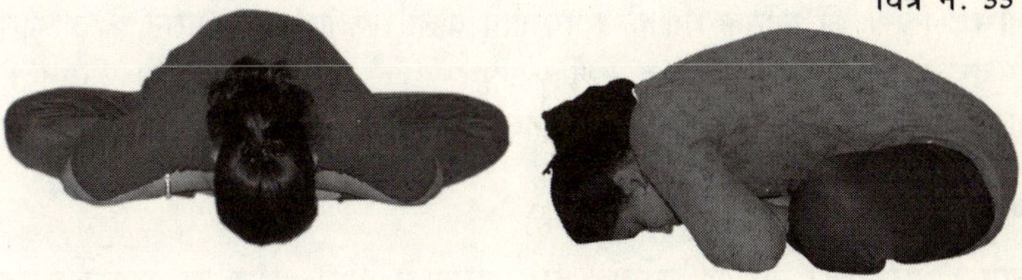

एकाग्रता : ध्यान पूरे शरीर पर लगाएँ और कल्पना करें कि मैं स्वस्थ और सुन्दर हो रहा हूँ।

समय : 5 से 10 चक्र तक करें।

लाभ : इसके अभ्यास करने से बुढ़ापा जल्दी नहीं आता है। झुर्रियाँ नहीं पड़ती हैं। मुख मंडल पर तेज बना रहता है।

विशेष : इसे स्लिप डिस्क और पीठ दर्द वाले रोगी न करें।

• कुक्कुटासन

नाम : 'कुक्कुट' संस्कृत शब्द है और इसका अर्थ है 'मुर्गा।' इस आसन से मुर्गे जैसा आकार बनता है इसलिए इस आसन को 'कुक्कुटासन' कहा जाता है।

प्रारम्भ : स्वच्छ व हवादार स्थान पर दरी या कम्बल बिछा लें।

स्थिति : पद्मासन में बैठ जाएँ। हाथों को पिंडलियों और जाँघों के बीच से अन्दर ले जाएँ। हथेलियाँ ज़मीन पर व अंगुलियाँ सामने की ओर रखें। श्वास लेते हुए

शरीर को हाथों के सहारे ऊपर उठाएँ। जितनी देर रुक सकते हैं, रुकें। सामान्य श्वास-प्रश्वास करें। श्वास छोड़ते हुए वापस ज़मीन पर आ जाएँ।

चित्र नं. 36

एकाग्रता : मन को श्वास-प्रश्वास प्रकिया में लगाएँ।

समय : प्रारंभ में 10 सेकंड में शुरू करके क्रमशः 1 मिनट तक इस आसन का अभ्यास करें।

लाभ : स्त्रियों को मासिक धर्म के समय होने वाली तकलीफ़ें इस आसन के अभ्यास से दूर होती हैं। हाथों, कंधों व सीने को पुष्ट व चौड़ा बनाता है। इस आसन से शरीर में स्फूर्ति और मन में प्रसन्नता उत्पन्न होती है।

• पद्मासन

नाम : 'पद्म' का अर्थ है 'कमल।' इस आसन में हमारे शरीर का आकार कमल के समान हो जाता है। इसलिए इस आसन को पद्मासन कहते हैं।

प्रारम्भ : स्वच्छ हवादार स्थान पर दरी या कम्बल बिछा लें।

स्थिति : दोनों पैरों को सामने फैलाते हुए, पीठ सीधी रखते हुए बैठ जाएँ अब दाहिने पैर को दोनों हाथों से सहारा देते हुए मोड़ें और धीरे-धीरे बाईं जंघा पर रखें। इसी प्रकार अब बाएँ पैर को दोनों हाथों से सहारा देते हुए मोड़ें और दाहिनी जंघा पर धीरे-धीरे रखें। अब दोनों हाथ अपने दोनों घुटनों पर रखें। तर्जनी अंगुलियों को दोनों अंगूठों के सिरे पर लगाएँ। बाक़ी अंगुलियाँ सीधी रहेंगी यानी ज्ञान मुद्रा की अवस्था में दोनों हाथों को रखें।

चित्र नं. 37

लाभ : इस आसन के अभ्यास से शरीर की स्थिरता के साथ-साथ मन में भी स्थिरता आती है इसलिए ध्यान के लिए यह उत्तम आसन है। शारीरिक, मानसिक

और आध्यात्मिक उन्नति होती है।

इस आसन के अभ्यास से भावनात्मक समस्याओं से छुटकारा मिलता है। इसके अभ्यास से पैरों का रक्त संचार कम होकर पेट से संबंधित सभी बीमारियाँ दूर होती हैं। घुटनों का दर्द दूर होता है। यह आसन सम्पूर्ण शरीर में प्राणशक्ति का संचार करता है।

समय : सामर्थ्य के अनुसार करें।

विशेष : घुटनों में दर्द होने पर अभ्यास न करें।

1. **पद्मासन :** ध्यान के लिए उत्तम आसन है, क्योंकि शरीर की स्थिरता से मन में स्थिरता आती है। पूरे शरीर में प्राण शक्ति का संचार होता है।
2. यह आसन शारीरिक, मानसिक, स्नायविक और भावनात्मक समस्याओं से छुटकारा दिलाता है।
3. भूख बढ़ती है।
4. पैरों में रक्त संचार कम कर पेट में ख़ून की अतिरिक्त मात्रा पहुँचाता है जिससे पेट से संबंधित सभी बीमारियाँ दूर होती हैं।
5. घुटनों का दर्द दूर होता है।

सावधानी : घुटनों में दर्द होने पर न करें।

• अर्ध पद्मासन

नाम : अर्ध पद्मासन की पूर्ण स्थिति नहीं होने के कारण इसे अर्ध पद्मासन कहा जाता है अर्थात् आधे कमल जैसी आकृति।

प्रारम्भ : स्वच्छ, हवादार स्थान पर दरी या कम्बल बिछा लें।

स्थिति : दोनों पैरों को सामने फैलाकर बैठ जाएँ। दाएँ पैर को धीरे-धीरे मोड़ते हुए बाईं जंघा पर रखें और बाएँ पैर को धीरे-धीरे मोड़ते हुए दाएँ पैर के नीचे रख लें। पीठ और गर्दन को बिलकुल सीधा रखें। इसे बारी-बारी से पैर बदल-बदलकर अभ्यास करने से पद्मासन तथा ध्यान के आसनों के लिए तैयारी कराता है।

चित्र नं. 38

समय : सामर्थ्यानुसार अभ्यास करें।

एकाग्रता : मन को श्वास-प्रश्वास पर केंद्रित रखें।

लाभ : पद्मासन की ही तरह उसके आधे लाभ मिलते हैं।

विशेष : मेरुदण्ड के निचले भाग के रोगों से पीड़ित रोगियों और साइटिका दर्द के रोगियों को इस आसन का अभ्यास नहीं करना चाहिए।

• सिद्धासन

स्थान : स्वच्छ हवादार स्थान पर दरी या कम्बल बिछाकर बैठ जाएँ।

विधि : सीधा तनकर बैठें। बैठी हुई अवस्था में पैरों को घुटने से मोड़कर सुखासन लगाएँ। इसके बाद बायाँ पैर मोड़कर एड़ी इस प्रकार रखें कि वह गुदाद्वार पर लगे। बाएँ पैर का तलवा दाईं जंघा से स्पर्श करें। एड़ी गुदा व उपस्थेन्द्रि के बीच स्थित रखें। दाहिना पैर और बाएँ पैर के पंजे दोनों घुटनों पर रखें। पीठ व गर्दन सीधी रखते हुए सीधा तनकर बैठें। आँखें बन्द एवं मन शान्त रखें।

चित्र नं. 39

एकाग्रता : मन को दोनों भौहों के बीच तिलक पर या आज्ञाचक्र में स्थापित करें।

अवधि : स्थिरता से जितनी देर बने सामर्थ्यनुसार अभ्यास करें।

लाभ : पद्मासन के समान लाभ प्राप्त होते हैं। एकाग्रता के लिए व कुण्डलिनी जागरण के लिए उत्तम है। मन को वश में करने के लिए उत्तम है।

• सुखासन

स्थिति : वह स्थिति जो सुख अनुभव कराए वही सुखासन है। आराम से आलथी-पालथी लगाकर बैठना, पीठ सीधी रखना, सिर से कूल्हे तक बिलकुल सीधा बैठना व सुख महसूस करना सुखासन की स्थिति है। आलथी-पालथी लगाकर दोनों हथेलियों को एक के ऊपर एक कर गोद में रखें या फिर सुखपूर्वक घुटनों पर रखें।

चित्र नं. 40

सावधानी : घुटने के ऑपरेशन वाले या जिन्हें घुटने में अधिक पीड़ा हो वे न करें।

एकाग्रता : मन को श्वास प्रश्वास पर केंद्रित करें।

लाभ : शारीरिक सुख अनुभव होने के कारण ध्यान के लिए उत्तम है। अधिक देर तक शरीर स्थिर रह सकता है। प्राचीनकाल में इसी आसन में भोजन किया जाता था जो उत्तम है। मन शांत एवं शरीर स्वस्थ रहता है। स्थिरता आती है।

• स्वस्तिकासन

स्थिति : सीधे तनकर बैठ जाएँ। पीठ एवं गर्दन सीधे रखें। दोनों पैरों को सामने फैलाकर बैठ जाएँ। पैरों को इस प्रकार मोड़ें कि दोनों पैरों के पंजे जंघा और पिंडली के बीच रहें। दोनों हाथ कोहनी सीधी रखते हुए दोनों घुटनों पर रखें।

चित्र नं. 41

श्वास : श्वास सामान्य रखें।

एकाग्रता : मन को अपने इष्ट देव में लगाएँ या श्वास, प्रश्वास पर केंद्रित करें।

लाभ : ध्यान का एक सरल व विशेष आसन है। मस्तिष्क पर प्रभाव पड़ता है। स्मरण शक्ति बढ़ाने के लिए लाभदायक अभ्यास है। स्नायुमण्डल पर प्रभाव पड़ता है और शक्ति बढ़ती है।

• पद्मासन में योगमुद्रा

नाम : योग के लिए यह एक महत्त्वपूर्ण स्थिति या मुद्रा है। चूँकि यह पद्मासन में बैठकर किया जा रहा है, इसलिए इसे पद्मासन में योगमुद्रा कहते हैं।

प्रारम्भ : पद्मासन में पीठ सीधी रखते हुए बैठ जाएँ दोनों हाथ पीछे पीठ पर ले जाएँ। बाएँ हाथ की मुट्ठी बन्द कर लें। दाएँ हाथ से बाएँ हाथ की कलाई को पकड़ लें। श्वास छोड़ते हुए धीरे-धीरे आगे झुकें और नाक को ज़मीन से स्पर्श कराएँ। कुछ देर रुकते हुए पुनः श्वास लेते हुए धीरे-धीरे ऊपर उठें।

चित्र नं. 42

समय : यथाशक्ति बैठें। प्रारंभ में दो मिनट फिर 20 मिनट तक बैठें।

क्रम : पद्मासन के पश्चात् अभ्यास करें।

लाभ : इससे पद्मासन के सभी लाभ मिलते हैं। जठराग्नि तीव्र होती है। पेट के सभी रोग दूर होते हैं। चेहरे पर रक्त की अतिरिक्त मात्रा पहुँचकर स्वास्थ्य प्रदान करता है। मोटापा दूर करता है। कोष्ठबद्धता को समाप्त करता है। मांसपेशियाँ लचीली और दृढ़ होती हैं। स्वास्थ्य की दृष्टि से योगमुद्रा के द्वारा हम सम्पूर्ण शरीर का व्यायाम करते हैं।

• बद्ध पद्मासन

स्थान : स्वच्छ, हवादार स्थान पर दरी या कम्बल पर बैठ जाएँ।

स्थिति : पीठ व गर्दन सीधी रखते हुए पद्मासन में बैठ जाएँ। प्रारम्भ में पूर्ण स्थिति नहीं बन पाएगी अर्थात् इस अभ्यास को दो बार में करें :

(i) सर्वप्रथम बाएँ हाथ से दाहिने अंगूठे को पकड़ने के लिए थोड़ा आगे की तरफ़ झुकें और अंगूठे को पकड़ने का प्रयास करें। ऐसा बार-बार दोहराते जाएँ।

(ii) दूसरी बार में दाहिने हाथ को पीठ पर से मोड़ते हुए बाएँ अंगूठे को पकड़ने का प्रयास आगे झुकते हुए निरन्तर करते रहें।

(iii) धीरे-धीरे अभ्यास की अवधि बढ़ाते जाएँ। बढ़ाते-बढ़ाते दोनों हाथों से एक साथ प्रयास करें।

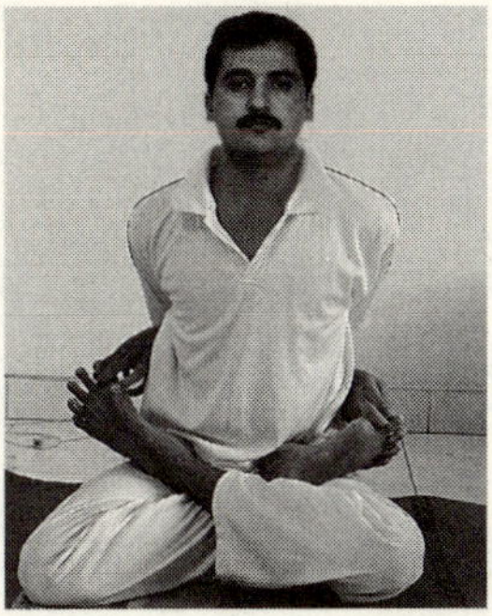

चित्र नं. 43

श्वास : हाथ पीछे ले जाते समय श्वास लें। पूर्ण स्थिति में श्वास रोकें। सामान्य स्थिति में आते हुए श्वास छोड़ें।

एकाग्रता : आज्ञा चक्र पर मूलाधार व स्वाधिष्ठान चक्र पर ध्यान लगाएँ।

लाभ : पद्मासन के सभी लाभों के अलावा कंधे मज़बूत व बलिष्ठ बनते हैं। छाती चौड़ी और मज़बूत बनती है।

• मत्स्यासन

नाम : 'मत्स्य' का अर्थ है 'मछली।' इस आसन के द्वारा हम बहुत देर तक मछली के समान पानी में तैर सकते हैं। इसलिए इस आसन का नाम 'मत्स्यासन' है।

प्रारम्भ : स्वच्छ एवं हवादार स्थान पर दरी या कम्बल बिछा लें।

स्थिति : दरी या कम्बल पर पद्मासन में बैठ जाएँ। हाथों का सहारा लेते हुए एक-एक कोहनी टिकाते हुए पीछे की ओर तब तक झुकें जब तक कि सिर का ऊपरी हिस्सा ज़मीन से छूने न लगे। दोनों पैरों के अंगूठों को पकड़ लें। कोहनियाँ ज़मीन से सटी रहें। श्वास लें और शरीर को कमर के नीचे 'पुल' बनाते हुए तानें। ऊपर नीचे के दाँतों को आपस में दबाकर रखें। दोनों हाथों से पैरों के अंगूठों को पकड़ें। जितनी देर सरलतापूर्वक रुक सकते हैं रुकें। अब पैर के अंगूठों को छोड़कर हाथों से जांघों का सहारा लेकर कमर और पीठ को नीचे टिका दें। फिर कोहनियों का सहारा लेकर उठ जाएँ।

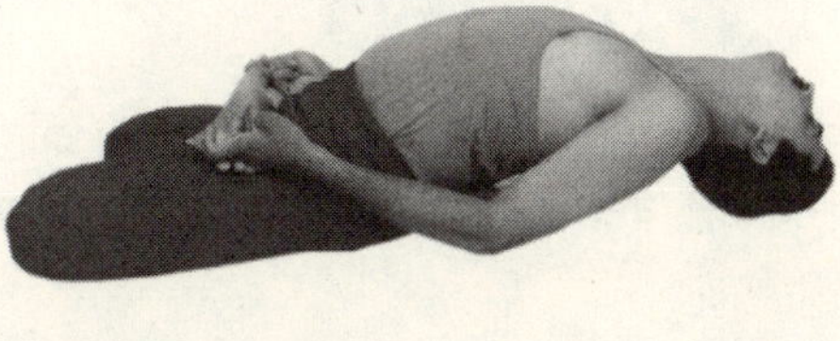

चित्र नं. 44

एकाग्रता : मन को उदर प्रदेश, वक्ष या श्वास-प्रश्वास पर केंद्रित करें।

समय : आरम्भ में जितनी देर सरलता से रुक सकें, रुकें। धीरे-धीरे इस आसन में 5 मिनट तक रुकें।

क्रम : मत्स्यासन को सर्वांगासन व हलासन के बाद करना चाहिए।

लाभ : उदर सम्बंधी सभी प्रकार की बीमारियों के लिए बहुत उपयोगी आसन है। इस आसन से मेरुदण्ड और पीठ की माँसपेशियाँ सक्रिय होती हैं। दमे के रोगियों के लिए यह आसन अत्यन्त लाभप्रद है। इससे सम्पूर्ण श्वसन तंत्र की अव्यवस्थाएँ दूर हो जाती हैं। गर्दन व छाती में खिंचाव आने से यह मस्तिष्क, गले, फेफड़ों, नाक तथा कान के रोगों में लाभप्रद है। इससे थायरॉइड ग्रंथि पुष्ट होती है। इस आसन से मुख की कांति बढ़ती है।

• वज्रासन

नाम : वज्र का अर्थ है 'कठोर', 'कड़ा', 'शक्तिशाली।' परंतु योग में वज्र नाड़ी को कहते हैं। यह नाड़ी गुदा और अण्डकोष के बीच में होती है। इस आसन में बैठने से वज्र नाड़ी पर दबाव पड़ता है। इसलिए इसे वज्रासन कहते हैं।

प्रारम्भ : स्वच्छ व हवादार स्थान पर दरी या कम्बल बिछा लें।

प्रथम स्थिति : दोनों पैरों को पीछे मोड़कर घुटनों के बल बैठ जाएँ। दोनों पैर के पंजे फैले हुए हों। दोनों अंगूठे एक-दूसरे से मिले हों। एड़ियाँ खुली हों। नितम्ब दोनों एड़ियों के बीच में रखें। बिलकुल सीधे बैठ जाएँ। मेरुदण्ड, गर्दन और पीठ तनी हुई हो। दोनों हाथ घुटनों पर रखे हों एवं श्वास स्वाभाविक रखें।

चित्र नं. 45

द्वितीय स्थिति : सबसे पहले बाएँ पैर के पंजे पर दाहिना पैर रखें। दाहिने पैर को इस तरह रखें कि एड़ी से गुदा को बन्द कर सकें, और गुदा को बन्द करें। इसमें 5 से 10 मिनट तक रुकें।

चित्र नं. 46

समय : शुरू में 5-10 मिनट फिर धीरे-धीरे 20-25 मिनट तक प्रतिदिन करें।

लाभ : वज्रासन 'वज्र नाड़ी' को प्रभावित करता है। वज्र नाड़ी पाचन शक्ति पर प्रभाव डालती है। जिन्हें बदहज़मी हो या जिनकी पाचन शक्ति ख़राब हो उन्हें यह आसन अवश्य करना चाहिए। इसे करने से घुटनों के दर्द, वातरोग, साइटिका में फ़ायदा होता है। पेट से संबंधित रोगों, पीठ दर्द, अतिसार व शरीर की शिथिलता को रोकने के लिए सर्वोत्तम आसन है। रक्तचाप को शांत एवं सामान्य रखता है। पैर एवं जांघों के लिए फ़ायदेमंद है। मधुमेह में लाभदायक है। इस अवस्था में कंघा करने पर यह बालों के लिए भी लाभदायक है।

तृतीय स्थिति : वज्रासन में बैठ जाएँ। घुटनों को दूर-दूर रखें। पैरों की अंगुलियों का सम्पर्क ज़मीन से रहे। पंजों को इतना दूर अलग करें कि उनके बीच में आपके नितम्ब ज़मीन पर जम जाएँ घुटनों का फ़ासला बढ़ाएँ। हाथों को घुटनों पर रखें। हथेलियाँ नीचे की ओर रहें।

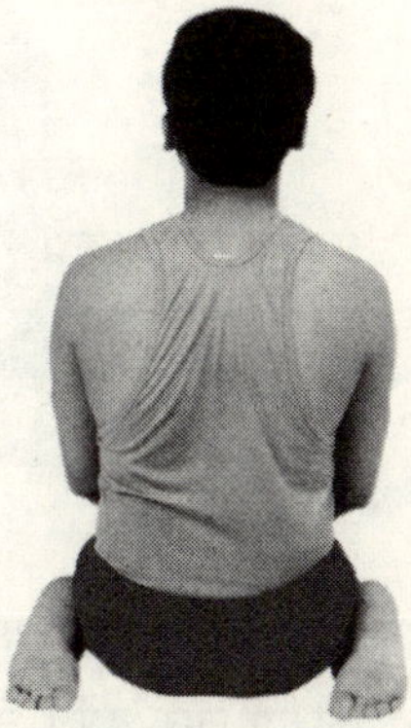

चित्र नं. 47

जब शरीर सुख की स्थिति में हो तब नासिकाग्र दृष्टि करें (नाक के अग्र भाग को देखें)। श्वास धीमा व लयपूर्ण रहे।

समय : पैरों को लचीला बनाने के लिए कुछ मिनट काफ़ी हैं। आध्यात्मिक लक्ष्य प्राप्ति के लिए अधिक समय तक करें।

लाभ : यह आसन मुख्यतः आध्यात्मिक अभ्यासों के लिए है, क्योंकि इसकी स्थिति मात्र से ही मूलाधार उत्तेजित होने लगता है। जोड़ों के लिए लाभदायक है। हिप ज्वॉइंट लचीला बनाता है व मूलाधार शक्ति विकसित होती है। संबंधित बीमारियों में लाभ मिलता है।

• उष्ट्रासन

नाम : 'उष्ट्र' का अर्थ है 'ऊँट।' इस आसन में गर्दन की स्थिति ऊँट की ग्रीवा के समान हो जाती है। इसलिए इस आसन को 'उष्ट्रासन' कहते हैं।

प्रारम्भ : स्वच्छ, हवादार स्थान पर दरी या कम्बल पर बैठ जाएँ।

स्थिति : वज्रासन में बैठकर घुटनों और टखनों के बीच दूरी रखें और श्वास लेते हुए घुटनों पर खड़े हो जाएँ। पीछे झुकते हुए श्वास छोड़ें और दोनों हाथों से एक-एक करके धीरे-धीरे पीछे झुकते हुए एड़ी को पकड़ें। गर्दन तथा शरीर को जितना सम्भव हो धीरे-धीरे पीछे तक ले जाएँ। हाथ सीधे रखें। स्वाभाविक श्वास प्रश्वास करें। थोड़ी देर रुककर श्वास छोड़ते हुए धीरे-धीरे वज्रासन में बैठ जाएँ।

चित्र नं. 48

एकाग्रता : आमाशय, थायरॉइड या मेरुदण्ड पर ध्यान लगाएँ।

समय : आरम्भ में इस आसन को दो बार करें। धीरे-धीरे अभ्यास होने पर 5 से 7 बार करें एवं अन्तिम स्थिति में 3 मिनट तक रुककर करें।

क्रम : आगे झुककर किए जाने वाले आसनों के बाद इस आसन को करना चाहिए।

लाभ : उष्ट्रासन श्वसन तंत्र को पूर्ण रूप से क्रियाशील बनाता है। दमे के रोगियों के लिए बड़ा ही लाभप्रद है। हृदय रोगों में प्रभावकारी है। मेरुदण्ड को लचीला बनाता है। पाचन शक्ति बढ़ाता है। घुटनों, जंघाओं, भुजाओं, कमर, पीठ व गर्दन आदि सभी अंगों को पुष्ट करता है। प्रजनन प्रणालियों के लिए लाभप्रद है। पीठ के दर्द व झुकी हुई पीठ को ठीक करता है।

• सुप्त वज्रासन

प्रारम्भ : स्वच्छ एवं हवादार स्थान पर दरी या कम्बल बिछा लें।

स्थिति : वज्रासन में सीधे बैठ जाएँ। दोनों कोहनियों को एक-एक करके धीरे-धीरे पीछे टेक लें। सहारे से पीछे की तरफ़ झुकते जाएँ। तब तक धीरे-धीरे झुकें जब तक कि सिर पीछे ज़मीन पर छूने न लगे। कमर धनुषाकार रहे। ध्यान रहे दोनों घुटने ज़मीन पर सटे रहें और ऊपर नहीं उठने चाहिए। दोनों हाथों को दोनों जाँघों पर रख लें। बत्तीसी बंद व होंठ खुले रखते हुए श्वास अंदर लें और होंठ बंद कर श्वास बाहर फेंकें। इस प्रकार श्वास सामान्य रखें। आँखें बन्द रखें। अब इस प्रक्रिया से वापस आने के लिए दोनों हाथों से टखनों को पकड़कर कुहनियों को ज़मीन पर टिका दें। अब दाहिनी ओर शरीर को मोड़ते हुए शरीर का पूरा भार दाहिनी ओर डाल दें और धीरे से बैठ जाएँ। दोनों पैर खोल लें और आराम से बैठ जाएँ।

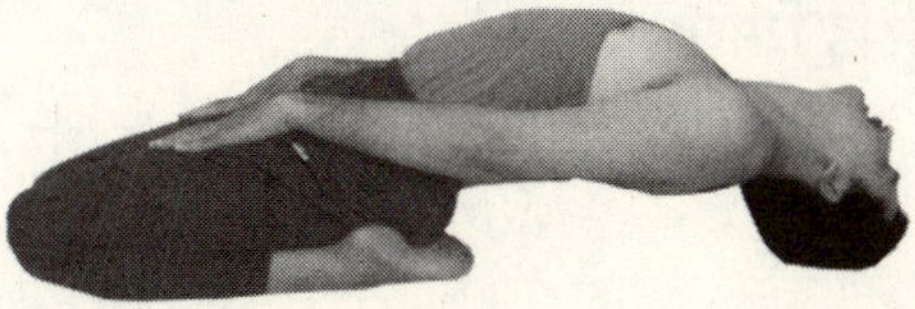

चित्र नं. 49

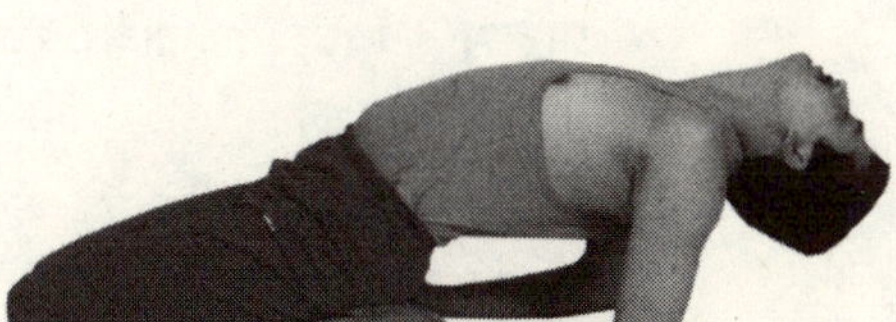

एकाग्रता : मन को कमर, अमाशय या श्वास-प्रश्वास क्रिया पर लगाएँ।

समय : पूर्ण सुप्त वज्रासन की स्थिति में छः से आठ सेकंड तक रुकें। इस आसन को तीन-चार बार करें। पाँच बार से अधिक न करें।

सावधानी : इस आसन को करने के लिए शरीर के साथ ज़बरदस्ती बिलकुल न करें। थोड़ा-थोड़ा करके रोज़ अभ्यास करें। घुटनों को ज़बरदस्ती ज़मीन से स्पर्श कराने के लिए जाँघों और घुटनों की मांसपेशियों व संधि-बंधनों पर अनावश्यक रूप से तनाव न डालें। अपनी शारीरिक क्षमतानुसार अंतिम स्थिति तक पहुँचें।

क्रम : सुप्त वज्रासन आगे झुककर किए जाने वाले आसनों, जैसे : पश्चिमोत्तानासन, जानुशिरासन आदि के लिए विपरीत आसन है। अतः इसका अभ्यास आगे झुककर करने वाले आसनों के बाद में करें।

लाभ : मधुमेह के लिए यह उत्तम आसन है। चूँकि इस आसन से पैंक्रियास की सक्रियता बढ़ती है और उसमें रक्त की आपूर्ति बढ़ जाती है। इसलिए पैंक्रियास स्वाभाविक रूप से काम करने लगता है।

यह मेरुदण्ड के लिए अच्छा आसन है। मेरुदण्ड तथा हड्डियों की गड़बड़ियाँ प्रभावशाली ढंग से ठीक हो जाती हैं।

यौन ग्रंथियों पर भी इसका प्रभाव होता है। यौन क्षमता बढ़ती है, स्त्रियों के सभी रोगों के लिए यह रामबाण का कार्य करता है।

सुप्त वज्रासन पेट, आँत, लिवर, किडनी, स्प्लीन तथा उदर के सभी भागों की गड़बड़ियों को सुधारकर उन अंगों को सबल और सशक्त बनाता है।

क़ब्ज़ के लिए उत्तम आसन है, क्योंकि यह आँतों को शक्ति के साथ फैलाता व संकुचित करता है।

• सिंहासन या सिंह क्रिया

चित्र नं. 50

नाम : 'सिंह' का अर्थ है 'शेर।' इस आसान में शरीर की स्थिति शेर की आकृति के समान हो जाती है। इसलिए इस आसन का नाम 'सिंहासन' है।

प्रारम्भ : स्वच्छ व हवादार स्थान पर दरी या कम्बल बिछा लें।

स्थिति : सूर्य की ओर मुँह करके दोनों घुटनों को दूर-दूर रखकर वज्रासन में बैठ जाएँ। दोनों हाथों को घुटनों के बीच जमा लें। अंगुलियों को शरीर की तरफ़ रखें। हाथों को एकदम सीधा रखें। उनके सहारे आगे की ओर झुकें। सिर को ऊपर की तरफ़ ले जाएँ। मुँह खोलकर जीभ को बाहर निकालें। आँखें पूरी खोलकर

भ्रूमध्य में देखें। श्वास को बाहर की तरफ़ छोड़ें। श्वास न लें, बीच में जो कुछ सेकंड का अन्तर आता है, उसमें श्वास अपने आप अन्दर चली जाती है। पेट को आगे और पीछे धक्का देंगे।

समय : आरम्भ में दो-तीन बार करें। धीरे-धीरे इसे अभ्यासानुसार 20 बार तक करें।

लाभ : इससे स्वस्थ और मधुर स्वर का विकास होता है। गले, नाक, कान और मुँह की बीमारियों को दूर करने वाला एक बहुउपयोगी आसन है। हकलाकर बोलने वालों के लिए उपयोगी है। दमा निवारण के लिए लाभकारी है। शरीर में शक्ति का संचार करता है।

• मयूरासन

नाम : 'मयूर' का अर्थ है 'मोर।' इस आसन में शरीर की स्थिति मोर के समान बन जाती है। इसलिए इस आसन को 'मयूरासन' कहते हैं।

प्रारम्भ : स्वच्छ हवादार स्थान पर दरी या कम्बल बिछा लें।

स्थिति : वज्रासन में बैठ जाएँ जाँघों और नितम्बों को उठाते हुए आगे की ओर झुकें। दोनों हाथों को कोहनियों से मोड़कर नाभि पर सटाएँ। श्वास लेकर रोक लें। पैर लम्बे करें। शरीर का सम्पूर्ण भार दोनों हथेलियों पर ले लें। सिर को थोड़ा सा झुकाने पर पैर अपने आप ऊपर उठ जाएँगे। श्वास छोड़ते हुए सावधानीपूर्वक पूर्व अवस्था में वापस लौट आएँ।

चित्र नं. 51

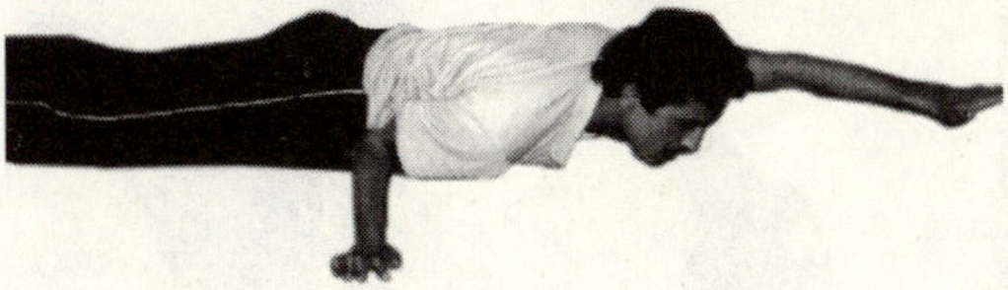

एकाग्रता : मन को संतुलन में लाएँ।

समय : श्वास को जितनी देर रोकने की क्षमता हो, उतनी देर करें।

क्रम : इस आसन के बाद सिर के बल किए जाने वाले आसनों का अभ्यास न करें।

सावधानियाँ : उच्च रक्तचाप, हर्निया या जठर के घाव वाले व्यक्तियों को इसका अभ्यास नहीं करना चाहिए। इस आसन का अभ्यास महिलाओं को नहीं करना चाहिए, क्योंकि इससे गर्भाशय में विकृति आ जाती है।

लाभ : उदर विकारों में लाभकारी है। शरीर की चयापचय क्रिया को प्रेरित करता है, रस स्राव को बढ़ाता है, क़ब्ज़ निवारण के लिए उपयोगी है। मधुमेह रोगी को इसका अभ्यास अवश्य करना चाहिए। रक्त से विषैले पदार्थों को दूर कर उसका शुद्धिकरण करता है। इससे चर्म रोग, फोड़े आदि दूर करने में मदद मिलती है।

विशेष : किसी भी आसन का अभ्यास योग्य गुरु के मार्गदर्शन के बिना करना हानिकारक हो सकता है अर्थात् गुरु के मार्गदर्शन में अभ्यास करना ही हितकर होगा।

• शीर्षासन

नाम : 'शीर्ष' का अर्थ है 'सिर', 'कपाल', 'माथा' आदि। इस आसन में सिर के बल उल्टा खड़ा होना होता है, इसलिए इस आसन को 'शीर्षासन' कहते हैं।

प्रारम्भ : स्वच्छ हवादार स्थान पर दरी या कम्बल बिछा लें।

प्रथम स्थिति : वज्रासन की स्थिति में बैठ जाएँ। दोनों हाथों की अंगुलियों को आपस में फँसाते हुए कोहनियों को ज़मीन पर टिकाएँ। अब सिर को हाथों के बीच सटाकर रखें। धीरे-धीरे घुटनों को ज़मीन से ऊपर उठाएँ। इसके बाद यही क्रिया दूसरे पैर से करें। इस अवस्था में शरीर हाथों पर सिर के सहारे रहेगा। पैरों का ऊपरी भाग धड़ से दूर कर नितम्ब सीधे करें। घुटनों को पूर्णतः सीधी अवस्था में ले आएँ। इस अवस्था में शरीर पूरी तरह सीधा एवं उल्टा रहेगा। यथासम्भव इस स्थिति में रुकें। पैरों को मोड़ें और अंगुलियाँ ज़मीन पर टिका दें। श्वास-प्रश्वास सामान्य रखें। एक-एक कर पैरों को ऊपर-नीचे करें।

चित्र नं. 52

द्वितीय स्थिति : शीर्षासन के अभ्यास के बाद शीर्षासन में पद्मासन लगाकर अभ्यास करें।

समय : प्रारम्भ में क्षमतानुसार 2 से 3 सेकंड तक करें। धीरे-धीरे 30 मिनट तक रुकें।

एकाग्रता : मन को श्वास, मस्तिष्क एवं संतुलन पर केंद्रित करें।

क्रम : शीर्षासन का अभ्यास करने के बाद 'ताड़ासन' फिर शवासन करना चाहिए।

सावधानी : उच्च रक्तचाप, चक्कर आने, दिल की बीमारी, बदहज़मी, मोतियाबिन्द या समीप दृष्टि-दोष में न करें।

लाभ : सम्पूर्ण शरीर को शक्ति प्रदान करता है इसलिए इसे आसनों का राजा कहा जाता है। स्मरण शक्ति बढ़ती है। बाल सफ़ेद नहीं होते, सफ़ेद बाल भी काले हो जाते हैं, बालों का झड़ना भी बन्द हो जाता है। सभी ग्रंथियों विशेषकर प्रजनन संस्थान से संबंधित ग्रंथियों का असंतुलन दूर करता है। अनेक मनोवैज्ञानिक विकारों दमा, सिरदर्द, अनिद्रा, शक्ति की कमी, जुकाम आदि को दूर करता है। हाथ, पैर सुन्न होने की बीमारी दूर हो जाती है।

विशेष : योग प्रशिक्षक के निर्देशन में ही इस आसन का अभ्यास करना हितकर होगा। शीर्षासन एवं उदर आसन के लाभ समान हैं। उदर आसन के नुक़सान नहीं हैं।

• वृश्चिकासन

प्रारम्भ : स्वच्छ हवादार स्थान पर बैठ जाएँ।

विधि : शीर्षासन के समान स्थिति में आने के बाद दोनों हाथों को कंधों के नीचे स्थापित कर कोहनी तक ज़मीन पर टिकाएँ। हाथ समानांतर रहें। सिर की तरफ़ पीछे पैरों को यथासंभव मोड़ें। सिर धीरे-धीरे ज़मीन से ऊपर उठा लें। संपूर्ण शरीर संतुलन हथेली से कोहनी तक रखें। यथाशक्ति रुकने के बाद पुनः शीर्षासन में लौट आएँ। धीरे-धीरे पैर मोड़ते हुए नीचे ले आएँ।

चित्र नं. 53

श्वास : श्वास स्वाभाविक रखें।

समय : धीरे-धीरे यथाशक्ति समय बढ़ाएँ।

एकाग्रता : मन संपूर्ण शरीर पर एकाग्र करें।

सावधानी : इस आसन के बाद सामने झुकने वाले आसन का अभ्यास करें। गुरु के मार्गदर्शन में करें। उच्च रक्तचाप ग्रस्त, हृदय रोगी एवं कमज़ोर व्यक्ति अभ्यास न करें।

लाभ : शीर्षासन के सभी लाभों के अलावा यह नाड़ियों में स्थिरता लाता है। रक्तसंचार के समस्त दोषों को दूर करता है। बवासीर रोग में लाभदायक है, पीयूष ग्रंथि में रक्त संचार बढ़ाता है। प्राणशक्ति को मज़बूत करता है। शारीरिक शक्ति को बढ़ाता है।

• वीरासन (I)

प्रारम्भ : स्वच्छ हवादार स्थान पर दरी या कम्बल बिछा लें।

स्थिति : वज्रासन में बैठ जाएँ। दाएँ पंजे को बाएँ घुटने के पास आगे रखें। दायाँ हाथ दाएँ घुटने पर और हथेली पर गाल को टिका दें। आँखें बंद करके तन-मन को ढीला छोड़ दें। श्वास सामान्य रखें।

चित्र नं. 54

एकाग्रता : भ्रूमध्य या आज्ञा चक्र पर मन को एकाग्र करें।

लाभ : ध्यान, गहन चिन्तन करने के लिए यह बड़ा अच्छा आसन है।

• व्याघ्रासन

प्रारम्भ : स्वच्छ व हवादार स्थान पर दरी या कम्बल बिछा लें।

स्थिति : वज्रासन में बैठ जाएँ। मार्जारी आसन में देखें। अपने दाएँ पैर को ज़मीन के समानान्तर पीछे फैलाएँ, दाहिने घुटने को मोड़ें और पैर की अंगुलियों को सिर की तरफ़ करें। ऊपर देखें। उठे हुए पैर को नितम्ब से नीचे की ओर झुकाएँ और कोहनी से घुटने को छूने का प्रयास करें। इस अवस्था में रीढ़ ऊपर की ओर मोड़ें और इसी प्रकार अभ्यास जारी रखें।

चित्र नं. 55

समय : प्रत्येक पैर से शुरू में 5-5 बार करें। फिर धीरे-धीरे 15 से 20 बार करें।

एकाग्रता : मन को पैर की गति पर एकाग्र करें।

लाभ : कूल्हों व जाँघों की बढ़ी हुई चर्बी को कम करने में उपयोगी है। यह आसन साइटिका नस को शिथिल करने व रीढ़ के व्यायाम के लिए एवं महिलाओं के प्रजनन अंगों को सामान्य बनाने में उपयोगी है।

• मार्जारी आसन

नाम : मार्जारी आसन का नाम बिल्ली के ऊपर रखा गया है। जिस प्रकार बिल्ली सुबह उठकर पीठ ऊपर-नीचे करती है। इसका नाम इसी पर आधारित है।

चित्र नं. 56

स्थिति : वज्रासन में बैठ जाएँ, दोनों पैरों के अंगूठे पीछे मिलाकर रखें। दोनों घुटनों के बीच आठ इंच या एक बालिश्त की दूरी रखें। जहाँ पर घुटना है वहाँ पर दोनों कोहनियों को स्पर्श कर दें। एक पंजे को आगे बढ़ाएँ और फिर पूरे शरीर का वज़न

दोनों हाथों पर और घुटनों पर लेकर आएँ। यह इसका माप (measurement) है हमारे हाथ इतने चौड़े होने चाहिए जितने हमारे कंधे हैं। दोनों हाथों और पैरों को स्थिर रखें। अब श्वास लेते हुए गर्दन ऊपर करें और पीठ को दबाएँ, फिर धीरे-धीरे श्वास छोड़ते हुए ठुड्डी को छाती से स्पर्श करें। पेट अंदर खींचें और गुदा बंद करें। इस प्रकार 1 चक्र पूरा होता है।

एकाग्रता : गर्दन से लेकर, कॉसिक्स तक बार-बार मन की आँखों से देखें।

समय : 20 से 25 बार इस क्रिया को करें।

लाभ : संपूर्ण मेरुदण्ड की अच्छी मालिश होती है। गर्दन से लेकर कॉसिक्स तक सभी दर्द में लाभ मिलता है। टेढ़ी पीठ सीधी करने में लाभकारी सिद्ध होता है। महिलाओं के प्रजनन अंगों के लिए श्रेष्ठ अभ्यास है। मासिक धर्म संबंधी अनियमितताओं, ल्यूकोरिया, सर्वाइकल एवं स्लिप डिस्क में उपयोगी है।

• गोमुखासन

नाम : इस आसन को करते समय जब दोनों घुटने एक के ऊपर एक परस्पर आते हैं तो उनकी आकृति गौ के मुख जैसी बन जाती है। इसलिए इस आसन को 'गोमुखासन' कहते हैं।

प्रारम्भ : स्वच्छ, हवादार स्थान पर दरी या कम्बल बिछा लें।

प्रथम स्थिति : वज्रासन में बैठ जाएँ। अब बाएँ पैर को मोड़कर बाईं एड़ी को दाहिने नितम्ब के बाजू में रखें। दोनों पैरों को इस प्रकार रखें कि बाएँ पैर के घुटने के ऊपर ही दाहिने पैर का घुटना रहे। दोनों हाथों से दोनों पैरों के पंजों को पकड़ें। कोहनी सीधी रखते हुए पीठ सीधी तानकर बैठ जाएँ। अब श्वास छोड़ते हुए, धीरे-धीरे आगे झुकें। नाक को घुटने से स्पर्श करें।

चित्र नं. 57

द्वितीय स्थिति : अब आपका जो पैर ऊपर है उसी हाथ को कंधे के ऊपर से पीछे ले जाएँ। दूसरे हाथ को कोहनी से मोड़ते हुए पीठ पर ले जाएँ। दोनों हाथों की दसों

अंगुलियों को पीछे एक साथ जोड़ (interlock) लें।

श्वास छोड़ते हुए आगे की ओर झुकें। नाक को घुटने से स्पर्श करें और कुछ देर इसी स्थिति में रुकें फिर श्वास लेते हुए वापस ऊपर उठें।

तृतीय स्थिति : (i) अब पैरों की स्थिति बदल दें। बाएँ पैर को दाहिने पैर के ऊपर मोड़कर इस प्रकार रखें कि दाहिने घुटने पर बायाँ घुटना रहे। दोनों घुटने सीध में रखें। दोनों हाथों से दोनों पंजों को पकड़ें और तनकर बैठें। श्वास छोड़ते हुए धीरे-धीरे आगे घुटने पर नाक स्पर्श करें। कुछ देर रुकें। अब श्वास लेते हुए धीरे-धीरे ऊपर उठकर सामान्य स्थिति में आएँ। (ii) आपका जो पैर ऊपर है उसी हाथ को कंधे के ऊपर से मोड़ते हुए पीठ पर ले जाएँ, और दूसरे हाथ को कोहनी से पीछे पीठ की तरफ़ मोड़ें और दोनों हाथों की अंगुलियों को एक साथ जोड़ लें। श्वास छोड़ते हुए आगे की ओर धीरे-धीरे झुकें। कुछ देर रुकें। पुनः श्वास लेते हुए ऊपर उठकर सामान्य स्थिति में आ जाएँ।

समय : प्रत्येक स्थिति को पाँच बार दोहराएँ।

एकाग्रता : श्वसन क्रिया पर ध्यान लगाएँ।

लाभ : गोमुखासन मधुमेह रोग में प्रभावकारी लाभ पहुँचाता है। इसके अभ्यास से पीठ और गर्दन के दर्द एवं अन्य रोग दूर हो जाते हैं। कंधों का कड़ापन दूर होता है। कुबड़ापन दूर होता है। छाती मज़बूत और बलिष्ठ बनती है। यह निम्न रक्तचाप और उच्च रक्तचाप में गुणकारी है। हार्निया ठीक हो जाता है। साइटिका दर्द दूर होता है। स्त्रियों के ल्यूकोरिया रोग में लाभ पहुँचता है। पेट के सभी रोग दूर होते हैं।

• पादांगुष्ठासन

प्रारम्भ : स्वच्छ व हवादार स्थान पर दरी या कम्बल बिछा लें।

स्थिति : बाईं एड़ी को मूल में रखें। पूरे शरीर का वज़न बाएँ पंजे पर पड़ने दें। दायाँ पैर बाएँ घुटने के पास रखें। संतुलन बनाए रखें। दोनों हाथों को छाती के सामने जोड़कर प्रार्थना की मुद्रा में रखें। मेरुदण्ड सीधा रखें।

चित्र नं. 58

समय : जितनी देर सम्भव हो, दोनों पैरों से संतुलन का अभ्यास करें।

एकाग्रता : एक बिन्दु पर दृष्टि केंद्रित करते हुए संतुलन रखें।

लाभ : प्रजनन संस्थान को नियमित करता है। वीर्य नाड़ी पर प्रभाव पड़ता है। ब्रह्मचर्य पालन

व मधुप्रमेह में लाभदायक है। समतल पैरों को ठीक करता है। पैरों के पंजों तथा टखनों को शक्ति प्रदान करता है।

• कटिचक्रासन

प्रारम्भ : स्वच्छ हवादार स्थान पर दरी या कम्बल बिछा लें।

प्रथम स्थिति : दरी या कम्बल पर खड़े हो जाएँ दोनों पैरों के बीच में 2 फ़िट की दूरी रखें। दोनों हाथ कंधे की ऊँचाई पर उठाएँ। अब शरीर को कमर से दाईं ओर घुमाएँ। बायाँ हाथ दाएँ कंधे पर लाएँ और दायाँ हाथ पीठ पर पीछे ले जाएँ। इसके बाद शरीर को पुनः सामान्य स्थिति में लाकर बाईं ओर घुमाएँ। श्वास को सामान्य रखें।

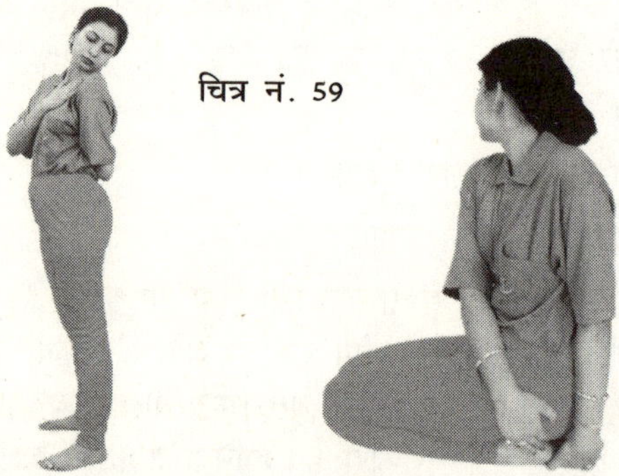

चित्र नं. 59

समय : इस आसन का अभ्यास दोनों तरफ़ 10 बार दोहराएँ।

द्वितीय स्थिति : वज्रासन में बैठ जाएँ पीठ सीधी रखें। अब दोनों हाथ बाईं तरफ़ पीछे नितम्ब की तरफ़ ले जाएँ। गर्दन दाहिनी तरफ़ ले जाएँ। सामान्य श्वसन करें। अब दोनों हाथ दाहिनी तरफ़ धीरे से ले जाएँ और गर्दन बाईं तरफ़ ले जाएँ। इस प्रकार एक चक्र पूरा होगा।

समय : 1 मिनट।

क्रम : मार्जारी आसन के बाद।

लाभ : कटिचक्रासन कमर, पीठ, नितम्ब, मेरुदंड तथा शरीर के जोड़ों को सुधारता है। मधुमेह के लिए अच्छा आसन है। संपूर्ण मेरुदण्ड की अच्छी मालिश हो जाती है। तनाव दूर होता है और गर्दन की मांसपेशियाँ लचीली बनती हैं।

• वज्रासन में योग मुद्रा (मण्डूकासन)

नाम : इस आसन में 'वज्रासन' के साथ 'योग मुद्रा' भी करते हैं। इसलिए इस आसन का नाम 'वज्रासन योग मुद्रा' है।

प्रारम्भ : स्वच्छ हवादार स्थान पर दरी या कम्बल बिछा लें।

प्रथम स्थिति : वज्रासन में मेरुदण्ड व गर्दन सीधी रखते हुए बैठ जाएँ अब दोनों हाथ पीठ पर ले जाएँ एक हाथ से दूसरे हाथ की कलाई को पकड़ें। दोनों घुटने व दोनों पंजे मिले हुए हों और एड़ियाँ दूर-दूर रहें। दोनों एड़ियों पर दोनों नितम्ब स्थापित होने चाहिए। अब श्वास भरकर आगे की तरफ़ झुकें। यथाशक्ति झुकें, परन्तु नितम्ब एड़ी से ऊपर न उठें। झुकते हुए सिर को ज़मीन से स्पर्श करने की कोशिश करें। नीचे झुकने के बाद श्वास रोककर रखें। यथाशक्ति रोकें फिर श्वास छोड़ते हुए ऊपर उठ जाएँ अब हाथों की स्थिति बदलकर दोहराएँ। तत्पश्चात् दसों अंगुलियाँ आपस में मिलाकर दोनों हाथ भी ऊपर उठाएँ।

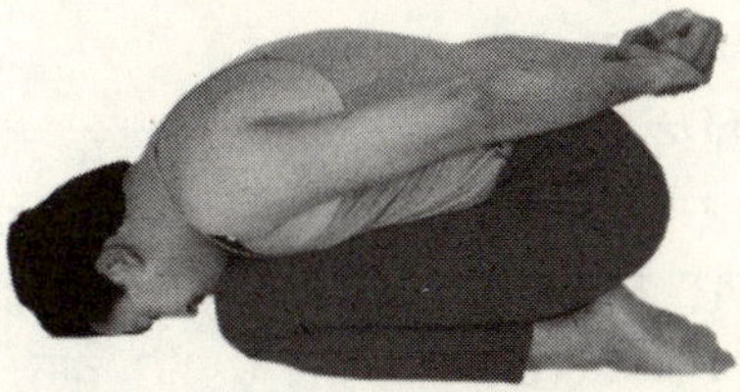

चित्र नं. 60

एकाग्रता : श्वास प्रश्वास पर मन को लगाएँ।

अवधि : प्रारंभ में 2 बार अभ्यास करें व आवृत्ति को बढ़ाएँ। इसके बाद 5-6 बार या अधिक भी कर सकते हैं।

सावधानी : (1) अस्थमा, उच्च रक्तचाप, हृदय रोग की समस्या वाले व्यक्ति नीचे जाकर श्वास स्वाभाविक कर लें। (2) जोड़ दर्द, पीठ दर्द की समस्या वाले न करें।

द्वितीय स्थिति : वज्रासन में बैठी अवस्था में सीधे तनकर बैठें। दोनों मुट्ठी अंगूठे अंदर कर बन्द करें। दोनों मुट्ठी नाभि के दोनों तरफ़ सीधी रखें। अब श्वास लेते हुए सामने की तरफ़ झुकें। यथासंभव श्वास रोककर रखें। इसके बाद श्वास छोड़ते हुए ऊपर उठ जाएँ।

चित्र नं. 61

तृतीय स्थिति : वज्रासन में मेरुदण्ड व गर्दन सीधी रखते हुए बैठ जाएँ अंगूठा अन्दर कर मुट्ठी बन्द करें। बाईं मुट्ठी नाभि पर खड़ी रखें। उसके ऊपर दाईं मुट्ठी रखें। अब श्वास लेते हुए धीरे-धीरे झुकें। आगे झुकने के पश्चात् श्वास रोककर रखें। श्वास छोड़ते हुए ऊपर उठ जाएँ। दो से पाँच बार दोहराएँ।

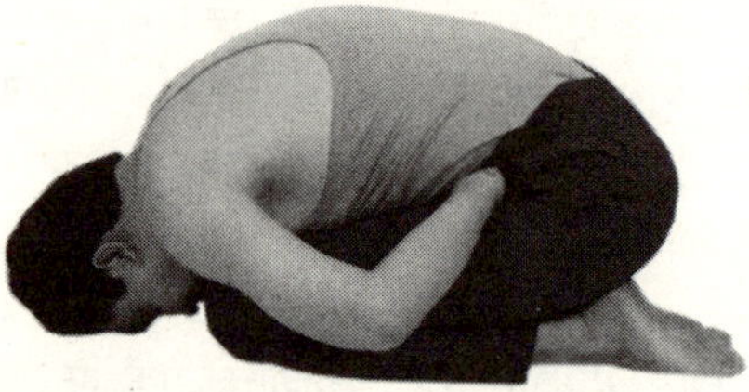

चित्र नं. 62

चतुर्थ स्थिति : वज्रासन में बैठी हुई स्थिति में दोनों मुट्ठी बन्द अवस्था में नाभि के दोनों तरफ़ खड़ी रखें। अंगूठा पेट की तरफ़ रहे। अब श्वास छोड़ते हुए आगे झुकें। नीचे जाकर श्वास रोक लें। यथासंभव श्वास रोकें और श्वास लेते हुए ऊपर उठ जाएँ। यही क्रम दोहराएँ। (चित्र 62 के अनुसार)

लाभ : मानसिक व शारीरिक विकास होता है। स्मरण शक्ति बढ़ती है। हॉर्मोन्स का संतुलन स्थापित होता है। स्त्री रोगों एवं मधुमेह में लाभदायक है। पाचन शक्ति बढ़ती है व पाचन संबंधी विकार दूर करने में सहायक है। क़ब्ज़ दूर होती है। गैस, ऐसिडिटी आदि विकार दूर होते हैं। चेहरे पर चमक आती है और चेहरा कांतिमय बनता है।

• शशांक आसन

प्रारम्भ : स्वच्छ हवादार स्थान पर दरी या कम्बल बिछा लें।

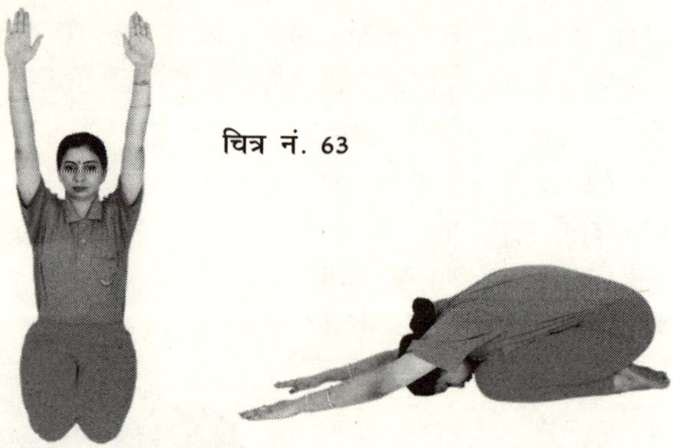

चित्र नं. 63

स्थिति : दरी या कम्बल पर वज्रासन में बैठ जाएँ। पीठ सीधी रखकर बैठें। दोनों हाथों की हथेलियों को कंधे के पास आगे की तरफ़ रखें। साँस लेते हुए दोनों हाथ

ऊपर सीधे कर लें। दोनों हाथों से दोनों कान स्पर्श होने चाहिए। अब साँस छोड़ते हुए आगे झुकें। इतने झुकें कि सर ज़मीन से स्पर्श हो जाए और फिर कुछ देर रुकें, अब उड्डियान बंध व मूल बंध लगाएँ, फिर कुछ देर बाद श्वास लेते हुए उठ जाएँ।

एकाग्रता : मन को श्वास क्रिया में लगाएँ।

समय : 10 बार तक 3 से 4 मिनट अभ्यास करें।

लाभ : साइटिका के स्नायुओं को शिथिल करता है और ऐड्रिनल ग्लैंड के कार्य को नियमित करता है। क़ब्ज़ से छुटकारा दिलाता है। जिन महिलाओं के बस्ति प्रदेश अविकसित हों, उनके लिए लाभप्रद है।

• त्रिभुज आसन या पार्वती आसन

प्रारम्भ : स्वच्छ व हवादार स्थान पर दरी या कम्बल बिछा लें।

स्थिति : दरी या कम्बल पर वज्रासन में पीठ सीधी रखकर बैठ जाएँ साँस लेते हुए धीरे-धीरे दोनों हाथ ऊपर ले जाएँ दोनों हाथों से दोनों कानों को दबाएँ। दोनों हथेलियों को मिलाए और लगातार ताली बजाते जाएँ जब तक आपके हाथ थक नहीं जाते तब तक लगातार ताली बजाते जाएँ पेट अन्दर खींचकर मूल बंध रखें। जब आपके हाथ थक जाएँ या दो से तीन मिनट पश्चात् आप अपनी प्रारम्भिक अवस्था में आ जाएँ।

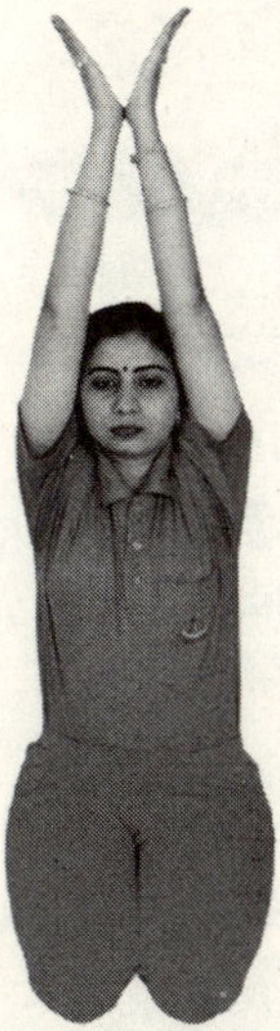

चित्र नं. 64

एकाग्रता : हृदय पर ध्यान लगाकर रखें।

लाभ : यह उच्च रक्तचाप एवं हृदय रोग में लाभप्रद है।

• शशांक भुजंगासन या अश्व संचालनासन

प्रारम्भ : स्वच्छ व हवादार स्थान पर दरी या कम्बल बिछा लें।

स्थिति : वज्रासन पर बैठ जाएँ। दोनों हाथ आगे फैला लें। दोनों हाथ बिना हिलाए सीने से फ़र्श का स्पर्श करते हुए आगे की तरफ़ तब तक ले जाएँ जब तक हाथों की सीध में न आ जाएँ हाथों को सीधे करते हुए तथा आमाशय को ज़मीन से स्पर्श करते हुए सीने को और आगे फिर ऊपर की ओर करें। पीठ को धनुषाकर बनाते हुए सिर को पीछे की ओर झुकाना चाहिए। यह भुजंगासन की स्थिति है। इसे श्वास लेते हुए करते हैं। कुछ क्षणों पश्चात् श्वास छोड़ते हुए वापस शशांक आसन में आ जाएँ। यह 4 आसनों से मिलकर बना है इसलिए 4 आसन के लाभ प्राप्त होते हैं।

चित्र नं. 65

एकाग्रता : मन को श्वास-प्रश्वास में केंद्रित करें।

समय : इस आसन का अभ्यास 30 बार करें।

लाभ : महिलाओं की प्रजनन प्रणाली के लिए लाभप्रद है। आमाशय, पेट, लिवर, साइटिका एवं स्लिप डिस्क के लिए उपयोगी आसन है। यह वज़न कम करने में सहायक है। यह संपूर्ण शरीर के लिए लाभदायक है।

• नवजीवन या मर्कट आसन श्रृंखला

यह आसन विशेषकर जो लोग कुर्सी पर बैठकर काम करते हैं या जिनके पूरे शरीर में लचीलापन (flexibility) ख़त्म हो जाता है और जिन्हें कमर दर्द रहता है उन्हें करना चाहिए। यह आसन सभी उम्र के लोगों के लिए लाभदायक है।

प्रथम स्थिति : आराम से पीठ के बल लेट जाएँ। दसों अंगुलियों को एक साथ जोड़कर नाभि पर रखें। हथेली अपनी तरफ़ रखें। फिर श्वास लेते हुए धीरे-धीरे

दोनों हाथों को सिर के पीछे ले जाएँ दोनों पैरों को मिला लें। पंजों को आगे की तरफ़ तान दें। दोनों हाथों को ऊपर की तरफ़ तानें और आप कल्पना करेंगे कि आपका शरीर खूँटी पर टँगा हुआ है। इसी अवस्था में पूरे शरीर को तानें और सामर्थ्यानुसार 5 से 10 सेकंड तक रुकें। फिर धीरे-धीरे श्वास छोड़ते हुए दोनों हाथों को पुनः नाभि पर ले आएँ। दोनों पैरों को अलग-अलग कर ढीला छोड़ दें। इस प्रकार एक चक्र पूरा होता है।

चित्र नं. 66

द्वितीय स्थिति : अब दोनों हाथों को शरीर के बाजू में रखें। हथेली नीचे की तरफ़ रखें। हाथ बिलकुल सीधे रहेंगे। मन को पूरे शरीर में लगाकर रखें। अब शरीर के बीच के हिस्से को दाएँ और फिर बाएँ रोल करें। हृदय समस्या वाले रोगी इस आसन को स्वाभाविक श्वास में करें।

चित्र नं. 67

तृतीय स्थिति : पेट पर सीधी लेटी हुई अवस्था में ही बाएँ पैर के अंगूठे में दाएँ पैर की एड़ी को फँसाकर रखें। हाथ शरीर के बाजू में रहेंगे। सिर सीधा स्थिर रहेगा। सिर्फ़ शरीर को बाएँ-दाएँ रोल करते हुए पंजे दोनों तरफ़ ज़मीन से स्पर्श करें।

चित्र नं. 68

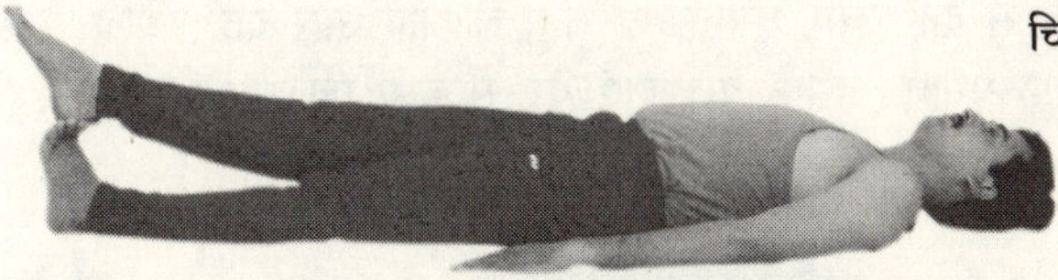

अब हम स्थिति बदलते हुए दाएँ पैर के अंगूठे में बाएँ पैर की एड़ी को फँसाएँगे। पुनः दोनों तरफ़ रोल करते हुए 10 बार पंजे स्पर्श करें।

चतुर्थ स्थिति : लेटी हुई स्थिति में ही दोनों हाथों को सिर के नीचे एक साथ बाँधकर रखें। दोनों पैरों को घुटनों से मोड़ लें और घुटने मिलाकर रखें। श्वास लेकर दोनों पैरों को बाईं तरफ़ ले जाएँ और ज़मीन से स्पर्श कराएँ। सिर को दाहिनी तरफ़ करें। दाहिनी कोहनी देखें। कोहनी ऊपर न उठाएँ। फिर पैरों को एवं सिर को सामान्य

स्थिति में लाएँ और श्वास छोड़ें। अब दोनों पैर दाईं तरफ़ और सिर बाईं तरफ़ रखें। बाईं कोहनी देखें। यह क्रिया 10 बार दोहराएँ।

चित्र नं. 69

पंचम स्थिति : अब दोनों पैरों को फैला दें। दोनों पैरों के बीच में डेढ़-डेढ़ फुट की दूरी रखें। बीच में श्वास लें और बीच में ही श्वास छोड़ें। जब बाईं तरफ़ जाएँ तब बाएँ पंजे से दाहिना घुटना स्पर्श करें। गर्दन दूसरी तरफ़ रखें, फिर सामान्य स्थिति में आएँ। बाईं तरफ़ दोनों पैरों को ले जाएँ बाएँ घुटने को दाएँ पंजे से स्पर्श करें। गर्दन विपरीत दिशा में रखें। कोहनी न उठाएँ। मन को पूरे शरीर में लगाकर रखें। यह क्रिया 10 बार दोहराएँ।

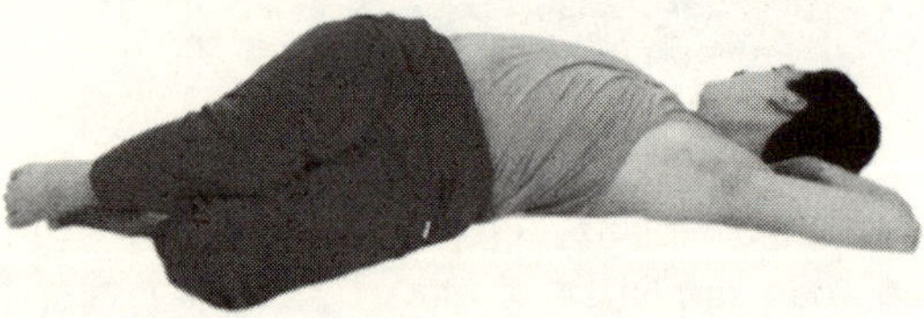

चित्र नं. 70

छठी स्थिति : पीठ पर लेटी अवस्था में दोनों हाथ कंधे की सीध में लम्बे रखें। अब बायाँ पैर कमर से दाईं तरफ़ घुमाते हुए लंबा ले जाएँ और दाईं हथेली से स्पर्श करें। गर्दन बाईं तरफ़ घुमाएँ। इसके बाद दाएँ पैर से इसी प्रकार अभ्यास करें।

चित्र नं. 71

समय : इसे 10 बार करना है।

एकाग्रता : पहले संपूर्ण मेरुदण्ड पर ध्यान लगाकर फिर पूरे शरीर में लगाएँ।

पवन मुक्तासन सीरीज नं. 2

पवन मुक्तासन सीरीज नं. 2

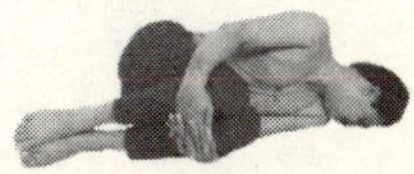
पवन मुक्तासन सीरीज नं. 2

पवन मुक्तासन सीरीज नं. 3
उत्तानपादासन (I)

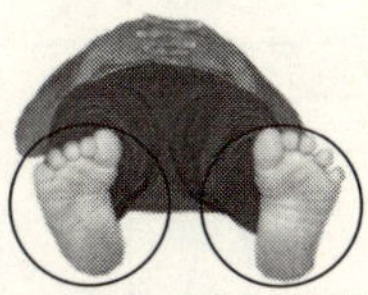
पवन मुक्तासन सीरीज नं. 3
उत्तानपादासन (II)

पवन मुक्तासन सीरीज नं. 3
उत्तानपादासन (II)

पवन मुक्तासन सीरीज नं. 3
उत्तानपादासन (IV)

आँखों की क्रियाएँ

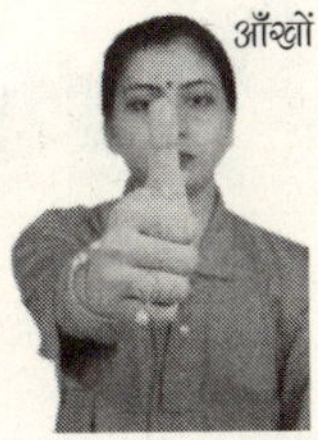
आँखों की क्रियाएँ

हृदय स्तंभन आसन

हृदय स्तंभन आसन

हृदय स्तंभन आसन

शैथिल्यासन

लोलासन

नौकासन

सर्वांगासन

भुजंगासन स्थिति-1

भुजंगासन स्थिति-2

भुजंगासन स्थिति-3

भुजंगासन स्थिति-4

तिर्यक भुजंगासन स्थिति-4

सर्पासन स्थिति-1

सर्पासन स्थिति-2

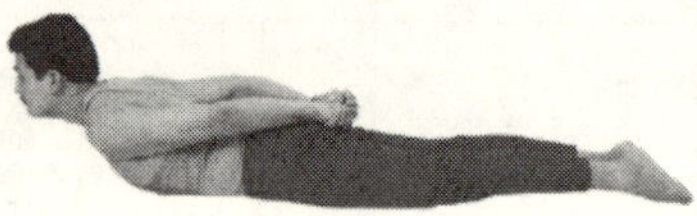
सर्पासन स्थिति-3

चक्रासन

धनुरासन

कल्पना करें कि नव जीवन का हमारे पूरे शरीर में संचार हो रहा है। मन में यह सकारात्मक विचार रखें।

लाभ : यह आसन रीढ़ (spine) की मांसपेशियों को मज़बूत, लचीला और स्वस्थ बनाता है। मेरुदण्ड के स्नायुओं में रक्त पहुँचाता है। कंधों की अकड़न (frozen shoulders) में लाभदायक है। कंधे व वक्ष को सुडौल बनाता है।

विशेष : उच्च रक्तचाप, हृदय रोग वाले रोगी इस आसन को स्वाभाविक श्वास में करें।

• आँखों के लिए कुछ क्रियाएँ

प्रारम्भ : स्वच्छ, हवादार स्थान पर दरी या कम्बल बिछा लें।

प्रथम स्थिति : पद्मासन या सुखासन में बिलकुल सीधे बैठ जाएँ। मुँह में पानी भरें। फिर दाहिने हाथ से खुली हुई आँखों में पानी के छींटे दें। आँख बंद नहीं होनी चाहिए।

द्वितीय स्थिति (कपाल भाति) : दाएँ हाथ के अँगूठे को मोड़ लें और हथेली से बाएँ कान से दाएँ कान तक भौंहों के ऊपर से पाँच बार पानी हाथ में लेकर मलें।

तृतीय स्थिति (कर्ण भाति) : मुँह में पानी ली हुई स्थिति में दोनों हाथों की तर्जनी अंगुलियों को गीला करें और कान के अन्दर पाँच बार घुमाएँ।

चतुर्थ स्थिति (ग्रीवा भाति) : दाएँ हाथ से गर्दन के दाहिनी तरफ़ और बाएँ हाथ से गर्दन के बाईं तरफ़, पीछे से आगे की तरफ़ रगड़ें। हथेली में पानी लेकर सिर पर फेरें।

पंचम स्थिति (तालु भाति) : तालु पर दाएँ हाथ में थोड़ा पानी लेकर थपथपाएँ।

चित्र नं. 72

छठी स्थिति : मुँह से पानी बाहर फेंकें। जिव्हा बाहर निकालें और साफ़ करें। अब हाथ, पैर धोकर स्वच्छ हवादार स्थान पर दरी या कम्बल पर बैठ जाएँ।

सातवीं स्थिति : पद्मासन या सुखासन में बैठ जाएँ। दोनों हाथ घुटनों पर रख लें। अब बायाँ हाथ ऊपर उठाते हुए अंगूठा सीधा रखकर मुट्ठी बंद कर लें। कंधों के बराबर तक ऊपर ले आएँ।

अब दायाँ हाथ घुटने पर रखें। बाएँ हाथ की मुट्ठी बंद रखें और अंगूठा कन्धों की सीध में सामने लाए। फिर बाएँ हाथ से क्लॉकवाइज़ छोटा सुन्दर पाँच बार वृत्त बनाएँ। आँखें अंगूठे पर ही केंद्रित रखें। अब अपनी आँखों को विश्राम देने के लिए आँखें बंद करें। दोनों हाथों की अंगुलियों के पोरों को आँखों पर पाँच-पाँच बार रखकर हल्के से दबाएँ और मालिश करें।

अब अपने बाएँ हाथ को बाजू में ले जाएँ। गर्दन बिलकुल सीधी रखें। अब पहले बाएँ अंगूठे के नाख़ून पर आँखों को केंद्रित करें फिर दाएँ अंगूठे के नाख़ून को देखें। गर्दन अपनी जगह से हिलनी नहीं चाहिए। सिर्फ़ आँखों को बाएँ से दाएँ घुमाएँ। ऐसा दस बार करें। अब पुनः अपनी आँखों को विश्राम दें। पाँच बार आँखों को बंद कर धीरे-धीरे दबाएँ और पाँच-पाँच बार मालिश करें।

आठवीं स्थिति : अपने दाएँ हाथ को उठाएँ। सीध में सामने लाएँ। हाथ से पाँच बार छोटा सुन्दर क्लॉकवाइज़ वृत्त बनाएँ। आँखें अंगूठे के नाख़ून पर टिकाकर रखें। अब पाँच बार एन्टीक्लॉकवाइज़ वृत्त बनाएँ। गर्दन सीधी रखें। कोहनी सीधी रखें। सिर्फ़ आँखों को घुमाएँ। अब अपनी आँखें बंद कर उन्हें विश्राम दें।

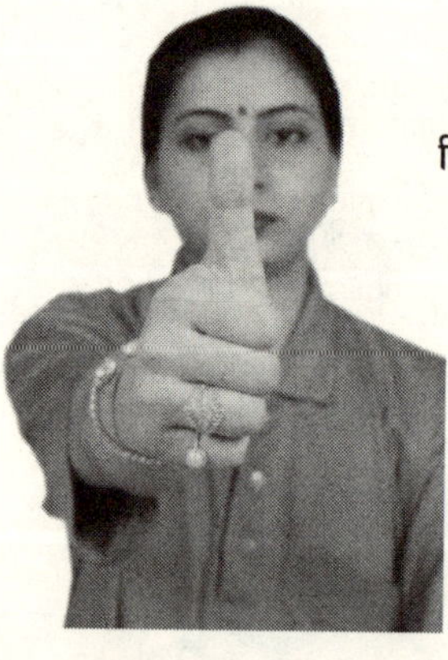

चित्र नं. 73

अपने दाएँ हाथ को ऊपर उठाएँ। साइड में ले जाएँ। गर्दन बिलकुल सीधी रखें। आँखों से दाएँ अंगूठे के नाख़ून को देखें। गर्दन नहीं घूमेगी सिर्फ़ आँखों को घुमाएँ। ऐसा दस बार करें। अब अपनी आँखों को विश्राम दें।

नौवीं स्थिति : अब अपने दोनों हाथ घुटनों पर रख लें। पीठ सीधी रखकर बिलकुल सीधे बैठ जाएँ। गर्दन सीधी रखें। कोहनी सीधी रखें। अब दोनों आँखों से पहले नाक देखें, फिर बाएँ अंगूठे का नाख़ून देखें, फिर नाक और फिर दाएँ अंगूठे का नाख़ून देखें। ऐसा दस बार करें।

अब अपनी आँखों को विश्राम दें। 5 बार आई बॉल्स को हल्का सा दबाएँ और 5 बार मालिश करें।

दसवीं स्थिति : अब सामने दीवार पर 3 प्वॉइंट्स लें। टॉप (top), मिडिल (middle), बॉटम (bottom)। अब आप गर्दन सीधी रखकर बैठ जाएँ। गर्दन न हिलाएँ। ऊपर से नीचे टॉप, मिडिल, बॉटम, दस बार ऊपर से नीचे देखें। अब नीचे से ऊपर देखें। बॉटम, मिडिल, टॉप, दस बार देखें।

• त्राटक

त्राटक कई प्रकार के होते हैं। हम यहाँ पर आपको सबसे सरल और प्राकृतिक त्राटक से परिचित करा रहे हैं।

स्थिति : वज्रासन में बैठ जाएँ पीठ, गर्दन एवं कोहनी सीधी रखें। कोई ग्रीन प्वॉइंट लें और उसे तब तक देखते रहें, जब तक आँखों में पानी न आ जाए। बिना पलक झपकाए एकटक देखते रहें। पानी आ जाने पर आँखों को विश्राम दें। आँखों को बंद करके दोनों हाथों की तीनों अंगुलियों के पोरों से 5 बार हल्की सी मालिश करें और 5 बार हल्का सा दबाएँ।

विशेष : बिना गुरु के मार्गदर्शन के अभ्यास न करें।

लाभ : आँखों की ज्योति बढ़ती है। चश्मे का नम्बर बढ़ना बंद हो जाता है। धीरे-धीरे चश्मा उतर जाता है। आँखों में कीचड़ आना, खुजली होना, पानी निकलना बंद हो जाता है। आँखों की कांति बढ़ती है एवं चमक आती है। आँखों की कमज़ोरी दूर होती है और सिरदर्द भी ठीक हो जाता है।

• सहज/सहस्र/हृदय स्तंभन आसन

इस आसन के तीन नाम दिए गए हैं। सर्वप्रथम सहज, सहज से तात्पर्य है कि यह हृदय रोग जैसी गम्भीर बीमारी वालों के लिए बहुत उपयोगी है। इसका नाम सहस्र प्राणायाम इसलिए भी है क्योंकि सहस्र यानी हमें बहुत से प्राणायामों को करने के बाद हृदय को जो शक्ति मिलती है वह सिर्फ़ इस प्राणायाम के करने से मिल जाती है। इसका नाम हृदय स्तंभन आसन इसलिए पड़ा क्योंकि जब हम इस प्राणायाम को करते हैं तो हम पैर और हाथ को धीरे-धीरे उठाते हैं जिससे पैर और हाथ के रक्त का प्रवाह हृदय की तरफ़ हो जाता है। फिर हम हाथ और पैर को नीचे लाते हैं तो रक्त का प्रवाह पूरे शरीर में होता है। शरीर में जहाँ भी रुकावट होती है वह रक्त के

प्रेशर के कारण ख़त्म हो जाती है। जिस प्रकार हम घर पर नाली साफ़ करने के लिए प्रेशर से पानी डालते हैं तो रुका हुआ कचरा पानी के प्रेशर से साफ़ हो जाता है।

प्रारम्भ : इस आसन को करने से पहले पवन मुक्तासन श्रंखला क्रमांक 1 करना ज़रूरी है (कौआ चाल एवं सूर्य नमस्कार छोड़कर)। इसके बाद आराम से पीठ के बल लेटकर श्वास-प्रश्वास क्रिया (yogic respiration) करें।

प्रथम स्थिति : आराम से पीठ पर लेटी हुई अवस्था में दोनों हाथ सिर के पीछे ले जाएँ। मन को हृदय में लगाकर रखें। मन में सकारात्मक विचार और कल्पना करें कि हृदय की शक्ति बढ़ रही है। फिर श्वास लेते हुए धीरे-धीरे बायाँ हाथ और बायाँ पैर धीरे-धीरे उठाएँ और बाएँ हाथ से बाएँ पैर के पंजे को स्पर्श करने की कोशिश करें। इसमें एक बात का ध्यान रखें कि घुटने न मुड़ें और झटका न दें। अगर हाथ से पैर स्पर्श नहीं होते तो स्पर्श करने का प्रयास करें, ज़बरदस्ती न करें। धीरे-धीरे श्वास छोड़ते हुए बाएँ हाथ और बाएँ पैर को नीचे ले आएँ। 1 मिनट विश्राम करें। इसी प्रकार इसे दाएँ हाथ व पैर से दोहराएँ।

चित्र नं. 74

द्वितीय स्थिति : इसमें श्वास लेते हुए धीरे-धीरे दोनों हाथ व दोनों पैर उठाएँ। दोनों हाथों से दोनों पैरों को छूने की कोशिश करें। घुटना न मोड़ें और झटका न दें। अपनी सामर्थ्य के अनुसार करें।

चित्र नं. 75

तृतीय स्थिति : इस अवस्था में दोनों हाथों को सिर के पीछे रखने के बाद श्वास लेते हुए दोनों हाथ और दोनों पैरों को ज़मीन से 6 इंच ऊपर रखना है। 10 सेकंड बाद नीचे ले आएँ।

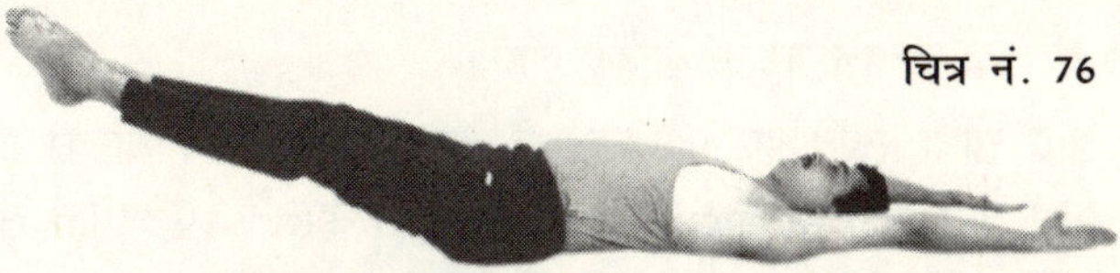

चित्र नं. 76

समय : इस प्रकार 10-10 सेकंड के पाँच चक्र करने हैं।

एकाग्रता : मन को हृदय में लगाकर रखें और सोचें कि हृदय की शक्ति बढ़ रही है।

समय : शुरू में प्रथम और द्वितीय स्थिति को 5-5 बार 15 दिन तक करें। उसके बाद तृतीय स्थिति को करने की कोशिश 5 बार करें।

लाभ : हृदय रोग, उच्च रक्तचाप के लिए विशेष आसन है। हृदय की शक्ति बढ़ती है। शुद्ध रक्त का संचार होता है। उच्च व निम्न रक्तचाप सामान्य होता है। हृदय की मांसपेशियों को लचीला बनाता है। हृदय के वॉल्व व चैम्बर्स से शुद्ध रक्त परिवहन में सहायक है। कॉलेस्ट्रॉल लेवल सामान्य बनाने में मदद करता है।

• शैथिल्यासन

आसनों का महत्त्व जितना बताया जाए उतना ही कम है। यह शरीर व मन की मांसपेशियों को तनाव से मुक्त करते हैं। इसमें पूरे शरीर को बाएँ पैर, बाईं जंघा पर स्थापित करना है। दोनों हाथों को आगे की तरफ़ फैला दें। घुटने एवं सिर को एक सीध में रखें। पैर भी पीछे ले जाएँ। श्वास को बिलकुल स्वाभाविक रखें। मन को तिल्ली में लगाकर रखें। विचार करें कि हमारे शरीर में नए ब्लड सेल्स का निर्माण हो रहा है।

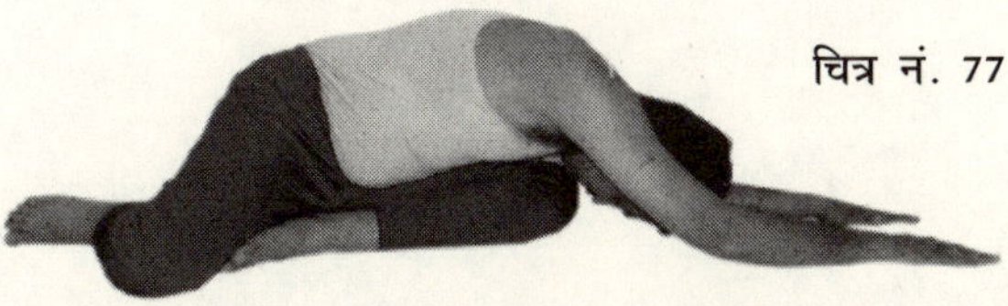

चित्र नं. 77

समय : इसे पहले बाएँ पैर से फिर दाएँ पैर से 30 सेकंड करेंगे।

लाभ : स्पीन के लिए लाभदायक आसन है। संपूर्ण शरीर में शुद्ध रक्त संचार करने में सहायक है और पाचन शक्ति बढ़ाता है। शारीरिक व मानसिक स्वास्थ्य लाभ मिलता है। पथरी रोग में लाभदायक है। शरीर शिथिलीकरण के लिए अच्छा अभ्यास

है। शक्ति प्रदान करता है। तनाव रहित करता है और थकावट दूर करता है। दमा, खाँसी, फेफड़ों के रोग दूर करता है।

• लोलासन

प्रारम्भ : दरी या कम्बल पर सीधे बैठ जाएँ।

स्थिति : पीठ सीधी रखते हुए पद्मासन में बैठ जाएँ। दोनों हाथों की हथेलियों को जाँघों के बाजू में रखें। हाथों पर पूरे शरीर का भार डालते हुए ज़मीन से शरीर को श्वास लेते हुए ऊपर उठाएँ। अब शरीर को आगे-पीछे झुलाएँ। श्वास रोक लें। अब पुनः पूर्व स्थिति में आते हुए श्वास छोड़ें।

चित्र नं. 78

एकाग्रता : मन संतुलन और श्वास-प्रश्वास पर लगाना है।

लाभ : लोलासन से एकाग्रता बढ़ती है। हाथ, कंधे और छाती मज़बूत बनती है। मानसिक व शारीरिक विकास होता है।

पवन मुक्तासन श्रृंखला क्र. 2

प्रारम्भ : दरी या कम्बल पर आराम से दोनों पैरों को फैलाकर लेट जाएँ।

स्थिति : पीठ के बल आराम से लेट जाएँ।

प्रथम स्थिति : दायाँ पैर मोड़कर छाती से लगाएँ। फिर दोनों हाथों की अंगुलियों को आपस में फँसाकर घुटने पर रखें। लम्बी गहरी श्वास लेकर छोड़ दें। श्वास को बाहर ही छोड़ते हुए सिर और सीने के ऊपरी भाग को उठाते हुए नाक से घुटने को छूने का प्रयास करें। फिर घुटने को छोड़कर पैर सीधे कर लें और संपूर्ण शरीर को ढीला छोड़ दें। इसी क्रिया को बदलकर दूसरे पैर से दोहराएँ।

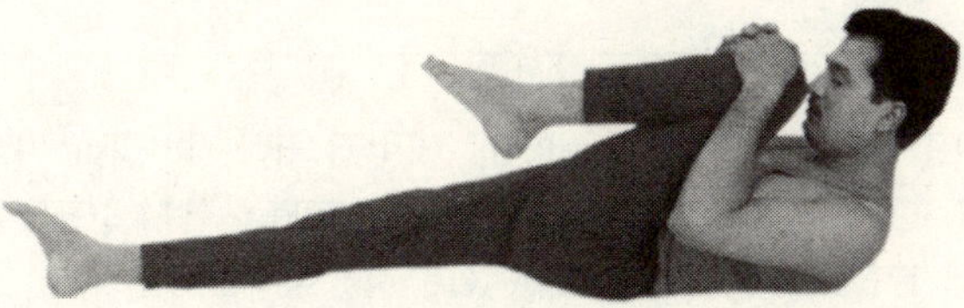

चित्र नं. 79

द्वितीय स्थिति : दोनों पैरों को मोड़कर पेट पर लाएँ। फिर दोनों हाथों की अंगुलियों को आपस में फँसाकर दोनों पैरों को बाँधें। लम्बी गहरी श्वास लेकर सिर और सिर के ऊपरी भाग को धीरे से उठाते हुए नाक को दोनों घुटनों से स्पर्श करने का प्रयास करें। फिर धीरे-धीरे दोनों हाथों की अंगुलियों को खोलकर हाथ बाजू में रखें और दोनों पैर धीरे से सीधे फैला लें।

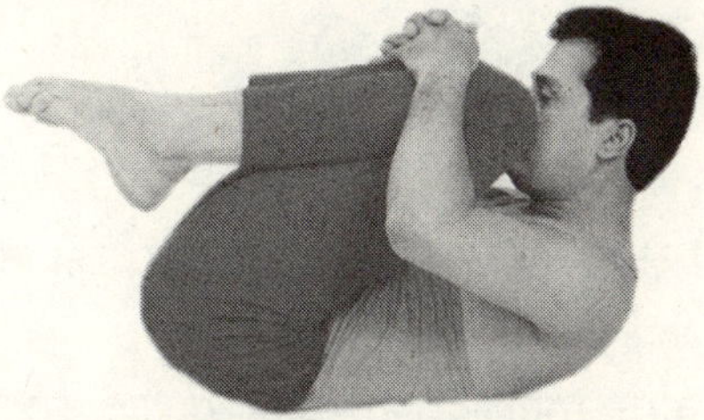

चित्र नं. 80

एकाग्रता : मन को पेट में या नाभि मूल में स्थापित करें।

विशेष : हृदय रोगी, पीठ दर्द, सर्वाइकल से पीड़ित व्यक्ति इसे बिना सिर उठाए करें।

समय : दस बार दोहराएँ।

लाभ : इस आसन के अभ्यास से पेट की माँसपेशियाँ सशक्त होती हैं और पेट की अच्छी मालिश होती है। यह क़ब्ज़ और वायु विकार दूर करने में सहायक है। पाचन

शक्ति बढ़ती है। शरीर स्वस्थ व बलिष्ठ बनता है। पाचन तंत्र संबंधी विकार दूर होते हैं। सिरदर्द में लाभ मिलता है।

तृतीय स्थिति - दाएँ-बाएँ रोल करना : घुटने पेट पर मोड़ी हुई अवस्था में रखकर बाएँ और फिर दाएँ रोल करें। कमर दर्द, स्लिप डिस्क, सर्वाइकल में लाभप्रद है।

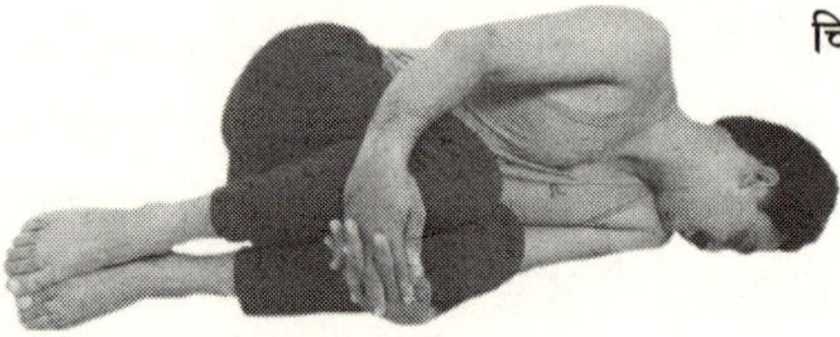

चित्र नं. 81

• आगे-पीछे लुढ़कना, रोल करना

स्थान : दरी के ऊपर कम्बल को तह करके बिछा लें।

स्थिति : पीठ के बल लेट जाएँ। दोनों घुटनों को सीने से सटा लें। दोनों हाथों की अंगुलियों को आपस में फँसाकर दोनों घुटनों को पेट पर दबाकर रखें। इस स्थिति में शरीर को पीछे करते हुए पहले बैठने की, फिर खड़े होने की कोशिश करें।

चित्र नं. 82

समय : शुरू में इसके पाँच से सात चक्र करें। धीरे-धीरे इन चक्रों की संख्या बढ़ाकर दस कर दें।

विशेष : इस आसन को करते समय विशेषतः ध्यान रहे कि दरी या कम्बल जिस पर आसन किया जा रहा हो वह मोटा होना आवश्यक है जिससे रीढ़ और शरीर को किसी प्रकार की क्षति न हो।

विशेष : यदि रीढ़ में कोई तकलीफ़ हो तो यह आसन न करें।

लाभ : इस आसन में रीढ़ का अच्छा व्यायाम होता है। कमर और हिप्स की मालिश होती है। पवन मुक्तासन के अभ्यास से दूषित वायु और मल नीचे की ओर होकर

गुदा मार्ग से बाहर निकल जाती है। यह क़ब्ज़ दूर करता है, मोटापा भी घटाता है। इसमें अमाशय का अच्छा व्यायाम भी हो जाता है तथा शरीर के सभी जोड़ों पर प्रभाव पड़ता है।

श्वास : इस आसन को साँस लेकर, रोककर भी करते हैं। साँस छोड़, साँस रोक लेते हैं। इस प्रकार करते हैं और साँस लेते हुए वापस लौट आते हैं। इसे सामान्य श्वास-प्रश्वास में भी करते हैं।

• • •

पवन मुक्तासन शृंखला क्र. 3

(पैरों द्वारा वृत्त शून्य बनाना)

• उत्तानपादासन

स्थान : भूमि पर दरी या कम्बल पर पीठ के बल लेट जाएँ।

प्रथम स्थिति : पीठ के बल लेट जाएँ। दोनों हाथ शरीर के बाजू में सीधे रखें और दोनों पैर भी सीधे रखें। साँस लेते हुए दोनों पैर भूमि से 6 इंच ऊपर उठाएँ। दोनों हथेलियों पर दबाव डालें। पैर मुड़ना नहीं चाहिए। पैर सीधा रहना चाहिए। जितनी देर आराम से रुक सकें रुकें, फिर साँस छोड़ते हुए दोनों पैर धीरे-धीरे नीचे ले आएँ।

चित्र नं. 83

समय : आरंभ में एक बार अभ्यास करें, फिर धीरे-धीरे इसे 3 बार तक करें और फिर 5 बार कर सकते हैं।

द्वितीय स्थिति : पैर घुमाना - दोनों पैर सामान्य अवस्था में फैलाकर रखें। पैरों के पंजे आगे निकालकर रखें। श्वास लेकर रोक लें। दोनों पैर एक साथ ऊपर उठाएँ और अलग-अलग दिशा में वृत्त बनाएँ। हर बार एड़ी को ज़मीन से स्पर्श करते हुए ले जाएँ। 10 बार क्लॉकवाइज़ वृत्त बनाएँ एवं 10 बार उल्टा या एन्टीक्लॉकवाइज़ बनाएँ।

चित्र नं. 84

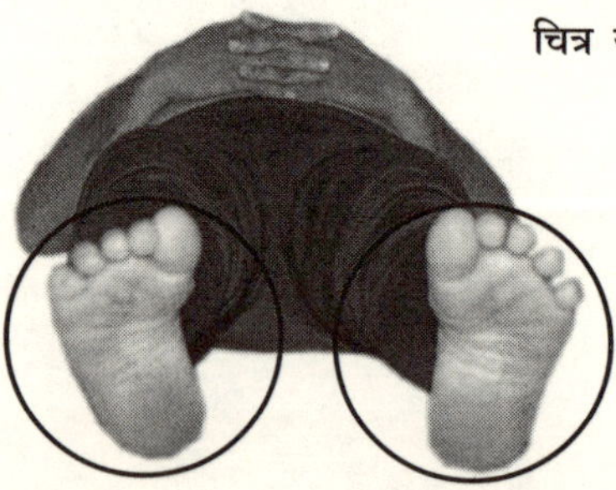

तृतीय स्थिति : दोनों पैर सामान्य अवस्था में फैलाकर लेटे रहें। अब बायाँ पैर ऊपर उठाएँ। पंजे को प्वॉइंटेड रखें। दायाँ पैर ज़मीन पर सीधा रखें। बाएँ पैर से अच्छा बड़ा वृत्त बाएँ से दाएँ बनाएँ। जब भी वृत्त बनाते समय पैर नीचे जाएँ तो भूमि से छूते हुए ले जाएँ। बाएँ पैर से दस बार वृत्त बनाएँ। पहले क्लॉकवाइज़ व फिर एन्टीक्लॉकवाइज़। फिर ऐसे ही दाएँ पैर से भी वृत्त बनाएँ।

चित्र नं. 85

चतुर्थ स्थिति : दोनों पैर सीधे फैलाकर लेटे रहें। धीरे-धीरे दोनों पैरों को एक साथ ऊपर उठाएँ और बड़ा सा वृत्त बनाएँ। 15 बार क्लॉकवाइज़ व 15 उल्टा या एन्टीक्लॉकवाइज़ वृत्त बनाएँ। हर वृत्त में जब पैर नीचे आएँ तो एड़ी ज़मीन से छूते हुए ले जाएँ। प्रारम्भ में 5 राउण्ड बढ़ाते हुए धीरे-धीरे 10 से 15 तक करें।

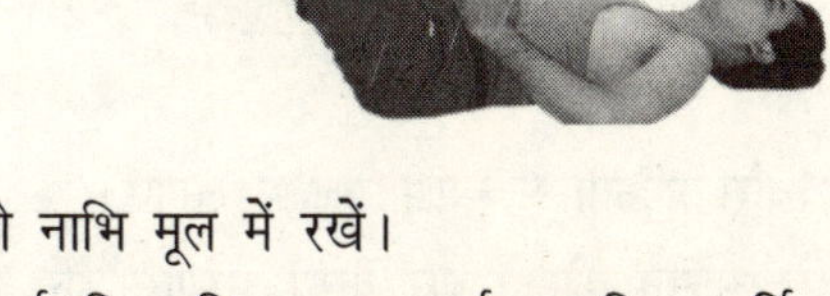

चित्र नं. 86

एकाग्रता : मन को नाभि मूल में रखें।

सावधानियाँ : पीठ दर्द, स्लिप डिस्क, कमर दर्द, सायटिका, हर्निया में अभ्यास न करें।

लाभ : मोटापा घटाने में सहायक है। अतिरिक्त चर्बी घटती है। शरीर सुडौल व कांतिमय बनता है। पेट के समस्त रोगों में लाभप्रद है। यह आसन पेट के प्रत्येक स्नायु को पर्याप्त व्यायाम देता है और पाचन तंत्र व्यवस्थित रूप से चलता है। इस आसन से क़ब्ज़, अपच, पीठ का दर्द, कमर व नितम्ब की तकलीफ़ें दूर होती हैं। स्थूलता दूर होती है। यह आसन मेरुदण्ड को सशक्त बनाता है। अपानवायु विसर्जन में सहायता करता है।

• नौकासन

नाम : नौकासन का अर्थ है नौकायन। इस आसन को साधने पर शरीर की स्थिति नाव के समान हो जाती है। इसलिए इस आसन को नौकासन कहते हैं।

प्रारम्भ : स्वच्छ व हवादार स्थान पर दरी या कम्बल बिछा लें।

स्थिति : पीठ के बल लेट जाएँ। दोनों हाथ शरीर के बाजू में और हथेलियाँ ज़मीन की तरफ़ रखें। दोनों पैरों के घुटने, एड़ियाँ तथा अंगूठे आपस में मिलाकर रखें। श्वास लेते हुए पैरों, हाथों, सिर तथा पीठ को ज़मीन से ऊपर एक साथ उठाएँ। संपूर्ण शरीर का भार नितम्बों पर रखें। पंजों को आगे खींचकर रखें। दोनों हाथ, पैर व सिर को सीध में रखें। जितनी देर सरलता से रुक सकें रुकें। श्वास प्रक्रिया सामान्य रखें। अन्त में श्वास छोड़ते हुए वापस लेट जाएँ। पूरे शरीर को ढीला छोड़ दें। प्रारंभ में एक-एक पैर उठाएँ। अभ्यास के बाद दोनों पैर एक साथ उठाएँ।

चित्र नं. 87

एकाग्रता : मन को श्वास प्रक्रिया में नाभि मूल में लगाएँ।

समय : आरंभ में इस आसन को दो बार करें। अभ्यास होने पर 5 बार करें।

लाभ : यह पाचन क्रिया को सुधारता है और आंतों में गतिशीलता और क्रियाशीलता लाता है। जिससे पेट की गैस, क़ब्ज़ व भारीपन दूर होता है। पेट को बढ़ने नहीं देता व बढ़ा हुआ पेट घट जाता है।

स्नायु की दुर्बलता एवं तनाव से पीड़ित व्यक्तियों के लिए यह बड़ा उपयोगी है, क्योंकि इसके अभ्यास से शिथिलता की स्थिति तुरंत आती है।

उदरासन

मकरासन स्थिति (2)

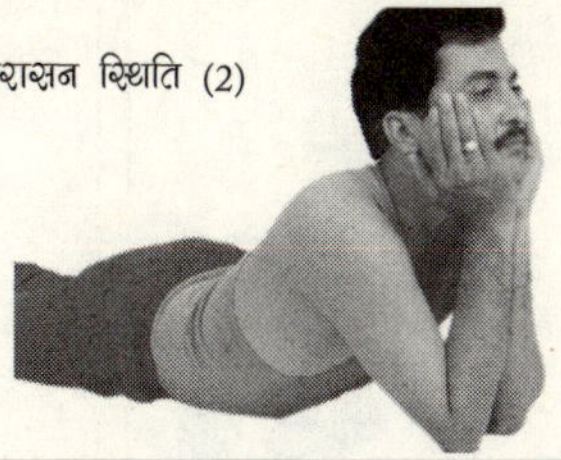

मकरासन स्थिति (3)

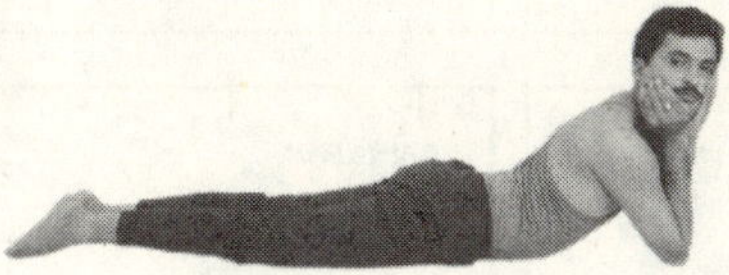

मकरासन स्थिति (4)

शलभासन

शलभासन

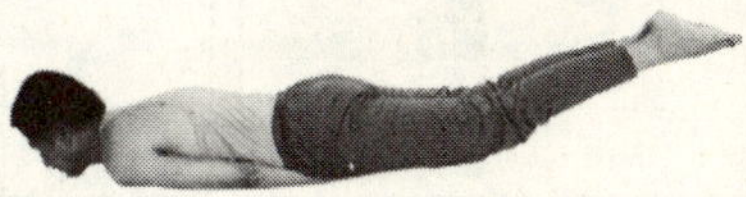

हलासन

कर्णपीड़ासन

साइकिल चलाना

ताड़ासन

त्रिर्यक ताड़ासन

त्रिकोणासन

पादहस्तासन

गरुड़ासन

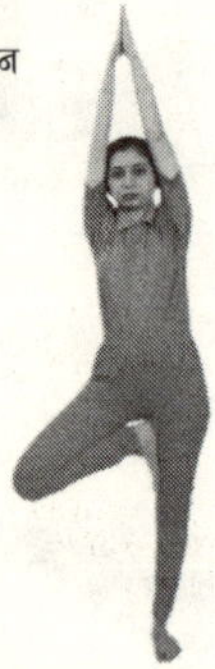
वृक्षासन

उत्कटासन

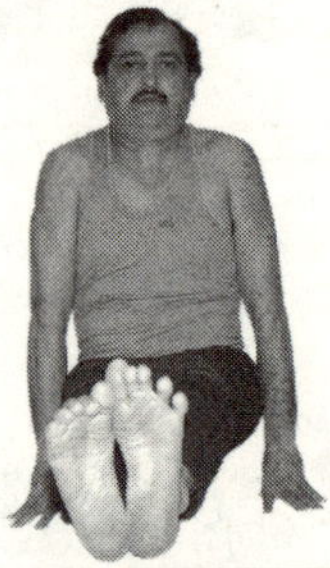
ब्रह्मचर्यासन

नटराजआसन

हनुमानासन

बकासन

वातायनासन स्थिति (1)

पर्वतासन

• उदरासन (advance stage)

नाम : इस आसन को सिद्ध करने पर योग के अनुसार शरीर पर सम्पूर्ण नियंत्रण प्राप्त हो जाता है।

प्रारम्भ : स्वच्छ व हवादार स्थान पर दरी या कम्बल बिछा लें।

प्रथम स्थिति : पीठ के बल लेट जाएँ दोनों हाथ शरीर के पीछे ले जाएँ अब दोनों पैरों को घुटने से मोड़ लें और फिर धीरे-धीरे 90^0 पर सीधे कर लें। अब प्रारम्भ में दोनों हाथ नाभि पर रखें, श्वास की गति सामान्य रखें। अभ्यास में सिद्ध हो जाने के बाद दोनों हाथ धीरे-धीरे 90^0 पर ले आएँ (चित्र नं. 89 (ख))। जितनी देर सरलता से रुक सकते हों, रुकें। धीरे-धीरे अपनी पूर्व अवस्था में आ जाएँ।

चित्र नं. ८८ (क)

चित्र नं. ८८ (ख)

एकाग्रता : मन को नाभिमूल में रखें और मन में मंत्र का उच्चारण करें।

।। नामो रक्त वर्णम्, चतुर्मुखं द्विभुजम्।।
।। अख शत्रु कमंडलुकरणं, हंस भानम् स्थायाम ब्रह्मानम् ध्यायाम्।।

हे ब्रह्माजी, हे सृष्टिकर्ता हमारे नाभिमूल अर्थात् मणिपुर चक्र में अवस्थित होकर हमारी शारीरिक एवं मानसिक व्याधियों को समाप्त करने की कृपा करें।

समय : प्रारंभ में इसका अभ्यास 30 सेकंड तक करें। धीरे-धीरे बढ़ाते हुए 1 मिनट तक करें, फिर इसका अभ्यास बढ़ाते हुए 2 से 5 मिनट तक करें।

• द्वितीय स्थिति (विपरीतकरणी आसन)

श्वास लेते हुए दोनों हाथों से अपने नितम्बों को ऊपर उठाएँ। दोनों हथेलियों को दोनों नितम्बों के नीचे सटाकर शरीर के भार को कोहनी और कन्धों पर सँभालें। अपने दोनों पैरों को आसमान की तरफ़ तानें। यह विपरीतकरणी आसन की पूर्ण स्थिति है। यह सर्वांगासन से सरल है।

चित्र नं. ८९

समय : 30 सेकंड से लेकर 5 मिनट तक।

लाभ : पेट के लिए फ़ायदेमन्द है। पाचन संस्थान की शक्ति बढ़ती है। पाचन प्रणाली सुधरती है। चूँकि सभी व्याधियाँ पेट से ही शुरू होती हैं, अतः इस आसन के अभ्यास से पाचन में सुधार होता है। व्याधियाँ दूर होती हैं।

गैस, ऐसिडिटी, क़ब्ज़, मधुमेह, पेट दर्द, पेट का भारीपन, हृदय रोग, सिरदर्द में लाभदायक आसन है। फेफड़े और रक्त शुद्धि होती है। आँख, कान और गले के रोगों में लाभ पहुँचता है। भूख बढ़ती है। रक्त का प्रवाह उल्टा हो जाने के कारण शिराओं को बल मिलता है। हृदय के अवरोध समाप्त करता है। बुढ़ापे को निकट नहीं आने देता है। मस्तिष्क को शक्ति देता है। (शीर्षासन के समस्त लाभ इस आसन में प्राप्त होते हैं।) मूत्राशय, गर्भाशय, मासिक तकलीफ़ में लाभप्रद है। मधुमेह, स्वप्नदोष बच्चेदानी की ख़राबी एवं यौन संबंधी रोग दूर होते हैं।

क्रम : पवन मुक्तासन श्रंखला प्रथम, द्वितीय व तृतीय के पश्चात्।

उदर आसन के बाद सर्वांगासन का अभ्यास कर सकते हैं।

• सर्वांगासन

नाम : इस आसन को साधने पर शरीर के सारे अंगों पर प्रभाव पड़ता है। इसलिए इस आसन को सर्वांगासन कहते हैं।

प्रारम्भ : स्वच्छ हवादार स्थान पर दरी या कम्बल बिछा लें।

स्थिति : पीठ के बल सीधे लेट जाएँ। दोनों हाथ शरीर के दोनों तरफ़ सीधे रखें। हाथों का सहारा देते हुए पैरों को एक साथ ऊपर उठाएँ। श्वास लेते हुए दोनों हाथों को पीठ पर पकड़कर सहारा दें। कोहनियाँ ज़मीन पर टेक दें। अब धड़, नितम्ब और टाँगों को धीरे-धीरे सीधे खड़ा करें। पंजों को तानकर आसमान की तरफ़ रखें। ठुड्डी का स्पर्श छाती से करें। जितनी देर सरलता से रुक सकते हों रुकें तथा श्वास-प्रश्वास सामान्य गति से करते रहें। पुनः पूर्व स्थिति में आने के लिए दोनों पैर धीरे-धीरे झुकाते हुए पहले पीठ और कमर को और फिर पैर की एड़ियों को भूमि पर टिका दें। अब आराम की अवस्था में आ जाएँ।

चित्र नं. ९०

एकाग्रता : ध्यान को थायरॉइड ग्रंथि या चुल्लिका ग्रंथि में लगाएँ या श्वास-प्रश्वास पर केंद्रित करें।

समय : इस आसन को धीरे-धीरे अभ्यास बढ़ाते हुए 30 सेकंड से 3 मिनट तक करें।

क्रम : हलासन के पूर्व सर्वांगासन का अभ्यास सर्वोत्तम है। सर्वांगासन के विपरीत आसन मत्स्यासन, उष्ट्रासन या सुप्त वज्रासन हैं। विपरीत आसनों की अवधि सर्वांगासन की अवधि की आधी होनी चाहिए।

सावधानियाँ : उच्च रक्तचाप, दिल की बीमारी, यकृत की समस्या, तिल्ली बढ़ने पर इस आसन का अभ्यास वर्जित है।

श्वास : सामान्य श्वास में करें।

लाभ : मस्तिष्क में उचित रक्त पहुँचाकर शरीर का विकास करता है। थायरॉइड, दमा, खाँसी और हाथी पाँव बीमारी में लाभदायक है। बवासीर, उदर रोग और मधुमेह में लाभदायक है। हाइड्रोसिल बीमारी, प्रजनन अंग, मेरुदण्ड एवं गर्दन को मज़बूत बनाता है।

• चक्रासन

प्रारम्भ : स्वच्छ व हवादार स्थान पर दरी या कम्बल बिछा लें।

स्थिति : पीठ पर लेट जाएँ। घुटने मोड़ लें व एड़ियाँ नितम्ब को छूती रहें। दोनों एड़ियों के बीच 1 फ़िट की दूरी रखें। हथेलियों को ज़मीन पर कानों के बग़ल से घुमाकर इस प्रकार रखें कि अंगुलियाँ कंधे की ओर रहें। धीरे-धीरे शरीर को हाथों और पैरों पर ऊपर उठाएँ। श्वास अन्दर रोक लें। सिर को भी धीरे-धीरे ऊपर उठाएँ। हाथों व पैरों को सीधे करते हुए सिर और शरीर को पूरी गोलाई में ऊपर उठाएँ। पहले से ऊपर सधी हुई स्थिति में, फिर चित्त लेटी हुई स्थिति में वापस लौटाएँ। इस आसन का अच्छी तरह अभ्यास हो जाने के बाद अंतिम स्थिति में दोनों हाथों व पैरों को नज़दीक लाने का प्रयास करना चाहिए। श्वास स्वाभाविक रखकर लंबे समय तक भी किया जा सकता है।

चित्र नं. 91

एकाग्रता : मन के अभ्यास करने के पश्चात् आगे की ओर झुकने वाला आसन करना चाहिए।

सावधानियाँ : उच्च रक्त चाप, हृदय रोग, पेट के घाव, अस्वस्थ आँत, अस्थि दोष, नेत्र दोष या ऊँचा सुनने के रोगों से पीड़ित व्यक्तियों के लिए चक्रासन वर्जित है।

इस आसन का अभ्यास किसी योग्य गुरु के मार्गदर्शन के बिना नहीं करना चाहिए अन्यथा विपरीत परिणामों का सामना भी करना पड़ सकता है।

लाभ : चक्रासन सभी नाड़ियों एवं ग्रंथियों के लिए लाभदायक है। यह रस-स्रावों को उचित ढंग से प्रभावित करता है तथा स्त्रियों के प्रजनन संबंधी कई रोगों का नाश करता है।

यह पेट ओर पीठ की मांसपेशियों तथा उदर संस्थान के सभी अंगों के लिए लाभकारी है। मेरुदण्ड को लचीला बनाता है। सम्पूर्ण शरीर के अंग दृढ़ एवं बलिष्ठ हो जाते हैं। सिर दर्द में लाभप्रद आसन है।

• भुजंगासन

'भुजंग' का अर्थ है 'सर्प।' इस आसन से शरीर की स्थिति फन फैलाए हुए सर्प के समान होती है इसलिए इस आसन का नाम भुजंगासन है।

प्रारंभ : स्वच्छ हवादार स्थान पर दरी या कम्बल बिछा लें।

प्रथम स्थिति : पेट के बल लेट जाएँ दोनों पैर सीधे रखें। हथेलियों को दोनों कंधों के नीचे ज़मीन पर स्थापित करें। नाक को ज़मीन पर स्थापित करें। नाक को ज़मीन से छूने दें और शरीर को ढीला छोड़ दें। अब धीरे-धीरे श्वास लेते हुए सिर व कंधे को ज़मीन से ऊपर नाभि तक उठाएँ और पीछे तक ले जाएँ दोनों हाथ कंधे के बाजू से ज़मीन से ऊपर रखें। शरीर को नाभि से ऊपर उठाएँ। कुछ देर श्वास रोककर रखें। फिर धीरे-धीरे श्वास छोड़ते हुए वापस पूर्व स्थिति में आ जाएँ।

चित्र नं. 92

द्वितीय स्थिति : श्वास लेते हुए हाथों को कोहनियों से मुड़ी हुई अवस्था में और शरीर को नाभि से ऊपर की ओर उठाएँ। श्वास रोक लें और कुछ देर रुकें। श्वास छोड़ते हुए वापस आ जाएँ।

चित्र नं. 93

तृतीय स्थिति : भुजंगासन की तीसरी स्थिति में दोनों हाथ कंधे के बाजू में रखने के बाद श्वास लेते हुए शरीर को पुनः नाभि तक उठाएँ। कोहनी सीधी रखें। कुछ समय रुकने के पश्चात् अपनी प्रारंभिक स्थिति में आ जाएँ।

चित्र नं. 94

चतुर्थ स्थिति : चित्र 95 की स्थिति के अनुसार भुजंगासन की चतुर्थ स्थिति में दोनों हाथों को मिलाकर रखें। श्वास लेते हुए शरीर को नाभि तक उठाएँ। कोहनी सीधी रखें। कुछ समय रुकते हुए श्वास भी रोककर रखें। श्वास छोड़ते हुए पुनः पूर्व स्थिति में आ जाएँ।

पंचम स्थिति : भुजंगासन की इस स्थिति में श्वास लेते हुए पूरे शरीर का वज़न दोनों हथेलियों और पंजों पर स्थापित करें। घुटने ज़मीन से ऊपर उठाकर रखें। यथासंभव श्वास रोककर स्थिति में रुकें। इसके बाद श्वास छोड़ते हुए पुनः पूर्व स्थिति में आ जाएँ।

चित्र नं. 95

• तिर्यक भुजंगासन : छठवीं स्थिति

तिर्यक भुजंगासन की दो स्थितियाँ हैं जिन्हें भुजंगासन की चतुर्थ और पंचम स्थिति के पश्चात् किया जाता है। इसमें नाभि तक उठने के पश्चात् गर्दन को दाएँ-बाएँ घुमाकर एड़ी को देखते हैं।

चित्र नं. 96

एकाग्रता : भुजंगासन में एकाग्रता पीठ, उदर या श्वास प्रक्रिया पर रखें।

समय : आरम्भ में एक-दो बार दोहराना ही पर्याप्त होगा। धीरे-धीरे पाँच-सात बार दोहरा सकते हैं।

लाभ : भुजंगासन से अण्डाशय और गर्भाशय संबंधी रोगों में लाभ मिलता है। यह आसन कष्टप्रद मासिक धर्म व अनियमित मासिक धर्म आदि के कष्ट दूर करने में सहायक है। साधारण तौर पर स्त्रियों से सम्बन्धित विकार दूर करने में सहायक है।

यह आसन आलस्य को भगाता है, मस्तिष्क को शक्ति प्रदान करता है और स्फूर्ति देता है। इससे स्मरण शक्ति भी तेज़ होती है। यह भूख को उत्तेजित करता है और मन्दाग्नि दूर करता है। पाचन शक्ति बढ़ाता है। क़ब्ज़ का नाश करता है। साधारणतः यह आसन उदर से संबंधित सभी अंगों, विशेष रूप से लिवर व गुर्दों के लिए लाभदायक है। पीठ के सभी प्रकार के दर्द, स्लिप डिस्क संबंधी दर्दों को यह आसन दूर करता है और मेरुदण्ड को लचीला, स्वस्थ व पुष्ट बनाता है। हृदय रोगियों के लिए भी लाभदायक है।

चित्र नं. 97

• सर्पासन

प्रथम स्थिति : पेट पर लेटी अवस्था में दसों अंगुलियाँ आपस में बाँधकर सिर पर रखें और श्वास लेते हुए शरीर को नाभि तक उठाएँ। यथाशक्ति श्वास रोकते हुए रुकें और श्वास छोड़ते हुए वापस पूर्व स्थिति में आ जाएँ।

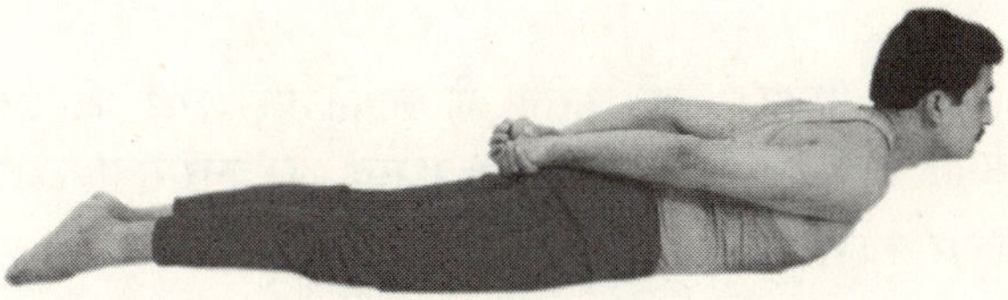

चित्र नं. 98

द्वितीय स्थिति : पेट पर लेटी अवस्था में दोनों हाथ पीठ पर ले जाएँ। बाएँ हाथ से दाएँ हाथ की कलाई को पकड़ें। श्वास लेते हुए शरीर को नाभि तक उठाएँ। यथासंभव श्वास रोककर रुकें। श्वास छोड़ते हुए पूर्व स्थिति में आ जाएँ।

विशेष : इसे हाथ की स्थिति बदलकर पुनः दोहराएँ।

लाभ : भुजंगासन के समान लाभ प्राप्त होते हैं।

• विपरीत नौकासन

प्रथम स्थिति : पेट पर लेटी अवस्था में बायाँ हाथ, दायाँ पैर और सिर श्वास लेकर यथाशक्ति ऊपर उठाएँ। श्वास रोकते हुए स्थिति में रुकें। इसके बाद श्वास छोड़ते हुए पूर्व स्थिति में आ जाएँ।

चित्र नं. 99

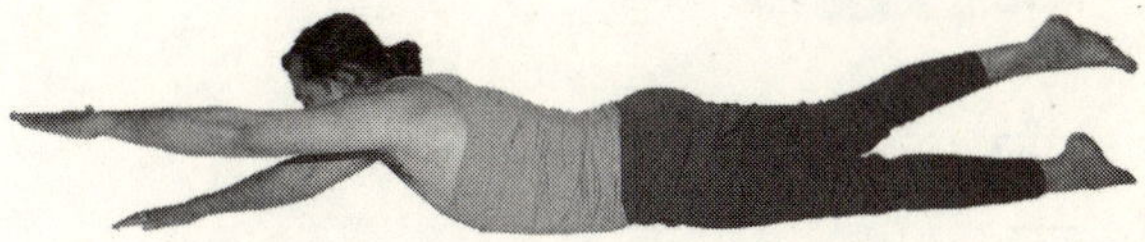

विशेष : हाथ और पैरों की स्थिति बदलकर दोहराएँ।

द्वितीय स्थिति : चित्र क्रमांक 100 के अनुसार दोनों हाथ और दोनों पैर श्वास लेकर ऊपर उठाएँ। नाभि पर संतुलन स्थापित करने का प्रयास करें। श्वास रोककर रखें। श्वास छोड़ते हुए पूर्व स्थिति में आ जाएँ।

समय : आरंभ में दो से तीन बार दोहराएँ। अभ्यास के पश्चात् दस बार दोहराएँ।

एकाग्रता : मन को श्वास-प्रश्वास में लगाएँ या नाभि मूल में रखें।

लाभ : मेरुदण्ड के लिए अच्छा अभ्यास है। पीठदर्द में लाभ मिलता है। सर्वाइकल स्पॉन्डिलाइटिस, सायटिका, स्लिप डिस्क, कमर दर्द में लाभदायक है। मेरुदण्ड लचीला

बनता है और शक्ति मिलती है। जठराग्नि तीव्र होती है। सिरदर्द में लाभदायक है। गर्भाशय संबंधी तकलीफ़ों, मासिक धर्म संबंधी कष्ट दूर करने में सहायक है।

सावधानियाँ : हार्निया से पीड़ित व्यक्ति अभ्यास न करें। योग गुरु के मार्गदर्शन में करें।

• धनुरासन

नाम : 'धनुर' का अर्थ है 'धनुष।' इस आसन को साधने पर शरीर की आकृति खिंचे हुए धनुष के समान बन जाती है, इसलिए इस आसन को 'धनुरासन' कहते हैं।

प्रारम्भ : स्वच्छ हवादार स्थान पर दरी या कम्बल बिछा लें।

स्थिति : दरी या कम्बल पर लेट जाएँ पैरों को सीधा रखें। हाथों को दोनों ओर सीधा रखें। दोनों पैरों को घुटने से मोड़ लें। दोनों एड़ियों को नितम्बों से सटाएँ। दोनों हाथों से टखनों को पकड़ें। हाथों को सीधा रखते हुए पैरों को खींचें। नितम्बों से ऊपर ले जाएँ। उसी समय जाँघों के साथ सिर और छाती को भी ज़मीन से जितना ऊपर ले जा सकें ले जाने का प्रयत्न करें। इसी अवस्था में आगे-पीछे झूलें। श्वास रोककर रखें।

चित्र नं. 100

एकाग्रता : पेट या पीठ पर मन को लगाएँ।

समय : इसे पाँच बार करें।

सावधानियाँ : हृदय रोग, रक्तचाप, हार्निया, पेप्टिक अल्सर व आँत की बीमारी वाले इस अभ्यास को न करें।

इस आसन का अभ्यास योग्य प्रशिक्षक की देखरेख में ही करना उचित होगा। बिना गुरु के कोई भी अभ्यास नहीं करना चाहिए।

लाभ : चर्बी घटाता है। साइटिका नाड़ी पर दबाव डालता है। उखड़ी हुई पसलियों व आँतों को सही स्थान पर लाता है। मंदाग्नि, अजीर्ण, जिगर, कोष्ठबद्धता की कमज़ोरी दूर करता है। योनि विकार, गर्भाशय और मासिक धर्म की ख़राबियाँ दूर हो जाती हैं।

इस आसन का पीठ, कमर, मेरुदण्ड, पेट, छाती, फेफड़े, गर्दन, पैरों, हाथों

आदि शरीर के अंगों पर प्रभाव पड़ता है। मेरुदण्ड लचीला व मज़बूत बनता है। वायु विकार दूर होते हैं।

• मकरासन

नाम : 'मकर' अर्थात् 'मगर।' इस आसन में शरीर पानी में तैरते हुए मगर के जैसा प्रतीत होता है इसलिए इस आसन को 'मकरासन' कहा जाता है।

प्रारंभ : स्वच्छ व हवादार स्थान पर दरी या कम्बल बिछा लें।

द्वितीय और तृतीय स्थिति : पेट पर लेटी हुई अवस्था में ही दोनों हथेलियाँ गाल के नीचे रखें। दोनों कोहनियाँ मिलाकर बाहर की ओर रखें। दोनों पैर मिले रहें। साँस लें और साँस छोड़ते हुए कोहनियाँ अन्दर की ओर खींचें। जब दोनों कोहनियाँ अन्दर की तरफ़ खींचें तब भी दोनों कोहनियाँ मिली रहेंगी। अपनी सामर्थ्यानुसार करें।

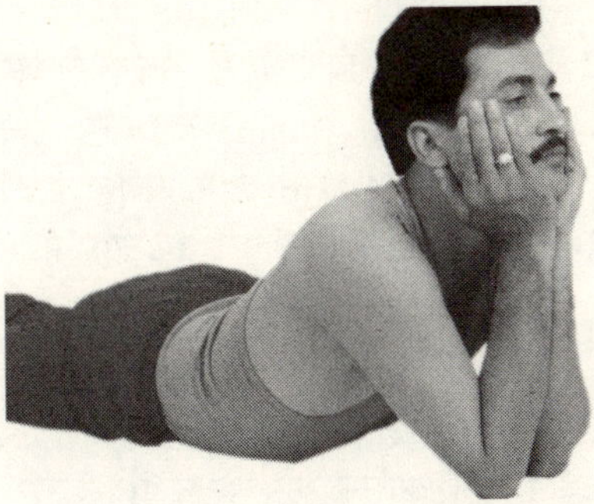

चित्र नं. 101

चतुर्थ स्थिति : इसी अवस्था में गर्दन घुमाकर पीछे दोनों पैरों की एड़ियाँ देखने का प्रयास करें।

पंचम स्थिति : पेट पर लेटी स्थिति में ही दोनों हथेलियाँ गाल के नीचे और कोहनियाँ मिलाकर रखें। श्वास स्वाभाविक रखते हुए बारी-बारी से पैरों को घुटने से मोड़ें। प्रयास करें कि एड़ी नितम्ब से स्पर्श करे। 20 चक्र पूर्ण करें। पहले की तृतीय स्थिति की तरह अब दोनों पैरों को घुटनों से एक साथ मोड़ें। ऐसा 20 बार दोहराएँ।

चित्र नं. 102

षष्ठ स्थिति : पूर्ववत चतुर्थ स्थिति जैसे ही अब दोनों पैर मुड़ी अवस्था में रखें। गर्दन घुमाकर पीछे दोनों पैरों की एड़ियों को देखने का प्रयास करें।

चित्र नं. 103

समय : 10 सेकंड और 10 चक्र।

एकाग्रता : मन को पीठ के अन्दर रखें।

विचार : अच्छे विचार (positive thinking)।

लाभ : पीठ शूल या पीठ दर्द संबंधी सभी विकारों में सर्वाइकल स्पॉन्डिलाइटिस में लाभकारी है। दमा (asthma) तथा फेफड़ों (lungs) के अन्य रोगों से पीड़ित लोगों को इस सरल आसन को करना चाहिए। इससे लाभ मिलता है। स्लिप डिस्क, वर्टीगो, मेरुदण्ड का कड़ापन दूर करता है और घुटनों की तकलीफ़ में भी लाभ प्राप्त होता है।

• शलभासन

नाम : 'शलभ' का अर्थ है 'टिड्डी।' इस आसन को साधने पर शरीर की आकृति टिड्डी के समान हो जाती है। इसलिए इस आसन का नाम 'शलभासन' है।

प्रारंभ : दरी या कम्बल स्वच्छ हवादार स्थान पर बिछा लें।

प्रथम स्थिति : पेट के बल लेटे रहें। हथेलियों को जाँघों के नीचे रख लें। अब एक पैर को जितना ऊपर उठा सकते हैं श्वास अंदर रोककर उठाएँ। कुछ देर रुकें और श्वास छोड़ते हुए पैर वापस ज़मीन पर ले आएँ। इस क्रिया को दूसरे पैर से दोहराएँ।

चित्र नं. 104

द्वितीय स्थिति : पेट के बल लेट जाएँ। दोनों पैरों को मिलाकर रखें। दोनों हाथों को जाँघों के नीचे रखें। पैरों को खींचते हुए हाथों को तानें। श्वास लेकर रोक लें। पैरों को ऊपर उठाएँ। पैर मुड़ने नहीं चाहिए। इस स्थिति में कुछ देर रुकें। फिर पूर्व

स्थिति में श्वास छोड़ते हुए वापस आ जाएँ।

चित्र नं. 105

एकाग्रता : मन को उदर, पीठ के निचले हिस्से या हृदय पर लगाएँ।

समय : इस आसन का अभ्यास पाँच बार करें।

क्रम : भुजंगासन व धनुरासन के साथ इस आसन को करें।

सावधानियाँ : इस आसन का अभ्यास पेप्टिक अल्सर, हार्निया व आँत के रोगी या कमज़ोर हृदय वालों को नहीं करना चाहिए।

लाभ : मेरुदण्ड के निचले हिस्से को सबल बनाता है। साइटिका नाड़ी को खींचता है व हल्का करता है। पेट के रोग दूर करता है। मधुमेह के लिए उपयोगी आसन है। हृदय को मज़बूत बनाता है। सर्वाइकल से टेल बोन तक हर रीढ़ के जोड़ की मालिश कर मज़बूत बनाता है। स्लिप डिस्क, जोड़ दर्द, कमर दर्द और साइटिका में लाभदायक है।

शलभासन से पैंक्रियास की क्रियाशीलता को बढ़ाता है इसलिए मधुमेह के निवारण में यह सहायक आसन है। इस आसन से मस्तिष्क को उचित मात्रा में रक्त प्रवाहित होता है और मनोवैज्ञानिक बीमारियों को दूर करता है। थायरॉइड ग्लैंड (चुल्लिका ग्रंथि) की क्रियाशीलता बढ़ाता है और पाचन, जननेंद्रिय स्नायुओं, ग्रंथि संस्थानों एवं पाचन संस्थान में संतुलन लाता है। दमा, खाँसी तथा हाथी पाँव की बीमारी दूर करता है। पैरों, उदर प्रदेश, जननांग, मेरुदण्ड और गर्दन को शक्ति प्रदान करता है। छाती की चर्बी दूर करता है। शारीरिक तापक्रम नियंत्रित रहता है। आँख और कान के रोगों में लाभ पहुँचाता है।

• हलासन

नाम : इस आसन में शरीर की स्थिति 'हल' के समान हो जाती है। इसलिए इस आसन का नाम हलासन है।

प्रारम्भ : स्वच्छ व हवादार स्थान पर दरी या कम्बल बिछा लीजिए।

स्थिति : पीठ के बल लेट जाएँ। दोनों हाथ शरीर के बाजू में रखें। पैर बिलकुल सीधे मिलाकर रखें। धीरे-धीरे पैरों को श्वास लेते हुए ऊपर उठाएँ। शुरू में दोनों हाथ पीछे कमर पर रखकर पैर पीछे ले जाएँ। पैरों को तब तक मोड़ें, जब तक ज़मीन से स्पर्श न करें। आसन की अंतिम अवस्था में श्वास स्वाभाविक रखें। पैर

घुटनों से मुड़ने नहीं चाहिए। दोनों हाथों को पैरों की अंगुलियों से छुएँ। अब श्वास छोड़ते हुए धीरे-धीरे पूर्व स्थिति में आ जाएँ।

चित्र नं. 106

क्रम : सर्वांगासन के बाद हलासन का अभ्यास करें। हलासन के बाद मत्स्यासन, उष्ट्रासन या सुप्त वज्रासन का अभ्यास करें।

सावधानी : वृद्ध, दुर्बल तथा उच्च रक्तचाप व साइटिका से पीड़ित व्यक्ति इसका अभ्यास न करें।

इस आसन को साधने में जल्दबाज़ी न करें। धीरे-धीरे पूर्ण स्थिति में आने का प्रयास करें।

लाभ : हलासन उदर प्रदेश के अंगों, वृक्क, यकृत व पैंक्रियास के कार्यों को व्यवस्थित करता है। पाचन शक्ति बढ़ाता है। छाती की चर्बी दूर करता है। थायरॉइड ग्रंथि की क्रिया को नियमित करता है जिससे चयापचय क्रिया में संतुलन आता है। बवासीर व मधुमेह का उपचार करता है। मेरुदण्ड को लचीला बनाता है एवं नाड़ियों की शक्ति को बढ़ाता है। अच्छा शारीरिक स्वास्थ्य प्रदान करता है।

एकाग्रता : मन को उदर, पृष्ठ प्रदेश की मांसपेशियों के शिथिलीकरण, श्वसन या थायरॉइड ग्लैंड में लगाएँ।

समय : शुरू-शुरू में प्रत्येक क्रिया में 15 सेकंड से अधिक समय न लगाएँ व चार बार करें। अभ्यास होने पर 10 मिनट से अधिक कर सकते हैं।

• कर्णपीड़ासन

नाम : 'कर्ण' का अर्थ है 'कान', 'पीड़' का अर्थ है 'दबाना।' इस आसन में घुटनों द्वारा दोनों कान दबाए जाते हैं। इसलिए इस आसन का नाम 'कर्णपीड़ासन' है।

प्रारम्भ : स्वच्छ व हवादार स्थान पर कम्बल या दरी बिछा लें।

स्थिति : पीठ के बल सीधे लेट जाएँ। धीरे-धीरे दोनों पैरों को सिर के पीछे ले जाएँ। पहले दोनों पैर सिर के पीछे सीधे हलासन की स्थिति में रखें। घुटनों से पैरों को मोड़ें। दोनों कानों के साथ सटाएँ। दोनों घुटनों से कानों को दबाएँ। हाथ सीधे रखते हुए हथेलियाँ ज़मीन की तरफ़ रखें।

चित्र नं. 107

सावधानी : उच्च रक्तचाप और हृदय रोग के रोगियों को कर्णपीड़ासन नहीं करना चाहिए। पैरों को झटके से न ले जाकर धीरे-धीरे ले जाना चाहिए। वापस भी धीरे-धीरे आना चाहिए। अन्यथा हानि होने की सम्भावना है।

लाभ : कर्ण पीड़ासन पीठ, कमर, गर्दन, मेरुदण्ड तथा कानों को सबल बनाता है। जिगर, स्प्लीन तथा पेट के अन्य रोगों में भी लाभप्रद है। मधुमेह तथा हार्निया के रोगों के लिए भी उपयोगी है। शरीर के सभी जोड़ों को सबल बनाता है। निम्न रक्तचाप के लिए लाभप्रद है।

विशेष : योग प्रशिक्षक के निर्देशन में ही अभ्यास करें अन्यथा विपरीत परिणाम भुगतने पड़ सकते हैं।

• साइकिल चलाना : (द्वि-चक्रिकासन)

प्रारम्भ : स्वच्छ हवादार स्थान पर दरी या कम्बल बिछा लें।

स्थिति : कम्बल पर लेट जाएँ दाहिना पैर ऊपर उठाएँ और उसे साइकिल चलाने जैसा घुमाएँ। पैर को 20 बार सीधा और 20 बार उल्टा घुमाएँ। इसी प्रकार बाएँ पैर से करें। अब दोनों पैरों से साइकिल क्रमानुसार चलाएँ। दोनों पैरों से बदल-बदलकर 20-20 बार उल्टी एवं सीधी साइकिल चलाएँ।

चित्र नं. 108

लाभ : इस अभ्यास से पेट की अच्छी मालिश होती है जिससे वायु और क़ब्ज़ दूर होते हैं तथा पेट की मांसपेशियाँ शक्तिशाली बनती हैं। मधुमेह के लिए उपयोगी आसन है। इससे गुर्दे की शक्ति बढ़ती है। अतिरिक्त चर्बी घटाने में सहायक है। शरीर सुडौल बनता है। मांसपेशियाँ मज़बूत बनती हैं। जंघा शक्ति का विकास कर चर्बी घटाता है। पेट व कमर पतली होती है।

• ताड़ासन

नाम : इस आसन में शरीर की स्थिति 'ताड़' के वृक्ष के समान सीधी और ऊँची हो जाती है। इसलिए इस आसन को ताड़ासन कहते हैं।

प्रारम्भ : स्वच्छ हवादार स्थान पर दरी या कम्बल बिछा लें।

स्थिति : अपने पैरों के बीच में चार-छः इंच की दूरी रखकर दरी या कम्बल पर खड़े हो जाएँ। शरीर को बिलकुल सीधा रखें एवं आँखों के सामने पड़ने वाली किसी वस्तु पर अपनी दृष्टि टिका लें। दोनों हाथों की अंगुलियों को आपस में फँसाकर सिर के ऊपर सीधा तानें। श्वास लेते हुए शरीर को पंजों पर स्थापित करें अर्थात् एड़ियाँ ऊपर उठा लें। अनुभव करें जैसे आपको ऊपर की ओर खींचा जा रहा हो। श्वास छोड़ते हुए धीरे-धीरे एड़ियों को वापस ज़मीन पर ले आएँ।

चित्र नं. 109

क्रम : यह शीर्षासन की तरह उल्टे होकर लगाए जाने वाले आसनों का विपरीत आसन है।

समय : आरम्भ में दो बार करें। धीरे-धीरे इसे पाँच से आठ बार तक करें।

लाभ : इससे मेरुदण्ड व हृदय में शक्ति आती है। हृदय रोग नहीं होता। ताड़ासन क़द बढ़ाने के लिए महत्त्वपूर्ण आसन है। वक्षस्थल चौड़ा हो जाता है। पेट का भारीपन दूर होता है। क़ब्ज़ दूर होता है एवं पेट व कमर की चर्बी घटती है। पैरों के कम्पन को दूर कर उनमें मज़बूती लाता है। आलस्य दूर करता है। एकाग्रता लाता है।

• तिर्यक ताड़ासन

प्रारम्भ : स्वच्छ हवादार स्थान पर दरी या कम्बल बिछा लें।

स्थिति : दरी या कम्बल पर ताड़ासन में खड़े हो जाएँ। पैरों की अंगुलियों पर खड़े होकर शरीर को ऊपर की ओर तानें। पहले दाईं तथा फिर बाईं ओर शरीर को कमर से झुकाएँ।

चित्र नं. 110

समय : प्रत्येक तरफ़ 10-10 बार करें।

विशेष : इस आसन से वे सभी लाभ प्राप्त होते हैं जो ताड़ासन से प्राप्त होते हैं।

लाभ : शरीर लचीला बनता है। मेरुदण्ड की अच्छी मालिश हो जाती है। कंधे मज़बूत होते हैं। कमर पतली

होती है। वज़न घटाने के लिए अच्छा अभ्यास है।

• त्रिकोणासन

नाम : इस आसन में शरीर का आकार त्रिकोण जैसा बनता है इसलिए इसे 'त्रिकोणासन' कहा जाता है।

प्रारम्भ : स्वच्छ हवादार स्थान पर दरी या कम्बल बिछा लें।

स्थिति : दरी या कम्बल पर खड़े हो जाएँ। दोनों पैरों के बीच 2-3 फ़ीट का फ़ासला रखें। श्वास लेते हुए दोनों भुजाओं को कंधे की सीध में लाएँ। हथेलियाँ नीचे की तरफ़ रखें। दाहिने घुटने को थोड़ा झुकाते हुए श्वास छोड़ें। शरीर को दाहिनी तरफ़ झुकाएँ। दाहिने हाथ से दाहिने पंजे को स्पर्श करें। दोनों हाथों को कंधे की सीध में लाते हुए खड़े हो जाएँ। इसे शरीर की दूसरी ओर से दोहराएँ।

चित्र नं. 111

एकाग्रता : मन को श्वास-प्रवास पर केंद्रित करें।

समय : 5-5 बार दोहराएँ। अभ्यास होने पर इसे 10-15 बार दोहराएँ।

लाभ : यह मधुमेह के रोगियों के लिए अच्छा आसन है। क़ब्ज़ दूर कर भूख बढ़ाता है। स्नायविक तनाव, निराशा आदि में लाभकारी है। बढ़ती उम्र की लड़कियों के लिए विशेष लाभदायी है।

• पादहस्तासन

नाम : इस आसन में पाँवों को हाथों से पकड़ते हैं। इसलिए इस आसन को 'पादहस्तासन' कहते हैं।

चित्र नं. 112

स्थिति : दरी या कम्बल पर खड़े हो जाएँ दोनों पैरों को आपस में मिलाकर रखें। दोनों हाथों को ऊपर सीधा रखें। धीरे-धीरे श्वास छोड़ते हुए आगे झुकें। अंगुलियों को पंजों के नीचे दबाने या हथेलियों को ज़मीन पर रखने का प्रयास करें। यदि ज़मीन पर न रखते बने तो स्पर्श करने का प्रयत्न करें एवं सिर को घुटनों के बीच में लाने का प्रयत्न करें। धीरे-धीरे गहरी श्वास लें। श्वास लेते हुए वापस खड़े हो जाएँ। इस क्रिया को दोहराएँ।

एकाग्रता : पीठ की मांसपेशियों में मन को लगाएँ।

समय : आरम्भ में दो से चार बार करें फिर अभ्यास होने पर इसे धीरे-धीरे दस से पन्द्रह बार दोहराएँ।

सावधानियाँ : पीठ के रोगों से पीड़ित रोगियों को यह आसन नहीं करना चाहिए। आसन के दौरान पैरों को सीधा रखें। अनावश्यक ज़ोर न लगाएँ।

लाभ : मेरुदण्ड को लचीला बनाता है। रीढ़ की सभी रक्त शिराओं को उत्तेजित तथा साफ़ करता है। उदर संबंधी रोगों को दूर करता है एवं पैंक्रियास की क्रियाशीलता बढ़ाता है इसलिए मधुमेह के लिए अच्छा आसन है। प्रजनन अंगों पर भी प्रभाव डालता है व उनके समस्त विकारों को दूर करता है। गर्भाशय की स्थिति को ठीक करता है। चेहरे और मस्तिष्क में रक्त प्रवाह बढ़ाता है एवं सम्पूर्ण शरीर के विकारों को निष्कासित कर रोग मुक्त करता है। शरीर की चर्बी कम कर मोटापा दूर करता है। यह आसन अपानवायु को नीचे की ओर धकेलता है। वायु विकार दूर करता है।

• गरुड़ासन

नाम : 'गरुड़' एक पक्षी का नाम है। इस आसन में शरीर की स्थिति गरुड़ के समान हो जाती है। इसलिए इसे गरुड़ासन कहते हैं।

प्रारम्भ : स्वच्छ व हवादार स्थान पर दरी या कम्बल बिछा लें।

स्थिति : खड़े हो जाएँ। बाएँ पैर को दाहिने पैर के चारों ओर लपेटें। बाईं जाँघ दाहिनी जंघा के ऊपर रखें। बायाँ पैर दाएँ पैर के ऊपर रखें। अब दोनों हाथों को मोड़ें। बाएँ हाथ को दाएँ हाथ पर लपेटें जैसे वे प्रार्थना की मुद्रा में रहते हैं। दोनों हथेलियाँ आपस में जोड़ लें। श्वास क्रिया सामान्य रहने दें। अब हाथ और पैर बदलकर दोहराएँ।

लाभ : कमर व पैरों की मांसपेशियाँ मज़बूत बनती हैं। जोड़ लचीले और मज़बूत बनते हैं। शारीरिक सौंदर्य बढ़ता है।

चित्र नं. 113

• वृक्षासन

नाम : इस आसन में वृक्ष के समान आकृति होती है। इसलिए इसे 'वृक्षासन' कहा जाता है।

प्रारंभ : स्वच्छ व हवादार स्थान पर दरी या कम्बल बिछा लें।

स्थिति : किसी भी एक पैर पर खड़े हो जाएँ। दूसरे पैर को घुटने से मोड़कर एड़ी को पहले पैर की जाँघ के मूल पर रखें। दोनों हाथों को बग़ल से सीधे सिर पर ले जाएँ। दोनों हथेलियाँ आपस में स्पर्श करें। दोनों हाथों की कुहनियाँ सीधी रखें। धीरे-धीरे श्वास लें। यथासम्भव इसी स्थिति में रुकें। यही क्रिया दूसरे पैर पर करें।

चित्र नं. 114

समय : प्रारम्भ में 3 से 5 सेकंड तक इसी स्थिति में रहें, फिर धीरे-धीरे 10 सेकंड तक इसी स्थिति में रहें। दिन में 4 से 6 बार यह क्रिया की जा सकती है।

लाभ : यह आसन पैरों की अंगुलियों, घुटनों, कुहनियों आदि की नाड़ियों में पर्याप्त मात्रा में रक्त संचार करता है। शरीर के प्रत्येक जोड़ों का व्यायाम करता है। हाथ-पैर लचीले और सीना सुडौल बनता है।

• उत्कटासन

प्रारम्भ : स्वच्छ व हवादार स्थान पर दरी या कम्बल बिछा लें।

प्रथम स्थिति : दोनों पैरों को मिलाकर खड़े हो जाएँ फिर पंजों पर उठकर दोनों हाथ नमस्कार की मुद्रा में सीधे सिर के ऊपर ले जाएँ फिर धीरे-धीरे शरीर को नीचे लाएँ। एड़ी ज़मीन पर ले आएँ।

द्वितीय स्थिति : हाथ सीधे रखकर खड़े हो जाएँ धीरे-धीरे शरीर को ऊपर उठाकर पैर की अंगुलियों पर संतुलन रखने का प्रयत्न करें। पंजों पर बैठें। पूरे शरीर का वज़न घुटनों व पैरों पर रखें। दोनों हाथ सामने फैलाएँ। पूरा वज़न घुटनों पर रखते हुए घुटने मोड़कर कुर्सी पर बैठने के समान बैठें। जितनी देर सम्भव हो, इसी स्थिति में रहें।

चित्र नं. 115

लाभ : उत्कटासन के अभ्यास से मलावरोध, उदर रोग, रक्त विकार, चर्मरोग, हृदय और फेफड़ों की निर्बलता, संधिवात आदि रोग नष्ट हो जाते हैं। इस आसन में इड़ा-पिंगला नाम की नाड़ियों के मार्ग बन्द हो जाते हैं और प्राण सुषुम्ना में संचारित होने लगते हैं।

• ब्रह्मचर्यासन

स्थान : दरी या कम्बल पर स्वच्छ हवादार स्थान पर बैठ जाएँ।

स्थिति : सीधे तनकर बैठ जाएँ। अब दोनों पैरों को सामने फैला लें। दोनों पैर समानान्तर फैलाए। हाथ शरीर के बाजू में रखें। पूरी हथेली ज़मीन पर स्थापित करें। अब शरीर को इसी अवस्था में संतुलन स्थापित करते हुए शरीर को (पैरों व नितम्बों को) ज़मीन से ऊपर उठाएँ। शारीरिक भार दोनों भुजाओं पर स्थापित करें।

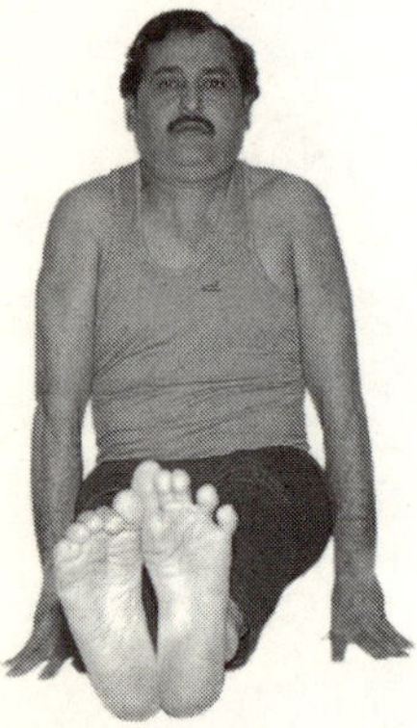

चित्र नं. 116

श्वास : शरीर उठाते समय श्वास लें। ऊपर उठकर श्वास रोक लें। नीचे आते समय श्वास छोड़ें।

एकाग्रता : नाभि मूल पर मन को एकाग्र करेंगे।

लाभ : पेट से संबंधित रोगों में लाभदायक है। उदर प्रदेश के लिए अच्छा आसन है। एकाग्रता बढ़ती है। मांसपेशियाँ मज़बूत होती हैं। मानसिक व शारीरिक शक्ति बढ़ती है।

• हनुमानासन

स्थान : स्वच्छ हवादार स्थान पर कम्बल पर बैठ जाएँ।

चित्र नं. 117

स्थिति : दोनों घुटने ज़मीन पर रखें। शरीर से 12 इंच दूरी पर हथेलियाँ रखें। घुटने ऊपर उठाएँ और पैर खोलकर लम्बे करें। नितम्ब ऊपर उठाएँ। पैर लम्बाकार फैला लें। नितम्ब और पैरों को ज़मीन पर टिका लें। एक पैर को अपने सामने

की तरफ़ लम्बा करें और दूसरे पैर को अपने पीछे की तरफ़ खोलें। दोनों पैरों से बारी-बारी से दोहराएँ। दोनों हाथ प्रार्थना की मुद्रा में रखें, फिर धीरे-धीरे सिर के ऊपर प्रार्थना मुद्रा में तानें।

श्वास : श्वास सामान्य रखें।

एकाग्रता : दोनों भौंहों के बीच चक्र पर या फिर अनाहत चक्र पर केंद्रित करें।

लाभ : प्रजनन अंगों पर प्रभाव पड़ता है। प्रजनन संबंधी समस्याओं में लाभ मिलता है। मांसपेशियाँ मज़बूत बनती हैं। शरीर बलवान बनता है। स्नायु तंत्र व तंत्रिका तंत्र को बल मिलता है। शारीरिक दुर्बलता दूर होती है। मूत्र संबंधी तकलीफ़ों में भी लाभ मिलता है।

• गौरक्षासन

स्थान : स्वच्छ हवादार स्थान पर कम्बल पर बैठ जाएँ।

स्थिति : पीठ और गर्दन सीधी रखें। सीधे तनकर बैठें। तितली आसन जो पूर्व में बताया गया है। बैठी अवस्था में पंजे और एड़ी मिलाकर रखें। पंजों पर बैठी अवस्था में घुटने ज़मीन से स्पर्श कराएँ। संतुलन स्थापित करें। दोनों हाथ क्रॉस करते हुए एड़ी पकड़ें।

चित्र नं. 118

श्वास : सामान्य श्वास रहेगी।

एकाग्रता : मन संतुलन में स्थापित करें।

लाभ : मानसिक व शारीरिक क्षमता का विकास होता है। शरीर में संतुलन स्थापित होता है। पैरों व पंजों की शक्ति बढ़ती है। एकाग्रता बढ़ती है। स्मरण शक्ति का विकास होता है।

• नटराज आसन

स्थान : स्वच्छ हवादार स्थान पर बैठ जाएँ।

स्थिति : सीधे खड़े हो जाएँ। बाएँ पैर को ज़मीन पर अच्छे से स्थापित कर लें। दाहिने पैर को पीछे करते हुए ऊपर उठाएँ। दाहिने हाथ से दाहिने पैर के टखने को पकड़ें। बाएँ हाथ को सामने लंबा करें और बाएँ पैर पर पूरा शारीरिक संतुलन स्थापित करें। दृष्टि सामने किसी एक बिन्दु पर केंद्रित करें।

चित्र नं. 119

श्वास : श्वास लें और रोककर रखें।

एकाग्रता : मन संतुलन पर केंद्रित रखें।

लाभ : पैरों की मांसपेशियाँ मज़बूत होती हैं। स्मरण शक्ति बढ़ती है। मस्तिष्क का विकास होता है। एकाग्रता बढ़ती है। शारीरिक शक्ति बढ़ती है।

• कूर्मासन

स्थान : स्वच्छ हवादार स्थान पर बैठ जाएँ।

स्थिति : पीठ, गर्दन सीधी रखते हुए बैठ जाएँ। दोनों पैरों को दूर-दूर फैला लें। अब सामने झुकें और सिर ज़मीन पर स्पर्श करें। उस स्थिति तक झुकें। दोनों हाथ घुटनों के नीचे से बाहर निकालें और पीठ पर पीछे ले जाएँ अब दोनों हाथों की अंगुलियाँ आपस में जोड़ लें। अंतिम स्थिति में कुछ देर रुकें।

चित्र नं. 120

विशेष : यथाशक्ति अभ्यास करें।

श्वास : सामान्य श्वास रखें।

एकाग्रता : मन को अपनी स्थिति पर केंद्रित करें।

लाभ : जोड़ों के दर्द के लिए लाभदायक है। स्नायुतंत्र मज़बूत बनता है। शारीरिक शक्ति बढ़ती है। पेट से संबंधित बीमारियों के लिए लाभदायक है।

• बकासन

स्थिति : दरी या कम्बल पर खड़े हो जाएँ।

प्रथम स्थिति : दोनों पैरों के पंजे और एड़ी मिलाकर खड़े हो जाएँ। अब धीरे-धीरे आगे झुकें। झुकते हुए दोनों हाथों से बाएँ पैर के पंजे को पकड़ें। अब दाहिने पैर को यथाशक्ति ऊपर उठाएँ। दोनों पैरों के घुटने सीधे रखते हुए सामर्थ्य अनुसार ऊपर उठाएँ। यथाशक्ति स्थिति में रुकें। फिर दूसरे पैर से दोहराएँ।

चित्र नं. 121

द्वितीय स्थिति : घुटनों पर बैठ जाएँ। दोनों हथेलियों पर शरीर का वज़न लाएँ। घुटने काँख के बग़ल में रखें। पंजे मिले हुए रखें। आगे झुकते हुए पंजे ज़मीन से ऊपर उठाएँ। पूरा वज़न दोनों हाथों पर केंद्रित करें।

एकाग्रता : मन को अपनी स्थिति में संतुलन में लगाएँ।

श्वास : आगे झुकते समय श्वास छोड़ते हुए झुकी हुई अवस्था में स्वाभाविक श्वास लें। ऊपर उठते समय श्वास लें।

लाभ : जोड़ों के लिए लाभदायक है। स्मरणशक्ति बढ़ाने में सहायक है। मस्तिष्क में रक्त संचार बढ़ता है। शरीर लचीला बनकर स्वास्थ्य प्रदान करता है। स्नायुओं, नाड़ियों को शक्ति मिलती है। कमज़ोरी दूर होती है।

• पर्वतासन

स्थान : स्वच्छ हवादार स्थान पर बैठ जाएँ।

स्थिति : पूर्व में दिए पद्मासन की स्थिति में बैठ जाएँ। पीठ, गर्दन सीधी रखें। अब शारीरिक संतुलन स्थापित करते हुए हाथों का सहारा लें और दोनों घुटनों के बल खड़े हो जाएँ। दोनों हाथ ऊपर सीधे लम्बे उठा लें। पूरा शारीरिक संतुलन दोनों घुटनों पर स्थापित करें।

चित्र नं. 122

श्वास : श्वास सामान्य रखें।

एकाग्रता : मन को अपने शारीरिक संतुलन में लगाएँ।

लाभ : एकाग्रता बढ़ाने के लिए अच्छा आसन है।

• वातायनासन

चित्र नं. 123

स्थान : स्वच्छ हवादार स्थान पर बैठ जाएँ।

स्थिति : सीधे खड़े हो जाएँ। अब संतुलन बनाते हुए एक पैर को घुटने से मोड़ें। अर्द्धपद्मासन की स्थिति में आ जाएँ। दोनों हाथ जोड़कर प्रार्थना की मुद्रा में रखें। अब धीरे-धीरे इस स्थिति में नीचे बैठने का प्रयास करें। मोड़े गए पैर के घुटने को ज़मीन पर स्पर्श करें और दूसरा पैर जो सीधा था उसे मोड़कर शरीर झुकाते हुए एक घुटने और एक पैर पर संतुलन स्थापित करें।

श्वास : श्वास सामान्य रखें।

एकाग्रता : मन को संतुलन में लगाएँ।

लाभ : शारीरिक शक्ति का विकास होता है। एकाग्रता बढ़ती है। मांसपेशियाँ मज़बूत बनती हैं। पैरों की शक्ति बढ़ती है। नस और नाड़ियों को शक्ति मिलती है। वीर्य की रक्षा होती है। प्रजनन संबंधित समस्याओं में लाभदायक है।

• गर्भासन

स्थान : पवित्र, स्वच्छ हवादार स्थान पर कम्बल बिछा लें।

स्थिति : सीधे तनकर पद्मासन की स्थिति में बैठ जाएँ अब दोनों हाथ जंघा और पिंडली के बीच से निकालें। जब दोनों हाथ बीच में से नीचे निकल आएँ तब घुटने ऊपर उठाते जाएँ और कोहनी तक मोड़ें। ऊपर ले जाते हुए कानों को पकड़ें। तत्पश्चात् पूरा शारीरिक संतुलन दोनों नितम्बों पर स्थापित करें। शारीरिक क्षमतानुसार रोककर रखें।

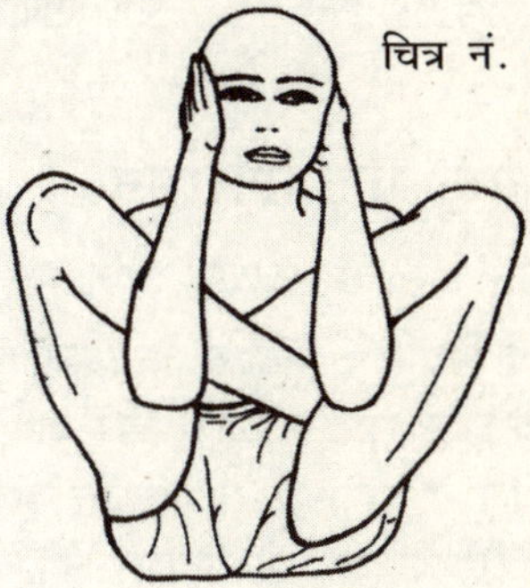

चित्र नं. 124

श्वास : श्वास सामान्य रखें।

एकाग्रता : मन को संतुलन में स्थापित करें।

यह आसन क्रोधित, उद्विग्न, उत्तेजित व असंतुष्ट मस्तिष्क को शान्त करता है।

लाभ : शारीरिक संतुलन के लिए लाभदायक है। एकाग्रता बढ़ती है, स्मरण शक्ति का विकास होता है। मांसपेशीय तंत्र, स्नायुमण्डल व पाचन संस्थान की शक्ति बढ़ती है तथा इनसे संबंधित व्याधियों में लाभदायक है।

• कंधरासन या सेतुबंधासन

स्थान : स्वच्छ हवादार स्थान पर बैठ जाएँ।

स्थिति : पीठ पर लेट जाएँ दोनों पैरों को घुटनों से मोड़ लें। तत्पश्चात् दोनों हाथों से दोनों पैरों के टखनों को पकड़ लें। अब सिर, कंधा ज़मीन पर रहे और दोनों पंजे व एड़ी भी ज़मीन पर रखें। बाक़ी शरीर को बीच से ऊपर उठाएँ।

चित्र नं. 125

श्वास : शरीर उठाते समय श्वास लें। ऊपर उठने के बाद श्वास रोकें। नीचे आते समय श्वास छोड़ें।

एकाग्रता : नाभि मूल में मन को एकाग्र करें।

सावधानी : प्रारंभ में 1 या 2 बार करें। आकृति बढ़ाते हुए 5 से 10 बार तक करें। गर्भावस्था में या ज्वर में या चोट आदि में न करें।

लाभ : पीठ दर्द में लाभ पहुँचाता है। सर्वाइकल के लिए भी लाभदायक आसन है। पैरों की व जाँघों की मांसपेशियाँ मज़बूत बनती हैं। शरीर सुडौल व कमर पतली होती है।

• एक-पाद शिरासन

स्थिति : स्वच्छ हवादार स्थान पर दरी या कम्बल बिछाकर बैठ जाएँ।

प्रथम स्थिति : पीठ सीधी रखते हुए दोनों पैरों को सामने फैलाकर बैठ जाएँ। अब दाहिना पैर सीधा रहने दें और बाएँ पैर को मोड़कर दाहिने घुटने पर रखें। दोनों हाथों से पंजे व एड़ी को सहारा देते हुए बाएँ पैर को सिर के पीछे ले जाएँ। बायाँ हाथ बाएँ पैर के नीचे से निकाल लें। दोनों हाथों को छाती के सामने नमस्कार की मुद्रा में रखें। यथाशक्ति समय तक रुकने का प्रयास करें। तत्पश्चात् दूसरे पैर से दोहराएँ।

चित्र नं. 126

द्वितीय स्थिति : दोनों पैरों से एक साथ दोहराएँ।

श्वास : स्वाभाविक श्वास में करें।

एकाग्रता : आसन मुद्रा पर ध्यान केंद्रित करें।

लाभ : शरीर लचीला व शक्तिशाली बनता है। उदर प्रदेश के लिए अच्छा अभ्यास है। उदर की मालिश होती है।

• अर्ध उष्ट्रासन

विधि : 1. घुटनों पर खड़े होते हुए पंजे मिलाकर रखें।
2. दोनों हाथों को कमर पर स्थापित करें।
3. अब श्वास लेते हुए शरीर को पीछे की ओर झुकाएँ। गर्दन भी पूरी तरह पीछे ले जाकर रोकें।
4. सामान्य स्थिति में आने के लिए एक-एक कर हाथ हटाएँ और घुटनों पर बैठ जाएँ।

श्वास : पीछे झुकते समय श्वास लें और झुकी हुई स्थिति में श्वास रोकें। सामान्य स्थिति में आते हुए श्वास छोड़ें। आसन का अभ्यास प्रारम्भ में सामान्य श्वास में भी कर सकते हैं।

लाभ : 1. समस्त मेरुदण्ड के लिए लाभदायक है।
2. कन्धों को सबल बनाता है।
3. कूबड़ निकला हो तो ठीक हो जाता है।

चित्र नं. 127

• मरीच्यासन/वक्रासन

वक्रासन का शाब्दिक अर्थ घुमाव है। शारीरिक स्थिति वक्र के समान बनती है।

विधि : दोनों पैरों को समानान्तर फैलाते हुए बैठ जाएँ। अब दाएँ पैर के पंजे को बाएँ घुटने के बाजू में रखें। श्वास बाहर छोड़ते हुए दाईं तरफ़ घूमें। बायाँ हाथ दाएँ घुटने के पास लाए। हथेली को दाएँ पैर के पास रखें। दायाँ हाथ पीछे ले जाते हुए हथेली को ज़मीन पर रखें। स्थिति में 10 से 20 सेकंड रुकें फिर अभ्यास के पश्चात् 30 से 40 सेकंड रुकने का प्रयास करें। श्वास सामान्य रखें। दूसरी तरफ़ से भी दोहराएँ।

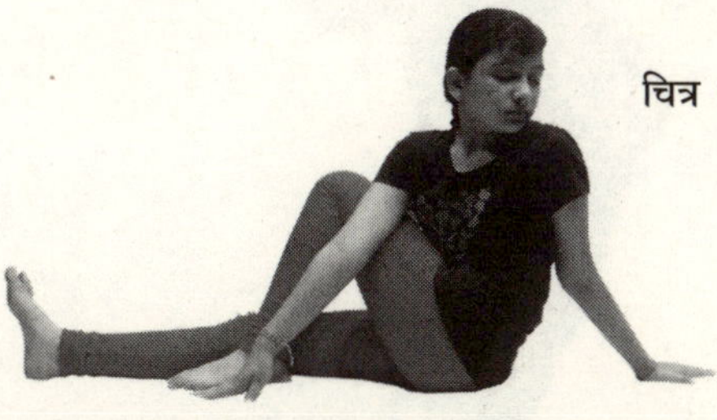

चित्र नं. 128

स्थिति : 1. पैरों को सामने फैलाएँ और आपस में मिलाकर बैठ जाएँ।
2. बायाँ घुटना मोड़ें। तलवा ज़मीन पर रखें। पिंडली जंघा से स्पर्श कराएँ।

3. बाएँ घुटने के बाहर दायाँ कंधा रखें। पीठ को बाईं ओर मोड़कर दाएँ घुटने को पकड़ें। बायाँ हाथ ज़मीन पर पीछे की तरफ़ रखें। गर्दन को बाईं तरफ़ से मोड़कर पीछे की ओर देखने का प्रयास करें।
4. स्थिति को दाहिने पैर को मोड़कर भी दोहराएँ।

लाभ : 1. पीठ की सभी प्रकार की तकलीफ़ों में लाभदायक है।
2. नितम्ब पीड़ा में लाभदायक है।
3. स्लीन और लिवर पर विशेष प्रभाव डालता है। क्रियाशीलता बढ़ती है।
4. गर्दन और कंधों की मांसपेशियाँ मज़बूत बनती हैं।
5. स्पॉन्डिलाइटिस और कंधे की अकड़न में लाभदायक है।
6. मेरुदण्ड लचीला व सुदृढ़ बनता है।
7. मधुमेह में लाभदायक है। पैंक्रियास की शक्ति बढ़ती है।
8. पाचन मज़बूत होता है। पाचन संबंधी सभी तकलीफ़ों में लाभदायक है। जैसे : क़ब्ज़, ऐसिडिटी, एंक्ज़ाइटी आदि।

सावधानी : कमरदर्द, पीठदर्द, स्लिप डिस्क एवं किसी भी प्रकार के हृदय रोग वाले व्यक्ति सावधानी रखें।

• अर्ध चक्रासन

स्थिति : दोनों पैरों को मिलाकर सीधे खड़े हो जाएँ। अब दोनों हाथों को कमर पर स्थापित करें। श्वास लेते हुए पीछे की ओर यथासम्भव पूरा झुकने का प्रयास करें। सिर भी पीछे ले जाएँ और स्थिति को यथाशक्ति रोकें। श्वास भी रोकें। न रोकते बने तो श्वास छोड़ते हुए पुनः सामान्य स्थिति में आ जाएँ।

चित्र नं. 129

लाभ : 1. फ़िटनेस के लिए लाभदायक है।
2. मेरुदण्ड संबंधी सभी तकलीफ़ों में लाभदायक है।
3. पेट की चर्बी भी घटाता है।
4. सर्वाइकल में विशेष लाभदायक है।

• मकरासन

स्थिति : पीठ पर लेटी हुई स्थिति में दोनों हाथों की अंगुलियों को आपस में फँसाकर सिर के नीचे रखें। दाहिना पैर सीधा रखें। बायाँ पैर घुटने से मोड़ते हुए दाहिनी जंघा से तलवे को स्पर्श करें। दोहराते हुए दाहिने पैर को मोड़कर करें।

श्वसन : श्वास सामान्य रखें।

लाभ : 1. कमर के लिए लाभदायक है।
2. मूलाधार में लाभकारी है।
3. स्त्री रोगों में लाभदायक है।

• स्लिमिंग पोज़ (सुंदर आसन)

स्थिति : स्वच्छ हवादार स्थान पर दरी या कम्बल बिछा लें।

प्रथम स्थिति :

(i) बाईं करवट लेट जाएँ। बायाँ हाथ लंबा रखें। बाएँ कंधे पर सिर रख लें। करवट की ही स्थिति में शरीर सीधा रखें अर्थात् घुटना सीधे पैर पर रखें। अब दाहिना हाथ 90^0 पर उठा लें और दाहिना पैर बार-बार 90^0 तक लाए। हथेली से स्पर्श कर वापस नीचे लाए (यह क्रिया करवट की ही स्थिति में होगी)।

(ii) अब इसी प्रकार दाहिनी करवट बदलकर क्रिया करें।

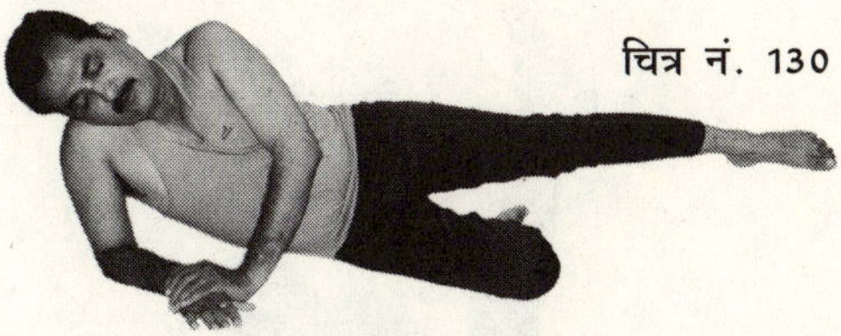

चित्र नं. 130

आवृत्ति : प्रारम्भ में 10-10 बार अभ्यास और फिर 20-20 बार दोहराएँ।

द्वितीय स्थिति :

(i) पुनः बाईं करवट लेट जाएँ। इस स्थिति में अब बायाँ पैर घुटने से मोड़ लें

और बायाँ हाथ कोहनी से मोड़कर कंधे पर सिर को टिका लें। शरीर के अग्र भाग का वज़न बाईं कोहनी पर लाए। दोनों हाथों की दसों अंगुलियाँ आपस में मिलाकर रखें। अब दाहिना पैर सीधा रखें। दाहिने पैर को हर बार 90^0 उठाते हुए दाहिने कंधे से स्पर्श कराने का प्रयास करें। 10 बार करें।

(ii) अब पैर को थोड़ा सा सामने की तरफ़ रखें। वापस हर बार 90^0 तक ऊपर उठाते हुए कंधे से स्पर्श कराएँ। 10 बार दोहराएँ।

(iii) अब दाहिने पैर को हर बार घुटने से मोड़ते हुए घुटने को दाहिने कंधे से स्पर्श कराएँ। 10 बार दोहराएँ।

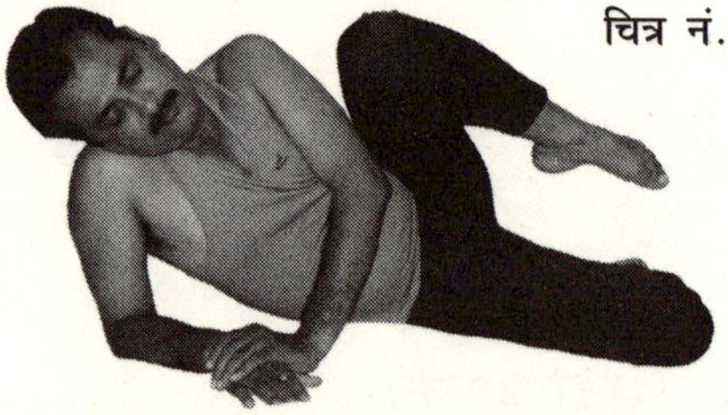

चित्र नं. 131

तृतीय स्थिति :

अब इसी प्रकार दाहिनी करवट लेट जाएँ। दाहिनी कोहनी पर शरीर का वज़न लाएँ। सिर दाहिने कंधे पर रखें। दसों अंगुलियाँ आपस में मिलाकर रखें। अब दायाँ पैर मोड़कर रखें। बायाँ पैर हर बार 90^0 तक ऊपर उठाएँ और बाएँ कंधे से स्पर्श कराएँ। इसे 10 बार दोहराएँ।

(v) पूर्व स्थिति, द्वितीय स्थिति (ii) को अब बाएँ पैर से दोहराएँ। 10 बार करें।

(vi) पूर्व स्थिति, तृतीय स्थिति (iii) को अब बाएँ पैर से दोहराएँ। 10 बार करें।

चित्र नं. 132

चतुर्थ स्थिति :

पीठ पर लेटी हुई स्थिति में दोनों हाथ पीछे लम्बे रखें। अब श्वास लेते हुए उठकर बैठें व दोनों हाथों से दोनों पैरों के पंजों को पकड़ें। श्वास छोड़ते हुए हाथ ऊपर लम्बे रखते हुए पीठ पर लेटें। पुनः श्वास लेकर उठें। पंजे पकड़ें और श्वास छोड़ते हुए लेटें। इस प्रकार यह एक चक्र हुआ।

आवृत्ति : प्रारंभ में 10 बार करें। अभ्यास के पश्चात् 15 से 20 बार दोहराएँ।

सावधानियाँ : स्लिप डिस्क, जोड़ दर्द, हृदय रोग, पीठ दर्द, कमर दर्द, सर्वाइकल रोगों में अभ्यास वर्जित है।

लाभ : वज़न कम करने में लाभदायक है। कमर पतली होती है। कमर व हिप, जाँघ की अतिरिक्त चर्बी कम करता है। शरीर को आकार देता है, शरीर को सुन्दरता प्रदान करता है। महिलाओं के लिए बहुत लाभदायक है। शरीर आकर्षक बनाकर सुन्दरता प्रदान करता है।

• • •

सूर्य नमस्कार एक सम्पूर्ण योग क्रिया

सम्पूर्ण योग क्रिया में सूर्य नमस्कार का बहुत महत्त्व है। बिना सूर्य नमस्कार के योग का महत्त्व नहीं है। यह एक ऐसी क्रिया है जो अपने आप में पूरा योग है। जिस प्रकार हम रोज़ खाना खाते हैं, उसी प्रकार हमें स्वयं नियम बनाना चाहिए कि हमें रोज़ सूर्य नमस्कार करना है। जिस प्रकार एक पत्थर तराशने वाला पत्थर तराशकर एक ऐसी मूर्ति बना देता है, जो पूजी जाती है। उसी प्रकार वे लोग स्वयं को एक मूर्तिकार के रूप में स्थापित कर सकते हैं, जो शरीर जैसा चाहे वैसा बना लें। सूर्य नमस्कार द्वारा शरीर के समस्त अंगों की मसाज (मालिश) हो जाती है। इस आसन द्वारा अपने आप में खोई हुई शारीरिक एवं मानसिक शक्ति को फिर से प्राप्त किया जा सकता है।

7 से 14 वर्ष के बच्चों के लिए मानसिक, प्राणशक्ति से संतुलन तथा पीनियल ग्रंथि के असामयिक क्षय को रोक सकता है। बच्चों में बढ़ती हिंसात्मक प्रवृत्ति, क्रोध और दूसरे को नुक़सान पहुँचाकर खुश होने वाली समस्त नकारात्मक मानसिकता को समाप्त करने में सूर्य नमस्कार का महत्त्व है।

इसमें 12 आसन होते हैं। हर आसन को दो बार किया जाता है। एक बाएँ पैर से फिर दाएँ पैर द्वारा एक चक्र होता है। हम अपनी सामर्थ्य के अनुसार इसे बढ़ा सकते हैं। सूर्य नमस्कार पर शोध करके वैज्ञानिकों ने पाया है कि इस आसन में संपूर्ण शरीर की मसाज हो जाती है और शरीर का संतुलन बनाए रखने के लिए सूर्य नमस्कार एक संपूर्ण योग क्रिया है। रक्त परिश्रम बढ़ाने में शरीर में स्फूर्ति को बढ़ाता है। आध्यात्मिक लाभ प्राप्ति के लिए सूर्य नमस्कार करने वालों को निम्नलिखित मंत्रों का जाप करना चाहिए।

1. ॐ मित्राय नमः	2. ॐ रवये नमः	3. ॐ सूर्याय नमः
4. ॐ भानवे नमः	5. ॐ खगाय नमः	6. ॐ पूष्णे नमः
7. ॐ हिरण्यगर्भाय नमः	8. ॐ मरीचये नमः	9. ॐ सवित्रे नमः
10. ॐ अर्काय नमः	11. ॐ आदित्याय नमः	12. ॐ भास्कराय नमः

सूर्य नमस्कार के लिए दो अन्य मंत्र हैं :

सूर्य नमस्कार मन को एकाग्र करने का वैज्ञानिक, सरल, आकर्षक और व्यावहारिक तरीक़ा है। इस आसन द्वारा मन पर विजय प्राप्त की जा सकती है। इस आसन से शारीरिक, मानसिक शक्ति प्राप्त होती है। सूर्य नमस्कार से शरीर में रक्त संचालन तीव्र होता है। मांसपेशियाँ मज़बूत होती हैं। स्नायु को शक्ति मिलती है। इससे प्रेरणा शक्ति बढ़ती है और विद्युत तरंगों को बढ़ाती है। आप में आकर्षण को बढ़ाकर रखती है। नमस्कार से शरीर के समस्त अंगों की शक्ति बढ़ती है। पेट, हार्ट, लिवर,

गॉल ब्लेडर, स्लीन, किडनी के लिए अगर आप रोज़ जितने भी आसन प्राणायाम करते हैं, उनके स्थान पर सिर्फ़ सूर्य नमस्कार के 2 चक्र से लेकर 12 चक्र करें तो समस्त लाभ प्राप्त होते हैं। अगर समय का अभाव हो और शरीर को स्वस्थ रखना हो तो एक बात का हमें ध्यान रखना है कि हम सिर्फ़ सूर्य नमस्कार सूर्योदय के समय मंत्रों के उच्चारण से आरम्भ करें। इससे बहुत फ़ायदा पहुँचता है। इसमें जिनको कमर दर्द, सर्वाइकल, उच्च रक्तचाप, हृदय रोग है, वे लोग इसमें सिर्फ़ नमस्कार, ताड़ासन और अर्ध चन्द्रासन करें, अन्य आसन न करें।

सूर्य नमस्कार के महत्त्व को आपको पहचानना चाहिए। हमारे शरीर में हमारा पाचन संस्थान भी सूर्य के समय ज़्यादा काम करता है और संध्या के समय रात में हमारा पाचन उसी स्थिति में प्रभावित होता है। इसी कारण प्रातः या दिन में हम ज़्यादा भारी खाना खा सकते हैं और रात में हमें हल्का खाना खाना चाहिए। इससे हमारा पाचन संस्थान सही रहता है और हम स्वस्थ रहते हैं।

सूर्य नमस्कार सुबह उठने के बाद नहाने के पश्चात् सूर्य की ओर मुख कर दोनों हाथों को जोड़कर करना चाहिए। सूर्य नमस्कार 12 आसनों को मिलाकर बना है। नमस्कार ताड़ासन, अर्ध चन्द्रासन, हस्तपाद नमस्कार, वीरासन, पर्वत आसन तथा मकर आसन यही पुनः शिखर होते हैं।

यदि हम आसन एक बाएँ पैर से और दूसरे दाहिने पैर से करते हैं तो कुल मिलाकर एक चक्र होता है। इस प्रकार आप 12 चक्र करें तो दूसरा कुछ करने की आवश्यकता नहीं होती है। इसलिए हर आसन का बहुत महत्त्व है।

• सूर्य नमस्कार (II)

1. प्रार्थना की मुद्रा : मंत्र उच्चारण।

स्थिति : प्रार्थना की मुद्रा में पूर्व दिशा की ओर पंजे को मिलाकर सीधे खड़े हो जाएँ। मंत्र का उच्चारण मौखिक अथवा मानसिक रूप से करें। श्वास सामान्य रखें।

चित्र नं. 133

मंत्र :

ॐ जवाकुसुम शंकर्षन काश्यपयम् महाद्वितिम्।
धंतारीम् सर्वपापहरणम् प्रणतोश्मी दिवाकरण्।।
ॐ नमः विभष्यते ब्रहम्र नं भाषतेः विष्णुतेजसे जगत्सवित्रे।
सूचय सवित्रे-कर्मदायिने इदम् अर्घ्यम्।।
ॐ श्री श्री सूर्य देवाय नमः।।

लाभ : आसन की तैयारी के रूप में एकाग्रता एवं शान्त अवस्था लाता है।

चित्र नं. 134

2. हस्त उत्तानासन : दोनों हाथों को सिर के ऊपर उठाएँ। श्वास लें और कंधों की चौड़ाई के बराबर दोनों हाथों में दूरी रखें। सिर और ऊपरी धड़ को पीछे झुकाएँ। मंत्र का उच्चारण करें।

लाभ : आमाशय की अतिरिक्त चर्बी को घटाता है और पाचन को सुधारता है। इसमें हाथों और कंधों की मांसपेशियों का व्यायाम होता है।

3. पादहस्तासन : श्वास छोड़ते हुए दोनों हाथों को तब तक आगे झुकाते जाएँ जब तक कि अंगुलियाँ या हाथ ज़मीन को पैरों के सामने या बग़ल में स्पर्श करें या पैरों, हाथों की दसों अंगुलियों एक सीध में न आ जाएँ। माथे को दोनों घुटनों के बीच स्पर्श कराने की कोशिश करें। पैरों को घुटने से मुड़ने न दें, सीधे रखें।

चित्र नं. 135

लाभ : पेट व आमाशय के दोषों को रोकता तथा नष्ट करता है। आमाशय की अतिरिक्त चर्बी को घटाता है। क़ब्ज़ दूर करने में सहायक है। रीढ़ को लचीला बनाता है एवं रक्त संचार में तेज़ी लाता है।

4. वीरासन II : बाएँ पैर को यथासंभव पीछे तक ले जाएँ। श्वास लें। पंजे को मोड़ें लेकिन पंजा अपने स्थान पर ही रहे। हाथ अपने स्थान पर बिलकुल सीधे रखें। शरीर का भार दोनों हाथों, बाएँ पैर के पंजे, बाएँ घुटने व दाएँ पैर की अंगुलियों पर रहे। सिर को पीछे उठाएँ। कमर को धनुषाकर बनाएँ और दृष्टि ऊपर की तरफ़ रखें।

चित्र नं. 136

लाभ : आमाशय के अंगों की मालिश कर कार्य प्रणाली सुधारता है। पैरों को शक्ति प्रदान करता है।

5. पर्वतासन : दाएँ पैर को सीधा करें और बाएँ पंजे के पास रखें। नितम्बों को ऊपर उठाएँ। श्वास लें। सिर को हाथों के बीच में लाएँ। पैर और हाथ दोनों सीधे रखें। इस स्थिति में एड़ियों को ज़मीन से स्पर्श कराने का प्रयास करें।

लाभ : हाथों एवं पैरों के स्नायुओं और मांसपेशियों को शक्ति प्रदान करता है। रीढ़ के स्नायुओं के दबाव को सामान्य बनाता है तथा उनमें ताज़े रक्त का संचार करने में सहायक है।

चित्र नं. 137

6. अष्टांग नमस्कार : शरीर को ज़मीन पर झुकाएँ। जिसमें दोनों पैरों की अंगुलियाँ, दोनों घुटने, सीना, दोनों हाथ तथा ठुड्डी भूमि का स्पर्श करें। श्वास रोककर रखें। नितम्ब और आमाशय ज़मीन से ऊपर उठे रहें।

चित्र नं. 138

लाभ : सीने को विकसित कर शक्ति प्रदान करता है। पैरों और भुजाओं की मांसपेशियों को शक्ति प्रदान करता है।

7. **भुजंगासन** : हाथों को सीधे करते हुए श्वास लेते हुए शरीर को कमर से ऊपर उठाएँ। सिर को पीछे की ओर झुकाएँ।

चित्र नं. 139

लाभ : आमाशय के अंगों में जमे हुए रक्त को हटाकर ताज़ा रक्त संचार करता है। क़ब्ज़ व बदहज़मी सहित पेट के सभी रोगों में उपयोगी है। रीढ़ को धनुषाकार बनाने से उसमें व उसकी मांसपेशियों में लचीलापन आता है एवं रीढ़ के प्रमुख स्नायुओं को नई शक्ति मिलती है।

8. **पर्वतासन** : शारीरिक स्थिति 5 के समान होगी। दोनों पैरों की एड़ी ज़मीन से स्पर्श होगी। दृष्टि नाभि की तरफ़ होगी।

चित्र नं. 140

9. **वीरासन** : शारीरिक स्थिति 4 से अलग रहेगी। दायाँ पैर दोनों हाथों के बीच स्थापित करें। दायाँ पैर घुटने से मोड़ें। बायाँ पैर पीछे लम्बा रखें। बायाँ घुटना ज़मीन से स्पर्श करें। सिर एवं दृष्टि ऊपर की तरफ़ रखें। शारीरिक स्थिति धनुष के समान रहेगी। शारीरिक वज़न दोनों हाथों व दाएँ पैर पर रखें।

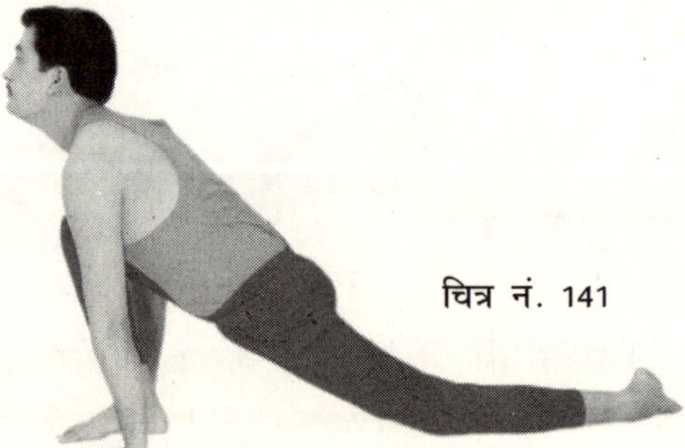

चित्र नं. 141

10. पादहस्तासन : शारीरिक स्थिति 3 के समान रहेगी। शारीरिक संतुलन स्थापित करते हुए दोनों हाथों पर वज़न डालते हुए दाहिना पैर बाएँ पैर के साथ हाथों के बीच स्थापित करें। हाथों व पैरों की अंगुलियाँ एक सीध में रखें।

चित्र नं. 142

11. हस्त उत्तानासन : दोनों हाथों को सिर के ऊपर उठाते हुए श्वास लें। कंधों की चौड़ाई के बराबर दोनों भुजाओं की दूरी रहेगी। सिर और ऊपरी धड़ को पीछे झुकाएँ।

चित्र नं. 143

12. प्रार्थना की मुद्रा : पंजे व एड़ी मिलाकर सीधा तनकर प्रार्थना की मुद्रा में खड़े हो जाएँ। शरीर शिथिल व मन शान्त रखें।

यह अंतिम स्थिति प्रथम स्थिति की तरह है।

1 से 12 तक वर्णित स्थितियाँ मिलकर सूर्य नमस्कार का आधा चक्र हुआ। शेष स्थितियों को दोहराना पड़ता है तब सूर्य नमस्कार पूरा होता है।

सूर्य नमस्कार के अभ्यास से शरीर और मन दोनों ही स्वस्थ होते हैं। आँखों की रोशनी बढ़ती है। पेट की सभी तकलीफ़ें दूर होती हैं। घुटने और टखने मज़बूत बनते हैं। पूरा शरीर एक सुन्दर आकृति में आ जाता है।

चित्र नं. 144

लाभ : सूर्य नमस्कार अपने आप में पूर्ण और स्वतंत्र आसन है। सभी आसनों के फ़ायदे केवल एक सूर्य नमस्कार से प्राप्त किए जा सकते हैं। चर्मरोग, ख़ून की ख़राबी, पाचन शक्ति और आँत की ख़राबी दूर करने, बच्चों की लम्बाई बढ़ाने, शरीर में लचीलापन लाने, शरीर को दीर्घायु बनाने, नेत्रों की ज्योति बढ़ाने में सहायक है। फेफड़ों और हृदय को स्वस्थ करता है। लिवर, स्प्लीन और आमाशय पर स्वास्थ्यकारी प्रभाव डालता है। एकाग्रता बढ़ती है। आकर्षक व्यक्तित्व का निर्माण होता है। सूर्य नमस्कार से मांसपेशियाँ मज़बूत होती हैं। रक्त संचालन तीव्र होता है। स्नायु की शक्ति और ग्रंथियाँ मज़बूत होती हैं। सूर्य नमस्कार से कम समय में, कम सुविधा में, कम स्थान पर सबसे अधिक लाभ प्राप्त होते हैं। आमाशय की चर्बी घटाता है, पाचन शक्ति बढ़ती है। आमाशय के अंगों की कार्य प्रणाली को सुधारता है। क़ब्ज़ दूर करता है। रीढ़ मज़बूत बनाता है। हृदय और कन्धे की मांसपेशियों को शक्ति प्रदान करता है। पैरों की शक्ति बढ़ाता है। ताज़ा रक्त संचार करता है।

• • •

मंत्र—ॐ जवाकुसुम शंकर्षन काश्यपयम् महाद्वितिम् धंतारीम् सर्वपापहरणम् प्रणतोऽश्मी दिवाकरण् ।
ऊ नम विभष्यते ब्रह्म न भाषते विष्णुतेजसे जगत्सवित्रे । सूचय सवित्रे—कर्मदायिने इदम् अर्घ्यम् ।।
ॐ श्री श्री सूर्य देवाय नमः।।

कंधरासन (सेतुबंधासन)

एकपाद शिरासन
व द्विपाद शिरासन

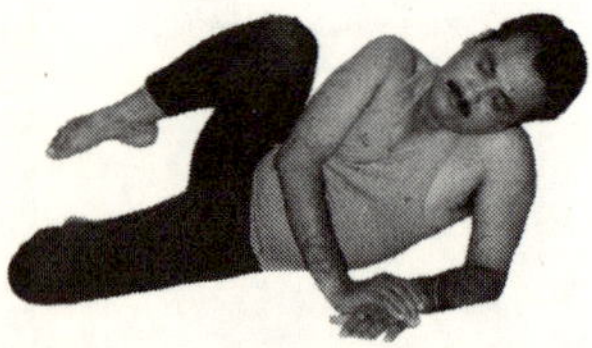
सुन्दरासन

फ़िट रहें
(कटि चक्रासन)

फ़िट रहें
(पावर वेन्ड)

फ़िट रहें

फ़िट रहें
(सर्किल)

फ़िट रहें
(डायनेमिक पोज़)

फ़िट रहें

चित्र नं. 145

1. **कटि चक्रासन भाग 2 :** दोनों पैर मिलाकर खड़े हो जाएँ। दायाँ हाथ हृदय पर एवं बायाँ हाथ पीछे पीठ पर रखें। जब हम बाईं तरफ़ झुकेंगे तब हम दाएँ पैर की एड़ी को देखेंगे और जब हम दाईं तरफ़ से झुकेंगे तो बाएँ पैर की एड़ी को देखेंगे। हर बार हाथ की स्थिति बदलती जाएगी। इसमें हम शरीर को दाएँ-बाएँ मोड़ते (twist) करते हैं। ऐसे 10 चक्र (round) करेंगे।

चित्र नं. 146

2. दोनों पैर मिलाकर खड़ी हुई अवस्था में दायाँ हाथ गर्दन से पीछे ले जाएँ और बायाँ हाथ सीधा रखें और नीचे की तरफ़ तानें। अब बायाँ हाथ गर्दन के पीछे रखें और दायाँ हाथ सीधा नीचे की तरफ़ तानें। यहाँ एक चक्र पूरा होता है। ऐसे 10 चक्र करें।

3. इसी के दूसरे भाग में दोनों हाथ बाजू में रखते हुए दाहिना हाथ ऊपर की तरफ़ खींचें। बायाँ हाथ नीचे की तरफ़ करें। फिर बायाँ हाथ ऊपर करें। दाहिना हाथ नीचे की तरफ़ करें। इसके भी 10 चक्र करें।

चित्र नं. 147

4. दोनों पैरों में डेढ़ फ़ीट की दूरी रखते हुए खड़े हो जाएँ आगे की तरफ़ झुकें। दोनों हाथ जितने आगे ज़मीन तक जाएँ, उतने ही हाथ अंदर पीछे की तरफ़ जाएँ। पीछे जाने पर हाथ उल्टा हो जाएगा। जब आगे झुकें तब घुटना और कोहनी न मोड़ें। इसके 20 चक्र करें।

   विशेष : उच्च रक्तचाप वाले, हृदय रोग वाले, पीठ दर्द वाले व्यक्ति आगे थोड़ा सा झुकें। हाथ ज़मीन से स्पर्श न करें।

5. दोनों पैर डेढ़ फ़ीट दूर रखी हुई स्थिति में ही हाथों की दसों अंगुलियाँ आपस में मिलाएँ। हथेलियाँ नीचे की तरफ़ रखें और कमर से शरीर को हाथों के साथ घुमाते हुए आगे ज़मीन से स्पर्श करें। आँखें बंद रखें। चक्कर आने की

संभावना रहती है। घुटने ओर कोहनी न मोड़ें। इसे सीधा (clock wise) और उल्टा (anticlock wise) घुमाएँ। 5 चक्र करें।

चित्र नं. 148

6. डायनेमिक पोज़ या कोणासन : इसमें भी दोनों पैरों को दूर रखते हुए खड़े रहें। दोनों हाथों को बाजू से समानान्तर फैलाएँ। बीच में साँस लें और दाईं तरफ़ झुकें। बायाँ हाथ एवं दायाँ पैर एक सीध में रखें। घुटने न मोड़ें। दायाँ हाथ ऊपर की तरफ़ सीधा रखें। गर्दन को छत की तरफ़ रखें। हाथ को देखें और 10 सेकंड रुकें। पुनः खड़े हो जाएँ। बीच में पुनः खड़े होकर बाईं तरफ़ झुकें। दायाँ हाथ, बायाँ पैर एक सीध में रखें। बायाँ हाथ छत की तरफ़ करें और हाथ को देखने की कोशिश करें। पुनः 10 सेकंड रुकें, पुनः प्रारम्भिक स्थिति में आ जाएँ। यह एक चक्र पूरा होता है। ऐसे 10 चक्र करें।

चित्र नं. 149

चित्र नं. 150

विशेष : उच्च रक्तचाप, हृदय रोग, स्लिप डिस्क, पीठ दर्द वाले लोग बहुत थोड़ा सा आगे झुकें।

7. अब हम एक दूसरी क्रिया करेंगे। इस एरोबिक क्रिया से आप यह अंदाज़ लगा सकते हैं कि आप कितने फ़िट हैं। आपका शरीर कितना लचीला है। इसमें दोनों पैर मिलाकर रखें। दाहिना हाथ कमर पर रखें। बायाँ हाथ सामने समानान्तर फैलाकर

रखें। अब बाएँ पैर से बाएँ हाथ को स्पर्श करने की कोशिश करें। घुटना न मोड़ें। कमर न झुकाएँ। झटका न दें। इसके दस चक्र करें। इसे दाईं तरफ़ से दोहराएँ।

चित्र नं. 151

8. इस क्रिया में खड़ी हुई अवस्था में एक पैर आगे और एक पैर पीछे करें। दोनों हाथ की मुट्ठी बन्द रखें और कमर से ट्विस्ट करें। इसे 10 बार करें। अब दायाँ पैर आगे लाएँ। बायाँ पैर पीछे ले जाएँ। हाथ बाजू में ही रहेंगे। अब 10 बार ट्विस्ट करें।

9. **टो हील टो किक** (toe heel toe kick) : अब हम एक ऐसी क्रिया करेंगे जिससे हमारी याददाश्त बढ़ेगी। इस क्रिया में आप खड़ी हुई अवस्था में दाहिना पैर क्रॉस करके बाएँ पैर के सामने लाएँ और पंजे को ज़मीन पर रखें। अब अपने मन में (toe heel toe kick) कहते हुए जब आप (toe) कहें तब पंजे को ज़मीन से लगाएँ और जब (heel) कहेंगे तब दाहिने पैर की एड़ी वापस ज़मीन से अपनी जगह पर स्पर्श करें। फिर से दाहिने पैर के पंजे को वापस बाएँ पैर के सामने लाकर पंजा ज़मीन से स्पर्श करें। अब जब आप मन में किक (kick) करेंगे शुरू में धीरे-धीरे बोलते हुए करेंगे। फिर तेज़ी से करेंगे। अब यही क्रिया बाएँ पैर से भी दोहराएँ। बाएँ पैर को क्रॉस करके दाहिने पैर के सामने लाएँ और पंजे को ज़मीन से स्पर्श करें। पैर को वापस अपनी जगह पर लाएँ और एड़ी को ज़मीन से स्पर्श करें। फिर से बाएँ पैर को क्रॉस करके दाहिने पैर के सामने लाए। पंजे को ज़मीन से स्पर्श करें, फिर बाएँ पैर से सामने किक करें। अब थोड़ा तेज़ी से 10 बार करें।

चित्र नं. 152

10. अब जो हम क्रिया करने जा रहे हैं इसे सभी अपनी क्षमतानुसार करेंगे। खड़ी हुई अवस्था में दोनों हाथ कमर पर रख लें। एक पैर आगे और एक पैर पीछे रखें। पंजों पर खड़े हो जाएँ। अपने पूरे शरीर का भार दोनों पंजों पर लाएँ। अब पंजों पर आगे-पीछे जम्प करें। घुटने न मोड़ें।

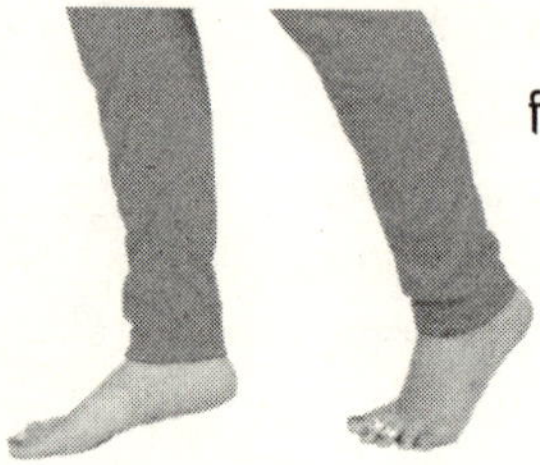

चित्र नं. 153

अब हम बाजू में जम्प करेंगे। हाथ कमर पर ही रखें। दोनों पैर साइड में रखकर पंजों पर खड़े रहें। अब जम्प करें।

चित्र नं. 154

अब सामने पैरों को क्रॉस करते हुए जम्प करें। पंजों पर खड़े रहें। हाथ कमर पर रखें। घुटने न मोड़ें। क्षमतानुसार जम्प करें।

चित्र नं. 155

अब हम दोनों पैरों से एक साथ आगे-पीछे जम्प करें। घुटने न मोड़ें। हाथ कमर पर रखें। पंजों पर जम्प करें।

अब दोनों पैरों से एक साथ बाजू में जम्प करें। इसे भी क्षमतानुसार करें। घुटने न मोड़ें।

जम्प एण्ड थ्रो (jump & throw) : इस क्रिया को हम अपनी क्षमतानुसार करेंगे। इसमें पंजों पर जम्प करें। खड़ी हुई अवस्था में बाएँ पैर को बाजू में फेंकें। जिस ओर बायाँ पैर जाएगा उसी ओर दोनों हाथ जाएँगे और चुटकी बजाएँगे। गर्दन भी उसी ओर जाएगी। इसी तरह दाहिना पैर, दाहिनी ओर बाजू में थ्रो करेंगे और दोनों हाथ दाहिनी तरफ़ ले जाएँगे। चुटकी बजाएँगे। गर्दन भी उसी तरफ़ ले जाएँ। दोनों पैरों से बारी-बारी से जम्प करते जाएँ।

चित्र नं. 156

जम्प एण्ड थ्रो करने के तुरन्त बाद हम ताड़ासन करेंगे। पंजों के बल खड़े होकर चलें। दोनों हाथों को आपस में जोड़कर ऊपर तानें और ऊपर छत की ओर देखें। एड़ी के बल शरीर को हिलाते हुए चलें।

षट्कर्म - कायाकल्प

सूत्रनेति या रबड़नेति

कच्चे सूत का बटा हुआ डोरा ले लें। इसमें कोई गाँठ नहीं होनी चाहिए। इसके सिरे पर मोम लगाकर इसे चिकना कर लें। यह सूत की डोरी किसी भी योगाश्रम से बनी-बनाई मिल सकती है। ध्यान रहे कि मोम लगे सूत की डोरी नुकीली नहीं होनी चाहिए। नुकीली होगी तो अंदर डालने पर उससे खरोंच लग सकती है और घाव बन सकता है।

सूत की डोरी के स्थान पर दवाई की दुकान से चार नंबर का कैथेडर (रबड़ नली) ले लें। इस कैथेडर को साफ़ जल से धोकर स्वच्छ कर लें। इसका एक सिरा पतला होता है। दूसरा सिरा कुछ मोटा होता है। पतले सिरे को चित्र के अनुसार दाएँ नासिका-छिद्र में डालकर धीरे-धीरे आगे बढ़ाते जाएँ। बढ़ाते-बढ़ाते वह सिरा गले तक पहुँच जाएगा। अब चित्र के अनुसार दाएँ हाथ की तर्जनी और मध्यमा अंगुलियों को हलक में डालकर, अंगुलियों से कैथेडर के सिरे को पकड़ लें।

अब चित्र के अनुसार बाएँ हाथ से कैथेडर को धीरे-धीरे अंदर सरकाते जाएँ और दाएँ हाथ की अंगुलियों से पकड़े हुए सिरे को धीरे-धीरे मुँह से बाहर खींचें। अब मुँह से बाहर निकाले हुए सिरे को दाएँ हाथ से पकड़ें और नाक से बाहर रहे हुए सिरे को बाएँ हाथ से पकड़ें। अब चित्र के अनुसार बहुत धीरे-धीरे दाएँ हाथ से बारी-बारी से खींचकर हल्का-हल्का घर्षण करें। धीरे-धीरे दस-बीस घर्षण करें। अब बाएँ हाथ से कैथेडर को छोड़कर दाएँ हाथ से मुँह के रास्ते धीरे-धीरे बाहर खींच लें। अब दाएँ छिद्र के समान बाएँ छिद्र में कैथेडर डालकर घर्षण करें।

जब दाएँ तथा बाएँ छिद्र से अभ्यास हो जाएँ तो दो कैथेडर लें। एक को दाएँ छिद्र में डालकर मुँह से बाहर निकालें। दूसरे को बाएँ छिद्र में डालकर मुँह से बाहर निकालें। चित्र के अनुसार दोनों कैथेडरों से एक साथ घर्षण करें। दस-बीस बार घर्षण करने के बाद अंत में दोनों कैथेडरों को मुँह के रास्ते बाहर खींच लें।

विशेष : कैथेडर अथवा सूत की डोरी का सिरा नाक में डालते समय आरंभ में छींकें आ सकती हैं। आँखों में पानी भी आ सकता है। इससे घबराना नहीं चाहिए। कुछ दिन लगातार करने से अपने आप ठीक हो जाएगा।

कैथेडर जब नासिका में से गले में पहुँचता है तो इस पर नासिका-मार्ग का श्लेष्मा चिपक जाता है। इसलिए दोनों अंगुलियों से इसे दृढ़ता से पकड़ना चाहिए,

जिससे फिसलकर छूट न जाए। घर्षण करते समय दोनों हाथों से दोनों सिरों को धीरे-धीरे ऊपर-नीचे खींचना चाहिए।

रबड़-नेति या सूत्र-नेति जल-नेति से पहले करनी चाहिए। कुछ साधक जल-नेति के बाद सूत्र-नेति करते हैं।

कैथेडर के समान ही सूत्र की डोरी से सूत्र-नेति कर सकते हैं। कैथेडर से सूत की डोरी द्वारा सूत्र-नेति करना अधिक लाभदायक है। सूत की डोरी से बलगम अधिक निकलती है।

सूत की डोरी से सूत्र-नेति करते समय कभी-कभी नाक से रक्त आ जाता है। इससे घबराना नहीं चाहिए। सूत्र-नेति बंद कर देनी चाहिए। दस-बीस दिन रबड़-नेति करने के बाद पुनः सूत्र-नेति आरंभ कर सकते हैं। इस प्रकार नाक से पुनः रक्त नहीं आएगा।

लाभ : सूत्र-नेति अथवा रबड़-नेति के अभ्यास में नासिका के प्रायः सभी रोग ठीक हो जाते हैं। नासिका में बढ़ा हुआ मांस घट जाता है। साइनस ठीक हो जाता है। कपाल (मस्तिष्क) शुद्ध हो जाता है। स्मरणशक्ति बढ़ती है। नज़ला-जुकाम नहीं होता। कंधे से ऊपर के भाग में होने वाले रोगों में लाभ होता है। आँखों की रोशनी बढ़ जाती है।

• जल नेति

बाज़ार से या किसी योग केंद्र से चित्र के अनुसार एक टोंटीदार लोटा ले आएँ। उस लोटे में हल्का गर्म पानी भरकर उसमें बहुत थोड़ा (चाय का चौथाई चम्मच) नमक डालकर मिला लें। अब यह देखें कि कौन से नासिका-छिद्र से श्वास सरलतापूर्वक चल रहा है।

चित्र नं. 157

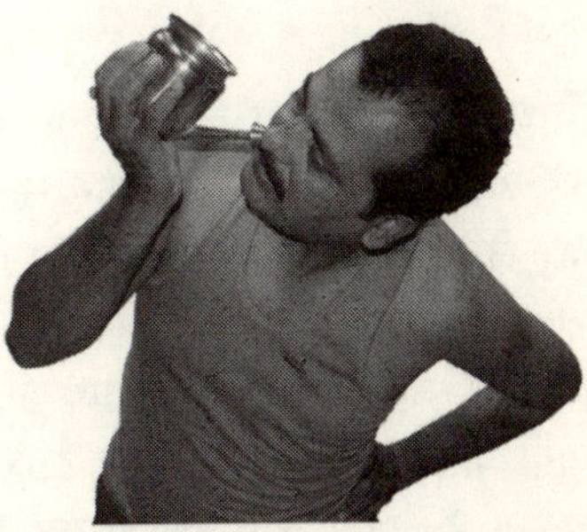

मान लें दाएँ नासिका-छिद्र से श्वास सरलतापूर्वक चल रहा है। तब वॉशबेसिन के सामने खड़े हो जाएँ अथवा नाक से निकलने वाले पानी को गिराने के लिए अपने सामने एक बर्तन रख लें। अब गर्दन को थोड़ा घुमाकर सिर को थोड़ा बाईं ओर झुकाएँ और दाएँ छिद्र को ऊपर करें। मुँह खोल दें। श्वास-प्रश्वास मुँह द्वारा ही लें। नमकीन गर्म जल से भरे लोटे की टोंटी को आप ऊपर उठाकर दाएँ छिद्र में सटाकर जल अंदर जाने दें। वह जल चित्र के अनुसार अपने आप बाएँ नासिका-छिद्र से बाहर निकलने लगेगा। इसी प्रकार दूसरी ओर गर्दन घुमाकर बाएँ छिद्र में टोंटी लगाकर दाएँ छिद्र

से जल बाहर निकालें। दोनों नासिका-छिद्रों में ऐसा करने के बाद कमर को थोड़ा झुकाकर, चित्र के अनुसार गर्दन को दाएँ-बाएँ ऊपर-नीचे घुमाते हुए ज़ोर-ज़ोर से साँस को बाहर फेंककर कपालभाति प्राणायाम करें। कपालभाति करके नासिका-छिद्रों में रुका हुआ सारा पानी बाहर निकाल दें। पानी की एक बूँद भी अंदर नहीं रहनी चाहिए। इस प्रकार नासिका पूरी तरह साफ़ हो जाएगी।

सावधानी : जल-नेति करते समय कभी-कभी नाक के छिद्र से ऊपर की तरफ़ चढ़ता हुआ, कान के ऊपर से पीछे की ओर बढ़ता हुआ दर्द महसूस होता है। अनेक बार यह दर्द थोड़ा-थोड़ा असह्य भी हो जाता है। ऐसी अवस्था में जल-नेति बंद करके कपालभाति आरंभ कर दें। थोड़ी देर में दर्द चला जाएगा। जैसे-जैसे साइनस निकलेगा वैसे-वैसे दर्द भी नहीं होगा। इसी प्रकार जब जल नेति का प्रभाव आँखों की ओर बढ़ता है, तब आँखें गर्म हो जाती हैं तथा आँखों से पानी भी आ जाता है। इससे घबराएँ नहीं।

लाभ : जल नेति से नासिका-मार्ग का श्लेष्मा साफ़ हो जाता है। साइनस निकल जाता है। नाक, कान, गले और आँखों की नस-नाड़ियाँ शुद्ध हो जाती हैं। नाक, कान, आँख और गले के रोग समाप्त हो जाते हैं। यदि रोग न हों, तो उत्पन्न नहीं होते। मस्तिष्क भी शुद्ध हो जाता है। स्मरणशक्ति बढ़ जाती है।

• वमन-धौति

शरीर की आंतरिक शुद्धि के लिए धौति क्रिया का स्थान भी महत्त्वपूर्ण है। धौति का अर्थ है धोना, धुलाई करना, पानी द्वारा सफ़ाई करना। धौति के अनेक प्रकार हैं। जैसे : वमन-धौति, वस्त्र-धौति, दण्ड-धौति आदि। बच्चों, बड़ों और महिलाओं की सुविधा को देखते हुए तथा व्यावहारिकता की दृष्टि से यहाँ वमन-धौति के विषय में ही बताया जाएगा।

वमन-धौति एक बहुत अच्छी क्रिया है। पानी द्वारा पेट की धुलाई करने को 'वमन-धौति' कहते हैं। इसे 'कुंजल-क्रिया' अथवा 'गजकरणी' भी कहते हैं।

विधि : लगभग तीन लीटर पानी किसी बर्तन में गर्म कर लें। पानी हल्का गर्म करें जो गिलास को मुँह से लगाकर सरलतापूर्वक बिना रुके पिया जा सके। पानी तैयार कर लेने पर पैरों के बल उत्कटासन में बैठ जाएँ। कमर, पीठ, गर्दन और रीढ़ सीधी रखें। कमर के बंध ढीले रखें। अब गर्म पानी से भरे बर्तन में से गिलास भर-भरकर चित्र के अनुसार लगातार गट-गट पानी पीते जाएँ। पानी को कंठ तक भर लें। पानी पीते समय न तो बोलना है, न हँसना है, न रुकना है, न विश्राम करना है, न झुकना है। पानी कंठ तक भरकर खड़े हो जाएँ। थोड़ा सामने की ओर झुकें। बाएँ हाथ को बाएँ घुटने पर अथवा पेट पर रख सकते हैं। दाएँ हाथ की तर्जनी और मध्यमा अंगुलियों को हलक में डालें। दोनों अंगुलियों के अग्र भाग से कंठ में स्थित छोटी जीभ दबाएँ। पेट के ऊपरी भाग को हिलाए या बाएँ हाथ से दबाएँ। वमन

(उल्टी) आने लगेगी। चित्र के अनुसार पानी को उलटना आरंभ करें। उल्टी करते जाएँ। उल्टी करते समय दोनों अंगुलियों को हलक में ही डाले रखें। जितना पानी पिया था, सारा उल्टी करके निकाल दें। प्रयत्न करके बार-बार उल्टी करें। कोशिश करें कि जितना पानी पिया था, उसमें से एक बूँद भी अंदर न रहे। यदि कुछ पानी अंदर रह भी गया तो चिन्ता की कोई बात नहीं। अंदर रहा हुआ पानी पेशाब द्वारा बाहर निकल जाएगा।

अब साधारण जल से हाथ धोकर कम से कम आधा घंटा आराम करें। आराम करने के एक घंटे बाद आप रस अथवा दूध पी सकते हैं। तीन घंटे बाद नाश्ता या भोजन कर सकते हैं।

विशेष : वमन-धौति प्रातःकाल के समय शौच जाने और स्नान करने के बाद ख़ाली पेट करनी चाहिए। वमन-धौति करने के बाद स्नान नहीं करना चाहिए। वमन-धौति एक सप्ताह में एक बार करना ही पर्याप्त है। यदि आवश्यकता नहीं है तो एक मास में एक बार करना ही पर्याप्त होगा। कुछ साधक बैठकर पानी पीने की जगह खड़े होकर भी पानी पीते हैं।

हलक में अंगुलियाँ डालने के पूर्व उनके नाख़ून काटकर साफ़ कर लें, क्योंकि नाख़ूनों से हलक में चोट लगने और जख़्म हो जाने का डर रहता है। उच्च रक्त-चाप अथवा हृदय के रोगियों को वमन-धौति नहीं करनी चाहिए।

लाभ : वमन-धौति करने से पित्त और वायु के विकार दूर होते हैं। आमाशय शुद्ध हो जाता है। पेट और गले के रोग समाप्त हो जाते हैं। खट्टी डकार, छाती की जलन, मितली, पेट का अफ़रा, गैस बनना, अजीर्ण और पेट का भारीपन आदि दूर हो जाता है। भूख ख़ूब लगती है। सारे शरीर का भारीपन दूर हो जाता है। पीलिया रोग में यह बहुत लाभकारी है। श्वास-प्रश्वास का मार्ग स्वच्छ हो जाता है। उसमें एकत्रित श्लेष्मा निकल जाता है। इससे श्वास-प्रश्वास के रोग समाप्त हो जाते हैं।

एकाग्रता : इस सम्पूर्ण श्वास-प्रश्वास की क्रिया में अपने मन को श्वास के साथ लगाएँ। श्वास की चेतना रहनी चाहिए। मन की आँखों से श्वास क्रिया का अवलोकन करते रहें। श्वास अंदर जा रही है, श्वास रोकी हुई है या श्वास बाहर आ रही है। मन की और चेतना की आँखों से दर्शन करते रहें। थोड़ी देर के लिए अपने मेन्टल टेंशन को भूल जाएँ। मन में विचार करें कि आपको कोई भी तनाव नहीं है। मैं दुनिया के सबसे सुखी व्यक्ति में से एक हूँ। मुझे कोई भी व्याधि नहीं है। मैं सुखी और सम्पन्न हूँ। ऐसा विचार करें क्योंकि जैसी हमारी भावना या विचार होते हैं वैसा ही व्यक्तित्व बन जाता है।

श्वास और मन दोनों एक ही डोर से बँधे रहते हैं। श्वास के साथ मन संलग्न होता है और विचार स्थिर हो जाते हैं। श्वास पर ध्यान केंद्रित करने से मन का व्यापार बंद हो जाता है।

धीरे-धीरे थोड़ी-थोड़ी मात्रा में श्वास अंदर लेते रहें। जब तक फेफड़े भर न जाएँ, रोकें एवं फिर से धीरे-धीरे थोड़ी-थोड़ी मात्रा में श्वास बाहर निकालें। जब तक फेफड़े ख़ाली न हो जाएँ एक साथ झटके से इकट्ठी वायु अंदर न आने दें। साथ ही एक साथ इकट्ठी वायु बाहर न जाने दें। श्वास-प्रश्वास हमेशा लय में करें। मन और चेतना की आँखों से दर्शन करते रहें। आप महसूस करेंगे कि आपका मन शांत और शरीर निरोगी हो गया है।

• • •

शंख प्रक्षालन

शंख प्रक्षालन वह क्रिया है जिसमें शरीर की आंतरिक शुद्धि होकर आँतों एवं आहार नली की सफ़ाई होती है। यह क्रिया हठयोग के अंतर्गत एक महत्त्वपूर्ण क्रिया है। 'प्रक्षालन' का अर्थ है पूर्णतः साफ़ करना। यह मुँह से गुदाद्वार तक पूर्ण अन्ननलिका के शुद्धिकरण की एक सरल क्रिया है। **'इसे हमेशा योग गुरु के मार्गदर्शन में ही करना चाहिए।'**

प्रारंभ : शंख प्रक्षालन के दिन इस क्रिया के पूर्व चाय, कॉफ़ी या कोई खाने का पदार्थ न लें। चाहें तो साधारण पानी पी सकते हैं।

एक साफ़ बर्तन में कुनकुना पानी भरें। इसमें नमक इतना डालें कि पानी नमकीन हो जाए। नमक न अधिक हो और न ही बहुत कम इस बात का ध्यान रखें।

अभ्यास : आसन के अभ्यास के लिए आरामदायक वस्त्र ग्रहण करें। अगर एक समूह में अभ्यास करें तो तनाव व घबराहट नहीं होगी। क्रिया सरलता से संपन्न होगी।

विधि : प्रथम 2 गिलास क्षमतानुसार शीघ्रता से नमकीन पानी पिएँ। इसके बाद ताड़ासन, तिर्यक ताड़ासन, कटि चक्रासन, तिर्यक भुंजगासन, उदराकर्षणासन आसनों का अभ्यास आठ-आठ आवृत्तियों में करें। आसनों के अभ्यास के कारण अन्न-नलिका में जठर एवं गुदाद्वार के मध्य अनेक द्वार हैं जो नियंत्रित प्रदेश को पाचन क्रिया के समय खोलते एवं बंद करते हैं। इस क्रिया से स्नायु शिथिल हो जाते हैं। नमकीन जल भीतर प्रवेश करता है और गुदाद्वार से उसका निष्कासन हो जाता है, पुनः उपरोक्त बताए पाँच आसनों की 8-8 आवृत्तियाँ करें।

चित्र नं. 158

- पुनः 2 गिलास नमकीन पानी पिएँ।
- पुनः 5 आसनों की आवृत्ति करें।
- अब शौच अगर सरलता से आ जाए तो ठीक है।
- पुनः कुछ समय रुकने के बाद 1 गिलास नमकीन पानी पिएँ।
- आसनों की आवृत्ति करें।
- मल का निष्कासन आराम से हो जाएगा।
- कुछ लोगों को मल निष्कासन में समय लगता है।
- कुछ लोगों का मल निष्कासन आराम से हो जाता है इसमें चिन्ता की कोई बात नहीं है।
- 2 से 3 मिनट विश्राम करें।
- मल निष्कासन की प्रक्रिया के लिए प्रथम बार अभ्यास करने वाले साधक को यह प्रक्रिया नमकीन पानी पीकर, दोहराते हुए 20-25 गिलास तक पानी पीना पड़ सकता है।
- मल के पानी की तरह निष्कासित होने तक दोहराते रहना है।
- इस स्थिति के आने के पश्चात् विश्राम करें।
- 45-60 मिनट के विश्राम के बाद चावल, मूँग की दाल तथा घी से तैयार खिचड़ी भोज्य पदार्थ के रूप में ग्रहण करें।
- घी का उपयोग अस्थायी रूप से रक्षा-कवच निर्मित करता है।
- एक हफ़्ते तक संयमित भोजन ग्रहण करें।
- एक हफ़्ते तक मिर्च-मसाला, दूध, खट्टे पदार्थ, चाय, कॉफ़ी, शराब, सिगरेट, सुपारी आदि वर्जित हैं।

लाभ : पाचन संस्थान से संबंधित अनेक रोगों का निवारण होता है। इससे शरीर में हल्कापन, मन की निर्मलता, प्रसन्नता की प्राप्ति होती है। पेचिश, वायु, अपचन, माइग्रेन, क़ब्ज़, डिप्रेशन, मधुमेह एवं अनेक रक्त विकारों में लाभप्रद है।

समय : प्रातःकाल अन्न-जल ग्रहण किए बिना ख़ाली पेट अभ्यास करें।

सावधानी : इस क्रिया के बाद 45 मिनट कुछ हल्के भोज्य पदार्थ लेने चाहिए।

सीमाएँ : आमाशय में घाव/अल्सर में न करें। उच्च रक्तचाप एवं हृदय रोगी सादे जल से अभ्यास करें।

• • •

बंध

• महाबंध या उड्डियान क्रिया (त्रिबंध के साथ)

योग क्रियाओं का एक भाग हैं "बंध।" बंध का शाब्दिक अर्थ है बाँधना जो एक आंतरिक क्रिया है। अन्तः अंगों, नाड़ियों को बाँधना या नियंत्रित करना। मुख्यतः अंगों व नाड़ियों के संकुचन और शिथिलिकरण की क्रिया है। एक अत्यन्त महत्त्वपूर्ण क्रिया है। इससे आंतरिक अंगों की मालिश होती है। रक्त संचार बढ़ता है। जमा हुआ रक्त पतला होता है। अंग विशेष की कार्य प्रणाली सुधरती है। स्वास्थ्य उन्नत होता है। प्राणायाम के साथ बंधों व कुम्भक का अभ्यास स्वास्थ्य लाभ के लिए अति उत्तम है।

कुम्भक : कुम्भक का शाब्दिक अर्थ है रोकना अर्थात् दीर्घ पूरक या रेचक करके कुम्भक लगाया जाता है और फेफड़ों को रोका जाता है। कुम्भक का योग में महत्त्वपूर्ण स्थान है व प्राणायाम का अनिवार्य अंग है। कुम्भक या श्वास रोकने की अवधि धीरे-धीरे बढ़ानी चाहिए। कुम्भक दो प्रकार का होता है, चूँकि इसमें श्वसन क्रिया बन्द की जाती है जिसके दो प्रकार हैं :

प्रथम : श्वास अन्दर लेकर अन्दर वायु को रोकना। इसे अन्तः कुम्भक कहा जाता है।

द्वितीय : श्वास छोड़ने के पश्चात् श्वास लेना, छोड़ना और रोकना। इन तीनों क्रियाओं के लिए पूरक, रेचक और कुम्भक शब्दों का प्रयोग किया जाता है। जब श्वास अन्दर लेते हैं उस क्रिया को पूरक कहा जाता है। जब श्वास बाहर निकालते हैं तो उसे रेचक कहते हैं। जब श्वास को रोक लिया जाता है, जिस अवस्था में न रेचक होता है न पूरक उसे कुम्भक कहते हैं।

विशेष : योग शिक्षक के मार्गदर्शन में ही बंधों का अभ्यास करना चाहिए अन्यथा विपरीत परिणाम हो सकते हैं।

• महामुद्रा

प्रारंभ : स्वच्छ व हवादार स्थान पर दरी या कम्बल बिछा लें।

स्थिति : बायाँ पैर सामने फैलाकर बैठें। दाहिने पैर की एड़ी गुदाद्वार के नीचे रखें। दोनों हाथों से आगे झुकते हुए बाएँ पैर के अंगूठे को पकड़ें। पूरे शरीर को शिथिल करें। लम्बा दीर्घपूरक (श्वास लें) करें। मूलबंध एवं शाम्भवी मुद्रा का अभ्यास करें। अंतरंग कुम्भक लगाते हुए चेतना को मूलाधार, विशुद्धि एवं आज्ञा चक्र में घुमाएँ। प्रत्येक चक्र की चेतना को 1 या दो सेकंड रखें। सामने झुकी हुई अवस्था में श्वास रोकें। क्रिया की पुनरावृत्ति करें।

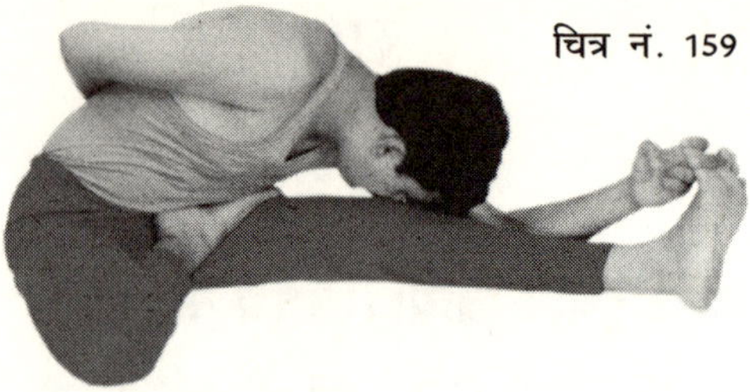

चित्र नं. 159

समय : प्रारंभ में प्रत्येक पैर से तीन बार अभ्यास करना पर्याप्त होगा। धीरे-धीरे क्रिया की संख्या में वृद्धि की ज़ा सकती है।

क्रम : ध्यान के पूर्व अभ्यास करना चाहिए।

सावधानी : जितनी अधिक देर तक कुम्भक किया जाए उतना ही लाभप्रद है परन्तु फेफड़ों पर किसी प्रकार का तनाव न पड़े। उदर की अव्यवस्था दूर करता है। पूरे शरीर की प्राण शक्ति को उत्प्रेरित करता है। संपूर्ण शरीर एवं मन को स्थिर करता है इसलिए ध्यान की उत्तम तैयारी करता है।

• विपरीतकरणी मुद्रा

प्रारंभ : स्वच्छ व हवादार स्थान पर दरी या कम्बल बिछा लें।

स्थिति : विपरीतकरणी मुद्रा नामक आसन करें। नेत्रों को बंद कर खेचरी मुद्रा लगाएँ। उज्जायी प्राणायाम करें। पूरक (श्वास लेना) करते समय श्वसन एवं चेतना को मणिपुर चक्र से विशुद्धि चक्र की ओर जाते हुए अनुभव करें। रेचक (श्वास छोड़ना) करते समय चेतना को विशुद्धि चक्र पर केंद्रित करें कि चेतना एवं श्वसन प्रवाह मणिपुर चक्र से विशुद्धि चक्र की ओर है।

चित्र नं. 160

समय : शुरू-शुरू में कुछ सेकंड अभ्यास करें। धीरे-धीरे अवधि बढ़ाएँ।

क्रम : आसन या मुद्रा किसी एक के अभ्यास के अंत में इसका अभ्यास करें।

सावधानियाँ : उच्च रक्तचाप, हृदय की गंभीर बीमारी या थायरॉइड के बढ़ जाने पर इसका अभ्यास वर्जित है।

लाभ : इससे शरीर में प्राण के प्रवाह में सूक्ष्म परिवर्तन आता है। यह भौतिक स्तर पर बीमारी आदि के प्रकटीकरण को रोकता है। यह ओज शक्ति को ऊपर के केंद्र में ले जाने की एक पूर्ण प्रक्रिया है। विशेषतः यह अभ्यास सूक्ष्म शरीर में स्थित प्राण के केंद्र अर्थात् मणिपुर चक्र से प्राण शक्ति का प्रवाह प्रचुर मात्रा में पवित्रता के केंद्र विशुद्धि चक्र की ओर करता है।

• जालंधर बंध

नाम : 'बंध' का अर्थ है 'बाँधना।' बंध के अभ्यास से शारीरिक और मानसिक शक्तियों को बाँधने में सहायता मिलती है।

प्रारंभ : स्वच्छ हवादार स्थान पर दरी या कम्बल बिछा लें।

स्थिति : पद्मासन में बैठ जाएँ। दोनों हाथ घुटने पर रखें। लंबी श्वास लें। श्वास को अंदर रोक लें। ठुड्डी को छाती से लगाकर जालंधर बंध लगाएँ। कुछ देर बंध लगाने के पश्चात् श्वास छोड़कर बंध समाप्त करें।

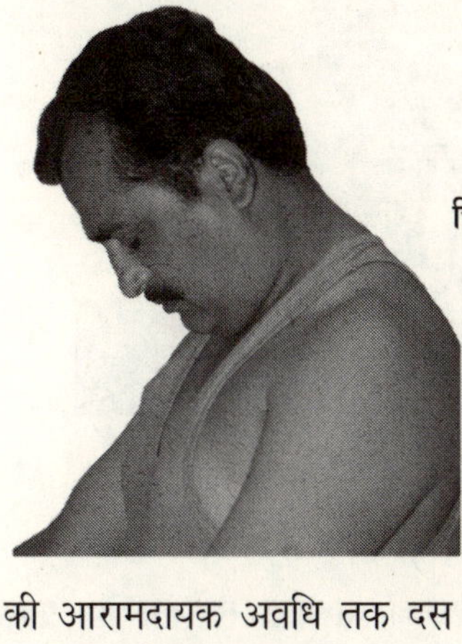

चित्र नं. 161

समय : श्वास रोकने की आरामदायक अवधि तक दस बार करें।

क्रम : प्राणायाम के साथ इसे करना चाहिए।

जालंधर बंध, उड्डियान बंध तथा मूल बंध लगाएँ। आरामदायक स्थिति में श्वास बाहर रोककर अभ्यास करें।

अब क्रमशः उड्डियान बंध और मूल बंध और अंत में जालंधर बंध को शिथिल करें। धीरे-धीरे श्वास अंदर लें।

एकाग्रता : मूलाधार, मणिपुर एवं विशुद्धि चक्र पर ध्यान केंद्रित करें।

सावधानी : सिर को ऊपर उठाकर ही श्वास लें या रोकें। उच्च रक्तचाप, दिल की बीमारी वाले रोगी बिना योग शिक्षक के अभ्यास न करें।

लाभ : गले के रोग में आराम पहुँचता है। साइनस के लिए लाभकारी है। थायरॉइड व पैराथायरॉइड की क्रियाशीलता बढ़ाता है। मानसिक क्रियाशीलता बढ़ाता है। मानसिक तनाव, चिन्ता, क्रोध के निवारण का एक अच्छा अभ्यास है। आत्मा से संबंध स्थापित करने का यह शक्तिशाली प्रयोग है।

विशेष : जालंधर बंध का अभ्यास प्रकारान्तर खड़े होकर ही कर सकते हैं।

• उड्डियान बंध

स्थिति : पद्मासन या सुखासन में बैठ जाएँ। लंबा श्वास छोड़ें। बाह्य कुंभक या श्वास रोकें। उदर की मांसपेशियों को अधिक से अधिक अंदर संकुचित करें। साथ ही छाती को ऊपर की तरफ़ कर फुला लें। इस स्थिति में जितनी देर आराम से रुक सकते हैं रुकें। धीरे-धीरे श्वास लेते हुए पेट को ढीला छोड़ें। उड्डियान बंध को खड़े होकर भी किया जाता है। इसमें पैरों में 30 से.मी. का अंतर रखा जाता है।

चित्र नं. 162

समय : श्वास रोकने की क्षमतानुसार 10 बार करें।

एकाग्रता : नाभिमूल में ध्यान लगाएँ।

क्रम : प्राणायाम के साथ इसका अभ्यास सर्वोत्तम है। पवनमुक्तासन के बाद इसे करना लाभकारी होता है।

सावधानी : जठर एवं हाथों के ख़ाली रहने पर ही अभ्यास करें। हृदय रोग, अल्सर के रोगी इसका अभ्यास न करें। गर्भवती महिलाओं के लिए वर्जित है।

लाभ : अपच, बदहज़मी, पेट की कृमि, मधुमेह को दूर कर जठराग्नि उत्तेजित करता है। उदर के सभी अंगों की क्रियाशीलता बढ़ाता है। चिन्ता की अवस्था में शांति प्रदान

करता है। किडनी के रोगों में आराम देता है। उड्डियान बंध में जब श्वास रोककर पेट को पीठ से चिपकाया जाता है तो समस्त अंतरांग संकुचित हो जाते हैं और जब श्वास लेते हुए ढीला छोड़ा जाता है तो संपूर्ण अंतरांगों में अतिरिक्त रक्त का संचरण होता है जिससे शरीर की समस्त व्याधियाँ दूर होती हैं।

विशेष : उड्डियान बंध का अभ्यास प्रकारान्तर खड़े होकर ही कर सकते हैं। जो सरल प्रक्रिया है।

• मूल बंध

स्थिति : सुखासन में बैठ जाएँ। एड़ी को मूलाधार पर दबाव डालते हुए रखें। आँखें बंद रखें। लंबी श्वास लें। जालंधर बंध लगाएँ। इसके बाद मूलाधार के स्नायुओं का आकुंचन करते हुए उन्हें ऊपर की ओर खींचें। इस अवस्था में श्वास रोककर रखें। इसके बाद स्नायुओं को ढीला करें। सिर को सामान्य स्थिति में लाएँ। अब धीरे-धीरे श्वास बाहर छोड़ें।

समय : श्वास रोकने की क्षमतानुसार 10 बार क्रिया की पुनरावृत्ति करें।

क्रम : प्राणायाम के साथ इसका अभ्यास करें।

लाभ : इस क्रिया में प्रजनन एवं उत्सर्जक अंगों में आकुंचन व ऊपर की ओर खिंचाव होता है। परिणामस्वरूप 'अपान वायु' (नाभि के निम्न प्रदेश में स्थित प्राण की शक्ति) का भाग ऊपर होता है और उसका योग 'प्राण वायु' (स्वर यंत्र एवं छाती के मूल के मध्य में स्थित) होता है। शक्ति उत्पन्न होती है। कुण्डलिनी जागरण में सहायता मिलती है। बवासीर और आँतों की बीमारी में लाभ होता है। मल-मूत्र के रोगों में भी लाभ होता है।

विशेष : योग शिक्षक के निर्देशन में इसका अभ्यास हितकर होगा अन्यथा विपरीत परिणामों का सामना करना पड़ सकता है।

• महा बंध

स्थिति : पद्मासन या सुखासन में बैठ जाएँ। जालंधर बंध लगाएँ। इसके बाद उड्डियान बंध व मूल बंध लगाएँ। श्वास क्षमतानुसार रोककर रखें। अब मूल बंध शिथिल करें। उड्डियान बंध शिथिल करें। जालंधर बंध शिथिल करें। धीरे-धीरे श्वास लें।

एकाग्रता : मन को मूलाधार में लगाएँ। इसके बाद नाभिमूल और कंठ में ले जाएँ।

लाभ : महा बंध में तीनों बंधों के लाभ मिलते हैं। महा बंध का अभ्यास महिलाओं के मासिक धर्म की गड़बड़ी में लाभ पहुँचाता है। गर्भाशय की गड़बड़ को भी दूर करता है।

विशेष : महा बंध का अभ्यास खड़े होकर भी किया जा सकता है।

• प्राणायाम में बंध का महत्त्व

1. पेट की कमज़ोर मांसपेशियों, आँतों की फैलने एवं सिकुड़ने की क्रिया से दोषों को दूर करने में सहायक है। इस बंध के अभ्यास में डायफ्रेम ऊपर उठता है और पेट के अवयव रीढ़ की ओर धकेले जाते हैं। इससे पेट की बीमारियाँ ठीक होती हैं, जैसे : क़ब्ज़, अपच, पेट दर्द, पेट के कीड़े, मधुमेह इत्यादि।
2. प्राण का ऊर्ध्वगमन होने से वीर्य का ऊर्ध्वगमन ठीक होता है। शरीर कांतिमान बनता है। मणिपुर चक्र प्रभावित होता है।
3. ऐड्रिनल ग्रंथि प्रभावित होती है। इसके रस नियंत्रण से भावनात्मक शुद्धि होती है।
4. पेट के अंगों को अधिक सक्रियता प्रदान करती है।

• प्राणायाम व बंध संबंधी महत्त्वपूर्ण जानकारी

पूरक का अर्थ - श्वास लेना।

रेचक का अर्थ - श्वास छोड़ना।

कुम्भक का अर्थ - श्वास रोकना।

अंतःकुम्भक का अर्थ - श्वास लेकर फिर धीरे-धीरे निकालते हुए फेफड़े ख़ाली करना।

बाह्यकुम्भक का अर्थ - श्वास बाहर छोड़कर रोकना फिर धीरे-धीरे श्वास लेना।

जालंधर बंध - श्वास छोड़ते हुए सिर नीचे ले जाना। ठुड्डी छाती से स्पर्श करना और श्वास रोकना।

उड्डियान बंध - उदर (पेट) को अन्दर खींचना। पीठ से चिपकाने का अनुभव होना।

मूल बंध - गुदाद्वार को श्वास लेकर अन्दर की ओर खींचना।

प्राणायाम

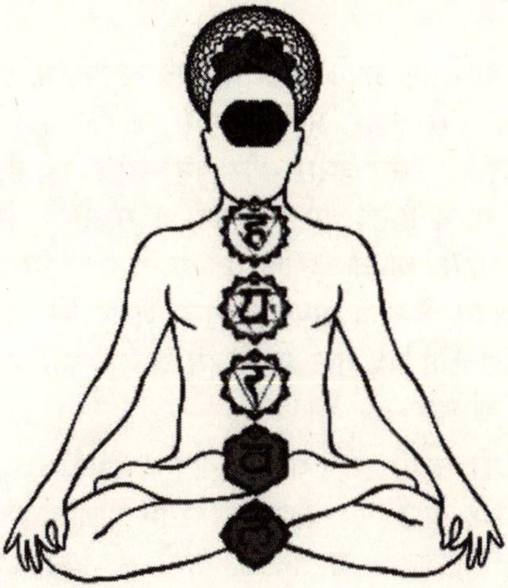

1. प्राणायाम का महत्त्व,
2. भस्त्रिका प्राणायाम,
3. कपाल भाति,
4. अनुलोम विलोम,
5. नाड़ी शोधन,
6. उज्जायी प्राणायाम,
7. शीतली प्राणायाम,
8. शीतकारी प्राणायाम,
9. अग्निसार क्रिया,
10. सूर्यभेद प्राणायाम,
11. भ्रामरी प्राणायाम और
12. ओंकार प्राणायाम।

प्राणायाम का महत्त्व

आसन और प्राणायाम द्वारा हम अपने शरीर को लंबे समय तक स्वस्थ और आकर्षक बना सकते हैं। हमें जन्म से लेकर अंतिम समय तक जो कुछ भी प्राप्त होता है। उसका कारण यह शरीर है। अगर शरीर और मन स्वस्थ नहीं है, तो संसार के सब सुख बेकार हैं। शरीर स्वस्थ है तो हम वह सब पा सकते हैं, जिसे पाने की इच्छा मन में रहती है। हर व्यक्ति चाहता है कि वह स्वस्थ रहे, निरोग रहे, लेकिन वह कल-कल कर अपने समय के साथ अपने बहुमूल्य शरीर को भी नष्ट कर देता है। जब तक ऐसी स्थिति आती है तब तक शरीर इस लायक़ नहीं बचता है कि वह उस स्थिति को प्राप्त करे, जो चाह रहा है।

मन और शरीर को स्वस्थ रखने का एकमात्र रास्ता है - ***योगासन/प्राणायाम।*** महर्षि पतंजलि ने योग के आठ भेद बताए हैं। उनमें प्राणायाम का बेहद अहम है। लेकिन प्राणायाम देखने में जितना आसान है, करने में उतना ही ध्यान देना पड़ता है। पर योग विशेषज्ञ जिनको प्राणायाम का अच्छा ज्ञान हो, *प्राणायाम* उन्हीं से सीखना चाहिए। प्राणायाम का अर्थ होता है- 'प्राणआयाम' अर्थात् प्राण को आयाम देना, उसे सही दिशा देना ही प्राणायाम है।

जो हम श्वास लेते हैं, वह प्राण है। इस प्रकार यह इतनी महत्त्वपूर्ण होती है कि इसके बिना मानव का जीवन ही समाप्त हो जाता है। फिर भी हम इस पर तनिक विचार भी नहीं करते हैं। इसके बिना जीवन ही नहीं है। अधिकांश लोग खान-पान को ही जीवन समझते हैं। उनके पास सबके लिए समय है लेकिन योगासन/प्राणायाम द्वारा शरीर को स्वस्थ रखने का समय नहीं है। वे दवा खाना पसंद करेंगे, लेकिन प्राणायाम द्वारा हमेशा के लिए दवा बंद करने में जोश नहीं दिखाएँगे। जब हम श्वास लेते हैं, तो जो वायु को लेते हैं वह ऑक्सीजन है और जो बाहर छोड़ते हैं तो वह वायु कार्बन डाइऑक्साइड है।

ऑक्सीजन ही इस समस्त ब्रह्माण्ड का जीवन है। हमारे शरीर के सभी तन्तु ऑक्सीजन के साथ संयुक्त होते हैं। ऑक्सीजन शरीर के समस्त हिस्सों में पहुँचती है, उसी प्रकार से जिस प्रकार से सभी अंगों में रक्त का संचार होता है। पूरे शरीर में रक्त की नाड़ियों और कोशिकाओं का जाल सा बिछा हुआ है। यह कोशिकाएँ बाल से बारीक नलियाँ होती हैं, इनकी दीवार अत्यन्त पतली होती है। इन दीवारों से तरल पदार्थ निकलता है जो तन्तुओं में पहुँचता है। इनमें से पोषक तत्व लेकर जो अशुद्ध होता है उसे छोड़ देता है।

इस प्रकार से रक्त शरीर की सब गंदगियों को लेकर शिराओं के रास्ते हृदय में पहुँचता है। फिर हृदय में, फेफड़ों में नलियाँ जो छोटी-छोटी होती हैं, जिसके द्वारा भेजा जाता है। फेफड़ों में से रक्त नलियाँ वायु के संपर्क में आती हैं। वायु/रक्त नलियाँ अत्यन्त सूखी होती हैं। ये वायु की थैलियों से ऑक्सीजन को ग्रहण करती हैं, जो ऑक्सीजन लेकर कार्बन डाइऑक्साइड देती हैं।

हमारे शरीर के प्रत्येक परिवर्तन से शरीर के तन्तुओं में परिवर्तन होता है। हम जब भी कुछ सोचते हैं तो उस प्रकार से शरीर में परिवर्तन होता है। कुछ शिराओं में सिकुड़न होती है। किसी में कोई तरल पदार्थ निकलता है। इससे शरीर में रासायनिक परिवर्तन होता है। इसमें ऐसे कई पदार्थ उत्पन्न होते हैं। जिनका शरीर से बाहर निकलना आवश्यक होता है। वह पदार्थ कार्बन तथा अशुद्ध रक्त के रूप में दाहिने हृदय में होते हुए फेफड़ों के द्वारा श्वास नली के माध्यम से बाहर आ जाते हैं।

जब हम प्राणायाम कर रहे हों तो हमें शरीर के समस्त अन्तः अंगों की जानकारी होनी चाहिए कि किस अंग का क्या कार्य है और किस अंग के ख़राब होने से हमें किस-किस व्याधि का ख़तरा हो जाता है। आसन-प्राणायाम करने से हमें शरीर विज्ञान की जानकारी होनी चाहिए। जो प्राणायाम हम कर रहे हैं उसे कितनी बार, कब करना है, कब नहीं करना है, श्वास कब लेना, कब छोड़ना है। इसका ज्ञान होना आवश्यक है। पूरक, कुम्भक और रेचक के संतुलन का ज्ञान होना आवश्यक है।

ऑक्सीजन हमारे शरीर के लिए कितनी महत्त्वपूर्ण है यह आपको समझ में आ गया होगा। शरीर की सुन्दरता समस्त अन्तःअंगों पर निर्भर करती है। चाहे वह छोटे हों या बड़े। वह सुचारू रूप से कार्य कर रहे हों तो बीमारियाँ भाग जाती हैं।

मनुष्य को बड़े रोग तो सिर्फ़ श्वास सही ढंग से लेने व छोड़ने से तथा उसका ज्ञान न होने से होते हैं। ज़ुक़ाम, नाक, गले के रोग सिर्फ़ श्वास के कारण होते हैं और प्राणायाम द्वारा ठीक भी हो जाते हैं।

श्वास को लेना पूरक, श्वास को छोड़ना रेचक तथा श्वास को रोकना कुम्भक कहलाता है। इन क्रियाओं को एक रूप देना ही प्राणायाम है। प्राणायाम का अभ्यास करने से फेफड़े मज़बूत होते हैं। फेफड़ों में जब हम पूरी श्वास लेते हैं फिर छोड़ते हैं, तो जितनी अधिक ऑक्सीजन हम लेते हैं हमारे शरीर के अंगों को उतना ही अधिक लाभ होता है। जब अधिक ऑक्सीजन शरीर में जाती है तो अधिक भाग में कार्बन डाइऑक्साइड बाहर आती है। कार्बन का बाहर आना शरीर की ज़्यादा गंदगी का बाहर आना होता है। उतना ही शरीर ज़्यादा मज़बूत होता है। हम जो भी कार्य करते हैं उसके शरीर में ऑक्सीजन लेने, प्राणायाम करने में भी टूट-फूट की रिपेयरिंग होती जाती है। इसमें स्नायु तन्त्र की शक्ति बढ़ती है। स्नायु तन्त्र तेज़ हो जाते हैं। मस्तिष्क को शक्ति मिलती है। भ्रामरी प्राणायाम से पिट्यूटरी पीनियल ग्रंथियों की शक्ति बढ़ जाती है। जो हमारे शरीर को नियंत्रण करता है। यह एकमात्र

ऐसा प्राणायाम है जिसके करने से उच्च रक्तचाप, चक्कर आना, निम्न रक्तचाप, हृदय की समस्या, अनिद्रा, क्रोध (गुस्सा), चिड़चिड़ापन, मन व इन्द्रियों पर नियंत्रण प्राप्त होता है।

प्राणायाम के द्वारा हमारे शरीर में ऐसी कई शक्तियाँ जो प्रायः लुप्त अवस्था में रहती हैं वे जाग्रत होने लगती हैं। इससे शरीर में अन्तः अंगों की शक्ति बढ़ जाती है। प्राणायाम का प्रभाव पूरे शरीर पर एवं सभी अंगों पर पड़ता है। प्राणायाम का प्रभाव स्पाइनल, किडनी, लिवर, आमाशय, छोटी आँत, बड़ी आँत, फेफड़ों, हृदय और सभी अंगों पर पड़ता है। इन अंगों के तीव्र संचालन से रक्त भ्रमण की गति तेज़ हो जाती है जिससे ऑक्सीजन की क्रिया तेज़ी से होने लगती है। प्राणायाम से पेट के समस्त रोग, जैसे : क़ब्ज़, गैस, जठराग्नि आदि ठीक हो जाते हैं। लगभग 99 प्रतिशत लोग अपने जीवन भर में शायद एक बार भी पूरी श्वास नहीं लेते हैं, और न ही पूरी श्वास को छोड़ते हैं। लेकिन प्राणायाम करना है तो पूरी श्वास लेना व छोड़ना आवश्यक है, जिससे शरीर की समस्त गंदगी श्वास के माध्यम से बाहर निकल जाती है और सम्पूर्ण शरीर स्वस्थ रहता है।

प्राणायाम के माध्यम से जल्दी-जल्दी अधिक मात्रा में शरीर को ऑक्सीजन की आपूर्ति की जा सकती है। भस्त्रिका प्राणायाम, कपालभाति से प्राणायाम का संबंध है।

आमाशय की शक्ति के लिए भस्त्रिका, कपालभाति एवं अग्निसार क्रिया की जानी चाहिए। उड्डियान बंध क्रिया द्वारा एक साथ तीव्र प्राणायाम का लाभ शरीर को मिलता है। मूल बंध से शरीर की कुण्डली जाग्रत होने में सहायता मिलती है। उड्डियान बंध में आमाशय को अधिक शक्ति मिलती है। आमाशय की मालिश हो जाती है।

इसी प्रकार जालंधर बंध से गले की समस्त जानकारी प्राप्त होती है तथा समस्त तकलीफ़, थायरॉइड, आयोडीन के अनुपात आदि पर नियंत्रण किया जा सकता है। हमारा जो मस्तिष्क होता है वह कभी भी आराम नहीं करता है। उसमें विचार आते-जाते रहते हैं। लेकिन जब हम प्राणायाम करते हैं तो ख़ासकर कुम्भक क्रिया में हमारे मस्तिष्क को आराम मिलता है और जब विचारों का जाना-आना नहीं होता है या कम होता है तो शान्त होता है। इससे मस्तिष्क की कार्य क्षमता बढ़ती है और वह सही निर्णय लेने के लिए प्रबल हो जाता है।

इसी तरह प्राणायाम *"नाड़ी शोधन"* इसके द्वारा ही हमारे स्नायु पर नियंत्रण प्राप्त होता है। स्नायु की शक्ति बढ़ती है। इससे नाड़ियों का शुद्धिकरण होता है। हमारे स्नायु में जो भी तनाव होता है वह समाप्त होता है। हमारे शरीर में 72,000 प्रमुख नाड़ियाँ होती हैं। उसमें से तीन प्रमुख हैं - इड़ा, पिंग्ला, सुषुम्ना। इन नाड़ियों पर पूरे शरीर का नियंत्रण बना रहता है। इसमें नाड़ी शोधन प्राणायाम के द्वारा शरीर का संतुलन बना रहता है।

प्राणायाम के द्वारा समस्त नाड़ियों का संतुलन बना रहता है और शरीर को

असीम शक्ति मिलती है जिसकी कल्पना भी नहीं की जा सकती। इससे नाड़ी की मालिश हो जाती है। अगर आप नियमित रूप से प्राणायाम का अभ्यास करते हैं तो मन पर नियंत्रण प्राप्त कर सकते हैं। जिसने मन पर विजय प्राप्त कर ली उसने सब पर विजय प्राप्त कर ली। मन का जीता जग जीता, मन का हारा सब कुछ हारा। हमें मन का शेर खा जाता है न कि जंगल का शेर।

हमारे शरीर से जो कार्बन डाइऑक्साइड निकलती है वह ऑक्सीजन द्वारा बेकार तन्तुओं के जलने से पैदा होती है। अगर शरीर का ताप कम हो या ताप न रहे तो जीवन समाप्त हो जाता है।

अगर हम प्राणायाम का नियमित अभ्यास करते रहें तो मन की चंचलता को वश में कर सकते हैं। मन इतना चंचल है कि जो एक जगह रुकता ही नहीं है वह कल्पनाओं की उड़ानों में घूमता रहता है। इन्हीं कारणों से आज-कल डिप्रेशन, अनिद्रा, घबराहट बहुत से लोगों को हो रही है। मन की चंचलता के कारण अपनी इच्छा को बढ़ा लेते हैं। प्राणायाम को करने से मन पर विजय प्राप्त कर सकते हैं। और आपको कोई बीमारी नहीं घेर सकती है।

प्राणायाम श्वास के ऊपर निर्भर करता है। प्राणायाम करते समय स्थान, आसन, विधि का बहुत अच्छा महत्त्व है। प्राणायाम हमेशा प्रातःकाल में ही करना चाहिए। स्थान साफ़-सुथरा एवं स्वच्छ तथा स्वच्छ वायु आती हो, बैठने के लिए आसन हैं पद्मासन, सुखासन, अर्धपद्मासन आदि। किसी योग विशेषज्ञ से अच्छी तरह सीखकर फिर इसे करना चाहिए।

• भस्त्रिका प्राणायाम

नाम : 'भस्त्रिका' का अर्थ है धौंकनी। धौंकनी प्रायः लोहार के पास होती है। इस प्राणायाम से श्वास बिलकुल धौंकनी की तरह चलने लगता है। इसलिए इस प्राणायाम को भस्त्रिका प्राणायाम कहते हैं।

प्रारंभ : स्वच्छ हवादार स्थान पर दरी या कम्बल बिछा लें।

प्रथम स्थिति : पद्मासन, सिद्धासन या सुखासन लगाकर बैठ जाएँ। पीठ सीधी रखें। दाएँ हाथ से दाएँ नथुने को अंगूठे से दबाकर रखें। तीसरी अंगुली को बाएँ नथुने के बाजू में रखें। बाएँ नथुने से धीरे-धीरे श्वास-प्रश्वास करें। श्वास की गति तेज़ धौंकनी के समान बीस बार उदर के प्रसार एवं आंकुचन के साथ जल्दी-जल्दी करें। एक लंबा श्वास लेकर रोक लें। जालंधर, मूल बंध या किसी एक का अभ्यास करें। अब बाएँ छिद्र को दबाकर दाएँ से श्वास को बाहर निकाल दें। दाहिनी ओर से ठीक यही क्रिया करें।

द्वितीय स्थिति : पूर्व स्थिति में बैठें। दोनों हाथ घुटनों पर रखें। इस बार दोनों नासिका छिद्रों से एक साथ 20 बार श्वसन करें। लम्बा श्वास लेकर रोक लें। जालंधर

एवं मूल बंध या किसी एक का अभ्यास करें। बंध को शिथिल करें और श्वास छोड़ें।

चित्र क्रमांक 37 की स्थिति अनुसार बैठकर अभ्यास करें।

चित्र नं. 163

समय : 3 बार अभ्यास करें। प्रत्येक अवस्था में आवृत्तियों की संख्या 5 तक बढ़ाई जा सकती है।

सावधानियाँ : बलपूर्वक श्वसन न करें। शरीर अधिक हिलना नहीं चाहिए। बेहोशी या हाँफने की दशा यह सूचित करती है कि अभ्यास उचित विधि से नहीं किया जा रहा है। योग शिक्षक के निर्देश में करें। प्रत्येक बार विश्राम अवश्य करें। प्रारंभ में अभ्यास धीरे-धीरे करें। गर्मियों में इसका अभ्यास अधिक नहीं करना चाहिए।

लाभ : **विधिवत कुम्भकंकृत्वा, रेचयेदिड़या निलम्।**
वात पित्तं श्लेष्महरं, शरीराग्नि विवर्धनम्।।

अर्थात् यह प्राणायाम बालों को मज़बूत, वात-पित्त-कफ नाशक, तथा शरीर में ऊर्जा उत्पन्न करने वाला एवं हृदयावरण को लाभ पहुँचाने वाला होता है। इससे कुण्डलिनी जगाने में सहायता मिलती है। त्रिधातु की व्याधियाँ दूर होती हैं। इनके अतिरिक्त मूर्छा प्राणायाम तथा प्लाविनी प्राणायाम भी योग साधकों के लिए लाभकारी हैं, परंतु हृदय रोगियों तथा अन्य रोगियों के लिए संभवतः इतने उपयोगी न हों, क्योंकि इनके लिए अधिक साधना की आवश्यकता होती है।

मन को स्थिरता एवं शांति देता है। गले की जलन तथा पुराने कफ़ को दूर करता है। जठराग्नि को उत्तेजित कर पाचन शक्ति बढ़ाता है। सुषुम्ना नाड़ी का द्वार खोलता है। इस प्राणायाम के अभ्यास से तात्कालिक ऊष्मा दी जा सकती है। जिस प्रकार गाड़ी की बैटरी चार्ज होती है। ठीक उसी प्रकार से हमारा पूरा शरीर चार्ज हो जाता है। यह अस्थमा और श्वास की सभी तकलीफ़ों में फ़ायदा पहुँचाता है।

विशेष : योग शिक्षक की सलाह के बिना भस्त्रिका प्राणायाम का अभ्यास न करें, शिक्षक के निर्देशन में ही अभ्यास करें।

• कपाल भाति प्राणायाम

कपाल भाति एक सामाजिक शब्द है, जो दो शब्द कपाल और भाति से मिलकर बना है। यह मस्तिष्क के सामने के भाग को शुद्ध करने की तकनीक है। संस्कृत में कपाल शब्द का अर्थ खोपड़ी और भाति का अर्थ है चमकाना। हृदय की शुद्धता शरीर शुद्धिकरण की छः क्रियाओं में से एक है। कपाल भाति का उद्देश्य नासामार्ग तथा श्वसन तंत्र को साफ़ रखना है। यह हमारे शरीर की प्रमुख नाड़ियों - इड़ा और पिंगला नाड़ियों के शुद्धिकरण में महत्त्वपूर्ण भूमिका निभाता है।

विधि : स्वच्छ व हवादार स्थान पर कम्बल बिछा दें। पद्मासन या सुखासन में बैठें। आँखें बन्द व शरीर शिथिल रखें। श्वास बाहर निकालने की प्रक्रिया करें। केवल श्वास बाहर निकालने में थोड़ा सा बल लगाएँ। श्वास संतुलित रखें।

चित्र नं. 164

बहुत से साधक श्वास बाहर फेंकते हुए नथुनों को या मुख पेशियों का ताक़त से अभ्यास करते हैं जो सही नहीं है। वायु के शीघ्र निष्कासन से नथुनों के निचले हिस्से में घर्षण अवश्य होता है लेकिन उससे हानि नहीं होती है। श्वास लेने और छोड़ने को रेचक और पूरक कहते हैं। इसका एक पूरा चक्र होने तक दोनों में समय नहीं दिया जाता है। सारे समय ध्वनि मुक्त और अचानक होने वाला रेचक कपाल भाति निरंतर निष्कासन करने का एक अभ्यास है। नाक द्वारा निरंतर श्वास छोड़ा जाना साथ-साथ उदर का बारी-बारी से उठना और अंदर जाना देखकर धौंकनी का आभास होता है।

अभ्यास का समय : कपाल भाति का अभ्यास करते समय उसकी गति पर ध्यान देना आवश्यक है। उसकी गति को आप बढ़ा सकते हैं लेकिन श्वसन की संख्या नहीं बढ़ानी चाहिए। सावधानी से प्रारूप में अभ्यासी 1 सेकंड में 1 निष्कासन श्वसन करना है। अधिकतम 5 मिनट तक, कुछ समय के बाद 1 सेकंड में 2 निष्कासन किए जा सकते हैं एवं उच्च अभ्यास में 1 मिनट में 180 बार निष्कासन कर सकते

हैं। अगर शारीरिक स्थिति एवं शरीर में व्याधि होने से और निष्कासन का तरीक़ा सही नहीं होता तो इसका सारा प्रभाव नष्ट हो जाएगा। कुछ साधक इसे सिर्फ़ पेट कम करने का तरीक़ा मानकर निरंतर अपना आदेश और शारीरिक क्षमता खोकर भी गति और समय बढ़ाने का प्रयास करते हैं, जो अति नुक़सानदायक होता है।

सीमाएँ : हृदय-रोग, दिल का दौरा, हार्निया, उच्च रक्तचाप से प्रभावित साधकों को निरंतर "गुरु" के मार्गदर्शन में ही करना चाहिए अन्यथा न करें।

सावधानियाँ : बहुत से योग साधक टी.वी./सी.डी. देखकर इन्हें पेट कम करने का एक अभ्यास मानकर इसका समय बढ़ा देते हैं। कई साधकों को देखा है कि वे 15-45 मिनट तक का अभ्यास दो बार करते हैं, जो उम्र आदि बढ़ने के साथ अति नुक़सानदायक होता है। स्वस्थ साधक में भी हार्निया/उच्च रक्तचाप बढ़ने का कारण हो रहा है। वे यह नहीं समझ पाते कि वे तो टी.वी. देखकर अभ्यास कर रहे हैं, लेकिन उन्हें कौन देख रहा है कि वे सही हैं या नहीं।

इस प्राणायाम का अभ्यास अपनी शारीरिक क्षमतानुसार करें। थकान होने पर विश्राम करें। कुछ देर विश्राम के बाद पुनः शुरू करें।

लाभ : इसके अभ्यास से यकृत, प्लीहा, पाचन ग्रंथि, उदर की मांसपेशियाँ क्रियाशील तथा शक्तिशाली बनती हैं। शरीर में शक्ति का संचय होता है। मस्तिष्क प्रदेश की शुद्धि करता है। शरीर में तेज और चुंबकीय शक्ति को बढ़ाता है। समस्त रोगों में लाभदायक है।

विशेष : भस्त्रिका और कपाल भाति में बैठने की स्थिति समान है।

• अनुलोम विलोम प्राणायाम

अनु का अर्थ है सहित। अनुलोम विलोम प्राणायाम से दोनों नासिकाओं से श्वसन बारी-बारी से पूरक और रेचक किया जाता है। स्वाभाविक क्रम में इस प्राणायाम को करने के लिए वज्रासन को छोड़कर पद्मासन या सुखासन या अन्य किसी भी ध्यान के आसन में बैठकर करें। इस प्राणायाम के माध्यम से नाड़ियों की सफ़ाई होती है और व्याधियों पर नियंत्रण प्राप्त होता है।

स्थिति : ध्यानासन में बैठकर आँखें बंद रखें। अब बायाँ हाथ घुटने पर रखें और दाएँ हाथ के अंगूठे को दाईं नासिका पर रखें। तर्जनी अंगुली तिलक पर दोनों भौंहों के बीच जहाँ टीका लगाते हैं वहाँ रखें तथा मध्यम अंगुली को बाएँ स्वर को बंद करने के उपयोग में लाएँ।

विधि : हमारी इड़ा नाड़ी (बायाँ स्वर), चन्द्र (दायाँ स्वर), पिंगला नाड़ी (सूर्य स्वर) रहता है। इस कारण अनुलोम विलोम प्राणायाम को बाईं नासिका से चालू करना चाहिए। बाईं नासिका से श्वास बाहर निकाल दें फिर दाईं नासिका से श्वास लेकर बाईं नासिका से श्वास निकाल दें। यह एक चक्र होगा। ऐसे लगभग 30 चक्र

सामान्यतः करने चाहिए। अपनी सामर्थ्य के अनुसार अपनी श्वास-प्रश्वास की गति को घटा और बढ़ा सकते हैं। किसी भी स्थिति में थकान और तनाव महसूस नहीं होना चाहिए। इसका अभ्यास हमेशा स्वस्थ रहने के लिए 5 मिनट तक करना चाहिए। श्वास का अनुपात 1:1 होना चाहिए।

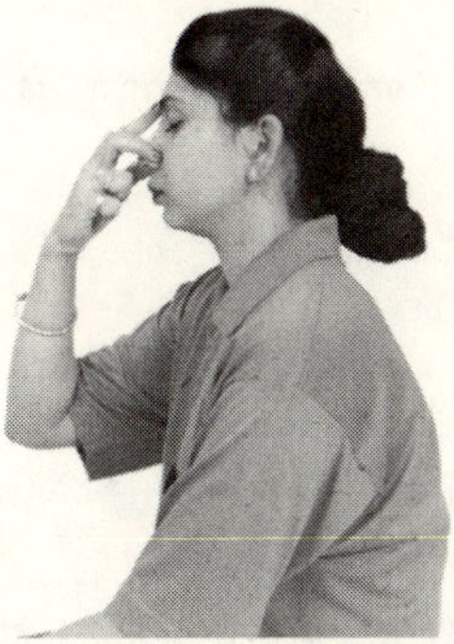

चित्र नं. 165

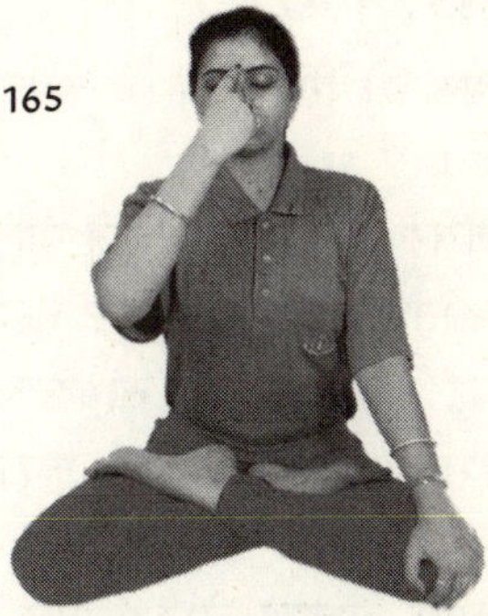

कुछ समय में अभ्यास के बाद पूरक एवं रेचक की अवधि बढ़ाई जा सकती है अर्थात् अनुपात 1:1 रहेगा। 5 गिनने तक आपने पूरक (बाईं नासिका से श्वास लेना) किया। फिर इतनी ही गिनती मन में गिनकर रेचक (दाईं नासिका से श्वास निकालना) किया। जब आप इसमें अभ्यस्त हो जाते हैं तब इसे 6 गिनने तक पूरक और रेचक करें। श्वास लेने और छोड़ने में ताक़त का इस्तेमाल न करें। श्वास गिनती मन में सामान्य रखें। पूरक और रेचक की गिनती का ध्यान रखें। संतुलन कम-ज़्यादा नहीं होना चाहिए। किसी भी प्रकार की असुविधा लगने पर पूरक और रेचक की अवधि कम कर देनी चाहिए।

• अनुलोम विलोम प्राणायाम का अभ्यास (अन्तःकुम्भक स्थिति में)

इसमें दाएँ अंगूठे से दाईं नासिका को बंद करें और बाईं नासिका से पूरक करें। पूरक के अंत में दोनों नासिका को बंद करें। फिर मन में अपनी सामर्थ्य के अनुसार अधिकतम 8 तक गिनती गिनकर श्वास रोकें। फिर दाईं नासिका से श्वास बाहर निकालें (रेचक)। इसी को परिवर्तित करके बाईं नासिका को बंद करें और दाईं नासिका से पूरक (श्वास लें) करें। पुनः दोनों नासिकाओं को बंद करके अधिकतम 8 गिनने तक श्वास रोकें। अब दाईं नासिका को बंद रखें और बाईं नासिका से श्वास बाहर करते हुए रेचक करें। यह एक चक्र होता है। इसके अधिकतम 20 चक्र का अभ्यास करें।

विशेष : • गुरु के मार्गदर्शन में आरंभ करें।
- अपनी उम्र एवं अपनी व्याधि के अनुसार अभ्यास कम या ज़्यादा हो सकता है।
- इसके अलावा अपनी सामर्थ्यानुसार पूरक, रेचक और कुम्भक का अभ्यास करें।

लाभ : • मन को स्थिर एवं चिन्तामुक्त करता है। शरीर के प्राणमार्ग को खोलता है।
- शरीर में ऑक्सीजन की अतिरिक्त आपूर्ति को बढ़ाता है।
- मस्तिष्क कोशिकाओं को शुद्ध करता है
- यह आँखों के लिए लाभदायक है।
- इसके अभ्यास से सर्दी, ज़ुकाम, अस्थमा, साइनस, जोड़ों के दर्द में लाभ पहुँचता है।
- इसके अभ्यास से इड़ा और पिंगला नाड़ी का संतुलन स्थापित होता है।

सावधानियाँ : • उच्च रक्तचाप एवं हृदय रोगी गुरु के मार्गदर्शन में करें, अन्यथा लाभ की जगह हानि भी हो सकती है।
- समस्त गृहस्थ लोग इसका अभ्यास 5 मिनट से अधिकतम 10 मिनट से ज़्यादा न करें, अन्यथा आगे जाकर यही प्राणायाम नुक़सानदायक हो जाता है।

• नाड़ी शोधन प्राणायाम

नाम : नाड़ी शब्द का तात्पर्य प्राण ऊर्जा तथा शोधन का अर्थ शुद्धिकरण होता है। इस नाड़ी शोधन के अभ्यास से हमारी नाड़ी की तीनों तह (शिरा, धमनी और नाड़ी) में से नाड़ी का शोधन होता है। जिस प्रकार पानी के नल में अगर रुकावट आ जाती है और उसके प्रवाह में या तो कमी होती है या उसका प्रवाह बंद हो जाता है। उससे समस्त व्यवस्था को नुक़सान पहुँचने का अंदेशा होता है। इस अभ्यास से हमारी नाड़ियों का शुद्धिकरण होता है और उसमें प्रवाह सुगमता से होता रहा है। पाँच प्रमुख स्थितियाँ होती हैं - प्रथम स्थिति में महारत हासिल करना, द्वितीय अवस्था में समय बढ़ाना, तृतीय अवस्था में श्वास पर नियंत्रण लाना, चतुर्थ अवस्था में स्वयं नियंत्रण से करना और पाँचवीं स्थिति में इसकी अवधि को बढ़ाना और लंबी अवधि में परिवर्तित करना।

प्रारंभ : स्वच्छ व हवादार स्थान पर कम्बल बिछाकर करें।

प्रथम स्थिति : पद्मासन या सुखासन में बैठ जाएँ। पीठ सीधी रखें। आँखें बंद करते हुए दाएँ हाथ के अंगूठे से दाएँ नासिकाद्वार को बंद करें। अब बाएँ से धीरे-धीरे श्वास अंदर लें। दाएँ हाथ की अनामिका अंगुली से बाएँ नासिकाद्वार को बंद करें।

अब दाएँ नासिकाद्वार को खोलकर, श्वास रोक लें और बाएँ से श्वास बाहर निकालें। यह इसका एक चक्र पूरा हुआ।

चित्र नं. 166

द्वितीय स्थिति : इसमें प्रथम स्थिति के अनुरूप ही आरंभ करना है लेकिन श्वास की गिनती आरंभ करना है जिसका अनुपात 1:1:1 रहेगा। जैसे : अंगूठे से दाईं नासिका को बंद करते हुए मन में 1 गिनती की, दोनों नासिका बंद करके फिर 1 गिनती की, फिर अंगूठे को हटाकर 1 गिनते हुए श्वास को बाहर निकाला। पूरक (श्वास लेना), कुम्भक (श्वास रोकना), रेचक (श्वास छोड़ना)। इसे एक माला के रूप में आरंभ करके एक माला पूर्ण करनी है।

तृतीय स्थिति : यह भी पूर्व स्थिति के अनुसार है केवल आपको इसके अनुपात का उपयोग 1:2 के रूप में करना है अर्थात् एक सेकंड में श्वास लेकर उसे दो सेकंड के लिए बाहर निकालना है। इसमें हमारे उदर को फुलाना है और फेफड़ों को संकुचित करना है।

चतुर्थ स्थिति : यह भी 1:2 में निपुणता हासिल करने पर, इसका अनुपात बढ़ाकर 1:2:2 तक अभ्यास करने के बाद इसमें अन्तःकुम्भक की स्थिति को इस प्रकार बढ़ाना है कि यह अनुपात 1:4:2 तक हो जाए।

विशेष : नाड़ी शोधन के अभ्यास में हमें श्वास के प्रति सजग रहना है और मौन भी रहना है। यदि इस अभ्यास से पहले आपकी नासिका बंद है तो उस स्थिति में आप पहले जल नेति का अभ्यास करें। नासा छिद्र खुलने के बाद इस प्राणायाम का अभ्यास करें।

उच्च रक्तचाप, हृदय रोगी एवं मानसिक रोगियों को चतुर्थ स्थिति नहीं करनी चाहिए।

समय : आरंभ में इसके 3 चक्र का अभ्यास करें। धीरे-धीरे 30 चक्र तक अभ्यास

कर सकते हैं। जो व्यक्ति उच्च रक्तचाप या हृदय रोग से पीड़ित हैं उन्हें श्वास रोकने (कुंभक) की कोशिश कभी नहीं करनी चाहिए एवं जो व्यक्ति निम्न रक्तचाप से पीड़ित हैं, वे श्वास के बाद अन्तःकुम्भक के साथ ही इस लाभदायक प्राणायाम को कर सकते हैं।

लाभ : नस नाड़ियों की शुद्धि करता है। सर्दी, जुकाम, खाँसी से छुटकारा मिलता है। हृदय को शक्ति मिलती है। घबराहट दूर हो जाती है। सिरदर्द तथा मानसिक तनाव दूर हो जाते हैं। शरीर में पहुँची अतिरिक्त ऑक्सीजन द्वारा शरीर का पोषण होता है जिससे शरीर को स्वास्थ्य लाभ होता है। मस्तिष्क की कोशिकाओं को शुद्ध करता है जिससे मस्तिष्क की कार्यक्षमता बढ़ती है। मन को स्थिरता, शांति प्रदान करता है। प्राण के मार्गों को खोलता है। इड़ा व पिंगला नाड़ी में संतुलन लाता है। अतिरिक्त ऑक्सीजन से शरीर का पोषण करता है। शरीर में फेफड़ों में एकत्रित समस्त पुरानी वायु को बाहर निकालकर फेफड़ों को शक्ति प्रदान करना इसका कार्य है। शरीर से कार्बन डाइऑक्साइड को बाहर करता है।

विशेष : उच्च ध्यानाभ्यास करने के लिए प्रारंभ में नाड़ी शोधन पर निपुणता प्राप्त करना आवश्यक है।

शरीर पर दूरगामी प्रभाव

नाड़ी शोधन से धीमा, गहरा एवं लयपूर्ण प्राणायाम का अभ्यास करने से गहरी श्वास लेने से श्वसन की आवृत्ति कम हो जाती है एवं स्वस्थ व्यक्ति प्रतिदिन प्रति मिनट 15-20 साँसें लेता है। शारीरिक एवं मानसिक रूप से नाड़ी शोधन एक संपूर्ण अभ्यास है। जो मस्तिष्क में समान रूप से ऑक्सीजन पहुँचाता है। इससे प्रति मिनट श्वसन की आवृत्ति 8-10 तक आ जाती है जिसके कारण साधक दीर्घायु हो जाता है।

भ्रांतियाँ : प्रायः देखा गया है कि साधक यह मानता है कि टी.वी. पर या एक बार सीखने के बाद इसका अभ्यास घर पर किया जा सकता है तो वह इससे लाभ तो नहीं ले पाता है और एक लम्बे समय में शरीर को नुक़सान पहुँचा लेता है क्योंकि स्वयं का इलाज करना हमेशा नुक़सानदायक होता है। वह व्यक्ति तो किसी को देखकर अभ्यास कर रहा है लेकिन उसे कौन देख रहा है।

• उज्जायी प्राणायाम

उज्जायी का अर्थ है, ऊँची ध्वनि। इस प्राणायाम को साधते समय गले द्वारा ऊँची ध्वनि निकलती है। इस प्राणायाम में किसी प्रकार का तनाव व दबाव महसूस नहीं होता है। पूरक और रेचक के प्रति सजगता बनी रहती है जो स्वर निकलता है। यह ध्वनि एक छोटे से बच्चे के गले से उत्पन्न मीठे खर्राटे होते हैं। यह ध्वनि इतनी मंद होनी चाहिए कि इसे योगाभ्यासी के अलावा अन्य कोई न सुन सके। हठयोग के

अनुसार उज्जायी श्वास सरल और सूक्ष्म होती है, इसलिए इसे उज्जायी प्राणायाम कहते हैं।

प्रथम स्थिति : पद्मासन या सुखासन में बैठ जाएँ। जिह्वा को मुँह के पीछे की ओर इस प्रकार मोड़ें कि उसके अग्र प्रदेश का स्पर्श ऊपरी तालु से हो। अब गले में स्वर यंत्र को संकुचित करते हुए श्वसन करें। श्वास अंदर लें। क्रिया गहरी धीमी हो, ऐसा अनुभव करना चाहिए कि श्वसन क्रिया नासिका से नहीं वरन सिर्फ़ गले से हो रही है। अब दाहिने नासा छिद्र को दाएँ अंगूठे से दबाएँ। पुनः कंठ में संकुचन करें और ध्वनि करते हुए बाएँ नासा छिद्र को दाएँ अंगूठे से दबाएँ। पुनः कंठ में संकुचन करें और ध्वनि करते हुए बाएँ नासा छिद्र से धीरे-धीरे बाहर निकाल दें।

द्वितीय स्थिति : उज्जायी प्राणायाम की द्वितीय स्थिति सरल है जिसे योगाभ्यासी सरलतापूर्वक कर पाएँगे और लाभ दोनों स्थिति के समान है। इसमें दोनों नासिका छिद्रों से धीमी गहरी श्वास लेते हुए श्वास को तालू के ऊपरी भाग पर अनुभव करते हुए ध्वनि उत्पन्न करेंगे। इसमें एक या दो सेकंड के लिए श्वास को रोकें, जिसे अंतःकुम्भक कहते हैं। पुनः श्वास लेने के लिए कुछ सेकंड रुकें और रुकने की इस क्रिया को बाह्य कुम्भक कहते हैं। चित्र क्रमांक 37 के अनुसार बैठकर अभ्यास करें।

समय : प्रारंभ में इसका अभ्यास पाँच बार करें। धीरे-धीरे यथाशक्ति बढ़ाते हुए पाँच मिनट तक कर सकते हैं।

शारीरिक प्रभाव : इस अभ्यास से तकनीकी रूप से फेफड़ों के कुछ भाग अधिक फैल जाते हैं और रक्त में ऑक्सीजन अधिक मात्रा में पहुँच पाती है। इस अभ्यास से मस्तिष्क में रक्त की आपूर्ति संपूर्ण रूप से होती है इस कारण तनाव कम हो जाता है। उज्जायी ध्यान के अभ्यास में प्रमुख सहायक है।

लाभ : **श्लेश्म दोषहरं कण्ठे, देहानल विवर्धनम।**
नाड़ी जलोदर धातु, गत दोष निवर्तनम।।

अर्थात् इससे कफ़ दोष दूर होता है तथा कण्ठ, उदररोग (अजीर्ण, मन्दाग्नि, क़ब्ज़ आदि) के विकार दूर होते हैं। यह धातुगत रोगों और जलोदर आदि रोगों को भी नष्ट करता है।

• शीतली प्राणायाम

नाम : इस प्राणायाम के अभ्यास से शरीर में 'शीतलता' आ जाती है इसलिए इस प्राणायाम को 'शीतली' प्राणायाम कहते हैं।

प्रारंभ : स्वच्छ हवादार स्थान पर दरी या कम्बल बिछा लें।

स्थिति : पद्मासन या सुखासन में बैठ जाएँ। आँखें बंद रखें। जीभ बाहर निकालकर गोलाकार नली की तरह मोड़ लें। इस मुड़ी हुई जीभ से लंबी श्वास लें।

जीभ अंदर कर मुँह बंद करें। ठुड्डी को छाती से लगा दें और जालंधर बंध करें।

चित्र नं. 167

समय : इस प्राणायाम को शुरू में 3 बार एवं अभ्यास होने पर 2 से 5 मिनट तक करें।

लाभ : गुल्मप्लीहादि कांरोगा ज्वरंपित्तं क्षुधातृषाम।
विशार्णि शीतली नामः कुंभिकेयं निहन्ति हिः।।

अर्थात् इस प्राणायाम से गुल्म (फोड़े-फुन्सी, गाँठें आदि), प्लीहा (spleen) कान, ज्वर, पित्त, भूख-प्यास आदि अनेक रोगों में लाभ होता है। उदर रोगों व जलन आदि में भी आराम मिलता है।

रक्त शुद्ध करता है। स्नायुओं को शिथिलता, मानसिक स्थिरता एवं शांति प्रदान करता है। गले के रोग, टॉन्सिल आदि में आराम पहुँचाता है। प्यास शांत करने एवं क्रोधी स्वभाव को ठंडा करने में उपयोगी है। उच्च रक्तचाप रोगियों के लिए बहुत महत्त्वपूर्ण है। अम्लता को कम करता है।

सावधानी : शीतली प्राणायाम गर्मी के मौसम में करना चाहिए। सर्दी में 2 मिनट से ज़्यादा नहीं करना चाहिए। कफ़ प्रकृति वालों को भी यह प्राणायाम नहीं करना चाहिए।

• शीतकारी प्राणायाम

नाम : इस प्राणायाम के अभ्यास से शी-शी की आवाज़ होती है। शरीर में ठंडक पैदा होती है इसलिए इस प्राणायाम को शीतकारी प्राणायाम कहते हैं।

स्थिति : पद्मासन या सुखासन में बैठ जाएँ। दाँतों को आपस में मिलाएँ। जीभ के अग्र भाग को ऊपरी तालू से स्पर्श कराएँ। होंठों को अधिक से अधिक फैलाएँ। दाँतों से शी-शी की ध्वनि निकालते हुए श्वास लें। मुँह बंद कर श्वास लें। मुँह बंद कर श्वास रोक लें (कुम्भक लगाएँ) फिर नाक से श्वास को छोड़ दें।

चित्र नं. 168

समय : शुरू में 1 बार एवं अभ्यास होने पर 60 बार तक करें।

भवेत्सवलं च देहस्य, सर्वोपद्रव वर्जितः।
अनेन विधिना सत्यं, योगेन्द्रे भूमि मण्डले।।

अर्थात् इस प्राणायाम को करने से मनुष्य का तेज बढ़ता है और सौन्दर्य में निखार आता है। अनेक व्याधियों, जैसे : भूख, प्यास तथा नींद की समस्या का भी समाधान होता है।

शारीरिक प्रभाव : इस अभ्यास से शीत का प्रभाव होता है। मुँह एवं जीभ में अनेक रक्त कोशिकाओं को शरीर को शीतल करने का बहुत सशक्त माध्यम है। इस विधि से शरीर का तापमान नियंत्रित कर भूख, प्यास, निद्रा, आलस्य पर अधिकार प्राप्त कर सकते हैं। इस विधि से लार ग्रंथियाँ सक्रिय होती हैं। अधिक मात्रा में लार उत्पन्न करता है। शरीर में द्रव्य तत्व की कमी नहीं होती है।

सावधानियाँ : शीतकारी गर्मियों में करना चाहिए। सर्दी में और कफ़ प्रकृति वालों को भी यह प्राणायाम नहीं करना चाहिए। हृदय रोगी को गुरु के मार्गदर्शन में रहना चाहिए।

लाभ : शीतकारी प्राणायाम के लाभ शीतली प्राणायाम के समान ही हैं।

• अग्निसार क्रिया

इस क्रिया के अभ्यास से बहुत शीघ्र ही जठराग्नि प्रज्ज्वलित होती है। कभी-कभी सारे शरीर में पसीना भी आ जाता है। उम्र बढ़ने के साथ पाचन शक्ति कमज़ोर हो जाती है। शरीर के अन्तः अंग कमज़ोर पड़ने लगते हैं, जिससे उम्र बढ़ने के साथ-साथ क़ब्ज़ रहना, पेट साफ़ न होना, पेट में भारीपन रहना और शौच के लिए बार-बार जाना ख़ासकर यह क्रिया मधुमेह में अति लाभदायक है। इससे हमारी अग्नि

प्रज्ज्वलित होती रहती है। इसलिए इसे अग्निसार क्रिया कहते हैं।

स्थिति : यह एकमात्र ऐसी क्रिया या प्राणायाम है जिसे सुखासन, पद्मासन के अलावा वज्रासन में भी किया जा सकता है तथा खड़े होकर भी अभ्यास किया जा सकता है।

प्रथम स्थिति : वज्रासन में बैठ जाएँ। दोनों घुटनों के बीच थोड़ी सी दूरी रखें। दोनों हाथ घुटनों पर रखें। पीठ और गर्दन सीधी रखें। अब श्वास लेकर (पूरक) रोकें (कुम्भक)। फिर पेट को अंदर-बाहर या विस्तारित और संकुचित करें। एक श्वास में तीस से पचास बार पेट का विस्तार और संकुचन करना है। अब श्वास को बाहर निकालकर बाह्य कुम्भक करें। फिर तीस से पचास बार तक पेट का विस्तार और संकुचन करें। यह एक चक्र पूरा हुआ।

द्वितीय स्थिति : पद्मासन, सुखासन या अर्द्ध पद्मासन में बैठकर पीठ और गर्दन सीधे रखते हुए सीधे तनकर बैठ जाएँ। अब श्वास लें (पूरक करें) फिर श्वास रोक लें (कुम्भक करें)। इसके बाद पेट को अंदर-बाहर या विस्तारित और संकुचित करें। एक श्वास में तीस से पचास बार तक करें। इसी प्रकार श्वास बाहर निकालकर उड्डियान बंध लगाएँ। फिर श्वास बाहर रखकर पेट को 30-50 बार अंदर-बाहर करें।

तृतीय स्थिति : अग्निसार क्रिया को खड़े होकर भी कर सकते हैं। दोनों पैरों के बीच 18 इंच की दूरी रखें। फिर थोड़ा सा आगे झुककर दोनों हाथों को घुटनों से ऊपर रखें। अब श्वास लेकर (पूरक) अंदर भर पेट को अंदर-बाहर करें। इस प्रकार श्वास बाहर करके पेट को अंदर-बाहर करें। दोनों परिस्थिति में 30-50 बार करना है।

समय : इस प्रकार 3 से 5 चक्र का अभ्यास करें।

सावधानी :

1. अग्निसार क्रिया बिलकुल ख़ाली पेट नहीं करनी चाहिए।
2. भोजन के 4 घंटे के पश्चात् करनी चाहिए।
3. अल्सर हो जाने पर अभ्यास न करें।
4. उच्च रक्तचाप, हृदय रोग के मार्गदर्शन में अभ्यास करें।

लाभ : अग्निसार क्रिया से पेट की बढ़ी हुई चर्बी कम हो जाती है। पेट के रोग दूर होते हैं। भूख ख़ूब लगती है। मधुमेह के लिए लाभप्रद है। उड्डियान बंध साधने में आसानी होती है। यकृत की न्यून क्रियाशीलता, वायु, अजीर्ण, उदर एवं जठर के रोगों में लाभदायक है।

• सूर्य भेद प्राणायाम

इस प्राणायाम के अभ्यास से सूर्य नाड़ी जाग्रत होती है। सूर्य भेद गले, जिह्वा और स्वर-तंत्र के रोगों में लाभदायक होता है। योग के दृष्टिकोण से यौगिक चक्रों को जगाने वाला है। इसका प्रभाव विशुद्धि और आज्ञाचक्र पर पड़ता है। इससे सूर्य नाड़ी

का भेदन होता है। इसलिए इसे सूर्य भेदी प्राणायाम कहा जाता है।

प्रारंभ : पद्मासन, सुखासन या आरामदायक स्थिति में पीठ व गर्दन सीधी रखते हुए आँखें बंद करें। दाएँ हाथ की तीसरी अंगुली अर्थात् अनामिका से दाईं नासिका को बंद करें, फिर बाईं नासिका से आवाज़ करते हुए श्वास लें। श्वास को अच्छे से गले व छाती तक भरकर अतःकुम्भक (जालंधर बंध लगाकर) लगाएँ। जितनी देर रुक सकते हैं रुकें। अब दाएँ हाथ के अंगूठे से दाईं नासिका को बंद करें। अब जालंधर बंध खोल दें। इसके बाद धीरे-धीरे रेचक करें। इस प्रकार एक चक्र पूरा होता है। पुनः दाहिनी नासिका से पूरक करें। कुम्भक और जालंधर बंध लगाएँ। फिर जालंधर बंध खोलें और रेचक करें।

समय : प्रथम दिवस तीन चक्र करें। फिर धीरे-धीरे अभ्यास बढ़ाते हुए इक्कीस चक्र करें।

शारीरिक प्रभाव : प्रत्येक 90 मिनट से 3 घंटे के बीच स्वर का परिवर्तन होता है। हमारे शरीर तंत्र में जो कुछ भी घटित हो रहा है, हमारी शारीरिक रचना में होने वाले परिवर्तन के प्रति हमें सजग रहना है। सूर्य भेद प्राणायाम पिंगला नाड़ी, मस्तिष्क तथा समस्त शारीरिक तंत्रों के क्रियाकलाप को बल देता है। शरीर में शक्ति का संचय करता है। सूर्य भेद एक ऐसा प्राणायाम है जो धीरे-धीरे कुछ समय बाद योगी की ऊर्जा को पिंगला की ओर स्थानांतरित कर देता है। जैसे-जैसे शरीर की चुम्बकीय शक्ति विकसित होती है, शरीर में अधिक प्राण का संचय होने लगता है। इड़ा नाड़ी का स्तर उन्नत हो जाता है। सूर्य भेद प्राणायाम में जालंधर बंध अंतःकुम्भक प्राणिक स्तर को ऊँचा उठाते हैं। प्राणायाम के अभ्यास में धीरे-धीरे गति बढ़ानी चाहिए और अधिक शक्ति का प्रयोग नहीं करना चाहिए। अंगों को अधिक संकुचित नहीं करना चाहिए। एक लंबे समय के बाद आप इस प्राणायाम का लाभ महसूस कर सकते हैं।

सावधानी : इसका अभ्यास सर्दी के मौसम में करना चाहिए। ठंडे प्रदेश में जो लोग रहते हैं वे इसे कर सकते हैं। गर्मी में इसे करने से नुक़सान हो सकता है।

इसके अभ्यास से सर्दी ख़त्म होती है। पित्त बढ़ता है। कफ़ और बादी का नाश होता है। ऊर्जा बढ़ती है। शक्ति का संचार होता है। रक्त शुद्ध होता है। खाना पचाने में सहायक होता है। बुढ़ापा दूर होता है। शरीर के अनेक प्रकार के मलों को बाहर निकालकर शरीर को स्वस्थ करता है। जठराग्नि तीव्र करता है।

विशेष : अनेक लोग यह सोचते हैं कि सूर्य भेद के समान चन्द्र भेद का भी अभ्यास करना चाहिए। चन्द्र भेद प्राणायाम का अभ्यास योग शास्त्र के अनुसार वर्जित है। चन्द्र भेद के अभ्यास से अभ्यासी पूर्ण रूप से अवसाद की पकड़ में आ जाता है। कृपया चन्द्र भेद का अभ्यास न करें।

लाभ : कपाल शोधनं वात, दोषघ्नं कृमिदोष हृत।
पुनः पुनर्रिदं कार्यं, सूर्यभेदनमुत्तमम।।

अर्थात् इस प्राणायाम के करने से न केवल शरीर में अग्नि तत्व की वृद्धि होती है, बल्कि वायु विकार, कफ़ विकार, रक्त विकार, चर्मरोग, उदर विकार, कृमिरोग तथा बादी रोग भी दूर होते हैं।

• • •

भ्रामरी प्राणायाम

अब हम आपको एक बहुत ही महत्त्वपूर्ण प्राणायाम की जानकारी देने जा रहे हैं। जिसे प्राणायामों का राजा कहा जाता है। यह एकमात्र ऐसा प्राणायाम है, जो समस्त अन्तः अंगों की क्रियाशीलता और शक्ति बढ़ाने में और शरीर के मैकेनिकल व ऑटोमैटिक फ़ंक्शन की मस्कुलर पॉवर बढ़ाने में, शरीर के नर्वस सिस्टम की व्याधियों को बाहर करने, मस्तिष्क की चुम्बकीय शक्ति और मानसिक शक्ति बढ़ाने, शरीर की नियंत्रण प्रणाली को मज़बूत और दीर्घायु बनाने के लिए हमारे शरीर की प्रमुख ग्रंथियों - पिट्यूटरी ग्रंथि या मास्टर ग्लैंड की शक्ति बढ़ाने के लिए शरीर में अम्लों का संतुलन बनाए रखने में महत्त्वपूर्ण भूमिका अदा करता है।

भ्रमर शब्द भ्रामरी यानी भौंरे की आवाज़ की तरह गुंजन। जब श्वास लेकर छोड़ते हैं तो भौंरे की आवाज़ की तरह गुंजन होता है। भ्रमर की मधुर ध्वनि सारे शरीर और मन में सुखद अनुभूति प्रदान करती है। मन और विचारों को परमानन्द की तरफ़ ले जाती है। इसका अभ्यास शरीर के समस्त अन्तः अंगों की शक्ति को बढ़ाता है और मन की चंचलता को दूर करता है।

विधि : पद्मासन, अर्द्ध पद्मासन, सुखासन, वीरासन, कुर्सी पर बैठकर या खड़े होकर किसी भी आरामदायक स्थिति में कर सकते हैं। आँखें बंद रखते हुए, मेरुदण्ड सीधा रखते हुए शरीर को शिथिल करें। मुँह बंद रखते हुए दोनों नासिका से श्वास लें (पूरक करें)। अंतःकुम्भक करने के बाद जालंधर और मूलबंध कुछ सेकंड के लिए करें। फिर तर्जनी अंगुली दोनों कानों में इस तरह लगाएँ कि बाहर की कोई भी आवाज़ आपको सुनाई न दे। इसके पश्चात् श्वास छोड़ते हुए (रेचक करें)। भ्रमर के समान ध्वनि करें। यह एक चक्र होता है।

चित्र नं. 169

समय : प्रातःकाल एवं सायंकाल 10 चक्रों का अभ्यास करें। विशेषकर स्नायुतंत्र की समस्याओं में इसके प्रातः 50 चक्र और सायं 30 चक्र का अभ्यास करें।

विशेष : गुंजन की आवाज़ एक तार होनी चाहिए। बीच में टूटनी नहीं चाहिए और मन को पिट्यूटरी ग्रंथी यानी मास्टर ग्लैंड में लगाकर रखना है। मस्तिष्क के अंदर गुंजन की आवाज़ को महसूस करना है।

शारीरिक प्रभाव : इस अभ्यास में श्वास को लंबे समय तक खींचकर धीरे-धीरे निकालते हैं। इससे फेफड़ों की शक्ति बढ़ती है। समस्त पेशियों का उपयोग होता है। जब हम फेफड़ों में श्वास खींचते हैं तो वह फेफड़ों के समस्त क्षेत्र में फैल जाती है और उन्हें क्रियाशील करती है। समस्त क्षेत्रों में दबाव व एकरूपता लाती है। अधिक मात्रा में ऑक्सीजन रक्त में जाती है तथा रक्त के माध्यम से कोषाणुओं तक पहुँचती है। इस तकनीक से शरीर के समस्त अंगों तक रक्त प्रवाह अधिक मिलता है। इससे मस्तिष्क में रक्त की आपूर्ति बनी रहती है और मस्तिष्क प्रदेश का विकास निरन्तर होता रहता है।

लाभ : वेगाद्घोषं पूरकं भृंगीनादं, रेचकं मन्द मन्दम्।
योगीन्द्राणामेवमभ्यासयोगात्, चित्तेजाता काचिदा नन्द लीला।।

अर्थात् इस प्राणायाम में भौंरे के समान गुंजन करने से मन की एकाग्रता अधिक बढ़ जाती है। चिंता, तनाव आदि दूर होता है और चिंता में भी नन्द लीला जैसा आनंद उमड़ने लगता है।

इससे पिट्यूटरी ग्रंथि एवं पीनियल ग्रंथि की शक्ति बढ़ती है। मन और शरीर पर नियंत्रण प्राप्त होता है। मानसिक तनाव घटता है। उत्तेजना समाप्त होती है। उच्च रक्तचाप, निम्न रक्तचाप और हृदय रोग में लाभ पहुँचाता है। याददाश्त बढ़ाता है। हिंसक प्रवृत्ति को समाप्त करता है। नकारात्मक विचारों को समाप्त करता है। डिप्रेशन समाप्त करता है। क्रोध पर विजय प्राप्त कराता है। अनिद्रा दूर करता है। कुण्डलिनी जागरण में सहायक है। शरीर में रासायनिक संतुलन को बनाए रखता है, जिस कारण सभी बीमारियों में लाभ पहुँचाता है। पिट्यूटरी एवं पीनियल ग्रंथियों का विकास करता है। ऑक्सीजन अधिक मात्रा में अंगों तक पहुँचाता है। मस्तिष्क के स्नायुमण्डल पर प्रभाव पड़ता है। मस्तिष्क तेज़ होता है और आभामण्डल बढ़ता है। मस्तिष्क के समस्त विकार दूर होते हैं। यह विशेषकर पार्किन्सन, मसल डिस्ट्रॉफ़ी एवं स्नायुतंत्र की समस्त व्याधियों में लाभदायक है। इस कारण इसे प्राणायामों का राजा भी कहा जाता है।

• • •

ॐ (ओ३म्) का महत्त्व
(ओंकार प्राणायाम)

व्यक्ति एकाग्रता या ध्यान बिना किसी वस्तु पर विजय प्राप्त नहीं कर सकता है। विश्व को रूप देने वाले और उसे नियंत्रित करने वाले परमात्मा का ध्यान किए बिना व्यक्ति अपने अंदर की दिव्यात्मा को प्रकाशित नहीं कर सकता है। इस ध्यान की प्राप्ति के लिए एकतत्त्वाभ्यास अर्थात् वह एक तत्त्व है जो सभी में व्याप्त है। प्राणिमात्र की अंतरमन आत्मा है, जो अपने एक रूप को अनेक रूपों में परिवर्तित करती है। इसलिए साधक एकाग्रता या ध्यान की प्राप्ति के लिए ॐ (ओ३म्) पर ध्यान केंद्रित करता है जो परमात्मा का प्रतीक है।

ॐ (ओ३म्) के उच्चारण से और ध्यान केंद्रित करने से हमारे हृदय और मस्तिष्क की शक्ति बढ़ती है और हृदय रोग नहीं होता है। पिट्यूटरी ग्रंथि की क्रियाशीलता बढ़ती है और शरीर में प्राणवायु का संचार होता है। सम्पूर्ण शरीर में शुद्ध रक्त संचारित होता है।

- **ॐ (ओ३म्) का योगासन में महत्त्व**

सृष्टि का प्रथम शब्द ॐ (ओ३म्) है। जिसकी उत्पत्ति ब्रह्मा के कंठ को चीरकर होने से इसे ब्रह्मनाद भी कहा जाता है। ॐ (ओ३म्) अपने आप में अनन्य ऊर्जा समेटे हुए है। ॐ (ओ३म्) सर्वज्ञान (अनन्तज्ञान), सर्वव्यापकता (विश्वव्यापकता) एवं सर्वशक्ति (अनन्त शक्ति) के विचार का प्रतिपादन करता है।

ॐ (ओ३म्) शब्द तीन अक्षरों ओ३म् अर्थात् अ, उ, म् से बना है। ये तीनों अक्षर हमारे मन और आत्मा की क्रमशः जाग्रतावस्था (चेतनावस्था), स्वप्नावस्था (स्वप्न या मनतरंग की अवस्था) और सुषुप्तावस्था (स्वप्न सहित निद्रावस्था) को संबोधित करते हैं। इनके ऊपर चंद्र बिन्दु (अनुस्वार) के साथ सम्पूर्ण संकेत तुरीयावस्था का द्योतक है, जो इन सभी अवस्थाओं को संयुक्त या एकत्रित करता है और तीनों अवस्थाओं में अवतरित होता है, जो कि समाधि की अवस्था है।

ॐ के महत्त्व को जानते हुए योगी *मण्डूकोपनिषद्* में कहते हैं कि यह साधक धनुष की तरह उपनिषद् रूपी वाहन शस्त्र को लेकर ध्यान से तेज़ किए हुए बाण को उस पर रखे परमात्मा के विचार से उसे तानकर और लक्ष्य रूप उस अविनाशी में प्रवेश करें। अर्थात् रहस्यपूर्ण ॐ (ओ३म्) धनुष है, आत्मा बाण है और ब्रह्म लक्ष्य है। अर्थात् ब्रह्मा में स्थित होने के लिए लक्ष्य में व्यक्ति को प्रवेश करना चाहिए।

ॐ (ओउम्) अर्थात् अ, उ, म् अक्षर हमारी वाणी, मन एवं प्राण के प्रतीक हैं, जबकि सम्पूर्ण ॐ सृष्टि कालातीत की अभिव्यक्ति है जो काल की सीमा का अतिक्रमण करता है।

ये तीनों अक्षर माता, पिता व गुरु द्वारा दी गई शिक्षा की अभिव्यक्ति करते हैं जबकि सम्पूर्ण प्रतीक ब्रह्मविद्या, आत्मज्ञान है। वह शिक्षा जो अनश्वर है।

अ, उ तथा म् ये अक्षर वासना, भय और क्रोध के अभाव के प्रतीक हैं और सम्पूर्ण प्रतीक पूर्ण मानव का सूचक है जिसका ज्ञान दिव्य परिपूर्ण है।

ये तीनों अक्षर तीनों गुण सत, रज तथा तम के प्रतिमान हैं जबकि सम्पूर्ण प्रतीक सर्वोत्कृष्टता को प्राप्त हैं और गुणों के आकर्षण से सर्वथा परे हैं।

ये तीनों अक्षर पुल्लिंग, स्त्रीलिंग तथा नपुंसक लिंग का प्रतिनिधित्व करते हैं जबकि सम्पूर्ण प्रतीक सम्पूर्ण सृष्टि का सूचक है।

अ, उ और म् ये अक्षर योग के नियम की आसन, प्राणायाम तथा प्रत्याहार तीनों अवस्थाओं को नियंत्रित करते हैं जबकि सम्पूर्ण प्रतीक समाधि का सूचक है।

अ, उ और म् तीनों अक्षर विश्व के कर्ता, धर्ता एवं हर्ता अर्थात् क्रमशः ब्रह्मा, विष्णु तथा शिव का प्रतिनिधित्व करते हैं। उस सम्पूर्ण प्रतीक का प्रतिनिधित्व करते हैं जिससे यह विश्व निर्मित है। यह बुद्धि को प्राप्त नहीं होता, तब परिवर्तित होते चले जाते हैं, परन्तु ब्रह्म ही एकमात्र ऐसा है जो सर्वदा अपरिवर्तित ही रहता है।

ॐ (ओ३म्) के महत्त्व को बताते हुए योगी कहते हैं कि ये तीनों अक्षर "तत् त्वम् असि" मंत्र के प्रतीक हैं जो मानव की आत्मा को उसके शरीर, मन, बुद्धि तथा अहंकार के बंधन से मुक्त कराता है। ॐ (ओ३म्) शब्द अत्यन्त व्यापक तथा अत्यन्त सूक्ष्म होने के कारण, योगी परमात्मा पर ध्यान केंद्रित कर, एकाग्र भक्ति से ॐ (ओ३म्) शब्द में लीन हो अपनी इन्द्रियाँ, इच्छा शक्ति, बुद्धि, मन एवं विवेक को एकरूप कर देता है।

ॐ (ओ३म्) शब्द तीन अक्षरों ओ३म् अर्थात् अ, उ, म् से बना है। इसमें अ 30 प्रतिशत, उ 30 प्रतिशत, म् 40 प्रतिशत का उच्चारण करना है। ॐ (ओ३म्) का उच्चारण म् शब्द का उच्चारण करेंगे तब होंठ बन्द करेंगे जिसके गुंजन से पूरे शरीर में कंपन होता है, जो लम्बे समय तक अभ्यास करने के बाद अनुभव किया जा सकता है।

अ, उ तथा म् ये अक्षर योग नियम की आसन, प्राणायाम तथा प्रत्याहार नामक तीन अवस्थाओं का सूचक हैं जो सम्पूर्ण समाधि है।

ओंकार के उच्चारण से पिट्यूटरी ग्रंथि और पिनियल ग्रंथि की शक्ति बढ़ती है। मन और शरीर पर नियंत्रण प्राप्त होता है। आन्तरिक इन्द्रियों की सफ़ाई होती है। शरीर स्वस्थ्य और आकर्षक बनता है। फेफड़ों की शक्ति बढ़ती है। अस्थमा

के विकार दूर होते हैं, रक्त की शुद्धि होती है। उच्च रक्तचाप, हृदय रोग में लाभ मिलता है, पाचन क्रिया सुधरती है, अनिद्रा समाप्त होती है। कुण्डलिनी जागरण में सहायक है। निर्णायक क्षमता और याददाश्त बढ़ाता है। मस्तिष्क को तेज़ करता है। ऑक्सीजन शरीर के समस्त अंगों तक पहुँचाता है। प्रत्येक योगाभ्यासी द्वारा नियमित रूप से ओंकार का उच्चारण करने से तन और मन शुद्ध होता है।

• • •

मुद्राओं का जादू

योग में मुद्रा विज्ञान का बहुत महत्त्व है। महत्त्वपूर्ण अभ्यास मुद्राओं का अभ्यास शरीर को निरोगी करता है। मुद्राओं का अभ्यास कुण्डलिनी शक्ति के जागरण में सहायक है। मुद्राओं का अभ्यास प्राणायाम के अभ्यास से अधिक महत्त्वपूर्ण और शक्तिवर्धक माना जाता है।

घेरण्ड संहिता में 25 मुद्राओं का परिचय दिया गया है। मुद्राओं से प्राण शक्ति की तरंगों को जाग्रत किया जाता है।

इसके अभ्यास से मानसिक/शारीरिक क्षमता में वृद्धि प्राप्त होती है।

आज हर परिवार में कोई न कोई किसी रोग से पीड़ित है। हर दूसरा और तीसरा व्यक्ति किसी न किसी व्याधि से पीड़ित है। रोग एक महामारी का रूप ले चुके हैं। इसका कारण बढ़ता तनाव एवं खान-पान की ग़लत आदत है। मानव शरीर में दोनों हाथ महत्त्वपूर्ण अंग हैं।

हाथ का अंगूठा	-	अग्नि तत्व
पहली (तर्जनी)	-	वायु
मध्यमा	-	आकाश
अनामिका	-	पृथ्वी
कनिष्ठा (छोटी)	-	जल का प्रतीक है।

मुद्राएँ शरीर की कुंजी हैं। इनके अभ्यास से महत्त्वपूर्ण परिवर्तन संभव है। मुद्रा से शरीर निरोग कर सकते हैं।

स्थिति : पद्मासन, वज्रासन, सुखासन जो आराम से हो, अभ्यास करना चाहिए।

समय : प्रत्येक मुद्रा का अभ्यास 25 मिनट लगातार 2 महीने तक करने से लाभ प्राप्त होता है।

चित्र नं. 170

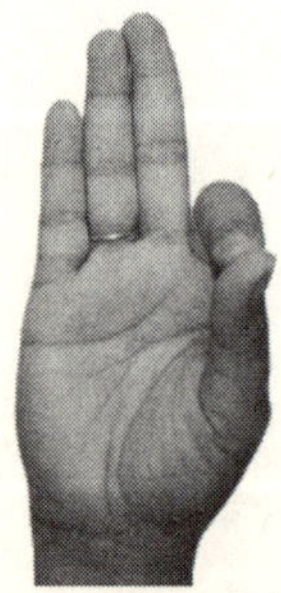

• ज्ञान मुद्रा

इस मुद्रा को करने के लिए पद्मासन, सुखासन, वज्रासन में बैठें। तर्जनी और अंगूठे को हल्के हाथ से जोड़ें। दबाव न डालें। शेष तीनों अंगुली ऊपर की तरफ़ उठी हों।

लाभ :
- मन के विचारों पर नियंत्रण लाती है।
- मन में शांति उत्पन्न करती है।

- स्मरण शक्ति बढ़ाती है।
- योग व आध्यात्मिकता की तरफ़ जोड़ती है।

• अपान वायु मुद्रा

इस मुद्रा को संजीवनी मुद्रा भी मानते हैं। तर्जनी अंगुली को नीचे की तरफ़ मोड़कर अंगूठे के पर्वत को स्पर्श कराएँ।

अपान मुद्रा : अंगूठे को बीच की दोनों अंगलियों से स्पर्श कराकर रखना है। कोई दबाव नहीं बनाना है। इसमें हथेली ऊपर की तरफ़ और कनिष्ठा अंगुली को सीधा रखना है।

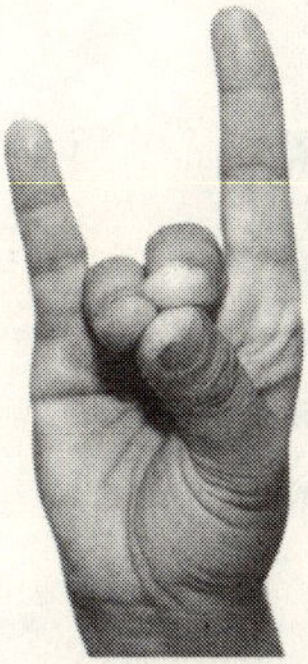

चित्र नं. 171

लाभ : इस मुद्रा को करने पर हृदय रोग, गठिया, लकवा, संधिवात आदि रोगों में लाभ पहुँचता है।

• आकाश मुद्रा

इसमें पहले मध्यमा पर अंगूठे को चढ़ाएँ। इसके बाद गहरी श्वास-प्रश्वास लेकर शांत हो जाएँ। बाक़ी तीनों अंगुलियों को सीधा रखना है। हथेली ऊपर की तरफ़ रखनी है।

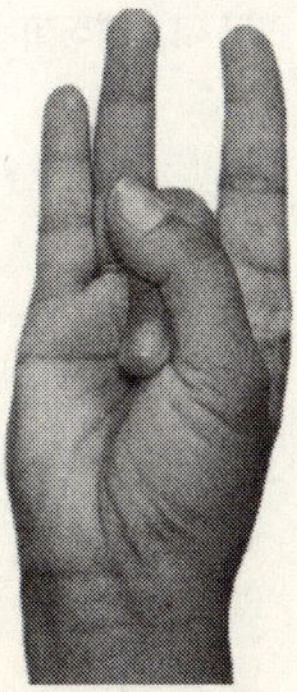

चित्र नं. 172

लाभ : • हृदय रोग में लाभ होता है।
• हड्डियाँ मज़बूत होती हैं।
• कान के रोग में लाभ मिलता है।

• वरुण मुद्रा

कनिष्ठा अंगुली के सिरे को अंगूठे के सिरे से स्पर्श करते हुए दबाएँ। अन्तर्मन में 'व' का उच्चारण कर चन्द्रमा का ध्यान करें।

चित्र नं. 173

लाभ : • रक्त शुद्ध होता है।
• ख़ून की कमी दूर हो जाती है।
• रक्त से संबंधित बीमारियों में लाभ मिलता है।

• वायु मुद्रा

तर्जनी अंगुली मोड़कर अंगूठे से उसके नाख़ून के ऊपर की तरफ़ दबाएँ। बाक़ी अंगुलियाँ सीधी रखें। सीधे तनकर बैठें और हरे रंग का ध्यान कर अन्तर्मन में 'यं' का उच्चारण करें।

लाभ : • गठिया, लकवा एवं संधिवात में लाभ मिलता है।

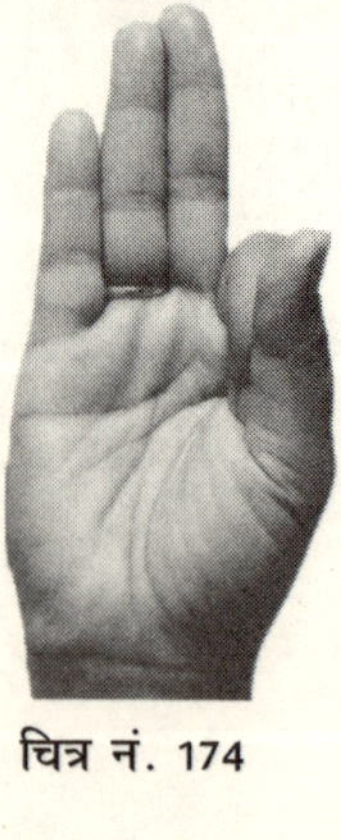

चित्र नं. 174

• प्राण मुद्रा

जैसा नाम से विदित है हमारे प्राणों की रक्षा हेतु अर्थात् श्वास व मस्तिष्क के लाभ के लिए यह मुद्रा उपयोगी है। सबसे छोटी अंगुली (कनिष्ठा) एवं साथ वाली अंगुली अनामिका और अंगूठे के ऊपरी भाग या पर्वत आपस में स्पर्श करें और अन्तर्मन में ॐ (ओंकार) का जाप करें।

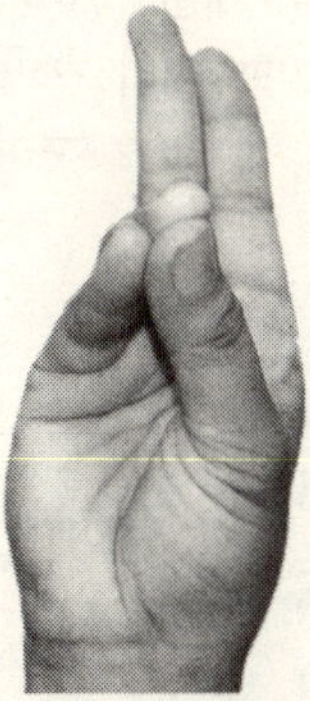

चित्र नं. 175

लाभ :
- मानसिक शांति प्राप्त होती है। तनाव समाप्त होता है।
- मानसिक व्याधियाँ दूर होती हैं।
- श्वास से संबंधित बीमारियों में लाभदायक है।
- सिरदर्द में लाभ मिलता है।
- आँखों की ज्योति बढ़ती है और रोग दूर होते हैं।

• पृथ्वी मुद्रा

अनामिका अंगुलि और अंगूठे के ऊपरी सिरों को एक साथ जोड़ें। आँखें बंद रखते हुए सीधे तनकर बैठें और किसी पीली वस्तु, रंग का ध्यान कर 'लं' का अन्तर्मन में उच्चारण करें।

चित्र नं. 173

लाभ : • शरीर में जलतत्व की कमी नहीं होती।
- त्वचा के लिए लाभदायक है। चेहरे की फुंसी, मुँहासे, दाग़ दूर होते हैं।
- रक्त शुद्ध होकर रक्त विकार दूर होते हैं।

• सूर्य मुद्रा

अनामिका अंगुली को मोड़ें और अंगूठे को अनामिका के नाख़ून पर रखें और दबाएँ। बाक़ी सभी अंगुलियाँ सीधी रखनी हैं। पीठ सीधी रखते हुए तनकर बैठें। लाल रंग का ध्यान करते हुए आँखें बंद किए हुए 'रं' का अन्तर्मन में उच्चारण करें।

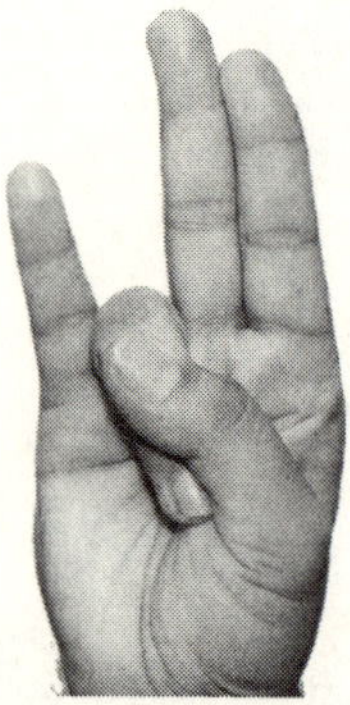

चित्र नं. 177

लाभ : • सूर्य के समान तेज बना रहता है।
- काया सुडौल बनती है और मोटापा दूर होता है।
- थुलथुलापन ख़त्म होकर कसाव आ जाता है।
- क्रोध पर नियंत्रण रहता है।

• • •

स्वरोदय योग विज्ञान

स्वर योग एक स्वतंत्र विज्ञान है। यह मनुष्य की स्वाभाविक श्वसन क्रिया है। प्रत्येक व्यक्ति दिन और रात में बराबर श्वास लेता व छोड़ता रहता है। श्वसन क्रिया देखने में तो बहुत आसान है। लेकिन नासिका के दोनों छिद्रों से श्वास का प्रभाव समान रूप से नहीं होता है, बल्कि एक नासिका से अधिक और दूसरी से थोड़ा कम होता है। योग शास्त्र के अनुसार श्वास-प्रश्वास को प्राण वाहिनी माना जाता है। श्वास के द्वारा प्राण शक्ति का संचार पूरे शरीर में होता है।

स्वर को आत्म स्वरूप कहा जाता है। ग्रंथों में लिखा है कि स्वर ही संपूर्ण वेद और संपूर्ण स्वास्थ्य है। स्वर के माध्यम से शरीर में प्राण शक्ति का संचार होता है। मनुष्य के अन्दर ज्ञान का भंडार है। मन, बुद्धि, चित्त और इंद्रियाँ ये ही ज्ञानमय पुरुष के यंत्र हैं। इन सब यंत्रों का पोषण करने वाला प्राण है। स्वर का मतलब प्राण है, इसलिए स्वर को आत्मस्वरूप, ब्रह्मस्वरूप, वेद और शास्त्र कहा गया है। स्वर शास्त्र के अनुसार स्वर के भेद को जानने वाला परम सुखी होता है। स्वर ज्ञान से बढ़कर ज्ञान और धन नहीं होता है। संसार में जो भी शुभ और अशुभ घटता है, स्वर ज्ञानी पहचान जाते हैं।

स्वर क्यों बदलता है। क्यों एक नासिका में कम और एक में ज़्यादा प्रवाह रहता है। स्वर ज्ञान अपने शरीर में स्थित उत्तम ज्ञान है। यह ब्रह्माण्ड पंच तत्वों से उत्पन्न हुआ है : आकाश, वायु, अग्नि, जल और पृथ्वी। इन्हीं पाँचों तत्वों से मनुष्य का शरीर भी निर्मित है। स्वर विज्ञान की सफलता के लिए नाड़ी, प्राण और तत्व तीनों के ज्ञान से स्वर सिद्धि होती है। शरीर के मध्य में नाभि स्थान से असंख्य नाड़ियाँ निकली हुई हैं। सब नाड़ियों में 10 नाड़ियाँ प्रधान व श्रेष्ठ हैं। दसों में से तीन नाड़ियाँ उत्तम हैं। इड़ा नाड़ी बायाँ स्वर, पिंगला नाड़ी दायाँ स्वर और सुषुम्ना मध्य में है। नाड़ियों का आश्रय वायु है। पाँच वायु प्रधान हैं : प्राण, अपान, व्यान, उदान और समान।

इड़ा, पिंगला और सुषुम्ना नाड़ी का प्रभाव प्राण वायु के द्वारा होता है। इन्हीं नाड़ियों के आधार पर स्वर ज्ञान प्राप्त होता है। जब बायाँ स्वर चलता है तो इड़ा नाड़ी चल रही है और जब दायाँ स्वर चलता है तो पिंगला नाड़ी चल रही है। जब सम स्वर चल रहे हैं तो सुषुम्ना नाड़ी में प्राण प्रभावित हो रहे हैं। इड़ा में चन्द्रमा, पिंगला में सूर्य और सुषुम्ना में जीवात्मा स्थित है।

स्वरों की पहचान : नासिका के दोनों छिद्रों से एक समान प्रवाह नहीं होता है। इसे जानने के लिए नाक के बाएँ छिद्र को बंद करके दाहिने से ज़ोर से श्वास बाहर निकालें, पुनः दाहिने छिद्र को बंद करके बाएँ से निकालें। अब दोनों प्रवाहों की

तुलना करके पहचानें कि किस नासिका से पूरे प्रवाह से श्वास बाहर आ रही है।

स्वर प्रवाह का समय

- सूर्योदय से निश्चित होता है।
- प्रति 90 मिनट से 3 घंटे के बीच स्वर बदल जाता है।
- सुषुम्ना का प्रवाह 1 से 3 मिनट रहता है।
- प्रवाह इच्छानुसार बदला जा सकता है।

स्वर प्रवाह कैसे बदलें?

1. जो स्वर चल रहा है उसी करवट सोने से 1 से 5 मिनट में स्वर बदल जाता है।
2. जो स्वर चल रहा है उसी नाक में रुई की डाट लगा देने से स्वर 1 से 5 मिनट में बदल जाएगा।
3. जिस स्वर को बदलना हो ध्यान द्वारा नासिका श्वास लेने को छोड़ने का प्रयत्न करें। बदल जाएगा।

स्वर अनुसार कार्य का निष्पादन

- जब दाहिना स्वर चले तो परिश्रम वाले और कठिन कार्य करने चाहिए। दाहिने स्वर यानी सूर्य स्वर में शरीर में अधिक गर्मी व शक्ति पैदा होती है।
- जब सूर्य स्वर यानी सूर्य नाड़ी (पिंगला) चले तो पढ़ाई, नौकारोहण, संगीत अभ्यास, परिश्रम वाले कार्य, असंभव कार्य, यात्रा, गृह प्रवेश आदि करें।
- जब बायाँ स्वर यानी चन्द्र स्वर चले तो स्थिर कार्य, प्रत्येक शुभकार्य करें। व्याधि चिकित्सा, दान, विवाह चन्द्र स्वर में करें।
- जब दोनों स्वर चलें या सुषुम्ना स्वर चले तब शुभ कार्य न करें। कोई शुभ कार्य न करें अन्यथा असफल होते हैं। जब सुषुम्ना चले तो मोक्ष प्राप्ति के कार्य करने चाहिए। काम, क्रोध, मोह, लोभ आदि पर विजय हेतु सुषुम्ना काल उत्तम है।

जीवन में स्वर योग का महत्त्व

- जब प्रातःकाल उठें तो जो स्वर चल रहा हो उस पैर को पहले आगे रखें। हथेली रगड़कर उस हाथ को मुँह पर लगाएँ। इससे मन की इच्छा पूर्ण होगी।
- भोजन करते समय और बाद में सूर्य स्वर चलाएँ। सूर्य स्वर में शरीर की अग्नि दीप्त होती है। पाचन क्रिया ठीक रहती है। भोजन के बाद बाईं करवट सोने से सूर्य स्वर अपने आप चलने लगता है।
- जब कोई कार्य सिद्ध करना हो तो जो स्वर चल रहा है उसी हाथ को आगे बढ़ाकर कार्य करें।

• • •

चक्रों का महत्त्व

(Importance of Chakras)

योग शास्त्र के अनुसार जब हम आसन-प्राणायाम का अभ्यास करते हैं तब अपने मन को शरीर के विशेष स्थान पर एकाग्र करते हैं। इससे योग का लाभ अधिक प्राप्त होता है। यह मानसिक/आत्मिक शक्ति जागरण में प्रमुख रूप से सहायक है। मेडिकल साइंस के शोध एवं योग के अनुसार मानव अपने शरीर की क्षमता का 10-20 प्रतिशत ही उपयोग कर पाता है। शरीर की शक्ति का अधिक हिस्सा सुप्त अवस्था में रहता है। इन चक्रों का ध्यान करने या आसन के माध्यम से इन चक्रों की शक्ति को जाग्रत करने से मानसिक/आत्मिक शक्ति का संचय होता है।

योगशास्त्र के अनुसार 7 चक्र प्रमुख हैं। अपितु योग प्रणाली का मूल आधार चक्र ही हैं।

(1) मूलाधार चक्र (2) स्वाधिष्ठान चक्र (3) मणिपुर चक्र (4) अनाहत चक्र (5) विशुद्धि चक्र (6) आज्ञा चक्र (7) सहस्रार चक्र।

1. मूलाधार चक्र

चक्रों की स्थिति के अनुसार यह चक्र सबसे नीचे स्थित होता है। मूलाधार और सिर के शीर्ष प्रवेश तक के बीच समस्त नाड़ी चक्र है। यही नाड़ी चक्र शरीर का संचालन करते हैं। मूलाधार चक्र के प्रभाव से मोह, क्रोध, ईर्ष्या, घृणा, द्वेष, कामुकता, प्रजनन एवं माया आते हैं। स्वास्थ्य, बल, वृद्धि, स्वच्छता, पाचन शक्ति इसी चक्र से संबंधित हैं। जो निम्न श्रेणी के प्राणियों के चेतना स्वर एवं मनुष्य में पूर्णतः सुषुप्त रहते हैं। इसका चिन्ह गहरे लाल रंग का चतुर्दलीय कमल है। मंत्र वं शं षं सं है। यह पृथ्वी का केंद्र है। इसका बीज मंत्र लं है।

मूलाधार के प्रमुख देवता निर्माणकर्ता ब्रह्मा हैं। यह शरीर स्पर्शानुभूति का नियंत्रण करता है। ध्यान के समय जब मूलाधार के बीज मंत्र लं का बार-बार उच्चारण किया जाता है तो इस उच्चारण से विशेष तरंगें मूलाधार चक्र की नाड़ियों को उत्तेजित करती हैं तथा ऊर्ध्व मस्तिष्क को तरंगित करती हैं। मूलाधार के प्रभावों से असुरक्षा, भय समाप्त होता है। इच्छा शक्ति बढ़ती है।

मूलाधार के केंद्र में एक लाल त्रिभुज है। जिसका सिरा नीचे की तरफ़ है। जिसके चारों तरफ़ सुनहरे रंग का सर्प साढ़े तीन कुण्डली में सुप्त अवस्था में है। यह मूलाधार चक्र कुण्डलिनी शक्ति का निवास स्थल है। यह मानवीय शक्ति का स्थल है। यह काम, शक्ति, संवेदना, आत्मिक शक्ति का केंद्र है। आत्मिकता या आध्यात्मिकता से आत्मशुद्धि एवं मन की एकाग्रता द्वारा इन असीम शक्ति को जाग्रत कर ऊपर के चक्रों तक ले जाते हैं। यही योग का अंतिम लक्ष्य है।

2. स्वाधिष्ठान चक्र

यह चक्र यात्रा में दूसरा प्रमुख चक्र है। इस स्थिति में मेरुदण्ड में मूलाधार चक्र के ऊपर तथा नाभि के नीचे 'पेडू' में जो चक्र स्थित है वह स्वाधिष्ठान चक्र है। स्वाधिष्ठान का अर्थ है इस चक्र में तेज लाल रंग की पंखुड़ी पर बं भं भ यं रं ल लिखा है। इसका बीज मंत्र वं है और वाहन मगर है, जो जल तत्व का प्रमुख जीव है। जल तत्व का प्रतिनिधि होने के कारण इसका प्रधान गुण रस है।

स्वाधिष्ठान चक्र से मुख्यतः प्रजनन, कल्पना, मनोरंजन, प्रसन्नता, डाह, ईर्ष्या, दया आदि प्रभावित होते हैं। ऐसा माना जाता है कि बच्चों का भी आयु में इच्छाओं व कल्पनाओं के साथ तालमेल बिठाने से मानव का व्यक्तित्व विकास इस चक्र के

अधीन रहता है। 'वं' शब्द का शुद्धतापूर्वक उच्चारण करने से शक्ति संधारित होती है। कल्पना शक्ति को साधकर कला से इनका उपयोग किया जा सकता है।

3. मणिपुर चक्र

यह मणिपुर चक्र भी कहलाता है। मणिपुर का अर्थ स्पष्टतः मणि का नगर है। यह अग्नि का केंद्र है। पाचन संस्थान व शौर्य संस्थान में व्यक्ति के अहं, प्रभुत्व, आगे बढ़ने की इच्छा, सबसे अलग सर्वश्रेष्ठ एवं शक्तिशाली बनने की ललक इस चक्र के अधीन रहते हैं। मणिपुर चक्र दस पंखुड़ी वाले कमल के रूप में मिलता है। डं, ढं, णं, टं, यं, दं, धं, नं, पं, फं कमल के अंदर उल्टा त्रिभुज है जिसका रंग लाल है। इसका बीज मंत्र रं है और वाहन 'भेड़' है।

इस चक्र के प्रभाव में संघर्ष, प्रायश्चित, निःस्वार्थ सेवा, धर्म, सत्संग, निष्ठा आदि आते हैं। इस चक्र से समस्त शारीरिक प्रतिक्रिया तीव्र होती है। मस्तिष्क तेज़ होता है। श्वास क्रिया बढ़ जाती है। नेत्रों में तेज आता है। मणिपुर चक्र आत्मिक और भौतिक शरीर का प्राण केंद्र है। यह अग्नि उत्पन्न करता है, जो जीवन रक्षा के लिए अनिवार्य है। मणिपुर चक्र से प्रभावित योगी 6 से 8 घंटे तक विश्राम करता है। मणिपुर चक्र खान-पान और रस शरीर में समान रूप से वितरित करता है इसलिए इसे आध्यात्मिक प्रवेश द्वार और नाभि में अमृत कुण्ड भी कहा जाता है। इसके बीज मंत्र रं का शुद्धिपूर्वक उच्चारण करने से रस को आत्मसात करने की शक्ति व पाचन शक्ति बढ़ती है जो आयु और सामर्थ्य को बढ़ाती है। मणिपुर चक्र विशेष साधना से आध्यात्मिक प्रवेश द्वार भी कहलाता है।

4. अनाहत चक्र

इस चक्र का स्थान हृदय है, इसलिए अनाहत चक्र का शाब्दिक अर्थ आघात रहित है। इसलिए इस चक्र को अनाहत चक्र कहा गया है। यह संपूर्ण ब्रह्माण्ड की धड़कन है। योगी आंतरिक और अनंत तरंगों को ग्रहण कर सकते हैं। अनाहत चक्र अत्यंत महत्त्वपूर्ण है। ऊपर के चक्रों एवं नीचे के चक्रों में संतुलनात्मक सेतु का कार्य करता है।

पंच महाभूतों में यह चक्र 'वायु' तत्व का प्रमुख स्थान है। इस चक्र का स्पर्श प्रधान गुण है। यह चक्र 12 पंखुड़ियों से युक्त है। जिस पर स्थित कं खं गं घं ङं चं छं जं नं त्रं टं तथा ढं का बीज मंत्र यं है जो ध्वनि का परिचायक है। इस चक्र के ध्यान के समय अंगूठे और तर्जनी अंगुली के सिरों को परस्पर दबाया जाता है। इस पर मन स्थिर होता है।

इस चक्र के बीज मंत्र यं का शुद्ध रूप से उच्चारण हृदय को तरंगित कर समस्त अवरोध दूर करता है। श्वास और प्राण पर अधिकार प्राप्त हो जाता है। अत्यधिक तनाव की स्थिति में ध्यान करना चाहिए। यह चित्त को एकाग्र करता है। इस ध्यान से कोई भी सांसारिक बातें अशांत नहीं कर सकती हैं।

5. विशुद्धि चक्र

विशुद्धि का शब्दार्थ 'शुद्ध करना' है। विशुद्धि चक्र का शुद्धिकरण केंद्र है। इस चक्र का स्थान कण्ठ प्रदेश है। इस चक्र का आकार वृत्त है। यह 16 पंखुड़ियों से युक्त है। इस दल के अक्षर अं आं इं ई उ ऊं ऋ ॡ एं ऐ ओं औं अं और अं है।

विशुद्धि चक्र कंठ, नलिका, चुल्लिका एवं उप चुल्लिका ग्रंथि प्रदेश अर्थात् स्वर कोष्ठ को प्रभावित करता है। इस तरह शरीरगत दोषों को दूर किया जा सकता है।

इस चक्र को ब्रह्मद्वार भी कहा जाता है। विशुद्धि चक्र की साधना से 16 प्रकार की योग साधना की शक्ति प्राप्त की जा सकती है। इस चक्र के ध्यान से मन आकाश की भाँति विशुद्ध हो जाता है। बीज मंत्र हं के शुद्ध उच्चारण से त्रिकाल ज्ञान प्राप्त होता है। अष्ट सिद्धियों की प्राप्ति होती है।

6. आज्ञा चक्र

योग विद्या के अनुसार यह चक्र साधना की दृष्टि से बहुत महत्त्वपूर्ण है। इसका स्थान दोनों भृकुटियों के मध्य नासिका के ऊपर होता है। इस चक्र को शिवनेत्र भी कहा जाता है। ध्यान की ऊँची अवस्था में चक्र के माध्यम से गुरु के निर्देश का पालन करते हैं। इसका बीज मंत्र 'ॐ' है। इस चक्र से सूक्ष्म मन पर नियंत्रण प्राप्त करते हैं।

यह परमात्मा का मंत्र है। इसमें अकार, उकार, मकार (अ अ उ अ म) तीनों शक्तियों का मिश्रण है। इन्हें ज्ञान शक्ति, क्रिया शक्ति, इच्छाशक्ति का रूप कहा गया है। ब्रह्मा, विष्णु, महेश इन शक्तियों के देवता हैं। हमारे शरीर में नौ छिद्र और सात चक्र हैं।

आज्ञा चक्र में ध्यान की अनेक क्रियाओं में इस पर ध्यान किया जाता है। हमारे शरीर में इसके बराबर पीनियल नामक गूढ़ अंतःस्रावी ग्रंथि है। इस चक्र से दृष्टि, नाड़ी, गंध, पिंड तथा वृद्धि, न्याय, मानव की विशेषताएँ जुड़ी हैं। इंद्रियों तथा विभिन्न सूचनाओं को उनकी परिस्थिति के आधार पर नियंत्रित करता है।

आज्ञा चक्र का प्रमुख स्थान पीनियल ग्रंथि है। यह ग्रंथि मटर के दाने के बराबर है। आज्ञा चक्र को सक्रिय करके मानसिक एवं शारीरिक शक्तियों में अद्‍भुत वृद्धि की जा सकती है।

7. सहस्रार चक्र

इसका स्थान मस्तिष्क में ब्रह्मास्त्र के ऊपर माना गया है। यह उच्चतम चेतना का स्थान है। यह शिव-शक्ति, योग, चेतना में आत्मा के मिलन का स्थान है। समस्त शक्ति का केंद्र होने के कारण सहस्रार चक्र में सदैव अमृत का वास होता है। योग के अनुसार योग का चरम लक्ष्य होने से चक्र अत्यधिक महत्त्वपूर्ण है। सहस्रार चक्र से आत्म साक्षात्कार होता है।

यह सात चक्र में प्रमुख चक्र है। जागृति के उपरांत कुण्डलिनी समस्त चक्रों में से होती हुई सहस्रार तक पहुँचती है।

ध्यान योग
(Meditation)

आत्मज्ञान अथवा आत्म-साक्षात्कार क्या है? इसे कैसे प्राप्त कर सकते हैं? हमें जीवन में ऐसे प्रयास करने चाहिए। ध्यान से शक्तियों को धीरे-धीरे विकसित किया जा सकता है। इसका विकसित होने का कारण वैज्ञानिक रूप से समझा जा सकता है। ध्यान योग की अनेक विधियाँ हैं, जो सभी सकारात्मक प्रभाव मन एवं शरीर पर डालती हैं। तीन महीने के बाद इसका लाभ महसूस होने लगता है।

1. सर्वप्रथम ध्यान के आसन को अपना मुख्य आसन बना लें। प्रतिदिन इसी आसन में आपकी जितनी उम्र है उतने मिनट तक बैठकर अभ्यास करें।
2. श्वसन क्रिया पर ध्यान केंद्रित रखें।
3. मंत्र का उच्चारण मन में करें।
4. भृकुटि में ध्यान करें।
5. भजन, संगीत, कीर्तन एवं ध्यान केंद्रित करें।
6. अपने ईश्वर का स्मरण करें।

ध्यान योग का अभ्यास साफ़-सुथरे तथा शांत वातावरण में कंबल बिछाकर किया जाना चाहिए। प्रारंभ में 5-10 मिनट तक एक आसन की मुद्रा में बैठने का अभ्यास करना है। शरीर को हिलाना-डुलाना, हाथ-पैर की स्थिति को बदलना नहीं है। कुछ समय के बाद चित्त एकाग्र होने लगता है। एकाग्र चित्त अवस्था में बाह्य शारीरिक अवरोध नहीं होते हैं।

ध्यान के दो आसन उत्तम हैं : पद्मासन एवं सिद्धासन। आसन में बैठकर रीढ़ की हड्डी सीधी रखें। फिर आपकी जितनी उम्र है उतने मिनट तक बैठना है।

ध्यान की क्रिया विधि : आसन में बैठकर सबसे पहले अपनी श्वास पर ध्यान दें। आँखें बंद कर अंदर जाती हुई और बाहर आती हुई श्वास को मन की आँखों से देखें। यह देखने की सूक्ष्म क्रिया है। श्वास को देखना अन्तःकरण से होना चाहिए, विचार रूप में नहीं।

कुछ समय के अभ्यास के बाद श्वास के साथ मंत्र को जोड़ें। मंत्र छोटा होना चाहिए। जब श्वास अंदर आ रही है तो ऐसी भावना करें कि ॐ के रूप में श्वास अंदर आ रही है और ॐ के साथ श्वास बाहर निकल रही है। श्वास अंदर लेते समय ॐ मानसिक उच्चारण करें। ॐ के श्वास की पूरी लंबाई ॐ से आवृत्त होनी

चाहिए। श्वास अंदर खींचते समय अ और समाप्ति पर 'म' का उच्चारण होना चाहिए। इसी तरह श्वास बाहर निकालते हुए ॐ का उच्चारण मानसिक रूप से करना है। इस क्रिया को 10-15 मिनट तक लगातार करते जाएँ। बीच में न तो श्वास का तार टूटना चाहिए और न ही मंत्र का।

कुछ समय के बाद श्वास के साथ मंत्र का अभ्यास करते समय दोनों का ध्यान रखना है। योग के अनुसार छः महीने के अभ्यास से ही मनुष्य को चित्त समाहित करने की कला अनुभव हो सकती है परंतु स्वयं अनुभूति के बिना ध्यान में आगे नहीं बढ़ा जा सकता।

मन और श्वास को जोड़ने के बाद उसके साथ एक तीसरी क्रिया भी करें। अपनी चेतना को भृकुटि के बीच में केंद्रित करें। यह एक सूक्ष्म क्रिया है। ध्यान योग की महत्त्वपूर्ण विधि में शक्तिपुंज (आत्मा) पर ध्यान केंद्रित करना है। आँखें बंद करके अपनी सारी चेतना (awareness) वहाँ पर केंद्रित करें।

श्वास, मन और भृकुटि में चेतना केंद्रित करें। किसी अन्य चौथी बात पर न तो मन आना चाहिए और न विचार। ध्यान का अभ्यास 'सोऽहं' मंत्र में भी किया जाता है। 'सोऽहं' में अंदर जाती हुई श्वास में 'सो' की भावना और बाहर आती हुई श्वास में 'हं' की भावना रखें।

• ध्यान का स्थान

ध्यान का स्थान अग्नि, जल, भीड़ से दूर होना चाहिए। साधना वहीं करनी चाहिए, जहाँ शरीर की सुरक्षा की व्यवस्था हो।

• विचार शुद्धि

ध्यान करते समय विचार शुद्धि की भी ज़रूरत है। पहले चित्त को शांत कर लें। मन में भावना करें कि किसी वस्तु की इच्छा नहीं है। आप दुनिया के प्रेम, वैभव, परिवार, मित्रों की चिन्ता न करें। ध्यान आंतरिक 'मन शोधन' की क्रिया है। मल केवल शरीर में नहीं रहता, मन में भी रहता है। अच्छे विचार या बुरे विचार आते-जाते रहते हैं। विचार मन के विकार हैं। इसलिए सकारात्मक विचार रखना है। राग-द्वेष के विचार हटाने के लिए वैराग्य और शांत विचार करना चाहिए। भावनाओं को हटाकर मन शांत और विचार शून्य हो जाता है।

प्रायः एक मिनट में साधारण व्यक्ति 15 से 18 बार श्वास लेता है किन्तु धीरे-धीरे। उम्र के साथ इसमें बदलाव होता है :

1 माह से 2 वर्ष की आयु तक	35 बार
2 वर्ष से 6 वर्ष की आयु तक	23 बार
6 वर्ष से 12 वर्ष तक	20 बार

12 वर्ष से 15 वर्ष तक	18 बार
15 वर्ष से वृद्धावस्था तक	20 बार

औसत 18 बार ही मानी गई है।

- **लय-अवस्था**

ध्यान करते समय निद्रा आए यह चिन्ता न करें। जब जाग्रति का भान हो तो मंत्र का उच्चारण करने लगें। बीच-बीच में निद्रा आए या स्वप्न दिखें तो ॐ का जाप जारी रहेगा। एकाग्रता से नींद आती है। ध्यान रखें कि ॐ के साथ श्वास अंदर और ॐ के साथ श्वास बाहर हो। ॐ को ही ईश्वरीय रूप मानें।

- **शून्य स्थान**

मंत्र का जाप बंद हो जाए, मन साधना करते-करते थक गया हो तो कोई मंत्र नहीं, कोई जप नहीं, कोई ध्यान नहीं; मन बिलकुल ख़ाली रखें। एकदम शून्य और निर्विचार मन। अपने मन की तरफ़ से कोई विचार या कोई भाव न हो।

- **इष्ट ध्यान**

इष्ट का चित्र ध्यान की तूलिका से बनाएँ जो आपके इष्ट हों, जिनका आप प्रतिदिन ध्यान करते हैं उनका ध्यान करें। ध्यान का अर्थ है आँखें बंद करते हुए मन में ऐसा भाव लाना जैसे कि आप अपने इष्ट को साक्षात देख रहे हैं। ध्यान में सजीवता लाएँ। मन में ऐसे भाव रखें जैसे आप उन्हें साक्षात देख रहे हों। कल्पना को इतना ऊँचा उठाएँ और इस बात की चिन्ता छोड़ें कि कल्पना में कितनी शक्ति है। कल्पना ही संकल्प शक्ति और सृजन शक्ति है। कल्पना जितनी ऊँची होगी इष्ट की स्मृति मन में उतनी ही समा जाएगी।

ध्यान योग का महत्त्व

1. ध्यान योग से अच्छे-बुरे का ज्ञान होता है। सत्कर्म क्या है, विकर्म क्या है और निष्कर्म क्या है? इसकी क्रिया विधि इस प्रकार है : हमारे संस्कारों के आधार पर हमारे मन में विचार उठते हैं। विचारों के अनुसार कार्य होते हैं और यही प्रतिक्रियाएँ हमारी आत्मा में कम्प्यूटर के समान अंकित होती हैं। यह प्रतिक्रियाएँ हमारे संस्कारों का निर्माण करती हैं, जो कि आत्मा के साथ जुड़ी रहती हैं।

2. ध्यान योग के द्वारा हमारे अंदर करुणा और संवेदनशीलता का विकास होता है, जिससे हमारी कार्यविधि को सही दिशा मिलती है। यह शक्ति साधारण शक्ति नहीं होती है, बल्कि लेज़र किरण की शक्ति है, जो कि वांछित बिंदु या अंग पर प्रभाव डालती है। इसीलिए इसके प्रभाव को मन के रोग के स्थल पर केंद्रित करके हृदय के रोग, उच्च रक्तचाप तथा अन्य रोगों को ठीक किया जा सकता है।

ध्यान योग से हमारी प्रवृत्ति और मनोवृत्ति पर भी सकारात्मक प्रभाव पड़ता है। ध्यान योग से न केवल हमारी एकाग्रता बढ़ती है, बल्कि सार्थकता भी बढ़ती है। प्रायः ऐसा होता है कि हम कुछ भी कार्य यंत्रवत् करते जाते हैं और हमारा ध्यान इधर-उधर भटकता रहता है। हम कार्य को पूरे मनोयोग से नहीं करते, बस करते जाते हैं, क्योंकि हमें वह करना है। ध्यान योग से यह प्रवृत्ति बदल जाती है? हम अपने कार्य के प्रति सतर्क रहते हैं और एकाग्रचित्त होकर कार्य करते हैं, जिससे उस कार्य की गुणवत्ता बढ़ जाती है और हमें आत्मिक संतोष मिलता है। हमारा दिल खुश हो जाता है।

ध्यान योग से हमारी प्रवृत्ति में यह परिवर्तन आता है कि हम वर्तमान में जीना सीख जाते हैं। हमारी सारी चिंताएँ, परेशानियाँ, दुख, दर्द, तनाव और उलझनें वर्तमान की देन नहीं होती हैं, बल्कि बीती हुई घटनाओं या भविष्य के बारे में सोचते रहने के कारण ऐसा होता है। ध्यान योग के अभ्यास से हम इन परेशानियों से मुक्त हो जाते हैं। ऐसा नहीं है कि हम सकारात्मक ढंग से सोचने लगते हैं। हम निश्चित योजनाएँ अपनी क्षमताओं और साधनों को ध्यान में रखकर बनाते हैं, ताकि हमें असफलता का सामना न करना पड़े। व्यर्थ में भविष्य की चिंता करने की प्रवृत्ति दूर हो जाती है और वर्तमान के संदर्भ में ही सोचकर उसका भरपूर आनंद लेने की प्रवृत्ति जागृत हो जाती है। इस बदली हुई प्रवृत्ति का हमें दोहरा लाभ मिलता है। एक तो यह कि पूर्ण मनोयोग तथा एकाग्रता से वर्तमान में किए गए कार्य की सफलता से मन प्रसन्न होता है और दूसरा भविष्य भी उज्ज्वल हो जाता है, क्योंकि वर्तमान की सफलता से आगे के काम के लिए हमारा उत्साह और आत्मबल बढ़ जाता है।

ध्यान योग से सबसे बड़ा लाभ हृदय रोगियों तथा उच्च रक्तचाप वालों को होता है कि उनमें दृढ़ संकल्प हेतु इच्छा शक्ति का विकास होता है, जिससे वे अपनी बुरी आदतों, जैसे : धूम्रपान, शराब या नशीले पदार्थ का सेवन या फिर आलसी-विलासी

जीवन जैसी प्रवृत्तियों को छोड़ने में सफल हो जाते हैं।

वैज्ञानिकों का ऐसा मानना है कि जब ध्यान योग के समय अधिक विद्युत तरंगें मस्तिष्क के पिछले भाग से अगले भाग में प्रवाहित होती हैं, तो मस्तिष्क की कार्य क्षमता बढ़ जाती है। उसमें वैचारिक शक्ति और उनके अनुपालन की दृढ़ता भी बढ़ जाती है। अर्थात् मनुष्य में आत्मविश्वास और इच्छाशक्ति बढ़ जाती है और इस प्रकार वह अपने मन व मस्तिष्क को नियंत्रित करने में सक्षम हो जाता है।

ध्यान योग के द्वारा दोनों गोलार्धों (हैमिस्फ़ियर्स) के बीच क्रियात्मक समन्वय हो जाता है, जिससे समयानुसार सही विचार मन में उठते हैं तथा उसी के अनुसार मस्तिष्क निर्णय लेकर आगे बढ़ता है। इस प्रकार मस्तिष्क के दोनों गोलार्धों का आपसी समन्वय और साथ ही मस्तिष्क के पिछले भाग का अगले भाग से समन्वय हो जाने से मनुष्य की सकारात्मक इच्छा शक्ति, मन की दृढ़ता और आत्मविश्वास स्थापित हो जाता है।

ध्यान योग से स्वायत्त (ऑटोनॉमिक) तंत्र की अनियमितता दूर हो जाती है। इसलिए स्वाभाविक है कि उच्च रक्तचाप को नियंत्रित करने में यह सहायक होता है। यही कारण है कि ध्यान योग को उच्च रक्तचाप तथा हृदय रोगों के लिए बहुत महत्त्वपूर्ण माना गया है।

ध्यान योग के समय हृदय गति में कमी आती है। इलेक्ट्रोकार्डियोग्राम (ईसीजी) द्वारा पता चला है कि सामान्य विश्राम के समय जो हृदय गति होती है, उससे लगभग 5 धड़कनें कम ध्यान योग के समय होती हैं।

ध्यान योग करते समय व्यक्तियों में जल्दी ही स्थिर हो जाने की क्षमता पैदा हो जाती है, क्योंकि उनकी कार्य करने की क्षमता बढ़ जाती है तथा आंतरिक संतुलन शीघ्र क़ायम हो जाता है। इतना ही नहीं ध्यान योगी में बाह्य कारणों अथवा परिस्थितियों का इतना प्रभाव नहीं पड़ता और न ही वे उनके प्रति तुरन्त प्रतिक्रिया व्यक्त करते हैं, क्योंकि उनका तंत्रिका तंत्र अधिक संतुलित और संयमित हो जाता है। जितना अधिक अभ्यास हो जाता है, उसका प्रभाव भी शरीर के विभिन्न अंगों पर बढ़ता जाता है, विशेषकर मन व मस्तिष्क पर।

ध्यान योग की विधि लंबी अवधि यानी वर्ष दो वर्ष तक अपनाई जानी चाहिए।

ध्यान का विसर्जन

अब ध्यान से वापस आने की क्रिया करते हैं। मंत्र का जप बंद कर दें। कुछ क्षण श्वास पर ध्यान केंद्रित करें। अब अपने शरीर पर ध्यान केंद्रित करें। पूरे शरीर में मन को दौड़ाएँ। अब आँखें खोलकर शांति मंत्र का उच्चारण 9 बार करें -

ॐ

असतो मा सद्गमय!
तमसो मा ज्योतिर्गमय!
मृत्योर्मा अमृतं गमय
सर्वेषां स्वस्ति भवतु।
सर्वेषां शांतिर्भवतु
सर्वेषां मंगलम् भवतु
सर्वेषां पूर्ण भवतु
लोकाः समस्ताः सुखिनो भवंतु
योगं शरणं गच्छामि
सत्यं शरणं गच्छामि
आनंदम शरणं गच्छामि
गुरुवर शरणं गच्छामि
नऽहम् करता हरिः करता हरिः करता केवलम्
शान्तिः शान्तिः शान्तिः हरि ॐ तत् सत्।।

अर्थ : हे प्रभु, मुझे असत्य से सत्य की ओर ले चलें। हे प्रभु, मुझे अंधकार से प्रकाश की ओर ले चलें। हे प्रभु, मृत्यु से अमरता की ओर ले चलें। हे प्रभु, सब शांत हो, सबको शांति मिले, सबका मंगल हो, सबको पूर्णता मिले, पूरा संसार सुखी हो।

• • •

यौगिक श्वास-प्रश्वास क्रिया

(Yogic Respiration)

स्थान : स्वच्छ व हवादार स्थान पर दरी या कम्बल बिछाकर पीठ के बल लेट जाएँ।

स्थिति : पीठ के बल लेट जाएँ। दोनों पैरों को मिलाएँ। दोनों हाथों को शरीर के बाजू में रखें। हथेलियाँ ज़मीन की ओर रखें। आँखें बंद रखें। अब धीरे-धीरे पेट को अन्दर खींचें और धीरे-धीरे लय में श्वास अन्दर लें। मन और चेतना को श्वास क्रिया में लगाएँ। मन की आँखों से श्वास क्रिया का अवलोकन करते रहें। अब श्वास रोकें और पेट फुलाएँ। पूरे शरीर को तानें। मन को अन्तः अंगों में ले जाएँ। देखें पेट, फेफड़े (lungs), लिवर (liver), गॉल ब्लैडर (gal bladder), पैंक्रियाज़ (pancreas), स्प्लीन (spleen), किडनी (kidney), छोटी आँत (small intestine), बड़ी आँत (large intestine)। जब श्वास बाहर जा रही है तो पेट को अन्दर खींचें और शरीर को ढीला छोड़ दें।

समय : 20 सेकंड के 10 चक्र करने हैं।

एकाग्रता : श्वास-प्रश्वास क्रिया पर मन व चेतना को केंद्रित करें।

लाभ : शरीर के आन्तरिक अंगों की शक्ति बढ़ाने के लिए यह क्रिया हर उम्र में, हर बीमारी में बहुत ही अच्छी है। इस क्रिया को करने से मन में स्थिरता आती है।

• शवासन

नाम : 'शव' का अर्थ है मुर्दा। इस आसन में शरीर की स्थिति मुर्दे के समान हो जाती है। अंग-अंग ढीला छोड़ दिया जाता है। इसलिए इस आसन का नाम 'शवासन' है।

प्रारंभ : स्वच्छ व हवादार स्थान पर दरी या कम्बल बिछा लें।

स्थिति : पीठ के बल लेट जाएँ। हाथों को बाजू में रखें, हथेलियाँ ऊपर की तरफ़ खुली रखें। पैरों को आराम की स्थिति में थोड़ा दूर-दूर करें। आँखें बंद रहें। पूरे शरीर को ढीला छोड़ दें। शरीर का कोई भी अंग न हिलाएँ। श्वास को स्वाभाविक रखें। मस्तिष्क को श्वास-प्रश्वास के प्रति जागरूक करें। सभी स्नायुओं, नाड़ियों और अवयवों को शिथिल करके तथा हाथ की बाईं हथेली की अंगुलियों से करते हुए फिर दोनों पैर, पीठ, उदर, गर्दन, सिर इसी प्रकार मस्तिष्क को भी शिथिल करें। आत्मा का विचार करें। श्वास-प्रश्वास की प्रक्रिया को गिनें। परमात्मा का ध्यान करें।

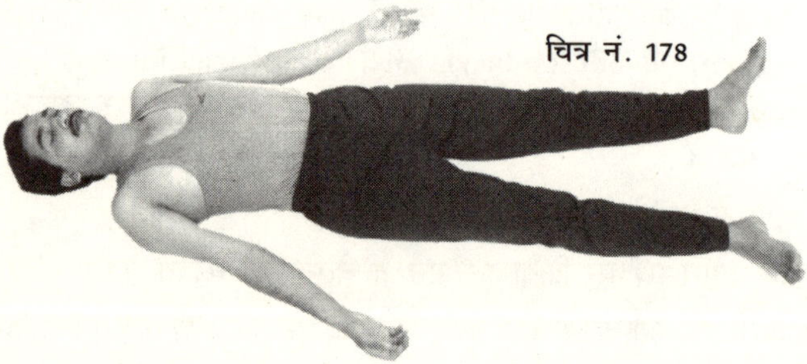

चित्र नं. 178

एकाग्रता : मन को श्वास पर लगाएँ। यदि योगनिद्रा शवासन में की जा रही है तो शरीर के विभिन्न अंगों के प्रति जागरूक रहें।

समय : आप जितने अधिक समय तक कर सकते हैं, करें। 10 से 15 मिनट तक अवश्य कर सकते हैं।

लाभ : सम्पूर्ण शारीरिक व मानसिक प्रणालियों को शिथिल करके विश्राम देता है। इसमें आसन और ध्यान दोनों का समन्वय होता है। इससे तन, मन और चित्त सभी को शान्ति मिलती है। हृदय रोग और मानसिक तनाव वाले व्यक्तियों को इस आसन से तत्काल आराम मिलता है। सम्पूर्ण शरीर में शुद्ध रक्त का संचार होता है। यह आसन प्रतिदिन करने से क्रोध शांत होता है।

विशेष : शवासन का अभ्यास सोने से पूर्व, आसनों से पूर्व या मध्यम व गतिशील अभ्यासों के बाद आदर्श माना जाता है।

• • •

योग निद्रा
(Yogic Sleep)

योग निद्रा का तात्पर्य पूरी तरह से नींद में लीन कर देना अर्थात् सही अर्थ में शरीर और मन को पूर्ण विश्राम की स्थिति में पहुँचाना है। इस प्रकार से योग निद्रा में मन को एकाग्र करने का अभ्यास किया जाता है।

जब तक हम विचार एवं भावनाओं से पूर्णतः ख़ाली न हो जाएँ, तब तक विश्राम की यह स्थिति नहीं आ सकती। इसलिए योगनिद्रा में मन को विचार शून्यता की स्थिति में पहुँचाने के लिए किसी प्रतीक या मन को प्रसन्न करने व आनन्द की अनुभूति देने वाली वस्तु पर केंद्रित किया जाता है। योगनिद्रा को हम इस प्रकार परिभाषित कर सकते हैं, "ऐसी नींद जो तुरन्त ही व्यक्ति को चेतना की गहराई में पहुँचाकर नई शक्ति और आनन्द प्रदान करे योगनिद्रा है।"

यह वह विधि है जिसमें मनुष्य जागते हुए भी सोता है। अर्थात् शरीर आराम की अवस्था में और मन पूर्ण रूप से जागरूक रहता है। यह जागने तथा सोने के बीच की अवस्था है। इसमें सोना नहीं है और जागना भी नहीं है। इसमें मन अचेतन और अवचेतना से जुड़ जाता है और मन से तनाव दूर होने लगता है। तब विश्राम का अनुभव होने लगता है।

प्रायः संसार के सभी मनुष्य सोते तो हैं परन्तु सही कला बहुत कम लोगों को ही मालूम है। फलतः वे वास्तविक आराम नहीं ले पाते। लोग जीवन की चिंताओं तथा तनावों का बोझ लिए बिस्तर पर जाते हैं व अपनी समस्याओं की उधेड़बुन में लगे रहते हैं और अर्धचेतन अवस्था में सो जाते हैं। उन्हें स्वयं पता नहीं लगता कि हम सोच रहे हैं या सो रहे हैं। परिणामस्वरूप नींद में भी मन की उलझनें विभिन्न प्रकार से विभिन्न रूपों में सपनों में उभरती हैं। इस प्रकार शरीर कुछ भी नहीं करता, फिर भी मानसिक तनावों के कारण शारीरिक थकान दूर नहीं हो पाती और जब वे प्रातः उठते हैं तो उनकी वह थकान पूर्ववत् बनी रहती है। इसलिए बिस्तर से उठने में सुस्ती, कमज़ोरी और थकान का अनुभव करते हैं। साधारणतः स्वस्थ मनुष्य के लिए छः घण्टे की नींद पर्याप्त है। यदि सोते समय पहले ही योगनिद्रा का अभ्यास कर लिया जाए तो आपके मन, शरीर व भावनाओं के तनाव मिट जाते हैं और व्यक्ति तनाव रहित हो जाता है। बिस्तर में जाते ही क्षण भर में गहरी नींद आ जाती है।

यह नींद बहुत कम समय में ही पूरी ताज़गी दे देती है। योगनिद्रा का अभ्यास दिन में किसी भी समय किया जा सकता है। ध्यान में सफलता प्राप्त करने के लिए

भी योगनिद्रा का अभ्यास बड़ा सहायक है, क्योंकि योगनिद्रा में शरीर, मन और विचारों को केंद्रित कर उन्हें मनचाही दिशा में ले जाया जा सकता है। योगनिद्रा का एक घंटे का अभ्यास रात्रि के चार घंटे की नींद के बराबर होता है। योगनिद्रा में ज्ञानेन्द्रियाँ सांसारिक वातावरण तथा शरीर की ओर से विमुख हो जाती हैं। शरीर के विभिन्न अंगों पर मन को नियमित रूप से लगाया जाता है और अपनी सजगता को भी विभिन्न विचारों तथा भावनाओं की ओर ले जाया जाता है, जिससे धीरे-धीरे मन शांत होकर अन्तर्मुखी हो जाता है। इस प्रकार गहरी नींद प्राप्त होती है और तनाव दूर हो जाते हैं और मन की सफ़ाई हो जाती है। योगनिद्रा से मन की ग्रहण शक्ति का विकास होता है क्योंकि इसमें मन शुद्ध होकर आंतरिक चेतना के संपर्क में आता है।

योगनिद्रा का अभ्यास किसी भी व्यक्ति के जीवन को सुनियोजित और आनन्ददायी बना सकता है। जो लोग विश्राम करने की विधि अच्छी तरह जानते हैं, वे वर्तमान की अपेक्षा और अधिक काम कर सकते हैं। वे जीवन को नए ढंग से जी सकते हैं।

मनुष्य के जीवन में तनाव उसमें निहित शक्तियों को चारों ओर बिखेर देता है। योगनिद्रा का अभ्यास उन शक्तियों को केंद्रित कर अधिक शक्तिशाली और मज़बूत बना देता है। योगनिद्रा से इच्छा शक्ति दृढ़ और मज़बूत बनती है।

• • •

तालियों से उपचार

(Clapping Therapy)

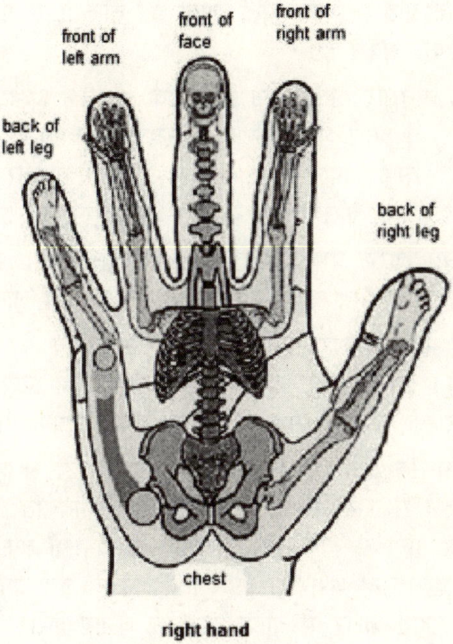

अक्सर तालियों का प्रयोग किसी वक्ता को प्रोत्साहन देने के लिए किया जाता है, परन्तु तालियाँ बजाने से आपकी आँखों की रोशनी बढ़ जाती है। उच्च रक्तचाप, मधुमेह, हृदय रोग, थायरॉइड, कफ़, अस्थमा, चर्मरोग, मस्तिष्क रोग ऐसे अनगिनत रोगों पर नियंत्रण होता है। यह रोग इस समय हमारे सामने हाथ फैलाकर खड़े हैं जिनका कारण स्वयं मनुष्य है जो प्रकृति से हट चुका है। वैज्ञानिकों ने शोध से पाया कि मंदिरों एवं अन्य स्थानों पर आरती या भजन गाते समय ताली बजाने की जो प्रथा थी, पुनः लोग उसी तरफ़ जा रहे हैं। ताली बजाने से हमारा रक्षा तंत्र मज़बूत होता है और कई रोगों को आने से रोकता है।

लगातार ताली बजाने से रक्त के श्वेत कणों को शक्ति मिलती है। जिससे मानव शरीर में रोग प्रतिरोधक शक्ति की वृद्धि होती है।

5-8 मिनट की तालियों से रक्त का प्रवाह होते रहने से तमाम रक्त की नलियाँ साफ़ रहती हैं। फेफड़ों के तमाम पम्प एवं वॉल्व ठीक तरह से काम करते हैं। हमारा

हृदय प्रतिदिन 75 सौ लीटर रक्त पंप करता है। तालियाँ बजाने से 5 गुना तक रक्त पंप हो सकता है। मनुष्य के शरीर में प्रति मिनट एक अरब अस्सी करोड़ लाल रक्त कोशिकाएँ मर जाती हैं, उनकी गति कम हो जाती है। शरीर में ऑक्सीजन की मात्रा 20 प्रतिशत से बढ़कर 30 प्रतिशत तक पहुँच जाती है।

मनुष्य का शरीर एक अद्भुत मशीन ही नहीं एक अनुपम शक्ति का विशाल भंडार है। यह शक्ति प्रतिदिन नष्ट होती जाती है। तालियों से इस शक्ति को लंबे समय तक उपयोग कर सकते हैं।

एक्यूप्रेशर के अनुसार अनेक रोग बिना दवा के ठीक हो सकते हैं। ईश्वर ने हमारे हाथों और पैरों में हमारे शरीर को स्वस्थ रखने की चाबी दी है। हमें इस चाबी का उपयोग करना है। सिर्फ़ जापान में 22,000 से अधिक एक्यूप्रेशर चिकित्सक 6,000 से अधिक थैरापिस्ट हैं जो तालियों से एक्यूप्रेशर द्वारा रोगों का इलाज कर रहे हैं।

तालियों के चमत्कारिक प्रभाव देखते हुए अमेरिका, कैनेडा, इंग्लैंड तथा जर्मनी जैसे विकसित देशों में भी अब यह पद्धति काफ़ी प्रचलित एवं लोकप्रिय हो रही है।

अनेक रोगों में एक्यूप्रेशर बिना दवा तथा ऑपरेशन के रोग निवारण की प्रभावशाली विधि है। इससे अनेक रोगों का इलाज ही नहीं किया जाता है अपितु अनेक रोगों को दूर भी रखा जा सकता है जिसे रोग निरोधक भी कहते हैं।

तालियों से समस्त अंगों में रक्त आपूर्ति सुचारू रूप से होती है। रक्त का प्रवाह ठीक नहीं रहने से उस अंग की रक्तवाहिकाओं में विकृति आ जाती है। रक्त ही शरीर के विभिन्न अंगों से व्यर्थ और अवांछित पदार्थ गुर्दों तक पहुँचाता है। गुर्दे अपनी कार्यप्रणाली द्वारा उन्हें शरीर से बाहर निकालते हैं। रक्त प्रवाह ठीक न हो तो अनेक अनावश्यक पदार्थ शरीर से बाहर जाने की बजाय शरीर में ही एकत्र होना शुरू हो जाते हैं। जिससे शरीर रोगी हो जाता है।

- **तालियों के प्रकार**

1. दोनों हाथों को सामने रखकर 5 मिनट तक तालियाँ बजाना।
2. दोनों हाथों को चेहरे के सामने एक फ़ीट दूर रखकर 3 मिनट तक तालियाँ बजाना। (इसमें थोड़ा परिश्रम लगेगा।)
3. दोनों हाथों को दोनों कानों के पास से सीधा करके सिर के ऊपर ले जाकर 2 मिनट तक तालियाँ बजाना।

   (इसमें अत्यधिक परिश्रम लगता है।)

- **तालियों और एक्यूप्रेशर का लाभ**

1. शरीर में स्फूर्ति पैदा होती है। शरीर से अनावश्यक तत्व बाहर निकल जाते हैं।

2. आँखों की बीमारी, कमज़ोरी, धुंधलापन समाप्त हो जाता है।
3. दमा, रक्तचाप, मधुमेह, हृदयाघात या हृदय की अन्य बीमारियों में लाभ होता है।
4. फेफड़े, जिगर, पेट, क़ब्ज़, अनिद्रा, स्त्री रोग, नज़ला, साइनस, माइग्रेन, विकृतियाँ दूर करने में सहायक है।
5. पेट के समस्त रोग एवं मोटापे पर नियंत्रण प्राप्त होता है।
6. मानसिक एवं शारीरिक तनाव समाप्त करता है।
7. मिर्गी, मस्कुलर डिस्ट्रोफ़ी, मायोपैथी, पार्किन्सन, मेट्रोनियर डिसीज़ में लाभ होता है।

जिस ताली को हम बहुत ही छोटा समझकर समय व्यतीत करने के लिए भजन में बजाते हैं वह जीवन के लिए एक अनुपम वरदान है। इस ख़ज़ाने की चाबी हमारे हाथों एवं पैरों के तलवे में है। बस हमें उपयोग करना सीखना है।

• • •

हास्य योग भी एक मेडिसिन है

(Hasya Yoga is also a Medicine)

आज के बढ़ते हुए मानसिक तनाव, कार्यों और अपेक्षाओं के कारण व्यक्ति हँसना भी भूल गया है। हास्य योग भी एक मेडिसिन का काम करता है। हमारी मांसपेशियों और फेफड़ों को मज़बूत बनाता है। हमारी वोकल कॉर्ड और चेहरे की मांसपेशियों को स्वस्थ और सुन्दर बनाता है। औसतन व्यक्ति अपने श्वास लेने की प्रक्रिया के कारण अपने फेफड़ों का 20 प्रतिशत ही इस्तेमाल कर पाता है। मोटे व्यक्ति तो यह भी नहीं कर पाते क्योंकि उनके फेफड़ों का नीचे का हिस्सा काम नहीं कर पाता, परन्तु 5 मिनट ज़ोरदार ठहाके लगाकर हँसने से शुरू में तो यह प्राकृतिक नहीं हो पाता, लेकिन धीरे-धीरे अभ्यास के बाद प्राकृतिक हँसी में परिवर्तित हो जाता है। इससे फेफड़ों के अलावा डिप्रेशन, अनिद्रा, उच्च रक्तचाप और मस्तिष्क में पिट्यूटरी ग्रंथि पर सीधा प्रभाव पड़ता है। जिससे चेहरे पर चमक आ जाती है और तनाव समाप्त हो जाता है और सकारात्मक विचारों का प्रवेश प्रारंभ हो जाता है। आप स्वस्थ तन और स्वस्थ मन के मालिक बन जाते हैं।

जब हम मुस्कराते हैं तो चेहरे की 17 मांसपेशियाँ खिंचती हैं और जब हम तनाव और क्रोध में होते हैं तो 43 मांसपेशियाँ खिंचती हैं जिससे हमारी पिट्यूटरी ग्रंथि में हॉर्मोन का स्राव अनियमित होता है और इस कारण हिंसक प्रवृत्तियाँ बढ़ने लगती हैं। हास्य शरीर को अवसाद, चिंता और तनाव से बाहर निकालने का एक बहुत ही सुन्दर रास्ता है।

शोध के अनुसार हँसने और मुस्कराने वाली फ़िल्में देखना रक्त में रोग प्रतिरोधक हॉर्मोन बीटा एंडोर्फ़िन की मात्रा 27 प्रतिशत और ग्रोथ हॉर्मोन की मात्रा 87 प्रतिशत बढ़ा देता है।

शोध में आधे लोगों को ज़ोर से ठहाके लगवाए और हँसने वाली फ़िल्में दिखाईं तो उनके हॉर्मोन्स के स्तर में काफ़ी अन्तर आया। सिर्फ़ 5 मिनट की हँसी का एक दौरा शरीर में तनाव पैदा करने वाले कार्टीसॉल और एजीनेफ़्रीन जैसे हॉर्मोन्स को ग़ायब कर देता है।

हँसने के दौरान हमारे सम्पूर्ण शरीर में रक्त संचार बढ़ता है। इसके अलावा फेफड़ों में अधिक ऑक्सीजन पहुँचती है। फेफड़े अधिक फूलते हैं। शरीर में रक्त के साथ प्राणवायु (ऑक्सीजन) का अधिक विस्तार होता है। जिससे कई साध्य और

असाध्य रोग स्वयं ठीक हो जाते हैं। कुछ लोग हँसी को हँसी में उड़ा देते हैं, और हँसी के सत्र में भी अपने आपको हँसी से नहीं जोड़ पाते और यह समझते हैं कि हमारे जीवन में 5-10 मिनट की हँसी से क्या फ़र्क़ पड़ेगा। लेकिन हास्यपूर्ण कार्यक्रम और हँसने से वायरस और ट्यूमर जैसी बीमारियों की क्षमता घटाने वाले स्ट्रेस हॉर्मोन के स्तर में कमी आती है। जीवन के हर पल को हास्य से जीना चाहिए। अगर स्वस्थ रहना है तो लज्जा, घृणा छोड़कर दिल खोलकर हँसें। जब तक आपको एक सामूहिक माहौल नहीं मिल पाता तब तक हँसी लाने वाली गैस नाइट्रस ऑक्साइड भी आपको नहीं हँसा सकती। हँसी के अवसरों को चूकें नहीं, यह न सोचें कि हँसी कहाँ से आ रही है। बस, मौक़ा चूकें नहीं।

अगर आप अपने परिवार को सुखमय और स्वस्थ जीवन देना चाहते हैं तो इसकी शुरुआत आप अपने बच्चों से करें। वे हमारा भविष्य हैं। वे जीवन के हर मोड़ पर हर परिस्थिति को मुस्कराकर निकाल पाएँगे।

• हास्य योग का विज्ञान

- हास्य योग हमारे शरीर में निष्क्रिय हुई विभिन्न ग्रंथियों को पुनः क्रियाशील करके बीमारियों को दूर करने में सहायक है।
- हँसी मानव के लिए वरदान है। 1 कि.मी. दौड़ने से जितना लाभ मिलता है उतना 5 मिनट खुलकर हँसने से मिल जाता है।
- हँसने से शरीर में सकारात्मक भाव तथा शरीर की प्रतिरोधक क्षमता बढ़ती है। अँग्रेज़ी की कहावत है, "लाफ़्टर इज़ द बेस्ट मेडिसिन।" यानी हँसी सर्वश्रेष्ठ दवा है। हँसने से मन में शांति प्राप्त होती है।
- स्वस्थ एवं लम्बी उम्र का राज़ है चिन्तामुक्त रहते हुए प्रसन्न रहना।
- हँसी का एक दौर शरीर से तनाव पैदा करने वाले कॉर्टीसोल और एपिनैक्रिन जैसे हॉर्मोन्स को ग़ायब कर देता है। हँसी रक्त में रोग प्रतिरोधक क्षमता बढ़ाने वाले हॉर्मोन्स स्तर में बढ़ोतरी कर देती है।
- एक हँसी का सत्र 12 से 24 घन्टे तक असर करता है। स्वास्थ्य के क्षेत्र में काम करने वाले जानते हैं। ख़ास तौर पर एक ऐसी जीवनशैली अपनाई जाए जिसमें हँसने की गुंजाइश हो। बच्चों में हँसी का विकास न हुआ तो आगे जाकर हँसी का वातावरण नहीं बन पाएगा। लाखों लोग हँसने से वंचित हो जाएँगे।
- अपनी ग़लतियों एवं मूर्खताओं पर भी हँसना सीखें।
- नक़ली मुस्कराहट व नक़ली हँसी का भी बहुत लाभ है। मुस्कराना व हँसना शुरू करें। धीरे-धीरे वह वास्तविक होगा व मुस्कराहट में बदल जाएगा।
- जीवन जीवंत होना चाहिए। प्रसन्नता जीवन का सबसे बड़ा धर्म है। प्रसन्न रहना हर व्यक्ति का कर्तव्य है।

- हँसने से श्वसन तंत्र, फेफड़े, श्वास नलिकाओं, स्वस्थ वोकल कॉर्ड, चेहरे की मांसपेशियाँ मुख्यतः कार्य करती हैं।
- हृदय की गति बढ़ती है। रक्त प्रवाह की गति बढ़ती है।
- रक्तचाप स्थिर होता है। हृदयगति एवं रक्त शर्करा कम होती है।
- मुख पर तेज आता है। झुर्रियाँ समाप्त होती हैं।

• • •

पानी एक जीवनी शक्ति

(Water as a Lifeline)

हमारे शरीर में 70% पानी है। हमारे शरीर को भोजन से ज़्यादा आवश्यकता पानी की है। भोजन के बिना तो एक बार शरीर चल सकता है परन्तु पानी के बिना नहीं। हमारे शरीर से 24 घण्टों के दौरान कम से कम 2400 से 2800 ग्राम तक पानी कार्यकलाप के दौरान ख़र्च होता है। हमारे फेफड़े 330 ग्राम पानी इस्तेमाल करते हैं, त्वचा 625 ग्राम, वृक्क (किडनी) 1600 ग्राम, मल मूत्र द्वारा 150 ग्राम ख़र्च होता है। यदि पानी की मात्रा कम हो और माँग ज़्यादा, तब व्याधियों का मार्ग प्रशस्त हो जाता है। माँग की पूर्ति के लिए दिनभर में कम से कम 13 से 14 गिलास पानी नित्य पिएँ। भोजन में रसाहार का उपयोग अवश्य करें, जैसे : दालें, रसेदार सब्ज़ी आदि। सूखे भोजन में पानी की मात्रा दुर्लभ हो जाने से पाचन में असुविधा के साथ क़ब्ज़ या अन्य तकलीफ़ें हो जाती हैं।

पानी कब-कब पिएँ :

- भोजन के 1/2 घण्टे पहले पानी पिएँ, भोजन के 1/2 घण्टे बाद पानी पिएँ। प्रातः निराहार मुँह 1 लीटर कुनकुना पानी पिएँ।
- भोजन के बीच घूँट-घूँट 1/2 गिलास पानी पीने से भोजन पचने में सहायता मिलती है।
- पानी हमेशा घूँट-घूँट कर पिएँ, ताकि शारीरिक संतुलन बना रहे।

पानी कब न पिएँ :

- धूप में से आने के बाद।
- भोजन के तुरन्त बाद या बीच में ढेर सारा पानी पाचन शक्ति को कमज़ोर करता है।
- नींद से उठकर तुरन्त।
- पत्नी संग पश्चात्।
- चाय, दूध, कॉफ़ी, जूस के पश्चात्।
- ककड़ी, खीरा, खरबूज़ा, गर्म-गर्म भोजन के बाद ठण्डा पानी।

पानी कम मात्रा में पीने से नुक़सान :

- क़ब्ज़, ऐसिडिटी, गैस।
- सिर दर्द, माइग्रेन।
- मधुमेह।
- पेशाब में जलन, दाह।
- पेट दर्द।
- उच्च रक्तचाप।
- वृक्क की बीमारी।
- पथरी।
- गले के रोग।

पानी से लाभ :

- पाचन शक्ति चुस्त, दुरुस्त व शरीर बलवान होता है।
- समस्त अन्तः अंगों के कार्य सुचारू रूप से चलते हैं।
- क़ब्ज़ दूर, ऐसिडिटी गुल, गैस कोसों दूर।
- शारीरिक सफ़ाई होती है। पसीना, मल, मूत्र आदि गंदगी शरीर से बाहर होती है।
- शारीरिक तापमान के संतुलन में सहायक है।
- रक्त परिभ्रमण में सहायक है।
- वृक्क के कार्यों में सहायक है।
- मूत्राशय व मूत्र रोगों में लाभदायक है।

• • •

कुछ महत्वपूर्ण व्याधियाँ

(Some Important Diseases)

सिरदर्द
(Headache)

सिरदर्द अपने आप में कोई बीमारी नहीं है और शरीर के किसी अन्य हिस्से में होने वाले दर्द की तरह विभिन्न रोगों का लक्षण है।

जब दर्द के प्रति संवेदनशील नसों के सिरे उत्तेजित हो जाते हैं तो दर्द उत्पन्न होता है। तनाव मांसपेशियों के सिकुड़ने, रक्त की नलिकाओं के फैलने और कुछ रासायनिक पदार्थों से कनपटियों, सिर के पीछे के भाग, ऊपर के हिस्से, सारे सिर में कहीं भी हो सकता है, जैसे : ज्वर, लू, माता आदि में कभी स्वतन्त्र रूप से केवल सिरदर्द होता है। ऐसा सिरदर्द स्वयं एक रोग होता है।

सिरदर्द आमतौर से दो प्रकार का होता है :

1. रक्त की वाहिकाओं द्वारा होने वाला सिरदर्द।
2. तनाव या मांसपेशियों के सिकुड़ने से होने वाला सिरदर्द।

• सिरदर्द के लक्षण (symptoms of headache)

1. सिरदर्द के बहुत से लक्षण देखे जाते हैं। जैसे : लगातार रक्तचाप में वृद्धि (high blood pressure) बने रहने या रक्तचाप कम होने से सिरदर्द होता है।
2. क्रोध की अधिकता।
3. क़ब्ज़ बना रहना।
4. अनिद्रा।
5. नेत्रों की कमज़ोरी।
6. कान, नाक व गले से संबंधित रोगों का होना।

• सिरदर्द होने के कारण

1. मस्तिष्क की शिराओं में रक्त संचय से सिर-दर्द होता है।
2. बुखार (fever) में सिरदर्द मस्तिष्क की धमनियों के फैल जाने से होता है।
3. क्रोधादि तीव्र मानसिक आवेश से कपाल की धमनियों में शैथिल्य (dilatation) होकर सिरदर्द होता है। चिन्ता से चेहरे और कपाल की माँसपेशियों में तनाव (tension) बढ़ जाने से सिरदर्द रहता है जो सिर के पिछले भाग (occipital) में होता है।

4. नींद कम आने, न आने से सिरदर्द होता है।
5. रक्त में विष, जैसे : मूत्र रोग, क़ब्ज़ (constipation), अपच (indigestion) से उत्पन्न प्रभाव से सिरदर्द हो जाता है।
6. मस्तिष्क में शोथ, जलवृद्धि से सिरदर्द होता है।
7. नेत्रों की कमज़ोरी, नेत्र रोग, कान, नाक, गले, दाँतों के रोगों से सिरदर्द होता है।
8. सिर की टेम्पोरल हड्डी व जबड़े के जोड़ पर खिंचाव, दाँतों में सूजन अथवा संक्रमण के कारण संबंधित नस के प्रभावित होने के कारण भी सिरदर्द हो जाता है।
9. सिर की नसों का संक्रमण, सूजन, खिंचाव अथवा दबाव के कारण भी भयंकर सिरदर्द होता है।
10. कुछ मनोवैज्ञानिक कारणों, जैसे : बहुत अधिक चिन्ता करने, निरुत्साहित होने आदि की अवस्था में सिरदर्द बहुत भयंकर रूप धारण कर लेता है। शारीरिक कारणों, जैसे : बहुत अधिक कार्य करने, भोजन का संतुलन न रखने, बहुत अधिक रोशनी से आँखों पर ज़ोर पड़ने आदि से भी सिरदर्द होता है।

आयुर्वेद के अनुसार सिरदर्द के अन्य बहुत से कारण हैं :

1. **वात सिरो रोग (सिरदर्द) :** यह कोष्ठबद्धता के कारण होता है।
2. **पित्तज सिरो रोग :** रक्तसंचार के साथ दूषित पित्त मस्तिष्क के स्नायु समूहों पर आक्रमण करता है जिससे माथा, आँखों, नाक आदि में जलन होने लगती है। रात्रि की ठंड होने के कारण पित्त शांत होने से सिरदर्द अपने आप बंद हो जाता है।
3. **कफ़ज सिरो रोग :** सिर का भारीपन, नासिका में कफ़ के एकत्र हो जाने से होने वाली हल्की सी खुजलाहट, चेहरे, आँख या नाक में नज़ला होने से सिरदर्द होता है।
4. **क्षयज सिरो रोग :** जिन व्यक्तियों में धातु दुर्बलता, शुक्रजन्य रोग, प्रदर आदि होने से उनके मस्तिष्क का समुचित पोषण नहीं हो पाता है वे सिरदर्द के शिकार हो जाते हैं।
5. **रक्तज सिरो रोग :** कुछ व्यक्तियों के शरीर में रक्त की शुद्धता मस्तिष्क तक समुचित भाग में नहीं पहुँच पाती, ऐसे व्यक्तियों को सिरदर्द होता है। दूषित रक्त और मल के कारण उत्पन्न वायु से पेट के क्षेत्र तथा स्नायु समूहों की क्रिया कम होने लगती है। रक्त इस प्रकार शरीर के निचले हिस्सों में ही व्यस्त रहता है और रक्त की पर्याप्त मात्रा सिर तक नहीं पहुँच पाती है जिससे सिरदर्द तीव्र होने लगता है।

6. **सूर्यावृत सिरो रोग** (migrain) : इस प्रकार का सिरदर्द सूर्योदय के साथ प्रारंभ होता है। सूर्य के साथ बढ़ता है एवं सूर्यास्त के साथ कम हो जाता है।
7. **कृमिज सिरो रोग** : शरीर में अधिक मात्रा में छोटे-छोटे कीटाणु उत्पन्न होने के कारण कृमिज सिरो रोग होता है।
8. **त्रिदोषक सिरो रोग** : शरीर में वात, पित्त, कफ़ तीनों एक साथ अधिक मात्रा में बढ़ने से त्रिदोषक सिरो रोग होता है। दाँतों का दर्द, अधिक भूख लगना, कभी-कभी शरीर में रक्त की कमी से भी सिर में दर्द उत्पन्न होता है।

• सिरदर्द में योगासन का प्रभाव

हमारे शरीर के किसी भी अंग में रक्त की अपर्याप्त मात्रा में संवहन होना पाया जाता है। रक्त की अपर्याप्त मात्रा में संवहन उस अंग में व्याधि या दर्द उत्पन्न करता है और दूसरा मूल कारण हमारे पाचन तंत्र की गड़बड़ी है। जब हमारा पेट ठीक नहीं होगा तभी कोई भी बीमारी या व्याधि जन्म लेती है।

योगासन के अभ्यास को नियमित रूप से करने से हमारे सम्पूर्ण शरीर में रक्त व ऑक्सीजन की पर्याप्त मात्रा का संवहन होता है और हमारा पाचन तंत्र सबल व मज़बूत बनता है। हमारे सम्पूर्ण शरीर में रक्त व ऑक्सीजन की पर्याप्त मात्रा पहुँचने से सभी अंगों का विकास अच्छा होता है और सभी आन्तरिक अंग मज़बूत व व्याधिमुक्त होते हैं। पाचन सुचारू रूप से कार्य करता है और हमारा सम्पूर्ण शरीर रोगमुक्त हो जाता है।

• सिरदर्द का यौगिक उपचार

षट्कर्म : जल नेति, सूत्र नेति, लघु शंख प्रक्षालन।

आसन : पवनमुक्तासन श्रंखला क्र. 1 व 2।

सूर्यनमस्कार, वज्रासन, सुप्तवज्रासन, भुजंगासन, मार्जारी, शशांकभुजंगासन, कटिचक्रासन, अर्धमत्स्येन्द्रासन, धनुरासन, शलभासन, उत्कटासन, सर्वांगासन, अर्धचक्रासन, त्रिकोण आसन, शीर्षासन, ताड़ासन, पश्चिमोत्तासन, उत्तानासन, व्याघ्रासन, लोलासन, योगमुद्रासन, मत्स्यासन, सुबह-शाम योगनिद्रा या शवासन।

3. **प्राणायाम** : भ्रामरी, नाड़ीशोधन (बिना कुम्भक), शीतली, शीतकारी, अग्निसार, कपालभाति।

4. **मुद्रा** : महामुद्रा, विपरीतकरणी मुद्रा।

5. **बंध** : त्रिबंध।

• सिरदर्द का आहारीय उपचार

सिरदर्द होने पर चाहे वह गर्मी से होने वाला दर्द हो या माइग्रेन हो दही, चावल और

मिश्री मिलाकर सेवन करना चाहिए। अंगूर का रस एक कप नित्य प्रातः सूर्योदय से पहले पीने से आधे सिर का दर्द कम हो जाता है। आधे सिर का दर्द होता हो तो आधा चम्मच नमक और आधा चम्मच शहद चटाएँ। हींग को पानी में घोलकर सूँघने से भी लाभ मिलता है। आधे सिर के दर्द में तुलसी के पत्ते का चूर्ण शहद के साथ सुबह-शाम चाटने से लाभ मिलता है।

माइग्रेन : कभी-कभी अचानक आधे सिर में तेज़ दर्द हो जाता है और उल्टी होने पर दर्द बन्द हो जाता है। ऐसे में यदि नित्य भोजन के समय दो चम्मच शहद लेते रहें तो यह दर्द नहीं होता है। कभी दर्द हो भी जाए तो उसी समय दो चम्मच शहद लेने से ठीक हो जाएगा। शहद शुद्ध हो इसका ध्यान रहे।

• सिरदर्द से बचाव

सिरदर्द से छुटकारा पाने के लिए नियमित रूप से आहार और योगासन पर ध्यान दें। इन दोनों के ही अभ्यास से सिरदर्द से छुटकारा मिलना संभव है। आबोहवा बदलने व नदी किनारे भ्रमण करने से रोगी सहज ही आरोग्य हो जाता है।

जुकाम से सिरदर्द हो तो दोनों पैरों को गर्म पानी में रखने से आराम मिलता है। कार्यभार की अधिकता से तेज़ सिरदर्द हो तो सिर पर पानी की पट्टी रखें या यूकेलिप्टस ऑयल ललाट पर लगाएँ एवं सूँघे। तत्काल लाभ होगा।

• • •

अनिद्रा

(Insomina)

प्राणी मात्र जन्म से जागते व सोते रहते हैं। परिश्रम के बाद स्वयं ही थकान से नींद आने लगती है। कुछ लोग अधिक देर तक सोना पसन्द करते हैं, किन्तु कुछ लोग जल्दी उठ जाते हैं। पर्याप्त व सन्तुलित आहार के बाद पूरी नींद लेना स्वस्थ व निरोग रहने के लिए आवश्यक है। नींद शरीर का पोषण करती है। जब हम सोते हैं तो सारा शरीर अपनी खोई हुई शक्ति को पुनः प्राप्त करता है। अतः पूरी नींद लेने पर उठने के पश्चात् मन प्रसन्न और शरीर में स्फूर्ति आती है। यदि किसी कारण से पर्याप्त नींद नहीं ले पाते हैं तो उठने के पश्चात् परेशानी और खीझ होती है। यदि किसी मानसिक और शारीरिक विकृति के कारण नींद आना बंद हो जाए तो ऐसी स्थिति को अनिद्रा और निद्रा नाश कहते हैं।

अनिद्रा के रोगियों को सात श्रेणियों में विभाजित किया जाता है। पहली श्रेणी के लोग ऐसे व्यक्ति जो रात्रि में जागते रहते हैं, जिन्हें नींद नहीं आ पाती या एक बार यदि नींद में बाधा पड़ जाती है तो वे पुनः सो नहीं पाते। दूसरी श्रेणी ऐसे व्यक्तियों की है जो शराब पीते हैं, नींद की गोलियों का प्रयोग करते हैं या इसी प्रकार की अन्य औषधियों का प्रयोग करते हैं। तीसरी श्रेणी के रोगी बचपन से ही नींद की गड़बड़ी की शिकायत से परेशान होते हैं। चौथी श्रेणी के रोगी तीव्र विषाद या चिंता से ग्रस्त होते हैं। पाँचवी श्रेणी के रोगी ख़ूब सोना पसन्द करते हैं और हर समय सोते रहते हैं। चाहे वे कुछ भी कर रहे हों और कोई भी समय हो बस सोना ही चाहते हैं। छठी श्रेणी के रोगियों को नींद में साँस की कमी के कारण निरन्तर व्यवधान पहुँचता है। सातवीं श्रेणी के रोगियों को निद्रा में चलने, सोते समय दाँत चबाने या माँसपेशी संचालन की बीमारी होती है।

• अनिद्रा के कारण

निद्रानाश या अनिद्रा रोग के अनेक कारण हो सकते हैं, जैसे :

1. **तम गुण प्रधानता :** जब मनुष्य का हृदय तम गुण से प्रभावित होता है या तम गुण की मात्रा अधिक होने पर स्वयं निद्रा की कमी होने लगती है अर्थात् नींद टूट जाती है। मस्तिष्क के स्नायुओं के साथ आँख और कान का भी संबंध जुड़ा हुआ होता है। इसके कारण हम सो नहीं पाते हैं।

2. **वात दोष बढ़ा हुआ होना :** अनिद्रा की उत्पत्ति कभी-कभी वात दोष के कारण भी हो सकती है, इसलिए वात विकार से पीड़ित रोगियों में अनिद्रा रोग की उग्र अवस्था होती है। नींद बिलकुल न आना अनिद्रा रोग की उग्र अवस्था है। रोग के प्रारंभ में कम नींद आती है या सुबह उठने पर रोगी यह अनुभव करता है कि उसे अभी भी नींद की ज़रूरत है।
3. **क़ब्ज़ :** पेट में क़ब्ज़ियत होने पर प्रायः नींद कम हो जाती है।
4. **अत्यधिक व्यस्तता :** व्यवसाय की अत्यधिक व्यस्तता के कारण कल की चिंता, कल क्या करना है, किससे मिलना है, क्या बात करनी है सोचते रहने से भी निद्रा का नाश हो जाता है।
5. **मानसिक तनाव :** व्यस्त जीवनचर्या में मानसिक तनाव की अधिकता के कारण मानसिक तनाव बढ़ने से लोगों की नींद कम हो जाती है।
6. **विशेष शारीरिक अवस्था :** शरीर के किसी भाग में चोट लगने से, फोड़े-फुंसियों के निकलने से, अंग के जलने से पीड़ा होती है। इसके कारण अनिद्रा रोग स्वाभाविक है।
7. **संक्रामक रोग :** संक्रामक रोगों में अधिक ज्वर और ताप के कारण नींद नहीं आती है।
8. **मादक द्रव्यों का सेवन :** मादक द्रव्यों का अधिक सेवन करने से कुछ दिनों तक नींद आती है किन्तु कुछ समय बाद वह हमेशा के लिए दुखदायी बन जाती है। मादक द्रव्यों का सेवन करने के पश्चात् मानसिक तीव्रता के कारण अपनी जान भी खो बैठते हैं।
9. **घर का वातावरण अनुकूल न होना :** घर का वातावरण ठीक न होना या अनुकूल न होना भी अनिद्रा का कारण होता है। घर का अशांत वातावरण भी अनिद्रा का कारण होता है।

• अनिद्रा के लक्षण

1. **चिड़चिड़ापन :** नींद न आने के कारण मस्तिष्क व शरीर दोनों थक जाते हैं, उन्हें विश्राम नहीं मिल पाता, जिससे स्वभाव में चिड़चिड़ापन आ जाता है।
2. **विक्षिप्तता :** अनिद्रा के कारण व्यक्ति विक्षिप्त हो जाता है।
3. **क्रोध :** अनिद्रा के कारण अत्यधिक क्रोध आने लगता है।
4. **निर्बलता :** अनिद्रा के कारण व्यक्ति निर्बल हो जाता है। वह किसी भी चीज़ में रुचि नहीं लेता है।
5. **स्मरण शक्ति क्षीण होना :** नींद का मस्तिष्क के स्नायुओं से विशेष संबंध होता है, जब मस्तिष्क पर दूषित प्रभाव पड़ता है। चाहे वह नींद न आने से

अथवा मानसिक रूप से व्यथित होने के कारण होता हो। इससे कभी-कभी स्मरण शक्ति नष्ट होने लगती है और नींद के लिए बेचैन अनेक रोगी आत्महत्या तक कर बैठते हैं।

6. **व्याकुलता :** अनिद्रा के कारण रोगी हर समय व्याकुल रहता है। ऐसी अवस्था में भूख नहीं लगती।
7. **अजीर्ण व धातुओं की विकृति :** अनिद्रा का रोगी कभी-कभी अग्निमंदता, अजीर्ण व धातुओं की विकृति का शिकार हो जाता है।

आधुनिक युग में नींद पर अनेक प्रयोग किए गए हैं। कुछ ऐसे व्यक्ति होते हैं जो शारीरिक रूप से सोते रहते हैं किन्तु मस्तिष्क में स्थित निद्रा केन्द्र बिन्दु पूरी तरह अपना कार्य यथावत् करता रहता है जैसे वह मनुष्य की जाग्रत अवस्था में करता है। कुछ व्यक्तियों को नींद में चलने का रोग होता है। सोते-सोते कई रोगी ऐसे जटिल कार्य करने लगते हैं। किन्तु यही कार्य वे जाग्रत अवस्था में नहीं कर सकते। सुबह उठने पर जब उन्हें रात्रि में उठकर काम करने के विषय में बताया जाता है, तो उन्हें स्वयं ही बहुत आश्चर्य होता है और वे इस बात को कभी स्वीकार नहीं करते कि उन्होंने नींद से उठकर यह कार्य स्वयं किया था।

• अनिद्रा से बचाव के लिए उपाय

सोते समय भगवान का नाम स्मरण करते रहें। इससे नींद अच्छी और ताज़गी देने वाली आती है। किसी मंत्र, जैसे : गायत्री मंत्र का जाप करते रहें। इससे आपके मस्तिष्क में कोई दूसरा विचार आ ही नहीं पाएगा और आपको नींद आ जाएगी। सोने से पूर्व गर्दन, रीढ़ की हड्डी और कंधों की मालिश अच्छी तरह दबाकर लगातार दस मिनट करें। रीढ़ की हड्डी पर नीचे से ऊपर व ऊपर से नीचे दोनों ओर मालिश करें। सोने से पहले टहलें, पेशाब करके सोएँ, इससे अच्छी नींद आती है। यदि सोते ही नींद न आए तो कुछ भी विचार, चिन्ता न करें। बल्कि मंत्र का जाप करें या श्वास पर ध्यान केंद्रित करते हुए उल्टी गिनती, जैसे : 100, 99, 98 गिनें। सोने का समय निश्चित रखें, इससे नींद अच्छी आएगी।

पैरों के तलवों में सरसों के तेल की मालिश करने से उनमें स्थिरता आती है और नींद गहरी आती है। सोने से 10 मिनट पहले गर्म पानी में पिंडलियों तक दोनों पैर रखें। यदि चक्कर आते हों तो सिर पर गीला रूमाल रखना चाहिए। गर्मियों में ठंडे पानी से पैर धोकर सोने से निद्रा अच्छी आती है।

• अनिद्रा का यौगिक उपचार

सामान्यतः अनिद्रा दो कारणों से होती है। एक तो शारीरिक परिश्रम की कमी व दूसरा मानसिक तनाव या चिंता। इसके अलावा यदि कोई बीमारी या तकलीफ़ सभी मांसपेशियों व जोड़ों का पर्याप्त व्यायाम होता है, इससे शरीर को अधिक विश्राम की

आवश्यकता होती है व नींद अच्छी आती है। योग व ध्यान से मानसिक तनाव व चिंता कम होती है। इससे अनिद्रा दूर होती है। इसके अतिरिक्त पाचन क्रिया दुरुस्त होती है व गैस, क़ब्ज़ समाप्त होने पर अनिद्रा दूर होती है।

❖ अनिद्रा :

1. **षट्कर्म** : जल नेति, कुंजल, सूत्र नेति, 3 दिन बाद लघु शंख प्रक्षालन।
2. **आसन** : सूर्य नमस्कार, शीर्षासन, ताड़ासन, सर्वांगासन, मत्स्य आसन, पश्चिमोत्तानासन, उत्तानासन, शशांक आसन, भुजंगासन, योगमुद्रा आसन, कूर्मासन, शलभासन, हलासन, गर्भासन, शवासन, योग निद्रा, त्राटक।
3. **प्राणायाम** : नाड़ी शोधन, कपालभाति, भस्त्रिका, शीतली, शीतकारी, भ्रामरी, उज्जायी।
4. **मुद्रा** : महामुद्रा, महावेध मुद्रा।
5. **बंध** : त्रिबंध।

• अनिद्रा के लिए उपचारात्मक आहार तालिका

प्रातः 7:00 बजे	:	2 गिलास नींबू पानी।
8:00 बजे	:	1 प्लेट अंकुरित मूँग, मोठ व चना व 1 कप दूध या 1 गिलास गाजर का रस।
दोपहर 12:30 बजे	:	3 चपाती (बिना घी), 1 कटोरी (मीडियम) दाल, 1 कटोरी (मीडियम) सब्ज़ी, 1 प्लेट सलाद, 1 कटोरी दही (काली मिर्च, पिसी सौंफ़ तथा शकर मिलाकर)।
4:00 बजे	:	1 गिलास फ्रूट जूस या 2 मौसमी फल।
8:00 बजे	:	1 बाउल सूप, 2 चपाती, 1 कटोरी सब्ज़ी, 1 प्लेट सलाद।
9:30 बजे	:	1 गिलास दूध (शकर और डेढ़ चम्मच घी मिलाएँ)।

• • •

आँखों के रोग

(Eye Diseases)

आँखें आना : आँख का दुखना या आँखें आना आँखों का एक छूत का रोग है। हमारी आँखें हमारे शरीर का सबसे ज़्यादा महत्त्वपूर्ण, संवेदनशील और अत्यधिक नाजुक अंग होती हैं। आँखों में कई प्रकार के रोग होते हैं, जैसे :

1. **आँखों का आना (एक छूत का रोग है) :** यह एक प्रकार के बैक्टिरिया, फफूंद या वायरस के कारण होता है। इसमें आँख का सफ़ेद भाग और पलकों की भीतरी सतह को ढँकने वाली पतली पारदर्शी झिल्ली लाल हो जाती है। यह रोग प्रायः ख़तरनाक नहीं होता, किन्तु ठीक प्रकार से इलाज करवाने में देरी करने से नेत्र-ज्योति पर प्रभाव पड़ सकता है।

   लक्षण : यह रोग एक आँख या दोनों आँखों में खुजलाहट के साथ शुरू होता है। आँखें लाल हो जाती हैं और पलकें सूज जाती हैं। शुरू में आँखों से पानी या पतली कीच सी निकलती है। कानों में पीली कीच जमा हो जाती है। आँखें खोलना मुश्किल हो जाता है और प्रकाश सहन नहीं होता। यदि उपाय न किया जाए तो पुतली में फोड़ा हो जाता है और आँख की पुतली पर फूला बन जाता है। इससे सदा के लिए नेत्र ज्योति नष्ट भी हो जाती है।

   कारण : यह रोग दूषित हाथ या अंगुलियाँ आँख पर लगाने से, दूषित तौलिया, रूमाल आदि से पोंछने से, मक्खियों द्वारा या धूल, धुआँ, गंदे पानी में नहाने या सुरमा डालने की सलाई के कारण और एक अंगुली से एक से अधिक बच्चों की आँख में काजल लगाने से भी होता है।

   रोकथाम : इस रोग की रोकथाम का सबसे उत्तम उपाय साफ़ रहना, सफ़ाई के प्रति सावधानी बरतना, वस्त्रों को साफ़ रखना, एक-दूसरे के रूमाल व तौलिए का इस्तेमाल न करना, आँख में काजल व सूरमा न डालना या एक ही सलाई या अंगुली का प्रयोग नहीं करना है। आँखें नित्य ठण्डे और साफ़ पानी से धोएँ।

2. **रतौंधी :** इस रोग में कम प्रकाश विशेष रूप से जब उजाले से देखने की क्षमता नहीं रहती। विशेष रूप से जब उजाले से अँधेरे में जाएँ या तेज़ धूप से कमरे में जाएँ। पढ़ने में तथा कम प्रकाश में किसी गाड़ी को चलाने में विशेष रूप से परेशानी होती है। यह लक्षण विटामिन 'ए' की कमी के होने से प्रारंभ होते हैं।

3. **कंजंक्टिवाइटिस :** यह रोग भी विटामिन 'ए' की कमी से होता है। इसमें आँख की एपीथीलियम पर्त प्रभावित होती है। पहले तेज प्रकाश के प्रति आँखें

संवेदनशील हो जाती हैं। आँखों में खुजली व जलन होने लगती है। कभी-कभी आँखों की कंजक्टाइवा तथा पलक पर सूजन आ जाती है, सफ़ेदी छा जाती है, घाव बन जाते हैं तथा आँखें सूख जाती हैं, उन पर कोई नमी नहीं रहती।

4. **ज़िराफ़्थैल्मिया :** यह रोग लम्बे समय तक विटामिन 'ए' की कमी से हो जाता है। इसमें आँख की कॉर्निया झिल्ली सूख जाती है तथा सूजन आ जाती है। इसका कारण कॉर्निया में किरेटिनाइज़ेशन क्रिया है। इसके कारण आँखों में धुंधलापन छा जाता है तथा आँखों पर स्राव व चिकनाहट न होने से शीघ्र संक्रमण संभव है।
5. **बाइटॉट स्पॉट :** इसमें आँख की कंजक्टाइवा एपीथिलयम सिलेटी सफ़ेद रंग का तिकोना धब्बा आ जाता है।
6. **किरैटोमलेशिया :** आँखों से संबंधित विभिन्न रोगों की अन्तिम व्यवस्था किरैटोमलेशिया होती है। इसमें कॉर्निया में टूट-फूट होने लगती है। कॉर्निया पर एक जाल-सा छा जाता है तथा कॉर्निया बहुत कोमल हो जाता है जिसका परिणाम पूर्ण रूप से आँखों की दृष्टि समाप्त होना अर्थात् अन्धा होना होता है।
7. **दूर दृष्टि दोष :** इसमें रोगी की आँखें दूर का नहीं देख पाती हैं या धुंधला दिखने लगता है। यदि कोई व्यक्ति दूर जा रहा हो तो दिखाई नहीं देता है परन्तु पास की वस्तु स्पष्ट दिखाई देती है।
8. **निकट दृष्टि दोष :** इस दोष में आँखें दूर का तो स्पष्ट देखती हैं परन्तु पास या निकट का नहीं देख पाती हैं। इसलिए कुछ लोग पेपर बिलकुल दूर रखकर पढ़ते हैं, क्योंकि उन्हें पास का दिखाई ही नहीं देता है।

• नेत्र रोग से बचाव

नेत्र रोग या आँख के रोगों से बचाव के लिए सर्वप्रथम आँखों को रोज़ ठण्डे पानी से आँखें खोलकर, मुँह में पानी भरकर धोना चाहिए, इससे लाभ मिलेगा। आँखें धोते समय आपके हाथ भी साफ़ होने चाहिए। इसके अलावा स्वस्थ नेत्रों के लिए नित्य योगाभ्यास करें और अपने आहार में सुधार से हम अपने नेत्रों की ज्योति एवं रोगनिरोधक क्षमता को बढ़ा सकते हैं जिससे कोई भी रोग नहीं हो सकेगा।

• योगासन द्वारा नेत्र रोगों का निवारण व उपचार

1. **षट्कर्म** : जल नेति, सूत्र नेति, कुंजल, लघु शंख प्रक्षालन (दो सप्ताह में एक बार)।
2. **आसन** : उदर आसन, आँखों के सरल आसन, सर्वांगासन, उत्तानासन, पश्चिमोत्तानासन, उष्ट्रासन, नाभिदर्शनासन, त्राटक अथवा नासिका के अग्रभाग पर तथा दोनों भौंहों के मध्य आँखें बंद करके कुछ क्षणों के लिए अपलक देखें।

मत्स्यासन, सुप्तवज्रासन, उत्तानमंडूकासन, शवासन अथवा योगनिद्रा (सुबह और शाम)।

3. **प्राणायाम** : भ्रामरी, नाड़ी शोधन प्राणायाम, अनुमोलन-विलोम।

4. **मुद्रा** : विपरीत मुद्रा।

5. **बंध** : महाबंध।

• योगासन का प्रभाव

योग द्वारा आँखों के विभिन्न दिशाओं में घुमाने से आँखों की मांसपेशियों तथा इंट्रा ऑकुलर मसल्स, एक्स्ट्रा आकुलर मसल्स संतुलित रहते हैं। इससे भैंगापन तथा दृष्टिदोष (निकट व दूर दृष्टि दोष) भी धीरे-धीरे ठीक होते हैं। क्योंकि अप्रत्यक्ष रूप से इनका प्रभाव कॉर्निया तथा लैंस की गोलाइयों पर भी पड़ता है, जो प्रकाश बिंदु को रेटिना में केंद्रित करने का काम करती है। इस प्रकार नियमित योगाभ्यास से काफ़ी हद तक न केवल चश्मे का नंबर कम करते हुए दूर भी किया जा सकता है। मोतियाबिंद होने की भी संभावना को कम किया जा सकता है। योग द्वारा शरीर में उम्र का प्रभाव भी कम होता है।

• उपचारात्मक आहार

आँखों में किसी भी रोग के होने का मूल कारण उनका कमज़ोर होना व कमज़ोरी का मूल कारण विटामिन 'ए' की कमी होना है। यदि आहार में विटामिन की मात्रा पूर्ण रूप से लेते रहें तो इन सभी रोगों से मुक्ति प्राप्त हो सकती है।

नित्य गाजर का जूस या गाजर और पालक प्रत्येक का रस 125 ग्राम मिलाकर पिएँ। कंजंक्टिवाइटिस होने पर नमक न खाएँ या कम से कम खाएँ। बल्कि एक कप पानी में चुटकी भर नमक मिलाकर बार-बार आँख पर रखें। बथुए की सब्ज़ी रोज़ खाएँ। देशी शकर के बूरे से रोटी खाएँ। रोज़ पपीते, आम, केले मौसम के अनुसार कद्दू की सब्ज़ी, गाजर का जूस आदि का सेवन अवश्य करें। गरिष्ठ भोजन उपयोग में न लाएँ।

• रतौंधी

रतौंधी में गवार की फली की सब्ज़ी और साग उपयोग करें। हरे धनिये का उपयोग अधिक मात्रा में किया जाए। जैसे : दाल, चटनी, कढ़ी, साग-सब्ज़ी तथा रायता इत्यादि में धनिया मिलाकर सेवन करें। गाजर का रस तथा दूध पीना लाभदायक है।

आँखों के प्रायः सभी रोगों से बचने के लिए हम नित्य दूध पिएँ। पपीता, आम, केला, हरी सब्ज़ियाँ, जैसे : पत्ता गोभी, पालक, बथुआ, गवार फली, कद्दू, गाजर का जूस, गाजर की सब्ज़ी, कच्ची गाजर, सलाद पत्ते, टमाटर, नींबू, आँवला आदि का सेवन रोज़ करें। आँखों की रोशनी बढ़ेगी और कोई भी रोग होने से बचाव भी होगा।

• • •

साइनसाइटिस

(Sinusitis)

साइनस हमारे शरीर में स्थित अस्थिमय गुहाएँ होती हैं जो नासिका में खुलती हैं। इन गुहाओं पर म्यूकस की पर्त चढ़ी होती है। इस म्यूकस की पर्त में सूजन आने का परिणाम होता है साइनसाइटिस। हमारे सिर में 4 जोड़ी साइनस होते हैं। जिनमें से हर जोड़ा सिर के प्रत्येक पार्श्व में स्थित होता है। मानव शरीर रचना में इसे "पैरानेसल साइनस" कहते हैं।

साधारण जुकाम ही साइनसाइटिस का एक कारण है। साइनस झिल्ली में सूजन आ जाती है। साइनस में खुलने वाले छोटे छिद्रों में अस्थायी जमाव और रक्त संकुचन से सिरदर्द होने लगता है। यदि वास्तव में साइनस संक्रमित हो जाता है तो लक्षण ज़्यादा गंभीर हो जाते हैं।

• साइनसाइटिस के लक्षण

इसमें जुकाम, सिरदर्द के साथ ही आँखों के ठीक ऊपर भी दर्द होता है। इसके अतिरिक्त गालों के आस-पास भी दर्द होता है।

कभी-कभी इसके लक्षण ज्वर, बेचैनी, दर्द और साँस लेने में कठिनाई जैसे भी होते हैं। इसके अलावा बुखार होना, सर्दी लगना, चक्कर आना, कमज़ोरी महसूस होना आदि साइनसाइटिस के अन्य विशिष्ट लक्षण हैं। साइनसाइटिस के अन्य लक्षण भी हैं, जिनमें कभी-कभी नाक से बहने वाले द्रव में ख़ून भी आ सकता है, लेकिन बहुत कम मात्रा में। मुँह का स्वाद कसैला हो जाता है। नाक की घ्राण शक्ति क्षीण हो जाती है। आँखों की लेक्राइमल ग्रंथियों के स्राव की मात्रा बढ़ जाती है और उसी से बनावटी आँसू बहने लगते हैं। चेहरे पर भी सूजन आ जाती है।

• साइनसाइटिस के कारण

साइनसाइटिस के कारणों में दाँतों का संक्रमण, शहरी प्रदूषण, गोताख़ोरी, रासायनिक धुएँ आदि से तापक्रम में जल्दी-जल्दी होने वाले परिवर्तन, नाक की दोषपूर्ण रचना जैसे कभी-कभी सेप्टम (नाक को भीतर विभक्त करने वाला पर्दा) ठीक जगह पर न होने से साँस लेने में कठिनाई हो सकती है।

संक्रमित साइनस की झिल्ली में सूजन होने से प्रत्येक साइनस से नासिका में खुलने वाले छोटे छिद्र पूर्णतः या आंशिक रूप से बंद हो जाते हैं। शुरू में एक या दो छिद्र ही प्रभावित होते हैं, लेकिन कभी-कभी दर्द एक बार में ही एक साथ

बंद हो जाते हैं। बंद साइनस के अंदर एकत्र म्यूकस साइनस की दीवारों पर दबाव डालता है जिससे दर्द होता है। इसके कारण बेचैनी, ज्वर, दर्द और साँस लेने में कठिनाई भी होती है।

साइनसाइटिस में पहले नाक से पतला पानी आता है फिर यह सफ़ेद अथवा पीला और कभी-कभी हरा हो जाता है। इससे संक्रमण की अवस्थाओं का पता चलता है। पानी जैसा स्राव विषाणु संक्रमण के कारण होता है, जबकि बैक्टिरिया संक्रमण इसे हरे और पीले रंग में बदल देता है।

• साइनसाइटिस का यौगिक उपचार

हमारी नाक के आस-पास की हड्डियों में पोलापन रहता है जो नलिकाएँ नाक से जुड़ी रहती हैं। इन्हें साइनस कहते हैं तथा जब इनमें संक्रमण हो जाता है तो उसे साइनसाइटिस कहते हैं। यह संक्रमण के अलावा भी कई अन्य कारणों से होता है। योगाभ्यास द्वारा प्रतिरोधक क्षमता बढ़ती है जिससे एलर्जी व संक्रमण ठीक हो जाता है। इसके अलावा षट्कर्म की क्रिया, जल नेति व सूत्र नेति से नाक की टेढ़ी हड्डी भी धीरे-धीरे ठीक हो जाती है। प्राणायाम व सिंह क्रिया आदि से भी नाक व गले की अन्य तकलीफ़ों में लाभ होता है।

षट्कर्म : कुंजल, जल नेति, सूत्र नेति, वस्त्रधौति।

आसन : सूर्य नमस्कार, पवनमुक्तासन श्रंखला 1, 2, 3, भुजंगासन, उष्ट्रासन, अर्धमत्स्येन्द्रासन, मार्जारी, सिंहासन।

प्राणायाम : कपालभाति, अनुलोम-विलोम, भ्रामरी।

मुद्रा : विपरीत करणी मुद्रा।

बंध : महाबंध या त्रिबंध।

• साइनसाइटिस के लिए उपचारात्मक आहार

साइनसाइटिस से पीड़ित व्यक्तियों को ठण्डे पदार्थों का सेवन नहीं करना चाहिए। इसमें चाय पीना भी हानिकारक होता है। दही, चावल, अचार व अन्य खटाई का भी उपयोग नहीं करना चाहिए। फ्रिज में रखे किसी भी खाद्य पदार्थ का तुरन्त उपयोग भी हानिकारक होता है जब तक वह सामान्य तापमान पर न आ जाए तब तक उपयोग नहीं करना चाहिए। अत्यधिक तले हुए खाद्य पदार्थ का सेवन भी नहीं करना चाहिए। प्रतिदिन लहसुन का प्रयोग करें। इसे चटनी में पीसकर उपयोग में लाए या फिर सेंककर उपयोग करें, तेल में भूनकर उपयोग करने से अधिक लाभ नहीं मिलेगा। रोज़ रात में सूप लेना लाभदायक होता है। विशेषकर गाजर व पालक का सूप।

• • •

घेंघा या गलगंड

(Goitre)

थायरॉइड ग्रंथि कंठ के अंदर ग्रीवा में स्थित होती है। इस ग्रंथि के सुचारू रूप से कार्य न करने की वजह से घेंघा रोग उत्पन्न होता है। अर्थात् थायरॉइड नामक गल-ग्रंथि को थायरॉइड हॉर्मोन बनाने के लिए आयोडीन की आवश्यकता होती है। थायरॉइड हॉर्मोन शरीर की चयापचय क्रिया को नियंत्रित करता है। इसी पर हमारा शारीरिक व मानसिक विकास निर्भर करता है। पर्याप्त मात्रा में आयोडीन न मिलने पर शारीरिक व मानसिक विकास ठीक से नहीं हो पाता, जिससे कई प्रकार के विकार उत्पन्न हो जाते हैं।

इस रोग में गल-ग्रंथि फूल जाने से सूजन आ जाती है। हमारे देश के पर्वतीय, तराई एवं पूर्वांचल के क्षेत्र तथा उत्तर प्रदेश, बिहार, पश्चिम बंगाल, मध्यप्रदेश, गुजरात और महाराष्ट्र इससे अधिक प्रभावित हैं।

आयोडीन की कमी के कारण मंदबुद्धि, बौनापन, गूंगापन, बहरापन आदि लक्षण देखे जाते हैं। गर्भवती महिलाओं को अधिक आयोडीन की आवश्यकता होती है। गर्भावस्था में आयोडीन की कमी होने से मानसिक और शारीरिक रूप से विकृत, गूंगे और बहरे बच्चे पैदा हो सकते हैं। वयस्कों में भी आयोडीन की कमी से मंदबुद्धि और सुस्ती के लक्षण पैदा होते हैं।

कारण : शरीर की साधारण स्वस्थ अवस्था के लिए आयोडीन की आवश्यकता रहती है। थायरॉइड ग्लैंड का मुख्य कार्य आयोडीन का स्राव करना है तथा हमारे रक्त कणों में आयोडीन सूक्ष्म मात्रा में उपस्थित होती है और यही आयोडीन थायरॉइड ग्रंथि के लिए पोषण का कार्य करती है। साग-सब्ज़ी और दूध में आयोडीन की मात्रा विद्यमान रहती है। आयोडीन की कमी से थायरॉइड ग्रंथि कमज़ोर हो जाती है। इसके कारण उत्पन्न होने वाला आंतरिक रस आवश्यक मात्रा में पैदा नहीं होता है, जिसके कारण यह रोग उत्पन्न हो जाता है। स्वास्थ्य और भोजन के नियम का पालन न करने से भी यह रोग बढ़ने में मदद मिलती है।

लक्षण : थायरॉइड ग्रंथि के फूल जाने से या आकार में बढ़ जाने से घेंघा होता है। इस रोग में विशेष तकलीफ़ नहीं होती। किन्तु थायरॉइड ग्रंथ का आकार अधिक बढ़ जाने के कारण श्वास क्रिया में कुछ रुकावट आती है। ऐसा साधारण प्रकार के गलगंड में होता है। परन्तु गम्भीर अवस्था में घेंघे से नेत्रों पर भी प्रभाव पड़ता है।

आँखों की आकृति बदल जाती है और वे अपने स्थान से बाहर की ओर निकली नज़र आने लगती हैं। पलकें आँखों को ढँक नहीं पाती हैं। इसके अतिरिक्त हृदय में अधिक स्पन्दन होने लगता है और शरीर बेचैनी का अनुभव करने लगता है।

• योगासन द्वारा उपचार

योगासनों का अभ्यास करने से शरीर पर दबाव पड़ता है जिससे उसका स्राव बढ़ता है और थायरॉइड हॉर्मोन हमारे शरीर की चयापचय क्रिया को नियंत्रित करता है व शारीरिक और मानसिक विकास सामान्य रूप से होने लगता है।

यदि किसी व्यक्ति को यह रोग नहीं है तब भी यदि योगासनों का अभ्यास किया जाए तो ऐसे रोग कभी भी नहीं होंगे। हमारे केन्द्र में कई रोगी घेंघे से पीड़ित आए, जिनके लिए निम्नलिखित आसन और विशेषकर उज्जायी प्राणायाम विशेष लाभकारी सिद्ध हुए हैं।

गलगंड या घेंघा :

1. **षट्कर्म** : कुंजल, जल नेति, सूत्र नेति, वस्त्रधौति, 15 दिन पश्चात् लघु शंख प्रक्षालन।
2. **आसन** : पवनमुक्तासन श्रंखला क्र. 1 व 2 सूर्य नमस्कार, मत्स्यासन, सुप्तवज्रासन, हलासन, सर्वांगासन, कूर्मासन, उष्ट्रासन, कर्णपीड़ासन।
3. **प्राणायाम** : भस्त्रिका, नाड़ी शोधन, उज्जायी प्राणायाम।
4. **मुद्रा** : विपरीतकरणी मुद्रा।
5. **बंध** : उड्डियानबंध, मूलबंध, महाबंध या त्रिबंध।

• घेंघा रोग पर योगासनों द्वारा प्रभाव

थायरॉइड हॉर्मोन का नियंत्रण तीन स्थानों से होता है। हाइपोथैलेमस, पीयूष तथा थायरॉइड ग्रंथि योग तथा विशेषकर प्राणायाम का प्रभाव भी उक्त तीनों स्थानों पर होता है जिससे थायरॉइड ग्रंथि की क्रियाशीलता संतुलित कर घेंघा दूर होता है।

घेंघा रोग के लिए उपचारात्मक आहार : यह रोग चूँकि भोजन व पानी में आयोडीन, जो कि हमारे शरीर के लिए आवश्यक खनिज लवण है, की कमी से यह होता है। यदि हम अपने भोजन में आयोडाइज़्ड नमक को उपयोग में लाएँ तो इस रोग का निवारण संभव है। इसके अलावा भोजन में बैंगन व समुद्री भोजन, जैसे : मछली आदि को सम्मिलित करने से भी लाभ मिलता है।

• • •

क्रोध

(Anger)

हमारे जीवन की सफलता के लिए मानसिक व शारीरिक संतुलन एक तरह से प्राथमिक और महत्त्वपूर्ण गुण है। किसी भी प्रकार का संवेग इस संतुलन को बिगाड़ देता है और क्रोध आ जाता है। हमें अपने संवेगों पर नियंत्रण कर इस संतुलन को बनाए रखना चाहिए।

क्रोध के दौरान हमारी अन्तः स्रावी ग्रंथियाँ प्रभावित होती हैं। क्रोध आने पर पिट्यूटरी ग्रंथि अधिक सक्रिय हो जाती है और एड्रीनोकॉर्टीक्वाइड हॉर्मोन अधिक बनने लगता है। यह हॉर्मोन ऐड्रिनल ग्रंथियों को उत्तेजित करता है जिससे एड्रिनल हॉर्मोन अधिक बनने लगता है। इस हॉर्मोन से मांसपेशियों में अधिक सक्रियता एवं उत्तेजना पैदा होती है, जो कि क्रोध का एक प्रमुख लक्षण माना जाता है।

क्रोध को तीन प्रकार का मान सकते हैं : सात्विक, राजसिक और तामसिक। सात्विक क्रोध, जिसमें सभी देश, धर्म आदि के लिए क्रोध किया गया हो या उनकी रक्षा के लिए किया गया हो। राजसिक क्रोध, वह क्रोध जो हमारे अधिकार और पद की रक्षा के लिए किया गया हो। तामसिक क्रोध, जो अपने स्वार्थ या विवेकहीन हठ के लिए किया गया हो।

• क्रोध करने के कारण

क्रोध या गुस्सा आने के मानव जाति में अनेक सूक्ष्म व स्थूल कारण होते हैं। यदि हम शारीरिक कार्यों के रूप में देखें तो अधिकतर पाया गया है कि बीमार पड़ने के बाद व्यक्ति का विश्वास डगमगा जाता है और वह अपने आप को अकेला समझने लगता है। अधिक चिड़चिड़ा और गुस्सैल हो जाता है। छोटी-छोटी सी बात पर गुस्सा आता है और रक्तचाप, पेट की गड़बड़ी से पीड़ित व्यक्तियों के गुस्से की मात्रा बढ़ जाती है। यदि शरीर में कहीं पर दर्द हो, कोई काम न बन रहा हो तब भी गुस्सा सामान्य से ज़्यादा मात्रा में आता है। इसके अलावा अन्य भी कई कारण देखे गए हैं, जैसे :

1. भूख व प्यास लगना।
2. दिमाग़ी रूप से और शारीरिक रूप से थकान।
3. गर्मी ज़्यादा होना।
4. मासिक धर्म से पहले व मासिक धर्म के दौरान और मासिक धर्म बन्द होने के बाद।

5. शारीरिक दर्द या किसी प्रकार का दुख।
6. मूत्रादि रोकना।
7. किसी इच्छा विशेष की पूर्ति नहीं होना।
8. गर्भकाल के दौरान।
9. बीमारी के कारण व ठीक होने के बाद।
10. शराब या किसी प्रकार का नशा करना।
11. जीवन के उद्देश्य की पूर्ति नहीं होना।
12. किसी कार्य में असफलता।
13. ग़रीबी के कारण आवश्यकताओं की पूर्ति का अभाव।
14. अहं में टकराव।
15. जब कोई आपके अनुरूप कार्य नहीं करता।

इन सभी उपरोक्त कारणों के अलावा एक महत्त्वपूर्ण कारण भोजन है। यह सत्य है कि भोजन का प्रकार हमारे क्रोध का महत्त्वपूर्ण कारण है। जो भोजन हम ग्रहण करते हैं उसका कुछ स्थूलांश जल बनता है और सूक्ष्मांश रस हमारे प्राण बनते हैं। परन्तु जल का सूक्ष्मांश हमारा मन बनता है। यदि हमारा पेट ख़ाली है अर्थात् भूख व प्यास से व्याकुल हों तो अच्छे से अच्छा ज्ञाता भी अनपढ़ सा बन जाता है और व्यर्थ ही क्रोध करता रहता है। इसलिए यह उपदेश भी दिया गया है कि 'अन्न ही ब्रह्म' है।

भारतीय भोजन में भोजन के तीन रूप माने जाते हैं : सात्विक, राजसिक और तामसिक। हमारे यहाँ मांस, मदिरापान को अनुचित ठहराया जाता है, अर्थात् इनमें तमोगुण की प्रधानता होती है। इस प्रकार का भोजन ग्रहण करने से संवेगों पर नियंत्रण नहीं रहता और बुद्धि भ्रष्ट हो जाती है। मानसिक संतुलन नहीं रह पाता है। सात्विक आहार ही सर्वोपरि है। ऐसा भोजन ग्रहण करने से मनुष्य के मन में अच्छे सुविचार आते हैं। मानसिक संतुलन स्थापित होता है। इस विषय पर अनुसंधान में यह परिणाम निकाला गया है कि सात्विक भोजन करने वालों की तुलना में तामसिक भोजन करने वालों को ज़्यादा क्रोध आता है। तामसिक भोजन करने वाला व्यक्ति 'शॉर्ट टेम्पर' होता है। *आयुर्वेद* के अनुसार जिनमें पित्त की प्रधानता होती है उन्हें भी तामसिक भोजन से बचना चाहिए।

आमतौर पर देखा गया है कि हमारी शारीरिक बीमारियों के मानसिक आधार होते हैं। क्रोध हमारे मन को विकृत करता है जिससे हम भिन्न-भिन्न प्रकार की बीमारियों से घिर जाते हैं। फिर भी क्रोध से बिलकुल अनभिज्ञ रहते हैं। मुनियों ने सही कहा है कि मनुष्य का सबसे बड़ा शत्रु उसका स्वयं का क्रोध है। क्रोध ही मनुष्य को पाप कर्मों की ओर धकेलता है। क्रोध की कोई सीमा नहीं होती। क्रोध की तीव्रता को नापा नहीं जा सकता।

• क्रोधी व्यक्ति निम्नलिखित बीमारियों की चपेट में आ जाते हैं

1. मानसिक तनाव का शिकार होना।
2. उच्च रक्तचाप हो जाता है।
3. हृदय रोग, कैंसर, एड्स आदि के रोगियों को क्रोध करना जानलेवा हो सकता है।
4. रोग प्रतिरोधक क्षमता कम हो जाती है।
5. पक्षाघात हो सकता है।
6. स्थायी सिरदर्द हो सकता है।
7. रक्त नलिकाओं में रुकावट आ जाती है।
8. रक्त कोलेस्ट्रॉल बढ़ जाता है।
9. क्रोध से पेट में अल्सर या गैस हो जाती है।
10. क्रोध करने से खाना ठीक से नहीं पचता और क़ब्ज़ भी हो जाता है। आँतों पर बुरा प्रभाव पड़ता है।
11. क्रोध से चेतन शक्ति का नाश होता है।
12. क्रोध हमारी मांसपेशियों की कार्यप्रणाली तथा कार्यक्षमता को हानि पहुँचाता है।
13. क्रोध विचार शक्ति और तर्क शक्ति को नष्ट कर देता है।
14. क्रोध दर्द को बढ़ाता है। क्रोध से बीमारी और दर्द दोनों बढ़ जाते हैं।

• योगाभ्यास द्वारा क्रोध पर नियंत्रण

योगाभ्यास क्रोध पर नियंत्रण रखने में महत्त्वपूर्ण भूमिका निभाता है। क्रोधी व्यक्ति यदि योगाभ्यास नियमित रूप से करें तो क्रोध व संवेगों पर अतिशीघ्र संतुलन प्राप्त किया जा सकता है।

क्रोध के दौरान मांसपेशियों की अधिक सक्रियता व उत्तेजना जो एड्रिनल हॉर्मोन से अधिक बनने लगता है जो कि पिट्यूटरी ग्रंथि के सक्रिय हो जाने पर, एड्रिनोकॉर्टीक्वाइड हॉर्मोन अधिक बनता है जिससे एड्रिनल ग्रंथियाँ उत्तेजित होती हैं और यह हॉर्मोन एड्रिनलीन बनता है। योगाभ्यास द्वारा इस हॉर्मोन पर नियंत्रण स्थापित किया जाता है और संवेगों पर संतुलन प्राप्त किया जाता है।

योगाभ्यास से क्रोधी व्यक्ति में सकारात्मक विचार उत्पन्न होने लगते हैं। मन परिवर्तित होने लगता है और किसी उद्देश्य या वस्तु को प्राप्त करने के लिए वह सकारात्मक प्रयास करने के लिए प्रेरित होता है न कि नकारात्मक प्रयास की ओर। व्यक्ति में आत्मविश्वास पैदा हो जाता है, सहनशक्ति का विकास होता है।

क्रोध :

1. **षट्कर्म** : जल नेति, सूत्र नेति, कुंजल, लघु शंख प्रक्षालन।
2. **आसन** : पवनमुक्तासन श्रंखला क्र. 1 व 2, शशांकासन, योगमुद्रा आसन, पश्चिमोत्तानासन, गर्भासन, कूर्मासन, मार्जारी आसन।
3. **प्राणायाम** : नाड़ी शोधन, भ्रामरी, शीतली, शीतकारी, कपालभाति, उज्जायी।
4. **मुद्रा** : महामुद्रा, महावेध मुद्रा।
5. **बंध** : त्रिबंध या महाबंध।

• क्रोध से बचने के लिए उपचारात्मक आहार

क्रोध से बचने के लिए हमेशा सात्विक भोजन ही ग्रहण करना चाहिए। सात्विक भोजन ग्रहण करने से मन में विचार भी अच्छे आते हैं। भोजन हल्का होना चाहिए। गरिष्ठ भोजन या मांसाहार आदि तामसिक भोजन शरीर में उत्तेजना फैलाते हैं। शरीर में भारीपन लगता है। अच्छे विचारों का अभाव होता है।

सात्विक भोजन के अन्तर्गत हरी सब्ज़ियाँ व अन्य प्रकार की सभी सब्ज़ियाँ, फल, अनाज, दालें, दूध व दूध से बने पदार्थ, मिठाइयाँ, घी, तेल इत्यादि आते हैं। सब्ज़ियों में प्याज़ और लहसुन भी तामसिक भोजन के अन्तर्गत आते हैं। अत्यधिक तेल, मसालों का प्रयोग भी नहीं करना चाहिए।

हमारी पद्धति का सात्विक भोजन अर्थात् शुद्ध शाकाहारी भोजन जो कि न सिर्फ़ हमारे देश में बल्कि अन्य देशों में भी किए गए अनुसंधानों में यह सिद्ध हो चुका है कि शुद्ध शाकाहारी भोजन ही मनुष्य के लिए सर्वोत्तम आहार है। अन्य देशों के लोग मांसाहारी से शाकाहारी बनते जा रहे हैं। अर्थात् सात्विक की ओर बढ़ रहे हैं।

• • •

रक्ताल्पता

(Anaemia)

शरीर के रक्त में जब हीमोग्लोबिन का प्रतिशत सामान्य से कम होता है तो यह रोग रक्ताल्पता कहलाता है। हीमोग्लोबिन रक्त में लाल रक्त कणों में उपस्थित रहता है। अतः लाल रक्त कणों का आकार में छोटा होना, कम संख्या में होना अथवा उनमें हीमोग्लोबिन की मात्रा कम होना आदि एनीमिया के कारण होते हैं।

हमारे लिए यह जानना भी आवश्यक है कि आख़िर हीमोग्लोबिन है क्या? हीमोग्लोबिन जैसा नाम से विदित होता है जो दो रासायनिक पदार्थ हीमेटिन (लोहा) तथा ग्लोबिन (प्रोटीन) से मिलकर बना होता है। अतः शरीर में इन दोनों में से यदि किसी तत्व की कमी होती है तो हीमोग्लोबिन का निर्माण ठीक तरह से नहीं हो पाता है।

लाल रक्त कणिकाएँ अस्थि मज्जा में निर्मित होती हैं। इनकी अवधि 120 दिन की होती है। लाल रक्त कणिकाएँ हीमोग्लोबिन की गठरी होती है। हीमोग्लोबिन की रचना के लिए लौह, फ़ॉलिक ऐसिड, विटामिन बी-12 एवं प्रोटीन की आवश्यकता होती है।

यदि लाल रक्त कणों का ठीक तरह निर्माण नहीं हो पाता है अथवा लाल रक्त कणों में टूट-फूट अधिक होने लगती है तो भी व्यक्ति को एनीमिया रोग हो जाता है।

• रक्तहीनता या रक्ताल्पता के प्रकार

रक्ताल्पता प्रमुख दो प्रकार की होती है :

1. लोहे की कमी के कारण एनीमिया।
2. विटामिन बी-12 की कमी के कारण अथवा लाल रक्त कणिकाओं के ठीक न बनने के कारण परनिशियस एनीमिया।

• रक्ताल्पता के लक्षण

1. कमज़ोरी, थकान, बदन दर्द।
2. जीभ की सूजन, मुँह के किनारों पर दरार, खाना निगलने में तकलीफ़ होना।
3. हाथों की अंगुलियों के नाख़ून टेढ़े-मेढ़े हो जाना। कई बार आहार नाल में जाला पड़ने के कारण साँस लेने में तकलीफ़ हो जाना।

4. पैरों में सूजन आ जाना।
5. पैरोटिड ग्रंथियों में सूजन आ जाना।
6. बालों का झड़ना।
7. पुरुष हॉर्मोन का स्राव कम होना और लम्बाई कम रह जाती है।

• रक्तहीनता के कारण

शरीर से किसी भी रूप में अधिक रक्तस्राव होना, जैसे : स्त्रियों में मासिक स्राव, बवासीर, ख़ूनी पेचिश, पेट में घाव, मसूड़े से ख़ून बहना, स्त्रियों में बच्चा जनने के बाद अधिक रक्तस्राव होना आदि कारणों के होने पर भी रक्तहीनता प्रकट होती है। इसके अलावा अल्प भोजन, खाद्य पदार्थों में लौह की कमी एवं शरीर में लौह की अधिक आवश्यकता के कारण भी रक्तहीनता की स्थिति बनती है। रक्तहीनता का एक अन्य मुख्य कारण पेट में कृमियों का होना भी है जिससे रक्तहीनता होती है।

गर्भावस्था में स्त्रियों को परनिशियस एनीमिया हो जाता है। इसका कारण आहार में फ़ोलिक ऐसिड की हीनता होती है। कभी-कभी बच्चों को भी परनिशियस एनीमिया हो जाता है जिसका कारण विटामिन सी की कमी है। विटामिन सी कम होने पर फ़ोलिक ऐसिड अपने सक्रिय रूप में परिवर्तित नहीं हो पाता है। इसी प्रकार पाचन संबंधी रोग जिनमें विटामिन ए12 तथा फ़ोलिक ऐसिड का ठीक तरह अवशोषण नहीं हो पाता है।

• एनिमिया का यौगिक उपचार

योगाभ्यास द्वारा पाचन क्रिया अच्छी होती है। इससे भोजन के सभी पोषक तत्व जिनसे रक्त निर्माण होता है जैसे लौह तत्व व फ़ोलिक ऐसिड का शरीर में सुचारू रूप से होता है। योग द्वारा प्लीहा की शक्ति भी बढ़ती है जो पुरानी रक्त कोशिकाओं को अधिक क्षमतापूर्वक नष्ट करती है, इससे भी नई कोशिकाओं का निर्माण अच्छी तरह होता है।

• रक्ताल्पता या एनीमिया

1. **षट्कर्म** : कुंजल, वस्त्र नेति, लघु शंख प्रक्षालन (सप्ताह में एक बार)।
2. **आसन** : पद्मासन, शीर्षासन, सर्वांगासन, पश्चिमोत्तानासन, उष्ट्रासन, मत्स्यासन, शिथिलासन एवं शवासन या योगनिद्रा।
3. **प्राणायाम** : उज्जायी, 2 से 3 माह बाद बिना कुम्भक नाड़ी शोधन प्राणायाम, अग्निसार क्रिया, कपाल भाति प्राणायाम।
4. **मुद्रा** : विपरीतकरणी मुद्रा।
5. **बंध** : महाबंध।

• उपचारात्मक आहार तालिका

एनीमिया रोग हो जाने पर हम उसे आहार के माध्यम से ठीक कर सकते हैं। यदि हमारे आहार में संतुलन आ जाए तो हम हीमोग्लोबिन स्तर में बढ़ोतरी कर सकते हैं।

नवजात शिशुओं एवं गर्भवती महिलाओं को लौहयुक्त पदार्थ अधिक लेने चाहिए। दालों में, आटे में, सब्ज़ियों में, फलों में, मूँगफली में, दूध आदि सभी में लौह होता है। इन सभी का नियमित सेवन करना चाहिए। लौह की अधिक मात्रा प्राप्त करने के लिए अंजीर, खुमानी, किशमिश, छुहारे, ताज़े फल - सेब, केला, अंगूर, गाढ़ी हरी पत्ती वाली सब्ज़ियाँ, साबुत अनाज आदि लेना चाहिए।

हीमोग्लोबिन के निर्माण के लिए उच्च जैविकीय मूल्य वाले प्रोटीन, जैसे : दूध, पनीर, सूखे मेवे आदि भी आवश्यक रूप से अपने भोजन में सम्मिलित करना चाहिए। साथ ही विटामिन सी युक्त खट्टे फल या अंकुरित दालें अच्छी मात्रा में लेनी चाहिए, जिससे विटामिन सी की उपस्थिति में लौह का अवशोषण बढ़ जाता है।

• एनीमिया के लिए आहार तालिका

8:00 बजे	:	1 गिलास मुनक्के वाला दूध, 1 पनीर परांठा या 1 प्लेट अंकुरित अनाज।
10:30 बजे	:	मूँगफली दाने की चिक्की के 2 पीस।
12:30 बजे	:	4 चपाती (आधा भाग चना और गेहूँ के आटे की रोटी)। 2 कटोरी हरे पत्ते वाली सब्ज़ी, 1 कटोरी दही, 1 कटोरी मिक्स दाल 1 सर्विंग चावल, 1 प्लेट सलाद (हरा)।
4:00 बजे	:	1 गिलास जूस या 2 फल (सीज़नल) या 2 कटोरी मिक्स फ्रूट कस्टर्ड।
8:00 बजे	:	1 बाउल सूप (मिक्स)। 3 चपाती, 1 कटोरी सब्ज़ी, 1 कटोरी पनीर की सब्ज़ी, 1 प्लेट सलाद।

• • •

स्लिप डिस्क
(Slip Disk)

हमारी रीढ़ की हड्डी केवल एक हड्डी नहीं होती। यह तो छोटी-छोटी 24 हड्डियों की श्रंखला के एक स्तम्भ के समान है जिन्हें कशेरुक कहते हैं। ये कशेरुक एक-दूसरे के ऊपर संतुलित रखे होते हैं। इनसे निकले प्रबंधों तथा लिगामेन्ट्स के द्वारा ये आपस में जुड़े होते हैं और आघात या चोट को सहन करने वाली गोल गद्दियों द्वारा अलग रहते हैं। इन्हें हम नल ठीक करने वालों की भाषा में वॉशर कह सकते हैं। प्रत्येक कशेरुक ऊपर और नीचे के कशेरुक से एक जोड़ से जुड़े रहकर, पूरी तरह पृथक रहता है। इसी से इसमें गति हो पाती है। दो कशेरुकों के बीच एक मज़बूत, स्थिति स्थापक (लचीली) गद्दी होती है। मज़बूत स्नायु और लिगामेन्ट्स इन कशेरुकों को अपने स्थान पर मज़बूती के साथ जकड़कर रखते हैं।

हम सभी ने पशु-पक्षियों के अस्थि-पिंजर अवश्य देखे होंगे। इन अस्थि-पिंजरों का निरीक्षण करने से एक बात स्पष्ट हो जाती है कि सभी पशु-पक्षियों की रीढ़ की बनावट तक़रीबन एक समान होती है।

- **मेरुदण्ड तीन मुख्य कार्य निभाता है**

1. शरीर के भिन्न-भिन्न अंगों को मस्तिष्क के साथ जोड़ने वाली मेरुरज्जु को सुरक्षित रखना।
2. हाथ, पैर, पसलियों और खोपड़ी को धारण करना।
3. शरीर को सक्रिय रखने वाले स्नायुओं तथा लिगामेन्ट्स को चौड़ी सतह प्रदान करना।

- **हमारी रीढ़ पाँच भागों में विभक्त होती है**

1. सर्वाइकल : रीढ़ के सर्वाइकल भाग में 7 कशेरुक होते हैं। सबसे ऊपर वाले कशेरुक हमारी खोपड़ी को आधार प्रदान करते हैं। हमारी गर्दन को हिलाने-डुलाने की अधिक क्रिया होती है।

2. थोरेसिक : रीढ़ के इस भाग में 12 कशेरुक होते हैं। गर्दन की अपेक्षा ये आकार में बड़े होते हैं। बड़े होने की वजह से ये पसलियों और अनेक स्नायुओं को संबल देने में समर्थ होते हैं। यह भाग छाती के स्टर्नम से जुड़े होने के कारण अधिक हलचल नहीं कर पाता।

3. लंबर : रीढ़ के इस कमर वाले भाग में 5 कशेरुक होते हैं। गर्दन की ही तरह इसमें भी ख़ूब हलचल होती है। इसे हम चारों तरफ़ आसानी से घुमा सकते हैं। ये कशेरुक हमारे ऊपरी शरीर का वज़न उठाते हैं। धड़ और पैरों को सक्रिय बनाने वाले स्नायु उनके साथ जुड़े हुए हैं। इसलिए ये बड़े और अधिक मज़बूत होते हैं।

लंबर रीजन या उनके साथ जुड़ी हुई तंत्रिकाएँ अथवा लिगामेन्ट्स ही दर्द के लिए ज़िम्मेदार होते हैं।

4. सेक्रल : रीढ़ का सेक्रल भाग नितंबों के कुछ ऊपर स्थित होता है। इस भाग में 5 कशेरुक होते हैं। ये स्वतंत्र नहीं होते हैं बल्कि एक-दूसरे के साथ अविभक्त रूप से जुड़े हुए होते हैं। पाँचों कशेरुकों के एक-दूसरे के साथ जुड़े होने के कारण रीढ़ के इस भाग की किसी भी प्रकार की सक्रियता संभव नहीं है।

5. कॉसिक्स : यह रीढ़ का सबसे नीचे वाला भाग 4 छोटे कशेरुकों के जुड़ने से बनता है। नितंबों के बीच में इसकी नोक का अनुभव हम कर सकते हैं।

हमारे कशेरुक शरीर का भार वहन करते हैं और उनका पीछे वाला छेद उनके भीतर स्थित मेरुरज्जु को सुरक्षा प्रदान करता है।

गद्दी या डिस्क : हमारी रीढ़ के प्रत्येक कशेरुकों के बीच एक मज़बूत गद्दी होती है जो झटकों से रीढ़ की रक्षा करती है। गद्दी के बीच का भाग नर्म होता है। इसे 'न्युक्लियस पल्पोसस' कहते हैं। इसके इर्द गिर्द 'एन्युलस फ़ाइब्रोसस' नामक दृढ़ एवं मज़बूत भाग होता है। हमारी रीढ़ की कुल लम्बाई का तीसरा भाग गद्दियों से व्याप्त होता है। ये गद्दियाँ शरीर में उत्पन्न झटकों को वहन करती हैं। जब हम रात में सो जाते हैं तो गद्दियों से शरीर पर पड़ने वाला वज़न कम हो जाता है और गद्दियाँ पानी सोखकर मोटी बन जाती हैं। जिससे शरीर लम्बाई में थोड़ा बढ़ जाता है। जब हम सुबह उठकर खड़े होते हैं तब धड़ के वजन के कारण गद्दियों में भरा हुआ पानी बाहर धकेल दिया जाता है और शरीर लम्बाई में कम हो जाता है। यह सामान्य स्थिति में आ जाता है।

गद्दी की बाहरी परत यानी 'एन्युलस' बाएँ, दाएँ और पीछे के भाग में कुछ कमज़ोर होती है। यदि यह किसी कारणवश फट जाए तो गद्दी का आंतरिक नर्म भाग 'न्युक्लियस' बाहर निकलने लगता है, और किसी तंत्रिका पर दबाव डालता है जिससे दर्द उत्पन्न होता है।

• रीढ़ को मज़बूत बनाने वाले आसन और व्यायाम

कभी-कभी हमारी रीढ़ के स्नायु या तो अधिक लंबे होते हैं या छोटे होते हैं जिससे ठीक से काम नहीं कर पाते। हमारी रीढ़ की मज़बूती और सक्षमता पूर्ण रूप से स्नायुओं पर आधारित है। इनके छोटे-बड़े होने से ये सरलता से क्षतिग्रस्त होकर दर्द का शिकार हो जाते हैं। इससे बचने के लिए यदि प्रतिदिन थोड़ा सा योगाभ्यास कर

लिया जाए तो हम रीढ़ के स्नायुओं को मज़बूत बना सकते हैं और दर्द का निवारण भी आसानी से कर सकते हैं।

प्रतिदिन नियमित रूप से अभ्यास करने से न सिर्फ़ स्नायु बल्कि हमारे सम्पूर्ण शरीर को लाभ मिलता है। स्नायु जोड़ों को इतना अच्छा आधार देते हैं कि जोड़ों के घिसते रहने पर भी दर्द नहीं होता। स्नायु क़ुदरत के क़ानून का पालन करते हैं। इनका नियम है कि "या हमें उपयोग कीजिए या हमें गँवाइए।" यह तो अपने हाथ में है कि हमें क्या चाहिए : उपयोग या गँवाना। उल्लेखनीय है कि गँवाना तो कोई भी नहीं चाहेगा। सभी उपयोग ही चाहेंगे, अर्थात् योगाभ्यास की आवश्यकता होती है। परन्तु हम सभी बहाने बनाने में कुशल हैं। दर्द या तकलीफ़ होने के बावजूद भिन्न-भिन्न प्रकार की बहानेबाज़ी करने से बाज़ नहीं आते, जैसे :

"मुझे गठिया है, मैं अभ्यास कैसे करूँ?"
"अब तो काफ़ी उम्र हो चुकी है, अब अभ्यास नहीं बनेगा।"
"मैं कमज़ोर हूँ। ज़रा सा काम करने पर थक जाता हूँ।"
"रीढ़ में दर्द है। अभ्यास से दर्द का प्रकोप कहीं बढ़ न जाए।"
"घर में ही इतनी कसरत हो जाती है, अभ्यास क्या करें?"
"अभ्यास करने का समय नहीं मिल पाता।"

• सही शारीरिक स्थिति

दैनिक कार्यों के दौरान शरीर को सही स्थिति में रखना रीढ़ से संबंधित रोगों से हमारे बचाव के लिए आवश्यक है।

अब हमें यह जान लेना आवश्यक है कि सही शारीरिक स्थिति आख़िर है क्या? आजकल के इस व्यस्त जीवन में जितने भी विलासितापूर्ण सामान हैं उनका उपयोग करते हुए सही शारीरिक स्थिति का ज्ञान और भान अधिकतर लोगों को नहीं होता है। यदि हम अपने शरीर को सही स्थिति में बनाए रखें तो अधिकतर रोगों से बचाव कर सकते हैं, और अपनी रीढ़ को सुरक्षित रख सकते हैं। यदि हमें सीधे खड़े होने को कहा जाए तो हम तनकर खड़े हो जाएँगे अर्थात् छाती को फुलाकर आगे की ओर ले आएँगे, कन्धे और कूल्हों को पीछे की ओर ले जाएँगे, जो कि वास्तव में सही शारीरिक स्थिति नहीं है, क्योंकि हम अप्राकृतिक स्थिति में ज़्यादा देर तक अपने शरीर को जकड़कर रखेंगे तो थकान और दर्द होने लगेगा। खड़े होने के लिए सही शारीरिक स्थिति का मतलब है : कन्धे कुछ पीछे परन्तु छाती से पीछे नहीं, ठोड़ी का भाग कुछ नीचे और पीछे की ओर खिंचा हुआ हो, कमर के नीचे के भाग का मोड़ कुछ सपाट हो। हम अपनी शारीरिक स्थिति का परीक्षण काँच के सामने कम से कम कपड़े पहनकर देखें तो स्वयं ही कर सकते हैं। काँच के सामने साइड से देखने पर अपना सम्पूर्ण अवलोकन कर सकते हैं।

• स्लिप डिस्क

1. **षट्कर्म** : कुंजल, जल नेति।
2. **आसन** : पवन मुक्तासन श्रंखला 1 व 2, नवजीवन, मकरासन, भुजंगासन, भुजंगासन स्थिति I, II, III एवं तिर्यक भुजंगासन, शशांक भुजंगासन, शवासन, शिथिलिकरण आसन, शिथिल्यासन, मेरुवक्रासन, सर्वांगासन, मत्स्यासन, वीरासन, धनुरासन।
3. **प्राणायाम** : उज्जायी, नाड़ी शोधन, कपालभाति, 12 सप्ताह केवल भ्रामरी।
4. **बंध** : मूल बंध।

विशेष : पवन मुक्तासन श्रंखला क्रमांक 3 की शुरुआत 2 महीने बाद।

सूर्य नमस्कार 1 वर्ष के बाद।

कौआ चाल 2 महीने बाद।

• पीठ दर्द एवं स्लिप डिस्क पर योगासन द्वारा प्रभाव

हम अपनी आदतानुसार अधिकतर कार्य सामने झुककर करते हैं। इससे पीठ की मांसपेशियों (लिगामेन्ट्स) में तनाव और कड़ापन आ जाता है। वे कमज़ोर हो जाती हैं। धीरे-धीरे उनमें दर्द होने लगता है।

योग से मेरुदंड के दोनों ओर सामने और पीछे की मांसपेशियाँ बराबर मज़बूत होती हैं। जिससे पूरा मेरुदण्ड बलिष्ठ बन जाता है। मेरुदण्ड के जो 33 वर्टिब्रल कॉलम होते हैं उनमें जो कड़ापन आ जाता है, निरन्तर योगाभ्यास करने से मेरुदण्ड लचीला हो जाता है। मेरुदण्ड जितना लचीला होगा शरीर उतना ही स्वस्थ होगा।

बढ़ती उम्र के साथ-साथ ख़ासकर जब शारीरिक अचलता हो तो मेरुदण्ड की हड्डियों के बीच की संधियों में डीजनरेटिव परिवर्तन होने लग जाते हैं। इससे दो वर्टिब्रे के बीच से नीचे नर्व्स निकलती हैं। उनमें दबाव पड़ता है तथा उस भाग में दर्द व कमज़ोरी और अधिक होने पर सुन्नता आने लग जाती है। यह अधिकतर गले तथा कमर की वर्टिब्रे में अधिक होता है। इसलिए गला, हाथ, कमर तथा पैरों में यह तकलीफ़ या दर्द होता है।

योग से रक्त संचालन अच्छा होता है। इससे चयापचय के अंतः पदार्थ आसानी से विसर्जित होते हैं। उस भाग में ऑक्सीजन संचालन समुचित होने से शक्ति बनी रहती है तथा उम्र का प्रभाव कम होता है। योगाभ्यास करने से संधियों में गति होती है। इससे उनके बीच ऑयलिंग होती रहती है।

हमारे मेरुदण्ड के प्रत्येक दो वर्टिब्रे के बीच में एक पतली लचीली झिल्ली या गद्दी होती है, इसे इंटर वर्टिब्रल डिस्क कहते हैं। इससे मेरुदण्ड में लचीलापन आता है और वह स्प्रिंग जैसा कार्य करती है। कई बार मांसपेशियों के असंतुलन से अथवा अचानक वज़न उठाने से या अचानक शरीर को मोड़ने से, इंटरवर्टिब्रल

डिस्क का अंदर की ओर का भाग जो काफ़ी मुलायम होता है खिसककर दो वर्टिब्रे के नीचे छिद्र की ओर आ जाता है। इससे वहाँ की नसों पर दबाव पड़ता है और दर्द महसूस होता है। सामान्यतः यह दर्द कमर से लेकर पैर तक कहीं भी होने लगता है। पैरों में झुनझुनी तथा कमज़ोरी भी आने लगती है। योगाभ्यास द्वारा मांसपेशियों का असंतुलन व कमज़ोरी दूर होती है तथा दो वर्टिब्रे को जोड़ने वाले लिगामेंट्स मज़बूत होते हैं। यह सब मिलकर डिस्क को अपने स्थान पर रखने में सहायक होते हैं और यदि कुछ खिसक भी गईं हो तो वापस ठीक हो जाती हैं। इसके अतिरिक्त उम्र के साथ डिस्क में डीजनरेटिव बदलाव आते हैं जिससे इसका लचीलापन कम होता जाता है। योगाभ्यास द्वारा यह बदलाव कम और धीमा हो जाता है, जिससे डिस्क का लचीलापन क़ायम रहता है।

पीठ दर्द या स्लिप डिस्क से बचने के लिए ग़लत मुद्रा या अवस्था भी त्याग देनी चाहिए। अपने दैनिक कार्य में सही मुद्रा (जो आपको पूर्व में बताई जा चुकी है) का समावेश अवश्य कर लेना चाहिए। तकिए का प्रयोग किए बिना ही सोना चाहिए या फ़्टि पतले तकिए का प्रयोग करना चाहिए। अत्यधिक मोटा तकिया लगाना मेरुदण्ड को नुक़सान पहुँचाता है। रुई के गद्दों का उपयोग करें। मोटे गद्दों से भी मेरुदण्ड को हानि पहुँचती है।

• पीठदर्द व स्लिप डिस्क के लिए उपचारात्मक आहार

पीठ का दर्द हो, स्लिप डिस्क या अन्य जोड़ों का दर्द या हड्डियों के विभिन्न प्रकार के दर्द विटामिन 'डी' और कैल्शियम की कमी होने से भी उभरते हैं।

बहुत से लोगों में अत्यधिक खाना खाने तथा अत्यधिक वज़नी होने से उनका नीचे को लटकता हुआ पेट मेरुदण्ड को आगे की ओर खींचता है और इसके कारण मेरुदण्ड पर अतिरिक्त भार व दबाव पड़ता है, जिससे दर्द होता है। तात्पर्य यह है कि भोजन में व खाना खाने की आदतों में सुधार करके भोजन के रूप व प्रकार में परिवर्तन करके वज़न घटा लें तो न सिर्फ़ दर्द में लाभ मिलेगा बल्कि रोगी घूम-फिर भी अधिक सकता है।

हम यह पूरे विश्वास के साथ कह सकते हैं कि यदि हमारे भोजन में आवश्यक प्रोटीन तथा विटामिन खनिज लवण सम्मिलित रहें, अर्थात् हमारा भोजन सन्तुलित हो और सही समय पर लिया गया सात्विक भोजन हो। जिससे हमारा वज़न न बढ़े बल्कि शरीर की सभी आवश्यकताओं की पूर्ति हो और पर्याप्त व्यायाम करें तो हमें यह रोग कभी छू भी नहीं सकेगा।

विटामिन 'डी' की पूर्ति के लिए जैतून का तेल एक चम्मच सलाद में डालकर उपयोग करें एवं कम से कम कपड़े पहनकर धूप में बैठें। भोजन में कैल्शियम की पर्याप्त मात्रा के लिए हरी साग-सब्ज़ियों का भरपूर उपयोग करें।

• • •

हृदय रोग

(Heart Disease)

हृदय एक ऐसा नाज़ुक जैविक अंग है जो हर मिनट औसतन 72 बार और 24 घंटे में 1,03,680 बार धड़कता है ताकि शरीर के ऊतकों को रक्त के माध्यम से पर्याप्त ऑक्सीजन पहुँचाकर जीवित बनाए रख सके। हृदय की इस महत्ता को ध्यान में रखकर ही कुदरत ने उसके स्नायु विशेष प्रकार के बनाए हैं। शरीर के किसी अन्य स्नायु तंतुओं का निर्माण हो जाता है किन्तु हृदय रोग के आक्रमण से मृत बने हुए हृदय-स्नायुओं के विषय में यह बात सत्य नहीं है। हृदय के संबंधित अंश में रुझान तो आ जाता है, परन्तु रुझान की यह प्रक्रिया एकदम सामान्य कोषों के द्वारा होती है। फलतः हृदय दुर्बल हो जाता है। किसी भी मशीन से अगर उसकी क्षमता से अधिक काम लें तो निश्चय ही जल्दी ख़राब होने लगती है। यही सामान्य नियम हृदय रूप मशीन के साथ भी लागू होता है अर्थात् जब दिल पर काम का अधिक बोझ लाद दिया जाता है तब उसके फ़ेल होने की संभावनाएँ उत्पन्न हो जाती हैं।

यदि दिल किसी कारण कमज़ोर पड़ गया हो अथवा अपने किसी रोग के कारण उसकी शक्ति घट गई हो तब दैनिक सामान्य काम भी बोझिल बन जाता है। इन दशाओं में वह अपना ख़ून पम्प करने के काम को पूरी तरह अंजाम नहीं दे पाता और यहीं से शरीर के इस अद्भुत यन्त्र के फ़ेल होने का सूत्रपात होता है।

हृदय पूरे शरीर को ख़ून पहुँचाता है इसलिए जब वह फ़ेल होने की तरफ़ झुकने लगता है तो शरीर की बहुत सारी क्रियाएँ गड़बड़ा जाती हैं। हृदय की कार्यक्षमता घटने पर जितना ख़ून उसके पास पम्प करने के लिए पहुँचता है वह पूरा ख़ून पम्प नहीं कर पाता। ऐसी हालत में जब दिमाग़ को कम ख़ून पहुँचता है तो व्यक्ति भ्रम में रहने लगता है, अर्थात् दिमाग़ी ताक़त कम हो जाती है। इसी तरह जब शरीर के दूसरे अंगों और अवयवों में ख़ून की कमी पड़ जाती है तो वे भी दुर्बल पड़ने लगते हैं। फेफड़ों से शुद्ध होकर दिल में आने वाले ख़ून का कुछ भाग जब फेफड़ों में वापस पहुँच जाता है तब साँस उखड़ने लगती है और खाँसी पैदा हो जाती है। कई बार ख़ून का कुछ भाग रक्त-वाहिनियों में ही लौट जाता है। इस ख़ून का जलीय अंश रक्त-नलिकाओं की दीवारों से छनकर मांस तथा दूसरी धातुओं में जमा होने लगता है। तब यह जलीय अंश कई स्थानों पर सूजन पैदा कर देता है तथा शरीर का वज़न बढ़ाकर उसे भारी बना देता है। चेहरे, टाँगों, टखनों और पैर के पंजों की सूजन दिल के फ़ेल होने के संकेत होते हैं। इस जल के इकट्ठा हो जाने पर शरीर

उसे बाहर निकालने की कोशिश करता है, तब गुर्दों का काम बढ़ जाता है और रोगी को बार-बार पेशाब जाना पड़ता है।

कुछ लोग आनंदी, संतोषी तथा सकारात्मक भावना वाले होते हैं और सदा ही जीवन के अच्छे पहलू को देखना पसंद करते हैं। वे काफ़ी उम्र तक अपने हृदय को स्वस्थ रख सकते हैं। दूसरी ओर कुछ लोग असंतुष्ट, अत्यधिक महत्त्वाकांक्षी और नकारात्मक दृष्टिकोण वाले होते हैं। उनका मस्तिष्क मानो पीलिया से ग्रस्त होता है अतः उन्हें सर्वत्र पीला ही पीला दिखता है। हीन भावनाएँ ऐड्रिनल ग्रंथि की विकृत उत्तेजना उत्पन्न करती है। फलतः शरीर में ऐड्रिनल और नॉरोड्रिनालाइन का स्राव बढ़ता है। ये दोनों पदार्थ रक्त में मिलते हैं तब रक्त में कॉलेस्टरॉल की मात्रा बढ़ती है। इन दो स्रावों के कारण हृदय की प्राणवायु की आवश्यकता भी बढ़ जाती है। यह क्रिया निरंतर चलती रहती है। इसलिए ऐसे लोग हृदय रोग के शिकार शीघ्र बनते हैं। यह हमेशा ध्यान रहे कि हृदय और मन परस्पर सर्वथा संबद्ध होते हैं।

• हृदय रोग के लक्षण

1. **एन्जाइना पेक्टोरिस :** भारी भोजन लेने के बाद बिलकुल ही न घूमने-फिरने पर या निश्चित मात्रा में श्रम नहीं करने पर छाती में बढ़ता हुआ दर्द महसूस होता है जो आराम करने पर अक्सर कुछ ही मिनटों में दूर हो जाता है। हृदय रोग का चेतावनी सूचक लक्षण एन्जाइना पेक्टोरिस हो सकता है। कभी-कभी यह दर्द बढ़ता हुआ नहीं होता परन्तु छाती, भुजा, चेहरा, गर्दन तथा छाती के निचले भाग में पाया जाता है। जो भोजन लेने के बाद श्रम करने पर उत्पन्न होता है, परन्तु आराम करने पर दूर हो जाता है। धमनियों के संकरे होने के कारण हृदय को पर्याप्त रक्त आपूर्ति में बाधा आती है, परन्तु विश्राम की स्थिति में इस संकरी धमनी से भी रक्त की आपूर्ति पर्याप्त मात्रा में हो सकती है। दर्द के साथ वक्ष स्थल में दबाव व जलन अनुभव होती है।
2. **साँस चढ़ना :** जिस व्यक्ति पर हृदय रोग का आक्रमण हुआ हो उसे साँस लेने में कठिनाई होती है। प्राणवायु के लिए वह छटपटा रहा हो ऐसा लगता है। श्वासोच्छ्वास की तीव्र कठिनाई हृदय रोग के आक्रमण का मुख्य लक्षण सिद्ध होती है। हृदय रोग का दर्द रहित आक्रमण मधुमेह के रोगियों में अधिक पाया जाता है।
3. **दुर्बलता :** हृदय रोग के आक्रमण का शिकार व्यक्ति अत्यंत दुर्बलता का अनुभव करता है। इसके दो कारण हैं :

    1. आघात।
    2. क्षतिग्रस्त हृदय की कार्यक्षमता घट जाना। संकुचन के समय हृदय रक्तवाहिनियों में कम रक्त धकेलता है। इसके फलस्वरूप हाथ-पैर में कम रक्त पहुँचता है।

4. अतिशय पसीना आना : हृदय रोग के आक्रमण के पश्चात् व्यक्ति पसीने से लथपथ हो जाता है। यह पसीना भी आघात का परिणाम है।
5. उबकाई : उल्टी और मानसिक तनाव। उबकाई, उल्टी या मानसिक तनाव के लिए हृदय रोग की तीव्र पीड़ा ज़िम्मेदार होती है।
6. कोरोनरी ऑक्लुजन : कोरोनरी ऑक्लुजन तीन कारणों से हो सकता है :

    1. रक्त प्रवाह धीमा होना।
    2. रक्त जमने का समय कम हो जाना।
    3. आंतरिक स्तर की कोशिकाओं में रक्तस्राव।

1. रक्त प्रवाह धीमा होना : विश्राम के समय रक्तचाप कम होने, शल्य क्रिया के दौरान या बाद में तथा गम्भीर वमन और अतिसार में निर्जलीकरण के कारण रक्त प्रवाह धीमा हो जाता है। धमनी में एथेरोमा (घाव) होने पर धीमे रक्त प्रवाह के कारण थ्रॉम्बोसिस (थक्का निर्माण क्रिया) होता है जो हृदय की धमनी में रुकावट लाता है और इस तरह कोरोनरी ऑक्लुजन को जन्म देता है।

2. रक्त जमने का समय कम हो जाना : उपवास की स्थिति की अपेक्षा भोजन लेने के बाद रक्त जमने का समय अपेक्षाकृत कम पाया जाता है। यदि रक्त में लिपिड की मात्रा काफ़ी अधिक हो तो भारी वसा युक्त आहार लेने के बाद आराम करने पर थ्रॉम्बोसिस हो सकता है, क्योंकि यह रक्त प्रवाह धीमा कर देता है।

3. धमनी की आंतरिक सतह पर कोशिकाओं में रक्त स्राव : कई बार रक्तचाप अचानक बढ़ जाता है। यदि संवेगों की तीव्रता गम्भीर हो या अत्यधिक परिश्रम किया जाए ऐसी स्थिति में आंतरिक स्तर के नीचे पाई जाने वाली कोशिकाओं में रक्त स्राव हो सकता है जो कोरोनरी धमनी को बन्द कर देता है। बिना आंतरिक सतह को तोड़ते हुए इस प्रकार बिना थ्रॉम्बस के निर्माण के कोरोनरी ऑक्लुजन आ सकता है।

4. कोरोनरी इन्फ्राक्शन : थ्रोम्बोसिस के कारण या सब-इन्टिमल हेमरेज के कारण जब कोरोनरी धमनी में रुकावट आ जाती है तब हृदय की मांसपेशियों को ऑक्सीजनयुक्त रक्त की आपूर्ति न हो पाने के कारण वे कार्य अक्षम हो जाती हैं या उनकी मृत्यु हो जाती है, जो कोरोनरी इन्फ्राक्शन कहलाता है। ऐसे समय तीव्र बढ़ता हुआ दर्द छाती में महसूस होता है। साँस लेने में तकलीफ़ होती है तथा माँसपेशियाँ कार्यक्षम नहीं रह जाती हैं। इन मृत ऊतकों को शरीर से बाहर निकालने के प्रयत्न में शरीर का तापक्रम कुछ बढ़ जाता है तथा श्वेत रक्त कणों की संख्या में वृद्धि होती है और एरिथ्रोसाइड सेडीमेन्टेशन दर बढ़ जाता है।

• हृदय रोग के कारण

1. वंशानुक्रम : हृदय रोगों में वंशानुक्रम की भूमिका मानी जाती है, संभवतः पारिवारिक रहन-सहन का तरीक़ा, खान-पान का तरीक़ा, पारिवारिक वातावरण,

रीति-रिवाज़ आदि रोगकारक सहायक तत्व हो सकते हैं।

2. आयु : अक्सर 50 वर्ष की उम्र के बाद अधिक देखा जाता है। यदि इस रोग का पारिवारिक इतिहास रहा हो तो अपेक्षाकृत कम उम्र में भी हो सकता है। यदि मायोकॉर्डियल इन्फ्राक्शन या हार्ट अटैक 30-50 वर्ष की उम्र के बीच आता है, तो यह ज़्यादा ख़तरनाक होता है। परन्तु 50 वर्ष की उम्र के बाद ज़्यादा घातक नहीं होता क्योंकि उम्र बढ़ने के साथ रक्तवाहिनियों की सहायक नलियाँ विकसित हो जाती हैं जिससे कोरोनरी धमनी में रुकावट होने के बावजूद हृदय की माँसपेशियों को पोषण हेतु रक्त की आपूर्ति बनी रहती है।

3. अंतः स्रावी ग्रंथियों के स्राव : अक्सर स्त्रियों की अपेक्षा पुरुषों में अधिक देखा जाता है। इसका संभावित कारण यह है कि स्त्री में सेक्स हॉर्मोन हृदय रोगों को रोकने का प्रभाव रखते हैं। थायरॉइड ग्रंथि के स्राव से प्लाज़्मा कोलेस्ट्रॉल के कोलिक अम्ल में विघटन को बढ़ावा देता है। यही कारण है कि थायरॉइड ग्रंथि की कम क्रियाशीलता में रक्त के कुल लिपिड तथा कोलेस्ट्रॉल का स्तर अधिक पाया जाता है।

4. कुल कैलोरी : आहार द्वारा कुल कैलोरीज़ अधिक मात्रा में लेने पर सीरम लिपिड का स्तर बढ़ जाता है। ऊर्जा व्यय की तुलना में अधिक ऊर्जा ग्रहण करना मोटापे का कारण होता है। मोटापा होने पर पेरिकॉर्डियल हृदय आवरण पर वसा का जमाव बहुत ज़्यादा होता है और रक्त परिसंचरण में रक्त वाहिनियों को अधिक लम्बा चक्कर लगाना पड़ता है। ये सब स्थितियाँ संयुक्त रूप से हृदय पर अधिक कार्यभार डालती हैं।

5. ख़ून में कोलेस्ट्रॉल की अधिकता : कोलेस्ट्रॉल तत्व धमनियों में जमकर उन्हें संकरा बना देता है। यह रक्त का एक आवश्यक चर्बी तत्व है, ठीक उसी तरह जैसे शकर आवश्यक तत्व के रूप में रक्त में रहती है। लेकिन जब कोलेस्ट्रॉल की मात्रा ज़रूरत से ज़्यादा बढ़ जाती है तो यह धमनियों के भीतर गद्दी की तरह जमने लगती हैं। इसके जमने का क्रम एक सा नहीं होता, बल्कि टुकड़ों के रूप में जहाँ-तहाँ जमने लगता है। जहाँ-जहाँ धमनियों से शाखाएँ निकलती हैं एवं जहाँ रक्त अधिक दबाव के साथ टकराता है वहाँ-वहाँ इसका जमाव अधिक होता है।

6. तम्बाकू-सेवन : पान में तम्बाकू खाना, सूखा तम्बाकू चबाना, सुँघनी के रूप में तम्बाकू का इस्तेमाल दिल के दौरों के लिए सबसे बड़ा कारण होता है। जो लोग तम्बाकू-सेवन नहीं करते उनकी अपेक्षा तम्बाकू या सिगरेट पीने वालों में दिल के दौरों का ख़तरा पाँच गुना अधिक होता है। इतना ही नहीं, तम्बाकू सेवन करने के कारण अकस्मात मृत्यु हो जाने का ख़तरा भी बढ़ जाता है। तम्बाकू में 'निकोटीन' नामक ज़हरीला तत्व होता है, जिसका काफ़ी बुरा प्रभाव पड़ता है। निकोटीन तथा कार्बन मोनॉक्साइड नामक ज़हर फेफड़ों व रक्त में प्रविष्ट होते हैं।

7. निष्क्रिय जीवन : शारीरिक श्रम अथवा उचित व्यायाम करने वालों में हृदय रोग

की मात्रा बहुत ही कम होती है। परिश्रम के अभाव के हृदय की कार्यक्षमता इतनी कम हो जाती है कि बाद में अत्यल्प श्रम का सामना करने में भी हृदय असमर्थ बन जाता है।

8. पानी : पानी के प्रकार पर भी हृदय रोग की गम्भीरता काफ़ी कुछ निर्भर करती है। मृदु तथा अधिक अम्लीय पानी जिसमें कैल्शियम तथा मैग्निशियम कम होता है। कोरोनरी इन्फ़्राक्शन की स्थिति में हृदय की लय की असामान्यता के लिए उत्तरदायी होता है।

9. संतृप्त तथा असंतृप्त : यदि आहार में संतृप्त वसा, जैसे : घी, डालडा आदि अधिक लिया जाए, तो हार्ट अटैक की संभावना अधिक बढ़ जाती है। यदि असंतृप्त वसा , जैसे : तेल अधिक लिया जाता हो तो कोरोनरी इन्फ़्राक्शन, सेरीब्रम इन्फ़्राक्शन या हृदय रोग में कमी आती है। अतः जो हृदय रोग से ग्रस्त हो उनके लिए बहुत असंतृप्त वसीय अम्ल वाले तेलों का प्रयोग लाभदायक होता है।

10. अल्कोहल : जो व्यक्ति अल्कोहल का सेवन करते हैं उनमें सामान्य व्यक्तियों की अपेक्षा हृदय रोग की संभावना 20 गुना बढ़ जाती है। क्योंकि इससे ली जाने वाली कैलोरीज़ की मात्रा भी बढ़ जाती है जो बीटा लाइपो प्रोटीन के निर्माण को उत्तेजित करती है।

11. एथरोस्क्लेरोसिस : हमारे शरीर के सभी अंग अपने सुचारू कार्य के लिए पोषण हेतु रक्त की आपूर्ति पर निर्भर करते हैं। यह उन्हें हृदय से रक्त नलिकाओं या धमनियों द्वारा पहुँचाया जाता है। वास्तव में यह रक्त नलिकाएँ पतली ट्यूब के समान होती हैं जिनमें आयु वृद्धि के साथ कुछ निश्चित परिवर्तन आते हैं। कई बार रक्त की पूर्ति उचित न हो पाने के कारण शरीर के अंगों में भी विघटनकारी परिवर्तन परिलक्षित होते हैं जिनका कारण धमनियों की अस्वस्थता या रोगग्रस्तता हो सकता है। धमनियों की दीवारों का मोटापा एथरोस्क्लेरोसिस होता है। यह शब्द रक्त धमनियों के खुरदरेपन तथा कड़ेपन को इंगित करता है जिससे हृदय मस्तिष्क तथा गुर्दों के रक्त परिसंचरण में बाधा आती है। जब किसी अंग को रक्त की आपूर्ति 70 प्रतिशत तक कम हो जाए या पूर्णतः बन्द हो जाए तो हृदय की धमनियाँ प्रभावित होने पर छाती में दर्द अनुभव किया जाता है।

12. रक्तचाप : उच्च रक्तचाप को जानने से पहले यह जान लेना आवश्यक है कि रक्तचाप क्या है। रक्तचाप में दो दाब होते हैं : हृदय जब रक्त को इलास्टिक आर्टरीज़ से पम्प करता है तब धमनियाँ अपने अधिकतम विस्तार तक फैली रहती हैं ऐसे समय में जो दाब मिलता है वह सिस्टोलिक दाब कहलाता है। फिर इन धमनियों का संकुचन होता है जिससे डाएस्टोलिक दाब बनता है जो डाएस्टोल अवस्था में रक्त प्रवाह को बनाए रखता है।

सामान्य स्वस्थ व्यक्तियों में सिस्टोलिक दाब 120 मि.मि. मर्करी तथा डाएस्टोलिक

दाब 80 मि.मि. मर्करी पाया जाता है। यदि सिस्टोलिक दाब बढ़ाकर 150 मि.मी. मर्करी से अधिक तथा डाएस्टोलिक दाब 95 मि.मि. मर्करी से अधिक हो जाए तो इसे उच्च रक्तचाप माना जाता है।

• उच्च रक्तचाप के कारण

1. **वंशानुक्रम :** वंशानुक्रम उच्च रक्तचाप के लिए उत्तरदायी होता है।
2. **शारीरिक कारण :**
   (1) रक्तवाहिनी शिराओं का मार्ग संकीर्ण होना अथवा कठोर होना।
   (2) गुर्दे में किसी विकार या व्याधि का होना।
   (3) लिवर के माध्यम से होने वाले रक्त प्रवाह में बाधा होने से पोर्टल वेन में दबाव उत्पन्न होना।
   (4) रक्त में कोलेस्ट्रॉल की मात्रा सामान्य स्तर से ज़्यादा हो जाना।
   (5) जैसे-जैसे मोटापा बढ़ता जाता है रक्त वाहिनियों को रक्त संचरण के लिए अधिक लम्बा चक्कर काटना पड़ता है जिससे हृदय पर अतिरिक्त कार्य भार आता है।
3. **मानसिक तनाव एवं दबाव :** आज के आधुनिक युग में प्रत्येक मनुष्य 'तनाव' से पीड़ित है। इसका कारण भाग-दौड़, जल्दबाज़ी, आराम से खान-पान का न होना है। सारी व्यवस्था ही बिगड़ चुकी है। तनाव का कारण कुछ भी हो सकता है : मानसिक, शारीरिक, सामाजिक, आर्थिक, राष्ट्रीय, अन्तर्राष्ट्रीय या फिर अन्य किसी भी क़िस्म का।

• मानसिक तनाव के मुख्य कारण

1. प्रातः काल सूर्योदय के पश्चात् उठना।
2. रात्रि में देर से सोना।
3. खड़े होकर भोजन करना।
4. आराम की कमी।
5. ईश्वर व प्रकृति में आस्था की कमी।
6. जल्दबाज़ी की आदत।
7. बीमारी।
8. कृतघ्नता।
9. बीती हुई घटनाएँ या क्षतियाँ।
10. जीवन के लिए आवश्यक वस्तुओं का अभाव।
11. लोकनिंदा।

12. थकावट।
13. भविष्य की संभावित घटनाओं का भय।

• तनाव मुक्ति के उपाय

1. हीन विचारों को निकाल दें।
2. अपने स्वयं के व्यक्तित्व के बारे में सोचें।
3. दिनचर्या व्यवस्थित करें।
4. बेड टी का प्रयोग बिलकुल बंद कर दें।
5. ब्रह्म मुहूर्त में उठें।
6. प्रातःकाल प्राणायाम का अभ्यास करें।
7. प्रातः उठते ही जल पिएँ।
8. नित्य योग करें।
9. रोज़ ही प्रातः नेति क्रिया का अभ्यास करें।
10. भोजन के पहले तीन घूँट पानी पिएँ व भोजन के उपरान्त आधे या एक घंटे बाद पानी अवश्य पिएँ।
11. भोजन के बाद वज्रासन में 20 मिनट अवश्य बैठें।

योग एक विज्ञान है, एक व्यवस्था है, एक दर्शन है। योग जीवन जीने की एक कला है, इसलिए जो व्यक्ति यौगिक जीवन जीता है वह तनावमुक्त रहता है।

जब भी आप तनावग्रस्त हों, आराम से बैठकर एक गिलास ठंडा पानी घूँट-घूँट करके पिएँ। लम्बी श्वास लें। आँखें बंद करके शांति से बैठ जाएँ और तनाव के कारण के बारे में सोचें और अपनी मानसिक शक्ति का प्रयोग करें व प्रबल विचार शक्ति के द्वारा उस कारण को समाप्त कर दें।

कुदरत का यह नियम है कि जैसा आप सोचने लगते हैं वैसे ही बन जाते हैं। इसलिए अपने अन्दर हमेशा उच्च विचारों को जन्म देते रहें। अपने आप को प्रसन्नचित्त रखें। सदैव प्रसन्न मुद्रा में रहने का प्रयास करें, तनाव आपको छू न सकेगा।

भोजन में अधिक सोडियम की मात्रा का होना हानिकारक है। जो लोग अधिक नमक खाते हैं और डिब्बाबंद खाद्य पदार्थों का इस्तेमाल अधिक करते हैं वे भी इस रोग से पीड़ित रहते हैं।

• उच्च रक्तचाप के कारण

सिरदर्द, सिर में भारीपन, तनाव एवं चक्कर आना, थकावट होना, चेहरे पर तनाव मालूम देना, हृदय की धड़कन बढ़ना, साँस लेने में असुविधा होना, स्वभाव में

चिड़चिड़ापन होना, अनिद्रा, घबराहट, बेचैनी होना आदि उच्च रक्तचाप के कारण हो सकते हैं।

• उच्च रक्तचाप से बचाव

शारीरिक कारण उत्पन्न करने वाला ग़लत आहार-विहार न करके उचित और निश्चित समय पर सादा सुपाच्य आहार लें। पाचन शक्ति ठीक रखें, शरीर पर मोटापा न चढ़ने दें। ऐसे पदार्थों का सेवन न करें जो रक्त में कोलेस्ट्रॉल और मोटापा बढ़ाते हों। श्रम के कार्य करें, योगासनों का नियमित अभ्यास करें। वज़न को नियंत्रित रखने के लिए फल, सलाद आदि का प्रयोग अधिक करें या जो आहार तालिका हम आगे दे रहे हैं उसका पालन करें।

मानसिक कारण उत्पन्न करने वाले कारणों से बचकर रहें। चिन्ता न करके 'चिन्तन' करना चाहिए। 'चिन्ता' और 'चिन्तन' में बहुत अंतर होता है। मन की इच्छा के विपरीत और पीड़ादायक सोच-विचार करने को चिन्ता करना कहते हैं। इस चिन्ता से मुक्ति के लिए भी नियमित योगाभ्यास आवश्यक है जिससे मन की चिन्तन शक्ति का विकास होता है।

• निम्न रक्तचाप या लो ब्लड प्रेशर

निम्न रक्तचाप कोई रोग नहीं होता, लेकिन जाँच के बाद जब डॉक्टर किसी व्यक्ति को यह बताता है कि उसका रक्तचाप नीचा है तो वह इस बात को हानिकारक मानकर चिन्तित हो उठता है। हृदय विशेषज्ञों का कथन है कि 'लो ब्लड प्रेशर' वाले व्यक्ति वास्तव में सौभाग्यशाली होते हैं क्योंकि उन्हें उच्च रक्तचाप या हाई ब्लड प्रेशर से होने वाले ख़तरों का भय नहीं रहता।

कई बार कुछ बाहरी कारण लो ब्लड प्रेशर के लिए उत्तरदायी होते हैं, जैसे : दिल का दौरा भोग लेने के बाद दुर्घटनावश चोट लगने या किसी ऑपरेशन के फलस्वरूप शरीर से रक्त निकल जाने के बाद।

वैसे कुछ परिवारों के सदस्यों में स्वभावतः लो ब्लड प्रेशर होता है। भले ही वे लोग कुछ भी खाएँ, कैसे भी रहें, लेकिन रक्तचाप निरंतर लो ही बना रहता है।

कभी-कभी लो ब्लड प्रेशर कुछ रोगों के कारण हो सकता है, जैसे : हृदय के कपाटों के रोग के कारण, गुर्दों के सिर पर रहने वाली ऐड्रिनल ग्रंथि के रुग्ण हो जाने के कारण, हृदय की धड़कनों की गति काफ़ी तेज़ हो जाने के कारण अथवा 'हार्ट-फ़ेल' होने की दशा में भी रक्त का दबाव गिर जाता है।

ऐसा समझना कि लो ब्लड प्रेशर हृदय रोग का लक्षण है यह व्यर्थ की शंका है। परन्तु यदि पूर्व में दिए गए कारणों से लो ब्लड प्रेशर हो तो वह लक्षण हो सकता है।

लो ब्लड प्रेशर के कारण : लो ब्लड प्रेशर सामान्यतः उन लोगों में पाया जाता है जो शरीर से दुबले हों, लम्बे हों और जिनकी सहन-शक्ति कम हो। ऐसे लोग बैठकर एकदम उठें अथवा गर्म कमरे में प्रवेश करें तो उन्हें चक्कर सा अनुभव होता है। यदि वे ऐसी स्थिति में सिर झुकाकर बैठ जाएँ तो यह चक्कर का दौरा ठीक हो जाता है।

• हृदय रोग से बचने के कुछ उपाय

1. आपके विचारों की प्रतिध्वनि आपके हृदय पर पड़ती है। शुभ विचार हृदय के ऊपर अच्छा प्रभाव डालते हैं जबकि हीन भावनाएँ हृदय पर विपरीत प्रभाव डालती हैं।
2. जो लोग निरंतर मानसिक तनाव, क्रोध या चिन्ता की छाया में जीते हैं वे स्वयं हृदयरोग को निमंत्रित करते हैं।
3. कर्म का सिद्धांत अपनाएँ, कार्य करते रहें परन्तु फल की आकांक्षा न रखें।
4. मानसिक तनाव को तुरन्त कम करने के लिए शवासन एक अमोघ उपाय है।

योगासन से सही होता है रक्त संचालन :

मानसिक तनाव उच्च्य रक्तचाप का प्रमुख कारण है। योगासन द्वारा शरीर के सभी अंगों में रक्त संचालन सुचारू रूप से होता है। विभिन्न आसनों के पश्चात् शवासन द्वारा शरीर की मांसपेशियाँ शिथिल हो जाती हैं। इसके अलावा मानसिक तनाव कम होने से रक्त में नॉरऐड्रिनलिन व ऐड्रिनलिन की मात्रा कम होती है, जिससे उच्च्य रक्तचाप सामान्य करने में सहायता होती है।

• एंजाइना पेक्टोरिस (angina pactoris)

एंजाइना पेक्टोरिस दो तरह से हो सकता है :

1. उम्र के साथ-साथ, हृदय को रक्त संचारित करने वाली धमनियाँ, जिन्हें कोरोनरी धमनी कहते हैं, के अंतः भाग में कोलेस्ट्रॉल तथा कुछ अन्य वसा जमा हो जाता है। जिससे कोरोनरी धमनी का छिद्र छोटा हो जाता है।
2. धमनियों की मांसपेशियाँ अचानक संकुचित होने से भी उसके छिद्र छोटे हो जाते हैं।

इन दोनों कारणों से हृदय में रक्त का प्रवाह अस्थाई रूप से कम हो जाता है। इससे हृदय में पीड़ा होती है जो सामान्यतः छाती में दर्द के रूप में होता है।

इसमें योगासन कई प्रकार से लाभ पहुँचाते हैं :

1. नियमित योगाभ्यास से शरीर में कोलेस्ट्रॉल व ट्राइग्लिसरॉइड कम हो जाते हैं।

2. योगाभ्यास से सारे शरीर के साथ-साथ कोरोनरी धमनियों में भी रक्त संचार बढ़ता है। इससे सहायक धमनियाँ बनने में सहायता मिलती है।
3. कोरोनरी धमनियों की मांसपेशियों का संकुचन कम होता है।

• दिल का दौरा

जब कोरोनरी धमनी में रक्त प्रवाह पूर्णतः बंद हो जाता है तो दिल का वह भाग कार्य करना बंद कर देता है। इससे असहनीय पीड़ा होती है और धीरे-धीरे हृदय का वह भाग मृत हो जाता है जिसे इन्फ्राक्शन कहते हैं। इस तरह से यह एंजाइना पेक्टोरिस का तीव्र रूप है। इसमें भी योगाभ्यास से धमनियों में रक्त संचार बढ़ता है, और कोलेस्ट्रॉल व ट्रायग्लिसरॉइड कम हो जाते हैं, और कोरोनरी धमनियों की मांसपेशियों का संकुचन कम होता है। इसके अतिरिक्त यह भी वैज्ञानिक सत्य है कि जिन्हें एक बार दौरा पड़ चुका है वे यदि नियमित योगाभ्यास करेंगे तो पुनः दौरा पड़ने की संभावना घट जाती है।

• एथरोस्क्लेरोसिस (atherosclerosis)

कोरोनरी धमनियों की ही तरह शरीर की अन्य धमनियों में भी धीरे-धीरे कोलेस्ट्रॉल तथा अन्य वसा जमा हो जाता है और धमनियों के अन्तः भाग पर उभार बनाती हैं जिन्हें एथरोमा कहा जाता है। ये धमनियों के छिद्र को कम कर इस भाग में रक्त प्रवाह कम करती हैं। यदि मस्तिष्क की किसी धमनी में यह उभार हुआ तो पैरालिसिस हो जाता है।

योगासन के नियमित अभ्यास द्वारा रक्त में हाई डेंसिटी कोलेस्ट्रॉल की मात्रा अधिक होती है व लो डेंसिटी कोलेस्ट्रॉल की मात्रा कम हो जाती है। इससे एथरोमा का बनना कम हो जाता है। उच्च रक्तचाप सामान्य होने से भी एथरोस्क्लेरोसिस कम होता है।

• हृदय रोग के लिए उपचारात्मक आहार

6:30 बजे	:	1 गिलास नींबू पानी, एक चम्मच शहद के साथ।
8:00 बजे	:	1 कप स्किम्ड मिल्क, 1 कटोरी अंकुरित चने या 1 कटोरी दलिया
10:00 बजे	:	1 सेब।
12:00 बजे	:	2 रोटी (बिना घी लगी), 1 कटोरी मूँग छिलका दाल, 1 कटोरी दही, 1 कटोरी सब्ज़ी (गाजर, तोरई, लौकी, आलू, पत्ता गोभी) परवल, करेला, मेथी, पालक, बथुआ, सरसों, शिमला मिर्च आदि)।
4:00 बजे	:	1 चम्मच मेथीदाना पावडर, 1 गिलास पानी के साथ।
6:00 बजे	:	1 गिलास फलों का रस या 1 प्लेट पपीता।

8:00 बजे : 1 बाउल सूप, 1 या 2 रोटी, 1 कटोरी सब्ज़ी, सलाद 1 प्लेट या 1 प्लेट मूँग छिलका दाल + दलिया खिचड़ी + सब्ज़ी मिक्स खिचड़ी (हरी चटनी के साथ)।

हृदय रोग में वर्जित भोज्य पदार्थ – भैंस का मलाईयुक्त दूध, दूध की मलाई, वनस्पति घी, शुद्ध घी, मक्खन, नारियल का तेल, चर्बी, मांसाहार, अण्डे का पीला भाग, चॉकलेट, बर्फ़ी, खोया, लड्डू, हलवा, काजू व अन्य ड्राय फ्रूट्स तथा तले हुए भोज्य पदार्थ, नमक, सोडियम युक्त डिब्बाबंद पदार्थ, नमक युक्त मक्खन, डबल रोटी, बिस्किट, कॉर्नफ़्लेक्स, सॉसेज, चीज़, मक्खन, मार्जरीन, आईसक्रीम, वाइन आदि। इसके अलावा बेकिंग पावडर, बेकिंग सोडा जैसे फुलाने वाले तत्वों का इस्तेमाल भी वर्जित है।

हृदय रोग में दिए जाने योग्य भोज्य पदार्थ – स्किम्ड मिल्क, मट्ठा, लस्सी, गाय के दूध का पनीर, हरी सब्ज़ियाँ, फलियाँ, कद्दू, लौकी, सहजन फली, चने की दाल व अंकुरित चना, मूँग एवं मोठ। मेथीदाना, गुड़, मूँगफली या सरसों का तेल या फिर सबसे अच्छा होगा यदि आप किसी अच्छे तेल का इस्तेमाल करें जो कि पॉलीअनसेचुरेटेड होते हैं। सभी फल इस्तेमाल कर सकते हैं। फलों और सब्ज़ियों का रस प्रतिदिन लें। प्रतिदिन 10 से 15 ग्राम मेथीदाने का पावडर या मेथीदाने को पानी में भिगोकर सुबह निगल लें। गेहूँ के जवारे का जूस नित्य 1 कप 6 माह तक लें।

• हृदय रोग के लिए उपचारात्मक योगाभ्यास

उच्च रक्तचाप एवं हृदय रोग :

1. **षट्कर्म** : जल नेति।
2. **आसन** : पवनमुक्तासन श्रंखला क्र.-1 (कौआ आसन व सूर्य नमस्कार का अभ्यास वर्जित है), सहस्र प्राणायाम एवं हृदय स्तम्भन आसन, यौगिक श्वसन क्रिया, साइकिल चलाना, सिद्धासन, पद्मासन, गौमुखासन, हलासन, उष्ट्रासन, हस्त-पाद उत्तानासन, अर्ध बद्ध पद्म पश्चिमोत्तानासन, पश्चिमोत्तानासन, वीरासन, ताड़ासन, शवासन या योग निद्रा, ध्यान।
3. **प्राणायाम** : भ्रामरी, उज्जायी, नाड़ीशोधन, शीतली, शीतकरणी, भस्त्रिका, अनुलोम-विलोम।
4. **मुद्रा** : विपरीतकरणी मुद्रा।
5. **बंध** : त्रिबंध।

❖ निम्न रक्त चाप :

1. **षट्कर्म** : कुंजल, जल नेति (गुरु के मार्गदर्शन में)।

2. **आसन** : पवनमुक्तासन श्रंखला क्र.-1 व 2, पद्मासन व पद्मासन में ध्यान, हलासन, कर्णपीड़ासन, सर्वांगासन, शीर्षासन, पश्चिमोत्तानासन, वीरासन, सिद्धासन, बद्धकोणासन, शवासन या योग निद्रा, नव जीवन श्रंखला, अश्व संचालन।

3. **प्राणायाम** : भ्रामरी प्राणायाम, नाड़ी शोधन प्राणायाम (बिना कुम्भक)।

4. **मुद्रा** : विपरीतकरणी मुद्रा।

5. **बंध** : जालंधर बंध, उड्डियान बंध, मूलबंध और त्रिबंध या महाबंध।

• • •

पेट का भारीपन

(Digestive Disorders)

हमारे शरीर में जो पाचन ग्रंथियाँ हैं वे अपना कार्य ठीक ढंग से करती हैं और हमें प्राणवायु के रूप में ऊर्जा देती हैं। यह तभी सम्भव है जब हम जो अन्न लेते हैं वह हल्का और सुपाच्य हो।

लक्षण : विषाक्त भोजन से शरीर में वायु पैदा होती है और पेट भारी होने लगता है। कभी-कभी पेट फूलता भी है। अपान वायु सामान्यतः गुदा मार्ग की ओर न जाकर ऊपर की ओर बढ़ने लगती है तथा बार-बार डकारें आती हैं। कभी-कभी उसकी वजह से पेशाब भी रुक जाती है। शरीर और मन दोनों बेचैन होने लगते हैं, घबराहट होती है। हाथ-पैर में दर्द होने लगता है। जो रोगी भोजन को नियंत्रित नहीं रख पाते हैं वे अपने विकार को बढ़ाने में सहायता करते हैं।

कारण : पेट के भारीपन का मुख्य कारण भोजन का न पचना है तथा आँतों में अधिक समय तक बिना पचे भोजन के पड़े रहने से यह विकृति उत्पन्न होती है।

पेट के भारीपन से बचने का उपाय : इस रोग से बचने का सर्वोत्तम उपाय है नित्य हल्का व संतुलित भोजन करना। गरिष्ठ भोजन या अधिक मात्रा में लिया गया भोजन इस रोग को निमंत्रण देता है। मांसाहार से दूर ही रहें। व्यायाम की कमी भी इसका मूल कारण है। यदि नियमानुसार योगाभ्यास किया जाए तो किसी भी रोग के पैदा होने का सवाल ही नहीं होता। योग तो हमें अनेक जानलेवा बीमारियों से बचाकर रखता है।

योगाभ्यास द्वारा पेट के भारीपन का उपचार : योगाभ्यास द्वारा हमारे शरीर के आंतरिक अंगों, जैसे : यकृत, पित्तकोश, पैंक्रियास की शक्ति बढ़कर, बड़ी मात्रा में पाचक रस का निर्माण होता है जिससे भोजन का पाचन सुचारू रूप से होता है। भोजन का अधिक से अधिक अवशोषण हो पाता है और पेट का भारीपन दूर होता है। अन्यथा भोजन अधपचा रह जाता है और आँतों में उपस्थित बैक्टिरिया द्वारा फ़र्मेंटेशन होता है और पेट भारी लगने लगता है।

• पेट के भारीपन के लिए उपचारात्मक योगाभ्यास

1. **षट्कर्म** : जल नेति, कुंजल, नौलिक्रिया, 8 दिन पश्चात् लघु शंख प्रक्षालन।

2. **आसन** : पवनमुक्तासन श्रंखला क्र.- 1 व 2, शिथिलासन, मार्जारी, सूर्यनमस्कार, सिंहासन, वज्रासन, शशांकासन, सुप्तवज्रासन, मत्स्यासन, धनुरासन, चक्रासन, नौकासन, शलभासन, अर्धमत्स्येन्द्रासन, सर्वांगासन, मयूरासन, पश्चिमोत्तानासन, शवासन या योगानिद्रा, उदरासन।

3. **प्राणायाम** : भस्त्रिका, उज्जायी प्राणायाम, अग्निसार, कपालभाति।

4. **मुद्रा** : विपरीतकरण मुद्रा या उदर आसन 1 एवं 2।

5. **बंध** : त्रिबंध।

• उपचारात्मक आहार

पेट का भारीपन मिटाने के लिए नित्य नींबू के रस में सौंफ को भिगो दें, फिर इसे भोजन के बाद खाने से पेट का भारीपन दूर होता है। भूख ख़ूब लगती है तथा पेट भी साफ़ हो जाता है।

अत्यधिक मैदे से बनी चीज़ें, जैसे : समोसा, कचौड़ी, ब्रैड के सेवन से पेट की व्याधियाँ बढ़ती हैं। मांसाहारी व अत्यधिक गरिष्ठ भोजन भी पेट की व्याधियों को बढ़ाने में सहायता करता है।

पेट का भारीपन दूर करने के लिए अदरक का सेवन करें, पिसी हुई सौंठ एक ग्राम, थोड़ी सी हींग और थोड़ा सा सेंधा नमक मिलाकर गर्म पानी के साथ लें।

• खाने योग्य भोज्य पदार्थ

सभी अनाज मूँग व मसूर दाल, हरी पत्ते वाली सब्ज़ियाँ, गाजर, प्याज़, मूली, अदरक व विशेषकर बथुआ लाभकारी होता है। फलों में अनार, जामुन, चीकू, सेब, अमरूद नमक के साथ व दही और छाछ का उपयोग करें।

• वर्जित खाद्य पदार्थ

तले हुए भोज्य पदार्थ, गरिष्ठ भोजन, मांस, मछली, ऑमलेट, बिस्किट, ब्रैड, पेटिस, समोसा, कचौरी, खस्ता, मठरी, बेसन आदि।

दालों में अरहर दाल व चना दाल, सब्ज़ियों में पालक, फलियाँ, अरबी, बैंगन, कद्दू इत्यादि। ड्रायफ्रूट्स का अधिक सेवन भी हानिकारक होता है। अत्यधिक मिर्च मसाले और मिठाइयों का उपयोग हानि पहुँचाता है।

• • •

वायु विकार या गैस

(Flatulence)

पेट की गैस आज एक आम बीमारी हो गई है। उदर वायु या गैस एक ऐसी स्थिति है, जिसमें पेट में वायु एकत्रित होती है। आँतों और पेट दोनों में एक साथ वायु अपच व क़ब्ज़ के कारण एकत्रित होती है। यह वायु जो पेट में एकत्रित होती है उसे स्नायुविद उदर-वायु कहते हैं। पेट में अधिक वायु एकत्रित होने से बहुत बेचैनी होती है। कभी-कभी हृदय में फड़फड़ाहट होने लगती है, कभी पेट सख़्त हो जाता है। यह पेट की ख़राबी से ही होता है।

स्वस्थ रहने के लिए भोजन में तेल व मसालों का होना भी आवश्यक है, परन्तु आवश्यकता से अधिक तेल व मसालों का प्रयोग नुक़सानदायक रहता है। जितना अधिक गरिष्ठ भोजन हम करेंगे, हमें क़ब्ज़ व गैस का सामना करना पड़ेगा, क्योंकि यह भोजन जल्दी पचता नहीं है और पेट में ख़राबी या गैस बनने लगती है। रूखा या सूखा भोजन वायु को बढ़ाता है।

गैस की समस्या ज़्यादातर कुर्सी पर बैठकर कार्य करने वाले लोगों को होती है। खाना खाकर कोई काम न कर दिन भर आलस्य में समय व्यतीत करने से भी पेट में गैस बनती है।

• गैस बनने के कारण

1. गरिष्ठ भोजन करना।
2. खाना खाने के बाद काम न करना या लेट जाना।
3. दिन भर आलस्य करना।
4. अत्यधिक क्रोध करना।
5. भूखे पेट रहना या लगातार उपवास करना।
6. तेल व मसालों का अधिक सेवन करना।

• वायु विकार में योगाभ्यास का प्रभाव

भोजन का पाचन जब पूर्ण रूप से नहीं हो पाता तब अधपचा भाग वृहद आंत्र में पहुँचता है। इनका वृहद आंत्र में उपस्थित जीवाणुओं द्वारा फ़र्मेंटेशन होता है, जिससे गैस बनती है व पेट भारी-भारी लगता है।

योगासनों के अभ्यास द्वारा यकृत, पित्तकोश, पैंक्रियास की शक्ति बढ़ती है, जो बड़ी मात्रा में पाचक रस बनाते हैं जिससे भोजन का पाचन सुचारू रूप से होता है। गैस तथा भारीपन कम होते-होते बिलकुल समाप्त हो जाते हैं। शरीर हल्का महसूस होने लगता है।

• वायु विकार या गैस

षट्कर्म : कुंजल, वस्त्र धौति, जल नेति।

आसन : पवनमुक्तासन श्रंखला क्र. 1 व 2, सूर्य नमस्कार, शशांक आसन, वज्रासन, सुप्तवज्रासन, शशांकभुजंगासन, कटिचक्रासन, योगमुद्रासन, मत्स्यासन, पश्चिमोत्तानासन, त्रिकोणासन, तितली आसन, हलासन, मयूरासन, जानुशिरासन, त्रिकोणासन, धनुरासन, चक्रासन, उदरासन, साइकिल चलाना, अश्वसंचालन, नौकाचालन, ताड़ासन, उदराकर्षणासन, शवासन।

प्राणायाम : उज्जायी, कपालभाति, भस्त्रिका, अग्निसार।

मुद्रा : महामुद्रा, महावेध मुद्रा।

बंध : उड्डियानबंध, महाबंध।

• वायु विकार के लिए उपचारात्मक आहार

हमारे अच्छे स्वास्थ्य के लिए हमारे भोजन का पौष्टिक तत्वों से परिपूर्ण होना आवश्यक होता है, अर्थात् सभी पोषक तत्व, जैसे : कार्बोहाइड्रेट्स, विटामिन्स, प्रोटीन, वसा, खनिज लवण, पानी आदि संतुलित मात्रा में उपस्थित होना आवश्यक है। इसके अलावा हमारे स्वास्थ्य के लिए मसाले भी आवश्यक हैं जो वात, पित्त व कफ़ की प्रकृति को ठीक रखते हैं।

रूखा या सूखा भोजन पेट में वायु को बढ़ाता है। पेट में अधिक गैस रूखे भोजन के कारण बनती है। जिन्हें गैस बनती हो उन्हें खाना खाने के बाद 1 गिलास गर्म पानी पीना चाहिए, जितना गर्म पिया जा सके उतना पिएँ। प्रतिदिन 8 से 10 गिलास पानी ज़रूर पीना चाहिए। जिन्हें गैस बनती हो, उन्हें अरहर की दाल नहीं खानी चाहिए।

प्रातःकाल एक गिलास पानी में 25 ग्राम पोदीने का रस और उसमें 31 ग्राम शहद मिलाकर पानी से गैस में लाभ मिलता है। जब तक मूली का मौसम रहे, मूली पर नमक व काली मिर्च पावडर डालकर खाने से गैस नहीं बनती है। पेट में जब गैस एकत्रित हो जाए तब पिसी हुई हल्दी और नमक दोनों 5-5 ग्राम गर्म पानी से फाँक लें, तुरन्त लाभ मिल जाएगा।

• वायु विकार के लिए एक आदर्श आहार तालिका

7:00 बजे : 3 गिलास गर्म पानी, नींबू व 3 चम्मच शहद के साथ या पोदीने का रस और शहद मिलाकर।

8:00 बजे : मौसमी फल - 2।

11:30 बजे : 3 या 4 चपाती, 1 कटोरी सब्ज़ी, 1 कटोरी मूँग या चना दाल 1 कटोरी दही या रायता, 1 प्लेट हरा सलाद व 1 मध्यम आकार की मूली, गुड़ की डली। 1 गिलास तेज़ गर्म पानी।

4:30 बजे : फलों का रस या 1 गिलास मौसंबी का रस या मौसमी फल - 2 , जैसे : अमरूद, सेब, संतरा आदि।

8:30 बजे : 1 बाउल सूप मिक्स सब्ज़ियों का, 3 चपाती, 1 कटोरी सब्ज़ी, 1 प्लेट सलाद, 1 मध्यम आकार की गुड़ की डली। 1 गिलास तेज़ गर्म पानी।

• खाने योग्य भोज्य पदार्थ

सभी अनाज, मूँग दाल, चना दाल, हरी सब्ज़ियाँ, जैसे : मैथी का साग, मूली का साग, सरसों का साग, बथुआ, करेले की सब्ज़ी, पत्ता गोभी, सहजन की फली व अन्य सब्ज़ियों में बैंगन और फूल गोभी, आलू आदि। फलों में अमरूद, सेब, संतरा आदि।

मसालों में लौंग भी काफ़ी उपयोगी है। 5 लौंग पीसकर उबलते हुए आधा कप पानी में डाल दें, कुछ ठण्डा होने पर पिएँ। इस प्रकार दिन में तीन बार पिएँ। जीरा सेंककर पीस लें। 1 चम्मच पिसा जीरा 1 चम्मच शहद में मिलाकर खाने के बाद चाटें। खाने में थोड़ी मात्रा में दालचीनी का सेवन करें। अधिक मात्रा में यह नुक़सान करती है।

काली मिर्च का इस्तेमाल सलाद में ज़रूर करें। अजवाइन, हींग, जायफल, हल्दी, नमक और सौंठ का उपयोग नित्य करें। न खाने योग्य भोज्य पदार्थ, मसाले युक्त गरिष्ठ भोजन, फ़ास्ट फूड, केन्ड फूड, केला, ड्राय फ्रूट, चिप्स, पापड़, अचार आदि का सेवन न करें।

• • •

अम्लता या ऐसिडिटी

(Acidity)

हमारे रक्त में 20 प्रतिशत अम्ल तथा 80 प्रतिशत क्षार होता है। जब रक्त में अम्ल का अनुपात बढ़ता है तो यह अम्ल पाकस्थली (gastro intestinal tract) को प्रभावित कर अम्ल रोग उत्पन्न करता है।

अम्लता को सामान्यतः हृदयदाह, अम्लशूल, कलेजा जलना (heart burn) कहते हैं।

पेट से निकलने वाला अम्ल अधिक लार के साथ जब कण्ठ तक आ जाता है तो पेट में जलन, खट्टापन प्रतीत होता है।

हमारा रक्त क्षारीय होता है। इसमें लवण जाति के कुछ अम्ल रहते हैं। जब हमारे शरीर में भोजन की दहन क्रिया ठीक से नहीं होती उस समय भोजन में उपस्थित विभिन्न रासायनिक पदार्थ, जैसे : यूरेटस, सल्फ़र फ़ॉस्फोरस आदि मिश्रित पदार्थ रक्त में जाकर उसकी अम्लता बढ़ाते हैं। रक्त के इस अम्ल विष से कई रोग उत्पन्न होते हैं, जैसे : आर्थराइटिस या गठिया, गुर्दे तथा मूत्राशय की पथरी रोग आदि। जब यह अम्ल विष पाकस्थली पर आक्रमण करता है और जब पाचन तंत्र इसे शरीर से बाहर करना चाहता है तो उसे ही अम्लता कहते हैं।

हमारे शरीर की चयापचय क्रिया के फलस्वरूप जो विष पैदा होता है, वह अम्ल जाति का पदार्थ होता है। जब वह मल, मूत्र, पसीने तथा श्वास द्वारा शरीर से बाहर नहीं निकलते हैं तब ये शरीर में रहकर अम्लता बढ़ाते हैं। हमारे शरीर को 75 से 80 प्रतिशत क्षारीय और 20-25 प्रतिशत अम्लीय आहार की आवश्यकता होती है।

- **अम्लता के लक्षण**

1. कलेजे में जलन।
2. कण्ठ तक खट्टापन प्रतीत होना।
3. बदहज़मी।
4. अपच।
5. अपरिपाक भोजन।
6. आलस्य।

7. छाती और गले में जलन।
8. क़ब्ज़।
9. पेट दर्द।
10. अरुचि।
11. खट्टी डकार।
12. खट्टे पानी से मुँह भर जाना।

• अम्लता या ऐसिडिटी के कारण

अम्लता कई कारणों से होती है। कई लोगों को व्यस्तता के कारण ठीक से चबाए बिना जल्दी-जल्दी खाना खाने के कारण अपच या बदहज़मी हो जाती है और इससे शरीर में अम्लता देखी जाती है। अधपचे व अपचे भोजन जिसके कारण खट्टी डकारें, मुँह में पानी आता है और वमन होने लगती है। जिसके कारण अम्लता देखी जाती है।

क़ब्ज़ होने के कारण भी अम्लता देखी जाती है। अत्यधिक तनाव, चिन्ता, चिन्तन या सोच-विचार, उदासी, आलस्य आदि के कारण भी अम्लता देखी जा जाती है।

जिन लोगों की तामसिक प्रवृत्ति होती है उनके शरीर में भी अम्ल का अनुपात क्षार से अधिक पाया जाता है जिसके कारण उन्हें अम्लता की शिकायत रहती है।

अत्यधिक क्रोध करना तो हमारे संपूर्ण शरीर को नष्ट कर ही देता है इसलिए अम्लता होने का भी यह एक प्रमुख कारण है।

दिन में किसी भी समय भोजन करना अर्थात् भोजन का समय निश्चित न होना और दिनभर कुछ न कुछ खाते ही रहना यह दोनों अम्लता के प्रमुख कारण हैं।

• योगासनों द्वारा उपचार

अम्लता के प्रमुख कारणों में से एक है भोजन का ठीक तरह से न पचना। भोजन आमाशय में अधिक देर तक रहता है व इससे ऐसिड अधिक बनता है। दूसरा कारण है - सिंपैथेटिक व पैरासिंपैथेटिक सिस्टम का असुंतलन व तीसरा कारण है - मानसिक तनाव।

योगाभ्यास द्वारा सभी अंगों में रक्त संचार बढ़ता है, परिणामस्वरूप भोजन का पाचन अधिक होता है। पैरासिंपैथेटिक सिस्टम की अधिक क्रियाशीलता कम कर सिंपैथेटिक सिस्टम से संतुलित करता है। इससे व्हेगस नर्व की क्रियाशीलता कम होती है और ऐसिड कम बनता है।

योगाभ्यास द्वारा उपचार :

1. **षट्कर्म** : कुंजल, नेति, वस्त्र नेति, नौलि, शंख प्रक्षालन।
2. **आसन** : सूर्य नमस्कार, पवनमुक्तासन श्रंखला क्र. 1, 2, व 3, पद्मासन, वज्रासन, सुप्तवज्रासन, शशांकासन, योगमुद्रासन, मत्स्यासन, तोलांगुलासन, पश्चिमोत्तानासन, धनुरासन, भुजंगासन, मयूरासन, सर्वांगासन, जानुशिरासन, पादहस्तासन, त्रिकोणासन, साइकिल चलाना, मत्स्येन्द्रासन, हलासन, मेरुदंडासन, ब्रह्मचर्यासन, अग्निसार क्रिया, पादांगुष्ठासन, उत्तानासन, मरीच्यासन।
3. **प्राणायाम** : उज्जायी, शीतली, शीतकारी, नाड़ी शुद्धि, अनुलोम, विलोम।
4. **मुद्रा** : महामुद्रा, महावेध मुद्रा।
5. **बंध** : उड्डियान बंध।

• अम्लता के लिए उपचारात्मक आहार

अम्लता की बीमारी में खान-पान पर विशेष ध्यान देना चाहिए। न सिर्फ़ खान-पान पर बल्कि खाने के समय पर भी ध्यान देना चाहिए। खाने का समय निश्चित रखें। भोजन जल्दबाज़ी में न करें। आराम से बैठकर अच्छे से चबाकर भोजन करें।

अम्लता से पीड़ित लोगों को चाय, कॉफ़ी या मादक पदार्थों आदि का सेवन नहीं करना चाहिए। यह हानिकारक होता है।

भोजन हमेशा हल्का व सुपाच्य होना चाहिए अर्थात् भोजन में पाँचों पोषक तत्व कार्बोहाइड्रेट, प्रोटीन, वसा, विटामिन, खनिज लवण व रेशे पर्याप्त मात्रा में सम्मिलित हों और भोजन संतुलित हो। इसके साथ ही नित्य 8 से 10 गिलास पानी भी अवश्य पिएँ। गरिष्ठ भोजन का सेवन हानिकारक होता है।

भोजन में चावल, मूँग की दाल, घी या आलू, तोरई, परवल, टिण्डे, लौकी, बथुआ, मेथी का साग, पोदीना, धनिया, नींबू, संतरा, मौसंबी, केला, पेठा, दूध, नारियल आदि को अवश्य सम्मिलित करें। ये क्षारीय प्रवृत्ति के होते हैं और अम्लता दोष में लाभदायक होते हैं। खान-पान को सुधारकर हम इस रोग से अवश्य बच सकते हैं। इसके साथ-साथ जितना भोजन में सुधार आवश्यक है, उतना ही शरीर के लिए योगासन भी आवश्यक है। दोनों की सहायता से हम सभी बीमारियों पर विजय प्राप्त कर सकते हैं और निरोगी व स्वस्थ रह सकते हैं।

अजीर्णता एवं पेप्टिक अल्सर : अम्लता के लिए किए गए योगाभ्यास को हमें अजीर्णता एवं पेप्टिक अल्सर में भी करना चाहिए।

• उदर शूल या पेट दर्द

पेट दर्द हमारे देश में एक आम समस्या है। पेट में दर्द होने के कारण होते हैं।

सामान्यतः पेट में दर्द भोजन के न पचने अर्थात् क़ब्ज़ से होता है। इसके अलावा भी पेट में दर्द के कई कारण हो सकते हैं, जैसे : पेट में कृमि, पेशाब की थैली में पथरी होने, लिवर में दर्द, किसी कारण से पेट में चोट लगने, हर्निया, अल्सर आदि।

पेट के रोगों में सबसे पहले उदर शूल होता है। यह पाचन क्रिया की विकृति का सबसे पहला प्रतीक है। हम लोग इसे सामान्य विकार समझकर इसकी ओर ध्यान नहीं देते हैं। उदर शूल के बाद ही पेट के भयंकर रोग की उत्पत्ति होती है।

हमारे पेट में दर्द प्रायः आम समस्या इसलिए है क्योंकि आज न हमारे भोजन करने का समय निश्चित है और न ही भोजन का प्रकार निश्चित है। हम भोजन आराम से बैठकर ग्रहण नहीं करते हैं। व्यस्तता के कारण जल्दी-जल्दी किया गया भोजन क़ब्ज़ उत्पन्न करता है, क्योंकि भोजन के पचने की क्रिया मुँह से ही शुरू हो जाती है। जब हम भोजन को अच्छी तरह चबाते हैं, तो उसमें लार अच्छे से मिल जाती है और भोजन को लिसलिसा बना देती है। जिससे आँतों में इस भोजन का अवशोषण भलीभाँति हो जाता है, और हम क़ब्ज़ या अन्य रोगों से बचे रहते हैं।

• पेट दर्द के कारण

1. अत्यधिक भोजन करने और बिलकुल परिश्रम न करने के कारण पाचन क्रिया पूर्ण रूप से संपन्न नहीं हो पाती और पेट में भारीपन और दर्द होने लगता है। क़ब्ज़ भी हो जाता है।
2. **पेट फूलना :** यह व्याधि क़ब्ज़ होने के परिणामस्वरूप पैदा होती है। क़ब्ज़ होने पर आँत एवं मलाशय में पड़ा मल सड़ता है, जिससे गैस बनती है और इकट्ठा होने पर पेट फूल जाता है। पेट फूलने के कारण तनाव बढ़ता है। आँतों एवं अन्य अंगों पर दबाव पड़ता है, जिससे पेट दर्द करने लगता है।
3. **आँतों में विकृति होना :** आँतों में कई प्रकार से विकृति हो सकती है जैसे आँतें बल खा गई हों, आँतें उलझी हुई हों जिससे आँतों पर दवाब पड़ता है, बार-बार उल्टियाँ होती हों, उल्टी दर्द के साथ हो, तो इन सभी विकृतियों के कारण भी पेट में दर्द होता है।
4. **पेट में कृमि होना :** पेट में कृमि हो जाने के कारण भी पेट में दर्द होने लगता है। इसमें भूख अधिक लगती है। ख़ूब खाने पर भी शरीर पतला-दुबला रहता है।
5. **पथरी :** जब पथरी गुर्दे में या पेशाब की थैली में बन जाती है तब हर समय दर्द महसूस होता है। पथरी के कारण पेशाब करते समय बहुत दर्द होता है।
6. **पेट का दर्द :** यकृत चूँकि पेट में स्थित होता है इसलिए यकृत में दर्द होने पर पेट में दर्द होता है। इसके अलावा किसी तरह का संक्रमण हो जाने पर भी पेट में दर्द होता है।
7. **वंशानुगत :** पेट का दर्द वंश परम्परा से भी होता है जिसे पैतृक उदर शूल भी कहते हैं। यह हृदय और नाभि के बीच होता है।

8. अधिक संभोग करने के कारण भी पेट में दर्द होता है।
9. अत्यधिक मांसाहारी भोजन खाने से, वसायुक्त पदार्थों का सेवन करने से कफ़ दोष पैदा होते हैं और इस प्रकार पेट के दर्द का कारण बन जाते हैं।
10. अत्यधिक खट्टे अथवा उष्ण पदार्थों के सेवन से, तेल मिर्च की अधिक मात्रा वाले पदार्थों के सेवन के कारण भी पेट में दर्द होता है।
11. मासिक स्राव संबंधी गड़बड़ियों के कारण भी पेट में दर्द होता है।
12. नाड़ी संबंधी विकारों के कारण भी पेट में दर्द होता है।
13. अत्यधिक क्रोध या गुस्सा करने के कारण भी पेट दर्द करता है।

• उदर शूल के लक्षण

उदर शूल का प्रमुख लक्षण है : क़ब्ज़ हो जाना। सिर दर्द करता है, चक्कर आते हैं, फिर पेट दर्द होता है। कई बार दीर्घ स्थायी दर्द बना रहता है।

उदर शूल होने के बाद ही किसी अन्य रोग की उत्पत्ति होती है, अर्थात् पेट का दर्द दूसरे रोगों के होने की संभावना या लक्षण प्रकट करता है।

• पेट दर्द के लिए योगाभ्यास

1. **षट्कर्म** : जल नेति, कुंजल, वस्त्र नेति, 3 सप्ताह के बाद शंख प्रक्षालन।
2. **आसन** : पवनमुक्तासन श्रंखला क्र. 1 व 2, शिथिल्यासन, शशांकासान, पद्मासन, मार्जारी, सूर्यनमस्कार, शीर्षासन, उत्तानासन, पश्चिमोत्तासन, अर्धमत्स्येन्द्रासन, सुप्तवज्रासन, हलासन, मयूरासन, ताड़ासन, भुजंगासन, उदराकर्षणासन, अग्निसार क्रिया शवासन या योगनिद्रा, कटिचक्रासन।
3. **प्राणायाम** : भस्त्रिका, सूर्यभेदी, उज्जायी, नाड़ी शोधन।
4. **मुद्रा** : महामुद्रा, महावेध मुद्रा, विपरीतकरणी मुद्रा (अश्वनी मुद्रा)।
5. **बंध** : त्रिबंध।

• पेट दर्द में योगाभ्यास का प्रभाव

पेट में दर्द होने के कई कारण होते हैं। सामान्यतः ऑटोनॉमिक स्नायु तंत्र जब अधिक क्रियाशील हो जाता है तो पेट में दर्द होता है। दर्द क़ब्ज़ द्वारा होता है, गैस द्वारा होता है, पाचन ठीक न होने पर होता है और अधिक भोजन करने के कारण होता है।

योगाभ्यास द्वारा दोनों अवयव सिंपैथेटिक तथा पैरासिंपैथेटिक में संतुलन पैदा होता है जिससे पेट दर्द ठीक होता है। इसके साथ ही पाचन क्रिया ठीक होती है। क़ब्ज़ व गैस दूर होती है जिससे पेट दर्द में आराम मिलता है।

• पेट दर्द के लिए उपचारात्मक आहार

पेट के दर्द से बचाव के लिए आहार महत्त्वपूर्ण स्थान रखता है, क्योंकि हमारे भोजन की अनियमितता की वजह से ही हमें इस प्रकार के रोगों का सामना करना पड़ता है। यदि हमारा आहार ही संतुलित हो तो हम न केवल पेट के दर्द बल्कि अन्य रोगों से भी अपना बचाव कर सकते हैं। जैसा कि कहा जाता है - मनुष्य जैसा सोचता है, वह वैसा ही बनता है और जैसा भोजन वह ग्रहण करता है, वैसा ही दिखता है।

पेट में दर्द मुख्यतः भोजन की गड़बड़ी व व्यायाम या योगासन की कमी के कारण होता है। यदि पेट में दर्द क़ब्ज़ की वजह से हो तो सुबह-सुबह गर्म पानी, नींबू व शहद के साथ 2 गिलास पी लें या दो चम्मच मेथी दाना नमक मिलाकर सुबह-शाम दो बार गर्म पानी से लेने से ठीक हो जाता है।

यदि पेट दर्द कृमि होने की वजह से हो तो नींबू की फाँक में काला नमक, काली मिर्च और जीरा भरकर गर्म करके चूसने से पेट का दर्द ठीक हो जाता है और कृमि नष्ट हो जाते हैं।

• पेट दर्द के लिए उपचारात्मक आहार तालिका

6:30 बजे : 2 गिलास गर्म पानी नींबू व 2 चम्मच शहद के साथ।

8:00 बजे : 1 कटोरी दलिया।

12:00 बजे : 2 रोटी चोकर सहित आटे की (बिना घी लगी), 1 कटोरी मसूर दाल, 1 कटोरी सब्ज़ी (मूँगफली, कद्दू), 1 प्लेट सलाद (1 प्लेट मूली कटी हुई, काला नमक व काली मिर्च डालकर), 1 गिलास गर्म पानी।

4:00 बजे : 1 गिलास जूस या 2 संतरे या 1 प्लेट पपीता या अन्य कोई फल।

8:00 बजे : 4 सर्विंग मूँग दाल की पतली खिचड़ी, 2 चम्मच हरा धनिया व पोदीने की चटनी के साथ, 1 कटोरी दही, 1 प्लेट हरा सलाद, 1 गिलास गर्म पानी।

• पेट दर्द में वर्जित खाद्य पदार्थ

तले हुए खाद्य पदार्थ, अचार, घी, उड़द, छोले, राज़मा, अरबी, शकरकन्दी, केला, आम, मांसाहारी खाद्य पदार्थ, अत्यधिक मसालों का सेवन करना वर्जित है। पापड़ और चिप्स खाना वर्जित है।

• • •

क़ब्ज़
(Constipation)

यदि मल त्याग की क्रिया नियमानुसार न हो तथा मल त्याग में कठिनाई महसूस हो तो यह रोग क़ब्ज़ कहलाता है।

हम लोग रोज़ जो कुछ भी खाते हैं, उन खाद्य पदार्थों में मौजूद पोषक तत्व पाचन के बाद हमारे ख़ून में मिल जाते हैं और अनपचा अंश मल के रूप में शरीर से बाहर निकल जाता है। यदि यह रोज़ बाहर नहीं निकल पाता है या बहुत ही तकलीफ़ से, बहुत ज़ोर लगाकर कोशिश करने पर थोड़ा निकलता है, गाँठों के रूप में निकलता है, तो यह अवस्था ही क़ब्ज़, कोष्ठबद्धता या कॉन्स्टिपेशन कहलाती है।

हम ऐसा भोजन लेते हैं जिसमें एक ही तत्व की अधिकता होने से अन्न नहीं पच पाता है। जैसे : चिकने पदार्थ, घी, मक्खन आदि अधिक मात्रा में लेने से और पेट में ज़्यादा देर तक पड़े रहने से मलावरोध हो जाता है। कई बार मादक पदार्थों का सेवन करने से अथवा नशीले पदार्थ का सेवन करने से हमारे पाचन संस्थान को अधिक कार्य करना पड़ता है। इस वजह से हमारे पाचक रसों को आमाशय में पहुँचने में अवरोध पैदा होता है। फलस्वरूप क़ब्ज़ होता है।

पेट की ख़राबी होने से हम जुलाब की गोलियाँ खा लेते हैं जिससे जल्दी-जल्दी दस्त होने लगते हैं और हमारे पाचन संस्थान की अग्नि ग्रंथियों को अधिक कार्य करना पड़ता है। फलस्वरूप पाचन संस्थान के अधिक कार्य करने से उनके अन्दर की झिल्लियाँ कमज़ोर हो जाती हैं और खाया हुआ अन्न हज़म नहीं होता है। असंतुलित भोजन और असमय भोजन ही क़ब्ज़ पैदा करता है।

• क़ब्ज़ के प्रकार

1. एटॉनिक क़ब्ज़ (atonic constipation)
2. स्पास्टिक क़ब्ज़ (spastic constipation)
3. ऑब्स्ट्रक्टिव क़ब्ज़ (obstructive constipation)

1. एटॉनिक क़ब्ज़ : इसे हिंदी में 'आलसी आँत क़ब्ज़' भी कहा जाता है क्योंकि मलाशय की संवेदनशीलता कम होने के कारण मलाशय मल पदार्थों से पूर्ण होता है, परन्तु मल उत्सर्जन की इच्छा का अभाव देखा जाता है।

2. **स्पास्टिक क़ब्ज़ :** इसे इरिटेबिल कोलोन सिन्ड्रोम भी कहा जाता है। इसमें आँतों की नाड़ियों के सिरों के अत्यधिक उद्दीपन के कारण आँतों में अनियमित आंकुचन होता है जिससे स्पास्टिक क़ब्ज़ देखा जाता है।

3. **ऑब्स्ट्रक्टिव क़ब्ज़ :** आंत्र अवरोध व्युत्पन्न क़ब्ज़ में आँतों में किसी प्रकार की रुकावट अथवा पूर्णतः आँत बन्द हो जाने से आँतों के अवशेष को आगे बढ़ने से रोकते हैं।

क़ब्ज़ कैसे होता है?

बार-बार भिन्न-भिन्न समय खाए गए भोजन से अलग-अलग समय पर तैयार होने वाला मल एक बार शौच जाने पर पूर्ण रूप से नहीं निकलता। कुछ मल निकल जाने के बाद बचा हुआ मल आँतों में इकट्ठा होता रहता है। इस तरह पेट में हमेशा मल भरा रहता है।

क़ब्ज़ से हानि और उसके लक्षण

क़ब्ज़ रहने से पेट में जमा हुए मल की गर्मी एवं नमी के कारण सड़ता है, गन्दी वायु उत्पन्न होती है। एकत्रित मल के गन्दे रस को आँतों द्वारा सोखने एवं रक्त में मिलने से रक्त अशुद्ध होता है। इससे शरीर में गन्दगी, वायु एवं रोग के कीटाणु पैदा होते हैं तथा भिन्न-भिन्न प्रकार के रोग हो जाते हैं। जिस प्रकार रास्ते में पड़े मल के पास से जाने से बदबू के कारण सिर भारी हो जाता है, साँस लेना कठिन होता है उसी प्रकार आँतों में पड़ा मल अपनी सड़न और बदबू से शरीर की प्रफुल्लता, उत्साह को समाप्त कर देता है। आँतों में मल के सड़ने से विषैले पदार्थ उत्पन्न होते हैं जिसकी वजह से जो लक्षण पैदा होते हैं, वे हैं :

1. भूख न लगना, 2. अरुचि, 3. मुँह बेस्वाद होना, 4. जीभ मैली होना, 5. पेट तना हुआ या कड़क रहना, 6. मन में ग्लानि, 7. आलस्य भाव, 8. मुँह से पानी और दुर्गन्ध आना, 9. सिर दर्द, 10. चिड़चिड़ा मिज़ाज, 11. दिल की धड़कन में उतार-चढ़ाव, 12. रक्तहीनता, 13. नींद न आना, 14. बार-बार बुखार का आना, 15. निराशा।

अगर क़ब्ज़ पुराना हो जाए तो आँतों की वृद्धि, डाइलेटेशन, आँतों का भीतरी आयतन बढ़ जाना, आँतों का घाव और आँतों में दर्द भी हो जाता है। हर्निया तक हो जाता है। इसके अलावा आँतों में ज़्यादा दिनों तक मल अटका रह जाने से शिराओं पर दबाव पड़ता है, जिनकी वजह से निम्नलिखित बीमारियाँ हो जाती हैं।

1. हाइपोगैस्ट्रिक (hypogastric) शिरा पर दबाव - बवासीर।
2. प्युबिक (pubic) शिरा पर दबाव - वीर्य का क्षय होते रहना।
3. इलियक (iliyak) शिरा पर दबाव - पैरों के तलवों का फूलना।

4. सेक्रेल फ़्लेक्सस (sacral flacses) पर दबाव - स्नायविक दर्द और सायटिका (rheumatic pain & sciatica)।

• क़ब्ज़ के कारण

1. **द्रव पदार्थों की कमी :** अत्यधिक पसीना आने के कारण या पानी ह्रास अधिक होता है या मधुमेह रोग के कारण ज़्यादा मात्रा में पेशाब होने के कारण क्षति की पूर्ति न हो सके तो क़ब्ज़ हो सकता है, क्योंकि ऐसे समय मलाशय वाले भाग से पानी पूर्णतः अवशोषित हो जाने से कड़े प्रकार का शुष्क मल रह जाता है।
2. **खान-पान की गड़बड़ियाँ :** पेट का ध्यान न रखकर चटपटी मैदे की बनी चीज़ें बिना भूख खाना, स्वाद में अधिक खाना, भोजन के बाद ठण्डे पेय पीना, जल्दी-जल्दी बिना चबाए खाना, समय पर न खाना आदि क़ब्ज़ पैदा करता है। भोजन पर संयम रखना चाहिए। भोजन अपनी आवश्यकतानुसार व इच्छा से करें।
3. **शौच रोकने की आदत :** मल त्याग का वेग होते ही मल त्यागने के लिए चले जाना चाहिए। प्रायः प्रातः तो मल त्याग कर लेते हैं लेकिन इसके बाद कार्य की व्यस्तता या मनोरंजन में लीन होने से मल त्याग की इच्छा रोक लेते हैं। वेग रोकने के पश्चात् मल त्याग नहीं होता। इससे क़ब्ज़ बनता है। पेट में वायु भरने से पेट फूलने लगता है।
4. **शारीरिक श्रम की कमी :** धनवान एवं बुद्धिजीवी प्रायः शारीरिक श्रम नहीं करते हैं, जिससे क़ब्ज़ रहता है।
5. **विश्राम की कमी :** अत्यधिक तेज़ गति का जीवन, अत्यधिक व्यस्तता तथा अपर्याप्त विश्राम भोजन ग्रहण करने तथा मल उत्सर्जन के लिए पर्याप्त समय नहीं दे पाने आदि के कारण क़ब्ज़ होता है।
6. **व्यायाम की कमी :** अगर हम आसन नहीं करते हैं तो हमारे शरीर की समस्त क्रियाएँ व अंतः अंगों की शक्ति समाप्त हो जाती है एवं शरीर में कड़ापन आने के कारण शरीर के समस्त अन्तः अंग सुचारू रूप से कार्य नहीं कर पाते हैं। योगासन करने से शरीर के समस्त अंगों पर प्रभाव पड़ता है। शरीर लचीला होता जाता है और स्वस्थ हो जाता है।
7. **भोजन में रेशेयुक्त पदार्थों की कमी :** रेशेयुक्त पदार्थों का कम सेवन, भोजन की कम मात्रा लेना, उपवास, अनुपयुक्त भोजन आदि सब स्थितियाँ उत्सर्जन के लिए कम अवशेष छोड़ती हैं और क़ब्ज़ देखा जाता है।
8. **मानसिक तनाव :** चिन्ता, अशुभ विचार, वासनामय विचारों में लिप्त रहना, निरन्तर सोचते रहने से भीतरी अंगों में तनाव बना रहता है जिससे क़ब्ज़ होता है।

9. **आँतों की दुर्बलता :** क़ब्ज़ दूर करने के लिए बार-बार जुलाब, रेचक, दस्तावर औषधियाँ, चूर्ण लेने से आँतें अपना स्वाभाविक कार्य करना बन्द कर देती हैं। आँतों में ढीलापन, दुर्बलता, शिथिलता, खुश्की पैदा होती है। दस्तावर औषधियाँ गर्म और उत्तेजना पैदा करने वाली होती हैं। उनके सेवन से बवासीर, स्वप्नदोष आदि बीमारियाँ हो जाती हैं और जब दवा लेते समय ज़्यादा समय बीत जाता है तो शरीर दवाओं का आदी हो जाता है।
10. **व्यायाम की कमी :** उचित व्यायाम न करना या अत्यधिक आलस्य क़ब्ज़ को जन्म देता है।
11. **विटामिन बी की कमी :** बी कॉम्प्लेक्स कम मात्रा में लेने पर आँतों की दीवारों के लचीलेपन में कमी आती है जिससे क़ब्ज़ हो जाता है।
12. **मल त्याग में शीघ्रता :** एक बार बैठते ही मल-त्याग हो जाने के बाद उसे फिर आने में देर लगती है। इन्तज़ार न करने के कारण से बाक़ी मल अंदर ही रह जाता है, जो क़ब्ज़ का कारण बनता है। अतः मलत्याग में शीघ्रता नहीं करनी चाहिए।
13. **स्थान की स्वच्छता :** मल त्याग करने का स्थान यदि गंदा है तो मल त्याग नहीं होगा, जिससे क़ब्ज़ हो जाता है। मल त्याग का स्थान साफ़ होना चाहिए।
14. **मादक द्रव्यों का सेवन :** तम्बाकू, बीड़ी, चाय, अफ़ीम, शराब आदि नशीली चीज़ों के सेवन से शरीर के स्नायु शिथिल हो जाते हैं। आँतों की सक्रियता कम हो जाती है, जो क़ब्ज़ करती है।
15. आँतों में पाचक रसों की कमी या पित्त-कोष से कम मात्रा में पित्त निकलना भी क़ब्ज़ का कारण हो सकता है।
16. ट्यूमर आदि के कारण आँतों पर दबाव, स्त्रियों की बच्चेदानी का बढ़ जाना या अपनी जगह से हट जाना, आँतों के भीतर पथरी हो जाना या गर्भावस्था होना, ये सभी कारण क़ब्ज़ पैदा करते हैं।
17. गरम मसालों वाली चीज़ों में भी पानी का अंश कम होता है या रोज़ मांसाहार करने से भी क़ब्ज़ की शिकायत होती है।
18. असंतुलित भोजन भी क़ब्ज़ पैदा करता है।

क़ब्ज़ के रोगी द्वारा योगाभ्यास करने से उसकी आँतों की क्रियाशीलता या पेरेसटाल्टिक मूवमेन्ट बढ़ाता है जो कि सामान्यतः क़ब्ज़ में बहुत अधिक धीमा या ज़्यादा गंभीर क़ब्ज़ होने पर बन्द भी हो जाता है। योगासनों द्वारा यह गति दोबारा से सामान्य हो जाती है और रुका हुआ मल बाहर निकल जाता है।

इसके अलावा योग में क़ब्ज़ के लिए या आंतरिक शुद्धि के लिए जो षट्कर्म जैसे : लघु शंख प्रक्षालन से आँतों की गति बढ़ती है और मल बाहर निकल जाता है। इसलिए दो-दो गिलास पानी पीते जाते हैं और शंख प्रक्षालन के आसन करते

जाते हैं और आभास होने पर मल त्याग करते हैं। ऐसा तब तक करते जाते हैं जब तक कि जैसा पानी पिया जा रहा है वैसा ही पानी जैसा त्याग न होने लगे।

योगाभ्यास द्वारा हमने अपने केन्द्र में कई क़ब्ज़ के रोगियों को ठीक किया है अतः यह विश्वास के साथ कहा जा सकता है कि सालों पुराना क़ब्ज़ भी योगाभ्यास व उचित आहार के माध्यम से ठीक हो सकता है।

• क़ब्ज़ के लिए योगासन

1. **षट्कर्म** : कुंजल, नौलि, शंख प्रक्षालन।
2. **आसन** : पवनमुक्तासन श्रंखला क्र. 1, 2 व 3, पद्मासन, सूर्यनमस्कार, उष्ट्रासन, पश्चिमोत्तानासन, पादहस्तासन, उत्कटासन, मत्स्यासन, सुप्तवज्रासन, शशांक आसन, योगमुद्रा आसन श्रंखला, अर्धमत्स्येन्द्रासन, उदरासन, अग्निसार, साइकिल चलाना, हलासन, सर्वांगासन, शीर्षासन, नौकासन, मयूरासन, शलभासन, त्रिकोणासन, कटिचक्रासन, अर्ध चक्रासन, त्रिकोणासन, ताड़ासन, उत्तानपादासन श्रंखला, उदराकर्षणासन, भुजंगासन,
   धनुरासन, तितली आसन, पूर्ण मुद्रासन, उदर आसन, सर्वांगासन, हलासन, मत्स्यासन।
3. **प्राणायाम** : उज्जायी प्राणायाम, नाड़ी शोधन प्राणायाम, अनुलोम विलोम, भस्त्रिका प्राणायाम, कपाल भाति, अग्निसार।
4. **मुद्रा** : महामुद्रा।
5. **बंध** : उड्डियान बंध, महाबंध।

• क़ब्ज़ के लिए उपचारात्मक आहार

चिकित्सा में सर्वप्रथम भोजन व व्यायाम है। भोजन को सुधारकर हम सभी रोगों को दूर कर सकते हैं। भोजन ही महाभोषज है। *गीता* में कहा गया है - पच्यकारक अन्न सेवन करने पर रोग नहीं होते। खाने में ऐसी चीज़ें लें, जिनसे पेट स्वयं ही साफ़ हो जाए। छिलके सहित दालें, अंकुरित अन्न, अधिक मात्रा में उबली हुई सब्ज़ियाँ, हरे पत्ते वाली सब्ज़ियाँ, सलाद आदि भोजन में नियमित खाना चाहिए। पानी अधिक से अधिक पिएँ। पालक का रस, पेठे का रस, बेल का शर्बत, संतरा, मौसंबी, नींबू, आम, पपीता, अमरूद, तरबूज़ और खरबूज़ भोजन में लें। यह भोजन क़ब्ज़ दूर करता है।

नित्य दो चम्मच मेथीदाना (भीगा हुआ) सुबह शाम खाने के बाद फंकी लेने से पेट ठीक रहेगा। कभी भी क़ब्ज़ नहीं होगा, भूख बढ़ेगी एवं गेहूँ के जवारे का रस लेने से भी क़ब्ज़ नहीं रहता। खाने के बाद सौंफ मिश्री को अच्छे से देर तक चबाते रहें तो भी क़ब्ज़ नहीं होगा। सोते समय आधा चम्मच पिसी सौंफ की फंकी

गर्म पानी से लेने से क़ब्ज़ में लाभ होता है।

पानी ख़ूब पिएँ, कम से कम 10 गिलास पानी रोज़ पिएँ। इससे क़ब्ज़ तो दूर होगा ही, साथ ही साथ त्वचा में भी निखार आएगा। जिन्हें क़ब्ज़ रहता हो, उन्हें घूँट-घूँट कर पानी पीते रहना चाहिए।

चोकर सहित आटे की रोटी लें। दलिया व दलिए की नमकीन खिचड़ी भी क़ब्ज़ दूर करती है।

• क़ब्ज़ के लिए उपचारात्मक आहार तालिका

6:30 बजे : 2 गिलास गर्म पानी लें। उसमें 1 नींबू एवं 3 चम्मच शहद मिलाएँ। नमक या शक्कर न डालें।

8:00 बजे : 1 कटोरी दलिया, मीठा या 1 प्लेट अंकुरित मूँग, चना व मोठ 1 गिलास मौसंबी का रस।

12:00 बजे : 1 अमरूद (खाने के पहले), 2 चपाती (चोकर सहित आटे की), 1 कटोरी (मीडियम) मूँग (छिलके वाली दाल), दलिया, मसूर की दाल, 1 कटोरी मीडियम दही या रायता, 1 प्लेट कच्चा सलाद, 1 गिलास गर्म पानी (खाने के तुरन्त बाद लें)।

4:00 बजे : 1 फल (सेब, अमरूद, नाशपाती, संतरा), 1 गिलास जूस (मौसंबी, पालक या टमाटर) या 1 प्लेट पपीता या तरबूज़ या खरबूज़।

8:00 बजे : 1 भाग चावल और दो भाग मूँग दाल (छिलके सहित) की खिचड़ी, 3 चम्मच हरे धनिये व पोदीने की चटनी, 1 कटोरी बथुए का रायता, 1 प्लेट सलाद, प्याज़, 1 मूली, 2 गाजर, 1 शलजम, थोड़ी सी पालक व पत्ता गोभी। खिचड़ी के स्थान पर नमकीन मूँग दाल का दलिया ले सकते हैं। सब्ज़ियाँ, जैसे : प्याज, ग्वार फली, मूँगफली, शिमला मिर्च, फूल गोभी जो भी घर में उपलब्ध हो। प्रेशर कुकर में जीरा, नमक, हल्दी, हरी मिर्च से हल्का सा बघार दें। 3 सीटी होने पर उसमें हरा धनिया डाल लें। इसके साथ चटनी व बथुए का रायता भी लें। खाना खाने के बाद 1 गिलास गर्म पानी पिएँ।

9:30 बजे : एक चम्मच पिसा आँवला, गर्म पानी से लें।

• • •

गर्भावस्था

(Pregnancy)

गर्भधारण से लेकर शिशु जन्म तक की अवस्था होती है। जब भ्रूण का स्त्री के गर्भाशय में विकास हो रहा होता है तो स्त्री की इस अवस्था को गर्भावस्था कहते हैं। गर्भावस्था में स्त्री के शरीर का आकार एवं भार बढ़ जाता है तथा पाचन क्रिया भी प्रभावित होती है। गुर्दों का कार्य भार बढ़ जाता है। स्त्री के गुर्दे उसके शरीर के वर्ज्य पदार्थ के अतिरिक्त भ्रूण के वर्ज्य पदार्थ का भी उत्सर्जन करते हैं।

इस अवस्था में रक्त के संगठन में भी परिवर्तन आता है। रक्त में प्लाज़्मा की मात्रा लगभग 50 प्रतिशत बढ़ जाती है लेकिन लाल रक्त कणिकाओं में 20 प्रतिशत की ही वृद्धि होती है। इसलिए हीमोग्लोबिन की सान्द्रता उसकी मात्रा वृद्धि होने के बावजूद कम हो जाती है। शरीर में जल की मात्रा भी बहुत बढ़ जाती है, जो गुर्दों के द्वारा ठीक तरह उत्सर्जित न हो पाने के कारण शरीर में ही एकत्रित होने लगता है। गर्भावस्था के अंतिम माहों में 7 लीटर जल एकत्रित हो जाता है। इन मात्राओं में परिवर्तन होने के कारण स्वस्थ गर्भवती स्त्री का भार 10-12 किलोग्राम औसतन बढ़ जाना चाहिए। सामान्य भार में वृद्धि शिशु के अच्छे विकास का सूचक है। भ्रूण के निरन्तर भार ग्रहण करने के कारण स्त्री के भार में वृद्धि होती है।

इसके अतिरिक्त माँ के शरीर में नए अंगों का निर्माण होता है, जैसे : गर्भनाल या प्लासेन्टा तथा नाभिनाल या अम्बिलिकल कॉर्ड आदि। माँ के गर्भाशय तथा स्तन के भार में भी वृद्धि होती है। इसके अतिरिक्त रक्त, जल तथा वसा की मात्रा बढ़ना आदि भी इस अवस्था में भार बढ़ने के कारण होते हैं।

यदि स्त्री गर्भ धारण के समय कम भारिता से पीड़ित हो तो अपरिपक्व शिशु जन्म तथा गर्भकालीन विषाक्तता की संभावना सर्वाधिक होती है। कम भारिता तथा रक्तहीनता से पीड़ित माताओं द्वारा जन्म दिए शिशुओं में अपरिपक्वता अधिक पाई जाती है।

• गर्भावस्था के लिए उपचारात्मक योगाभ्यास

गर्भावस्था के प्रथम तीन माह तक इन आसनों का अभ्यास किया जा सकता है। तीन माह पश्चात् पवनमुक्तासन श्रंखला क्र. 1 व 2 का सरल अभ्यास लाभप्रद है।

षट्कर्म : जल नेति।

आसन : पवनमुक्तासन श्रंखला क्र. 1 व 2, शिथिलासन, मार्जारी, वज्रासन, सूर्य

नमस्कार, शशांकभुजंगासन, ताड़ासन, उष्ट्रासन, व्याघ्रासन, कटिचक्रासन, त्रिकोणासन, धनुराकर्षणासन, गरुड़ासन, सुप्तवज्रासन, शवासन, योगनिद्रा।

प्राणायाम : भ्रामरी, नाड़ी शोधन।

मुद्रा : महामुद्रा, बज्रोली मुद्रा, विपरीतकरणी, महावेध।

विशेष : गर्भधारण काल में उड्डियान बंध, अग्निसार क्रिया एवं नौलि को नहीं करना चाहिए।

• गर्भावस्था में योगासनों का प्रभाव

योगासनों का अभ्यास प्रारंभ के तीन महीनों तक करने से शरीर स्वस्थ रहता है। शारीरिक और मानसिक संतुलन व्यवस्थित रहता है। शरीर और मन पर अच्छा प्रभाव पड़ता है। पाचन शक्ति बढ़ जाती है। मांसपेशियाँ अधिक मज़बूत बनती हैं। हॉर्मोन्स की वृद्धि अच्छी होती है। शारीरिक विकास अच्छा होता है। शिशु और माँ दोनों पर अच्छा प्रभाव पड़ता है। पाचन शक्ति के बढ़ने से शरीर में पोषक तत्वों का अवशोषण ज़्यादा मात्रा में होता है, जिससे शरीर की सभी अतिरिक्त आवश्यकताओं की पूर्ति होती है। योगासनों के अभ्यास द्वारा प्रसव में पीड़ा कम होती है व प्रसव सामान्य होता है और ऑपरेशन का ख़तरा टल सकता है। योगासन व प्राणायाम द्वारा मन को असीम शांति मिलती है जिससे शिशु पर भी अच्छा प्रभाव पड़ता है। शिशु में अच्छे संस्कार आते हैं।

• गर्भावस्था में पोषण का महत्त्व

गर्भावस्था बहुत तीव्र वृद्धि तथा चयापचयिक क्रियाओं की अवस्था है। इस अवस्था में पोषक तत्वों की आवश्यकता, स्त्री की सामान्य आवश्यकता के साथ-साथ भ्रूण की आवश्यकता, स्त्री के गर्भावस्था व प्लासेन्टा के लिए तथा शिशु के जन्म के समय तथा जन्म के बाद के संग्रह के लिए होती है। गर्भावस्था में उत्तम आहार न लेने पर माँ व शिशु दोनों का ही स्वास्थ्य प्रभावित होता है। स्त्री के गर्भवती होने के पहले की पोषण स्थिति भी शिशु के स्वास्थ्य को प्रभावित करती है। गर्भवती स्त्री के आहार में पोषक तत्वों की कमी होने पर शिशु के शरीर के विभिन्न अंगों व क्रियाओं में असमानता आ जाती है। माँ के द्वारा आहार में लोहा व विटामिन 'सी' की मात्रा कम लेने से शिशु भी एनीमिया रोग से ग्रस्त पाए गए हैं। यदि माँ के आहार में सभी पोषक तत्व उचित मात्रा में होते हैं, उस स्थिति में गर्भावस्था की समस्याएँ उत्पन्न होने की संभावनाएँ भी कम होती हैं। प्रारंभिक किशोरावस्था में लड़की के गर्भवती हो जाने पर भी विभिन्न समस्याएँ उत्पन्न होने की संभावना अधिक होती है। स्त्री का मानसिक स्वास्थ्य भी गर्भावस्था की सफलता व शिशु के स्वास्थ्य को प्रभावित करता है।

• आहार का चयन

इस अवस्था में आहार के चयन में विशेष ध्यान देने की आवश्यकता होती है। प्रोटीन, कैल्शियम व लोहे की आवश्यकता बढ़ जाने के कारण इन तत्वों से युक्त आहार देने के साथ-साथ यह भी ध्यान रखा जाए कि ऊर्जा की बहुत अधिक मात्रा आहार में सम्मिलित न हो पाए। इन बातों को ध्यान में रखते हुए आप प्रतिदिन एक लीटर दूध प्रतिदिन अवश्य लें। इसका विशेष महत्त्व है, क्योंकि दूध के द्वारा ही अधिक मात्रा में प्रोटीन, कैल्शियम, फ़ॉस्फोरस व राइबोफ़्लेविन कम मात्रा में ऊर्जा के साथ प्राप्त होते हैं। यदि कैलोरी की मात्रा कम देनी हो अथवा सस्ता आहार देना हो तो मक्खन निकला दूध अथवा मट्ठा उत्तम रहता है। दूध के स्थान पर दूध से बने अन्य भोज्य पदार्थ, जैसे : पनीर, छैना, खोआ, दही आदि का भी दूध के साथ प्रयोग करना उत्तम रहता है।

आहार में साबुत अनाज, जैसे : दलिया आदि, गाढ़ी हरी पत्ते वाली सब्ज़ियों का सेवन करना आवश्यक होता है। सूखे फल, दालों तथा अन्य गाढ़े रंग के मीठे भोज्य पदार्थ भी लौह तत्व युक्त होते हैं जिसकी गर्भावस्था में अधिक आवश्यकता है, का सेवन अवश्य करना चाहिए।

प्रोटीन की पूर्ति के लिए दालें, मटर, सेम, सोयाबीन आहार में सम्मिलित होने चाहिए। ये भोज्य पदार्थ अन्य की अपेक्षा सस्ते भी होते हैं। इन भोज्य पदार्थों के साथ यदि हम दूध की अच्छी मात्रा भी सम्मिलित कर दें तो हमें सभी आवश्यक अमीनो अम्ल प्राप्त हो जाते हैं।

विटामिन सी की आवश्यकता पूर्ति के लिए ताज़े रसीले फल उत्तम रहते हैं। मौसमी फल सस्ते भी होते हैं। आँवला, अमरूद, टमाटर, संतरा आदि प्रमुख रूप से विटामिन सी युक्त होते हैं।

आलू, चावल तथा अन्य अनाज व वसा की बहुत अधिक मात्रा आहार में होने से ऊर्जा अधिक लेने से स्त्री के शरीर में मोटापे की समस्या उत्पन्न हो जाती है। अतः मोटापा नियंत्रित रहना चाहिए।

अर्थात् इस अवस्था में स्त्री को अधिक से अधिक पोषण युक्त आहार जिससे शिशु भी स्वस्थ हो और माँ भी स्वस्थ हो ग्रहण करना चाहिए।

सभी आवश्यक भोज्य तत्वों के अतिरिक्त सैल्यूलोज व जल की मात्रा का भी गर्भवती स्त्री के आहार में विशेष महत्त्व रहता है। गर्भावस्था में स्त्री के पाचन अंग प्रभावित होने के कारण क़ब्ज़ हो जाती है। क़ब्ज़ से छुटकारा पाने के लिए सैल्यूलोज युक्त भोजन व जल की पर्याप्त मात्रा आहार में रहनी चाहिए। जल की अधिक आवश्यकता बढ़े हुए रक्त की मात्रा के लिए तथा शरीर द्वारा वर्ज्य पदार्थों के निष्कासन के लिए आवश्यक होती है।

• गर्भवती स्त्री के लिए अतिरिक्त पोषक तत्वों की आवश्यकता

ऊर्जा (calories)	:	+ 500 कैलोरी।
प्रोटीन (protein)	:	+ 10 ग्राम।
कैल्शियम (calcium)	:	1 ग्राम।
लोहा (iron)	:	40 मिलीग्राम।
विटामिन 'ए' (vitamin 'A')	:	750 माइक्रोग्राम।
विटामिन 'बी' (vitamin 'B')	:	200 I.U.
थियामिन (thiamin)	:	+ 0.2 मि.ग्रा.।
राइबोफ़्लेनिन (riboflanin)	:	+ 0.2 मि.ग्रा.।
नियासिन (niacin)	:	+ 2.0 मि.ग्रा.।
विटामिन 'सी' (vitamin 'C')	:	50 मि.ग्रा.।

• • •

हर्निया

(Hernia)

हर्निया का शाब्दिक अर्थ है आँत उतरना और आयुर्वेद के अनुसार इसे आँत्रावतरण या आंत्रवृद्धि कहते हैं। हर्निया सामान्यतः अधिक दबाव के कारण आँत का एक भाग सिकुड़कर वक्षण नलिका से अपने मूत्र मार्ग से नीचे अण्डकोष या जाँघ अथवा ऊपर महाप्राचीरा पेशी आदि में चला जाए और वहाँ पहुँचकर ग्रंथि के सदृश शोथ हो जाएँ तो ऐसी विकृति को हर्निया या आँत उतरना कहते हैं।

• हर्निया होने के कारण

मल मूत्र के वेग को रोकने और वेग के नहीं रहने पर या पुरानी क़ब्ज़ियत में ज़बरदस्ती ज़ोर लगाकर मल मूत्र त्याग करने के कारण या रिक्शा, साइकिल पर दूसरा सवार बैठाकर बलपूर्वक चलाने से, अपनी शक्ति से भी अधिक भारी वज़न उठाने से, भरपेट भोजन करके तुरंत ही पैदल या दौड़कर लम्बा सफ़र तय करने के कारण भी हर्निया हो जाता है। वायु व विकृति पैदा करने वाले भोजन को खाने से, अधिक ठण्डे पानी में, जैसे : नदी, तालाब आदि में देर तक नहाने से भी हर्निया देखा जाता है।

• हर्निया के प्रकार व लक्षण

1. **अण्डकोष में उतरी आँत** (inguinal hernia) : इसके प्रमुख दो भेद हैं – पूर्ण हर्निया और अपूर्ण हर्निया।

   (a) **पूर्ण हर्निया** (complete hernia) : इसमें आँत वक्षण नलिका के द्वारा वक्षण छेद में होकर अण्डकोष में पहुँच जाती है। इसमें सूजन पेट से अण्डकोष की ओर बढ़ती है। अण्डकोष को दबाने से आँत ऊपर चढ़ने लगती है।

   (b) **अपूर्ण हर्निया** (incomplete hernia) : इसमें आँत का भाग बाहरी वक्षण छिद्र पर ही उतरकर रुक जाता है। परिणामस्वरूप वहाँ एक गोलाकार उभार दिखता है जो हँसने या खाँसी आने पर इधर-उधर हिलता-डुलता है।

2. **जाँघ के ऊपर का हर्निया** (hernia above the thigh) : यह प्रायः स्त्रियों में अधिक होता है। यह बूढ़े और मोटे पुरुषों में जो किसी लम्बे रोग या अन्य किसी कारण से दुबले हो गए हों, उनमें भी देखा जाता है।

3. **वक्षण गुदा में फँसा हुआ हर्निया** : वक्षण गुदा में आँत उतरकर परस्पर फँस जाती हैं। इसमें बुखार, बेचैनी, तीव्र वेदना और अपच जैसे लक्षण उत्पन्न होते हैं।

4. **खिसककर उतरने वाला हर्निया** (sliding hernia) : एपेण्डिक्स स्लाइडिंग हर्निया दाहिनी ओर नीचे उतर आता है। जब बाईं ओर थैली रहित खिसककर उतरने वाला हर्निया होता है तो उसमें सिगमॉइड कॉलन का कोई भाग होता है। हर्निया स्थान में उभार, गुड़गुड़ाहट की मन्द ध्वनि, दर्द और प्रदाह प्रतीत होता है।

5. **जन्मजात हर्निया** (by birth hernia) : कभी-कभी जन्म के समय अण्डकोष में अण्डग्रंथि नहीं उतरकर उसके बदले में हर्निया ही उतर आता है। अण्डकोष में ऊपर से कोई स्थूल बाहरी वस्तु लटकती हुई प्रतीत होती है।

6. **नाभिगत हर्निया** (navel hernia) : नाभि के ऊपर से किसी-किसी में हर्निया निकल आता है। इसमें हल्का दर्द, प्रदाह और उभार प्रतीत होता है।

7. **ऑपरेशन के टाँके टूटने का हर्निया** (incisional) : कभी-कभी पहले हुए हर्निया के ऑपरेशन के टाँके टूटने लगते हैं जिससे हर्निया पुनः हो जाता है। इसमें रोगाक्रान्त स्थान में हर्निया का उभार, सीवन टूटने के चिन्ह, प्रदाह आदि लक्षण दिखाई देते हैं।

8. **बड़ी आँत उतरने का हर्निया** (hernia in transverce colone) : इस प्रकार का हर्निया बहुत बड़ा होता है और आज भी हमारे देश में देखने को मिलता है। जाँघ के मध्य तक या घुटने तक लटकी हुई आँत इसके प्रमुख लक्षण हैं। तीव्र वेदना के साथ ही अधिक उभार बेचैनी भी होती है।

9. **बार-बार होने वाला हर्निया** (repeated hernia) : कई बार हर्निया का ऑपरेशन हो जाने के बाद भी कभी-कभी ऐसा होता है कि पुनः हर्निया हो जाता है। इसके निम्नलिखित कारण हैं :

   1. ऑपरेशन के दौरान उदरच्छदा चरमा मांस प्रावरणी को नहीं सीना।
   2 हमेशा खाँसी रहना।
   3. अधिक मोटापा रहना या शरीर अधिक चर्बीयुक्त रहना।
   4. टाँकों में पस पड़ जाना।
   5. एकाएक ज़ोर पड़ने से फट जाना।
   6. पौरुष ग्रंथि के बढ़ने से मूत्र में अवरोध पैदा होना।

• हर्निया या आंत्रवृद्धि :

1. **षट्कर्म** : जल नेति, सूत्र नेति।
2. **आसन** : पवनमुक्तासन श्रंखला क्र. 1 व 2, शिथिल्यासन, मार्जारी, सूर्यनमस्कार, गोमुखासन, अर्धमत्स्येन्द्रासन, पादांगुष्ठासन, हनुमानासन, आकर्ण धनुरासन, पश्चिमोत्तानासन, शशांकासन, सर्वांगासन, शीर्षासन, कूर्मासन, पादहस्तासन, धनुरासन, गरुड़ासन, उत्कटासन, शलभासन, कर्णपीड़ासन, हलासन, यौगिक श्वास प्रश्वास।
3. **प्राणायाम** : उज्जायी, नाड़ी शोधन।
4. **मुद्रा** : विपरीतकरणी, महामुद्रा।
5. **बंध** : महाबंध (त्रिबंध)।

विशेष : रोगी को लेटी हुई अवस्था से सीधे न उठकर करवट लेकर उठना चाहिए।

आहार : भोजन हल्का जल्दी पचने वाला लें। दोपहर व रात के खाने का समय निश्चित करें। तले और भारी भोज्य पदार्थ न लें। रात का खाना 8:00 बजे तक ग्रहण कर लें। भोजन लेने और रात्रि में सोने के बीच दो से ढाई घंटे का अंतर रखें। बैंगन, अरबी, चावल, बासी खाना, केले, मिठाई, भजिये, कचौड़ी, पूड़ी, उड़द दाल, बेसन, चना दाल आदि न लें।

• • •

मधुमेह

(Diabetes)

इस अध्याय में योग द्वारा मधुमेह की चिकित्सा करने की विधि बताई जा रही है। इस रोग से पूरे संसार में 42 करोड़ से अधिक लोग पीड़ित हैं। इस रोग में पेट के ऊपरी भाग में स्थित पैंक्रियास जब पर्याप्त इन्सुलिन उत्पन्न नहीं कर पाता तब शरीर शुगर का उपयोग नहीं कर पाता तथा उसे ऊर्जा के रूप में बदल नहीं पाता है। शुगर के समुचित उपयोग के अभाव में शरीर की समस्त क्रियाएँ गड़बड़ा जाती हैं तब व्यक्ति में अनेक शारीरिक कष्ट तथा अव्यवस्थाएँ पनपने लगती हैं। फलस्वरूप मधुमेह के रोगियों में अनेक लक्षण दिखाई देते हैं, जैसे : बार-बार पेशाब आना, बहुत अधिक प्यास लगना और थकावट का अनुभव होना, वज़न घटना, दृष्टि का धुंधला होना, कोई भी घाव छोटा हो या बड़ा जल्दी न भरना, साधारण कमज़ोरी तथा त्वचा की गड़बड़ी, पैरों में दर्द होना आदि।

यदि रोग अधिक पुराना हो जाए तो मानसिक तनाव या उच्च रक्तचाप तथा किडनी पर भी प्रभाव पड़ता है। रोगी इस रोग से तंग आकर एलोपैथी चिकित्सा की शरण में चला जाता है।

हमारे इस अध्याय में योग पद्धति की चिकित्सा के दो सिद्धांत हैं :

1. उचित आहार।
2. नियमित योगाभ्यास।

शुरू-शुरू में जो रोगी एलोपैथी चिकित्सा करा रहा हो वह उन दवाओं को बंद किए बिना योगाभ्यास प्रारम्भ कर सकता है। कुछ हफ़्ते बाद इन दवाओं की मात्रा अपने आप कम होना प्रारम्भ हो जाएगी, फिर धीरे-धीरे इन दवाओं की मात्रा घटते-घटते हुए अन्त में इनके काफ़ी कम होने की सम्भावना है। फिर मेडिकल चेकअप हर महीने कराते रहना चाहिए तो आपको सुधार महसूस होता दिख जाएगा।

• मधुमेह होने के कारण

1. **वंशानुक्रम** (heredity) : मधुमेह वंशानुक्रम से होने वाला रोग है। यदि माता-पिता दोनों मधुमेह से पीड़ित हों तो जन्म लेने वाले बच्चों में मधुमेह की सम्भावना 100 प्रतिशत मानी जाती है। यदि मधुमेह रोगी ऐसे व्यक्ति से विवाह कर ले जो मधुमेह का वाहक है तो आधे बच्चे रोग वाहक होंगे तथा आधे मधुमेह से पीड़ित होंगे।

2. **मोटापा** (obesity) : मधुमेह के दो तिहाई रोगी मोटे होते हैं इसलिए मोटापा मधुमेह का प्रमुख कारण माना जाता है। मधुमेह के संभावित रोगियों में अधिक भोजन की ग्राह्यता स्वादुपिण्ड के आइलेट ऑफ़ लेन्गरहेन्स पर अधिक कार्यभार डालती है। मधुमेह की सक्रियता निम्नलिखित प्रतिशत पर भी निर्भर करती है :
   - (a) सामान्य वज़न वाले व्यक्ति की मधुमेह से मृत्यु की कम सम्भावना होती है।
   - (b) 5 से 14 प्रतिशत अधिक भार वाले व्यक्ति की मधुमेह से मृत्यु की सम्भावना दो गुनी होती है।
   - (c) 15-24 प्रतिशत अधिक भार वाले व्यक्ति की सामान्य वज़न वाले व्यक्ति की तुलना में मधुमेह से मृत्यु की सम्भावना चौगुनी होती है।
   - (d) 26 प्रतिशत अधिक भार, सामान्य वज़न वाले व्यक्ति की तुलना में मधुमेह से मृत्यु की सम्भावना दस गुना अधिक हो जाती है।
3. **आयु** (age) : यद्यपि यह रोग किसी भी उम्र में हो सकता है, परन्तु 50 वर्ष के बाद अधिक देखा जाता है।
4. **लिंग** (sex) : स्त्रियों की अपेक्षा पुरुषों में यह रोग अधिक देखा जाता है। गर्भावस्था तथा अनुचित पोषण स्त्रियों में मधुमेह को बढ़ावा देता है।
5. **वातावरण के तत्व** (environmental factors) : व्यक्ति का रहन-सहन, खान-पान की आदतें अत्यधिक प्रभाव डालती हैं। अधिक भोजन ग्रहण करना तथा शारीरिक क्रियाशीलता कम होना, ये दोनों स्थितियाँ मधुमेह के सामान्य रोगियों में रोग को बढ़ावा देती हैं।
6. चिन्ता व तनावग्रस्त रहना।
7. व्यायाम न करना।
8. अधिक दिमाग़ी कार्य करना।
9. कई बार डायबिटीज़ या मधुमेह द्वितीयक कारणों के परिणामस्वरूप जन्म लेता है इसे सेकंडरी डायबिटीज़ (secondary diabetes) कहा जाता है। यह निम्नलिखित स्थितियों में हो सकता है :
   1. स्वादुपिण्डभ्य मधुमेह (pancreatic diabetes) में पैन्क्रियास की क्षति के परिणामस्वरूप इन्सुलिन का स्रवण तथा प्रवाह कम हो जाता है। पैन्क्रिएटाइटिस हीमोक्रोमेटोसिस तथा पैन्क्रियास का कैंसर मधुमेह को जन्म दे सकते हैं। स्वादुपिण्ड निष्कासन के साथ भी डायबिटीज़ देखा जाता है।
   2. इन्सुलिन विरोधी हॉरमोन्स के रक्त में जमाव के कारण भी मधुमेह हो सकता है।

1. हॉर्मोन देने पर प्रायोगिक प्राणियों में स्थायी मधुमेह उत्पन्न हो सकता है।
2. ऐड्रिनोकॉर्टिकल जैसे कार्टीसॉल प्रोटीन के विघटन को बढ़ाकर तथा पैरीफ़ेरल ऊतकों द्वारा ग्लूकोज़ के उपयोग को रोककर रक्त शर्करा को बढ़ावा देता है।
3. ऐड्रिनेलिन यकृतीय ग्लायकोज़न को तोड़कर ग्लूकोज़ में परिवर्तित करता है जिससे रक्त शर्करा कुछ हद तक बढ़ जाती है।
4. थायरॉक्सीन की अत्यधिकता मधुमेह को बढ़ावा देती है।
5. स्त्रियों में गर्भावस्था में अस्थायी अतिरिक्त शर्करा हो सकता है। इसे गेस्टेशनल डायबिटीज़ कहा जाता है। गर्भावस्था में इन्सुलिन विरोधी हॉर्मोन का स्रावण अधिक होने पर इन्सुलिन के अधिक स्रवण तथा प्रवाह की दर की आवश्यकता होती है, परन्तु कई बार इन्सुलिन इसकी पूर्ति नहीं कर पाता है।

3. कुछ दवाइयाँ भी मधुमेह को जन्म दे सकती हैं। यह स्थिति आयट्रोजेनिक डायबिटीज़ कहलाती है।
4. यकृत संबंधी रोग विशेषकर सायरोसिस तथा हेपिटाइटिस होने पर ग्लूकोज़ को उपयोग में लाने की क्षमता कम हो जाती है।
5. कुपोषण संबंधी मधुमेह भी देखा जाता है।

• मधुमेह के लक्षण

1. **अत्यधिक भूख लगना** (polyphagia) : शरीर की कोषाओं के पोषण के लिए भोजन का उपयोग न हो पाने के कारण ऊतक हमेशा भूखे रहते हैं जिससे मधुमेह के रोगी में भूख की अधिकता देखी जाती है।
2. **अत्यधिक प्यास लगना** (polydipsia) : शरीर से जल के अत्यधिक उत्सर्जन के कारण बहुत अधिक प्यास लगती है। इसी प्रकार ऊतकों में जल की क्षतिपूर्ति के लिए भी पानी अधिक आवश्यक होता है।
3. **बहुमूत्रता** (polyuria) : गुर्दों से अत्यधिक मात्रा में ग्लूकोज़ उत्सर्जित होने के कारण बार-बार मूत्र उत्सर्जित होता है तथा उत्सर्जित होने वाले मूत्र की मात्रा असामान्य रूप से अधिक होती है।
4. **कमज़ोरी एवं वज़न में कमी** (weakness & weight loss) : भोजन को उपयोग में लाने की क्षमता कम होने से तथा शरीर के ऊतकों के नाश के कारण व्यक्ति का वज़न तीव्रता से कम होता है तथा अत्यधिक कमज़ोरी महसूस होती है।
5. **निर्जलीकरण** (dehydration) : शरीर से मूत्र के द्वारा अत्यधिक जल उत्सर्जित होने के कारण तथा जल संतुलन बनाए रखने के लिए पर्याप्त जल

ग्रहण न किए जाने के कारण निर्जलीकरण की स्थिति उत्पन्न हो जाती है।

6. **प्रतिरोधकता प्रणाली में गड़बड़ी** (low immune system): मधुमेह रोगियों में स्टेफ़िलो कॉकस तथा ट्युबरक्युलर संक्रमण अधिक देखा जाता है।
7. **घाव देर से भरना** (poor wound healing) : रक्त शर्करा अत्यधिक होने से तथा जल संतुलन उपयुक्त न होने से घाव होने पर उसे भरने में बहुत अधिक समय लगता है, क्योंकि ग्लूकोज़ सूक्ष्म जीवाणुओं की वृद्धि के लिए पोषण प्रदान करने लगता है।
8. चक्कर आना, कमज़ोरी, बदनदर्द, सुस्ती लम्बे समय तक बनी रहती है।
9. आँखों से कम दिखना और बार-बार चश्मे का नंबर बदलना।
10. पैरों में कमज़ोरी, जलन, शून्यता, तड़कन, चलने पर रुकने की इच्छा होना, झुनझुनी होना आदि।
11. गुप्तांगों में खुजली होना, घाव होना।
12. बार-बार फुन्सियाँ होना।
13. पेशाब करने की जगह पर चींटियों का होना।
14. बेहोशी होना।
15. दिल के दौरे, एंजाइना, लकवा (paralysis) बार-बार होना।
16. त्वचा रूखी, सिर में भारीपन व दर्द का होना।
17. क़ब्ज़ रहना।

• डायबिटीज़ रोग में चयापचय (metabolism)

डायबिटीज रोगी में इन्सुलिन हॉर्मोन के कम होने के कारण ग्लूकोज़ की अधिक मात्रा ग्लायकोजन तथा ऊर्जा में परिवर्तित नहीं हो पाती है, अतः रक्त में ही उपस्थित रहने के कारण इसकी सतह सामान्य से अधिक हो जाती है। यह अधिक मात्रा गुर्दों के द्वारा मूत्र के रूप में उत्सर्जित हो जाती है। कार्बोहाइड्रेट का ऊर्जा के लिए ऑक्सीकरण ठीक तरह न हो पाने के कारण फ़ैटी ऐसिड का ऑक्सीकरण तेज़ी से होने लगता है जिससे कीटोन बॉडीज़ अधिक बनने लगते हैं व अधिक मात्रा में मूत्र के द्वारा उत्सर्जित होने लगते हैं। इसके अतिरिक्त कीटोन बॉडीज़ शरीर में भी अधिक मात्रा में एकत्रित होने लगती है जिससे ऐसीडोसिस हो जाता है। डायबिटीज़ रोग में रक्त के कॉलेस्ट्रोल व वसा की मात्रा बढ़ जाती है जिससे एथिरोस्क्लेरोसिस तथा हृदय संबंधी रोग भी डायबिटीज़ रोगी को अधिकतर हो जाते हैं। कार्बोहाइड्रेट का चयापचय सामान्य न होने के कारण प्रोटीन के ऊतकों में भी टूट-फूट अधिक होती है। प्रोटीन का डीएमीनेशन अधिक होने लगता है। डीएमीनाइज़्ड प्रोटीन का कार्बोक्सलिक भाग ग्लूकोज़ तथा फ़ैटी ऐसिड की तरह उपयोग होता है। इस तरह ग्लूकोज़ की रक्त में मात्रा और अधिक बढ़ जाती है।

मधुमेह रोग होने की संभावनाएँ

1. मोटे या अधिक वज़न के लोगों को मधुमेह हो सकता है।
2. मधुमेह के इतिहास वाले परिवार के निकट संबंधियों को हो सकता है।
3. गर्भ निरोधक, कारटिजोन, पेशाब की दवाइयों को लेने वाले व्यक्तियों को मधुमेह हो सकता है।
4. अधिक वज़न के बच्चे जन्म देने वाली महिलाओं को मधुमेह हो सकता है। बार-बार एबॉर्शन होने पर भी हो सकता है।
5. ब्लड प्रेशर, लकवा, दिल के दौरे के रोगियों को भी हो सकता है।
6. ऐसे रोगी जिनको फेफड़ों की बीमारी या अन्य कोई लम्बी बीमारी ठीक न हो रही हो।

• मधुमेह संबंधी जाँच और निदान

1. मूत्र परीक्षण, शकर ऐसीटोन के लिए जाँच।
2. रक्त में शकर के लिए जाँच।
3. रक्त में ग्लायकोजिनेटेड हीमोग्लोबीन के लिए जाँच।
4. नेत्र पटल परीक्षण।

रक्त में जो शकर की मात्रा मधुमेह दर्शाती है, वह निम्न प्रकार होती है।

सुबह के नाश्ते से पहले	–	120 मिली ग्राम
भोजन के दो घण्टे बाद	–	180 मिली ग्राम
दिन में कभी भी	–	200 मिली ग्राम

इन सभी परीक्षणों द्वारा मधुमेह का निदान किया जा सकता है। निम्न स्थितियों में शर्करा के लिए मूत्र परीक्षण रोग के प्रारम्भिक निदान में सहायक होता है।

1. यदि किसी रक्त संबंधी को मधुमेह हुआ हो।
2. वज़न में अचानक तीव्र वृद्धि हो।
3. बिना किसी कारण वज़न में तीव्र कमी आए।
4. रात्रि मूत्रता होने लगे।
5. बार-बार त्वचा संबंधी संक्रमण होने लगे।
6. जन्म के समय शिशु अधिक भार का हो।
7. कोई घाव होने पर यदि वह भर न रहा हो।

• मधुमेह का यौगिक उपचार

आसन :

1. सूर्य नमस्कार, 2. पवन मुक्तासन, 3. वज्रासन, 4. सुप्तवज्रासन, 5. मत्स्येन्द्रासन, 6. गोमुखासन, 7. उष्ट्रासन, 8. शशांकासन, 9. मत्स्यासन, 10. पश्चिमोत्तानासन, 11. भुजंगासन, 12. सर्जासन, 13. धनुरासन, 14. मयूरासन, 15. शलभासन, 16. जानुशिरासन, 17. सर्वांगासन, 18. उदरासन, 19. हलासन, 20. योगनिद्रा या शवासन।

षट्कर्म : लघु शंख प्रक्षालन प्रथम तीन दिन नित्य प्रति उसके बाद सप्ताह में एक दिन।

प्राणायाम : भ्रामरी, नाड़ीशोधन, भस्त्रिका, उज्जायी, कपालभाति, अग्निसार।

मुद्रा : विपरीतकरणी मुद्रा, अश्विनि मुद्रा, महामुद्रा।

बंध : उड्डियान बंध, मूलबंध, जालंधर बंध।

• योगासनों का पेंक्रियास पर प्रभाव

योग की इस उपचारात्मक पद्धति में पेंक्रियास तथा नलिकाहीन संस्थान की अन्य ग्रंथियों की स्वाभाविक क्रिया को वापस लाते हैं। जब ये ग्रंथियाँ ठीक से काम करने लगती हैं, तब शरीर की रासायनिक क्रिया स्वाभाविक हो जाती है। व्यक्ति की डायबिटीज़ की तकलीफ़ दूर हो जाती है और स्वास्थ्य स्वाभाविक स्तर पर आ जाता है।

मधुमेह में उपचारात्मक आहार

(therapeutic diet for diabetes)

मधुमेह रोगी के उपचार में तथा रोग सुधार में आहार महत्त्वपूर्ण स्थान रखता है। मधुमेह के रोगी को मीठी चीज़ें, जैसे : चीनी, गुड़, मिश्री, मीठे फल, चावल, मैदे से बनी चीज़ें नहीं खानी चाहिए। शारीरिक व्यायाम, भ्रमण, अल्प भोजन करना लाभदायक है। यह रोग केवल औषधियों द्वारा ठीक नहीं हो सकता, इसके साथ ही भोजन पर नियंत्रण की आवश्यकता है।

आहार में कुल कैलोरी की मात्रा ली जाने वाली वसा, प्रोटीन तथा कार्बोहाइड्रेट्स की मात्रा से अधिक महत्त्वपूर्ण मधुमेह के रोगी का आहार संतुलित होना अनिवार्य है ताकि वज़न नियंत्रित किया जा सके। मधुमेह के लिए संतुलित आहार निम्न तीन बातों पर निर्भर करता है :

1. यदि रोगी मोटा हो तो वज़न कम करने के लिए कम कैलोरी युक्त आहार ग्रहण करे जिससे 5 प्रतिशत वज़न कम किया जा सके।
2. सामान्य वज़न के रोगी को पर्याप्त कैलोरीज़ लेनी चाहिए।
3. कमभारिता रोगी को वज़न वृद्धि के लिए पर्याप्त संतुलित आहार लेना चाहिए। उसका वज़न 5 प्रतिशत तक कम बनाए रखने के लिए उपयुक्त कैलोरी लेनी चाहिए।

द्रव पदार्थ व रेशे युक्त भोज्य पदार्थ आहार में पर्याप्त मात्रा में हों ताकि शरीर के निरुपयोगी पदार्थ का उत्सर्जन हो सके, जल की क्षतिपूर्ति हो सके तथा शरीर का जल संतुलन बनाए रखा जा सके। उचित व संतुलित भोजन और शारीरिक परिश्रम से मधुमेह को ठीक किया जा सकता है।

मधुमेह रोगी को नित्य हरी सब्ज़ी और दाल का सेवन अधिक करना चाहिए। कच्चा करेला और जामुन खाना चाहिए। रोज़ एक आँवला व एक अमरूद आहार में अवश्य लेना चाहिए। मधुमेह में शरीर में कमज़ोरी मालूम पड़ने लगती है। कमज़ोरी दूर करने हेतु हरा कच्चा नारियल खाएँ। काजू, मूँगफली और अखरोट भिगोकर खाएँ। दही, छाछ और सोयाबीन खाएँ। मधुमेह रोगी को हर सातवें दिन एक दिन का उपवास करना लाभदायक है। उपवास में फल, सब्ज़ियाँ, नींबू पानी लें। अन्य चीज़ें न खाएँ। मधुमेह रोगी के लिए ताज़े आँवलों के रस में शहद मिलाकर पीना मधुमेह रोग ठीक होने में अत्यंत प्रभावशाली है।

मेथी दाने का सेवन यदि मधुमेह में किया जाए तो मूत्र में निकलने वाली शर्करा की 65 प्रतिशत तक मात्रा को रोका जा सकता है। मेथी दानों को सेंक कर पीस लें, पावडर बना लें। अब इसका सेवन भोजन से 15 मिनट पूर्व करें, पानी के साथ 2 चाय के चम्मच या 25 से 100 ग्राम प्रति ख़ुराक फाँक लें, अधिक लाभ मिलेगा। इसे किसी भी तरह सब्ज़ी बनाकर, फंकी लगाकर, पीसकर आटे में मिलाकर, दही में मिलाकर, चावल, दाल, सब्ज़ियों, चटनी आदि में मिलाकर ले सकते हैं। इसके सेवन से शुगर घटने के साथ-साथ कोलेस्ट्रॉल भी कम हो जाता है। इसके साथ ही मेथी का साग भी शुगर कम करने में सहायता करता है।

जामुन की गुठली और करेले सुखाकर समान मात्रा में मिलाकर पीस लें। इस मिश्रण की एक चाय चम्मच बराबर मात्रा सुबह, शाम पानी से फाँक लें। मूत्र में शर्करा आना धीरे-धीरे बंद हो जाएगी।

• मधुमेह रोगी के लिए उपचारात्मक आहार तालिका

7 बजे : 2 गिलास नींबू पानी।

8 बजे : 100 ग्राम दलिया दूध के साथ बिना चीनी या 30 ग्राम मूँग (छिलका) दाल भाप में पकाकर या 60 ग्राम ब्रेड (पीस ब्रेड)

थोड़े मक्खन के साथ चाय, कॉफ़ी या दूध के साथ बिना चीनी के।

10 बजे	:	2 चाय के चम्मच मेथी दाने का पावडर पानी के साथ फाँक लें।
12 बजे	:	2 चपाती (तीन किलो जौ, एक किलो गेहूँ, आधा किलो चने को मिलाकर आटा पिसवा लें), 1 कटोरी (मध्यम आकार) सब्ज़ी (करेले, टमाटर, गाजर, पालक, मेथी, शलजम की सब्ज़ी), 15 ग्राम दाल, 1 कटोरी दही, 1 प्लेट सलाद (गाजर, प्याज, पालक, मूली)।
4 बजे	:	1 फल, संतरा, अमरूद, 12 कप चीकू या छोटे आँवले का रस शहद के साथ, 4 बिस्कुट बिना शकर की चाय, कॉफ़ी या दूध के साथ।
6:45 बजे	:	2 चम्मच मेथी दाने के पावडर की फंकी पानी के साथ।
7 बजे	:	1 बाउल सूप (गाजर, टमाटर एवं पालक का), 1 चपाती (जौ, गेहूँ, एवं चने के आटे की), 1 कटोरी सब्ज़ी, 1 प्लेट सलाद।
9 बजे	:	1 गिलास दूध बिना शकर का।

• मधुमेह (diabetes) के लिए उपचारात्मक सेवन योग्य भोज्य पदार्थ

1. **अनाज**	:	चना, गेहूँ, जौ।
2. **दालें**	:	मूँग दाल, अरहर दाल।
4. **अन्य सब्ज़ियाँ**	:	लौकी, बैंगन, करेला, सेम, खीरा, भिण्डी, टमाटर, मूली, गाजर, फूल गोभी।
5. **फल**	:	संतरा, नींबू, तरबूज़, पपीता, आँवला, अंगूर, सेब, लीची, अनार, अमरूद।
6. **दूध**	:	प्रतिदिन आधा लीटर दूध।
7. **घी व तेल**	:	वसा की मात्रा 20 ग्राम प्रतिदिन।

• मधुमेह रोग में वर्जित भोज्य पदार्थ

मधुमेह रोगी को आहार से आलू, अरबी, शकरकन्दी, जिमीकन्द तथा पके मीठे व स्टार्च युक्त फल पूर्ण रूप से निकाल देने चाहिए। चीनी, ग्लूकोज़, मिठाई, जैम, जैली, मार्मलेड, केक तथा तले हुए भोज्य पदार्थ, अधिक घी व तेल के बने भोज्य पदार्थ या अधिक ऊर्जा युक्त भोज्य पदार्थों को आहार में सम्मिलित नहीं करना चाहिए।

सिगरेट व तम्बाखू के सेवन से दिल के दौरे एवं लकवा होने की आशंका कई गुना बढ़ जाती है। शराब से मधुमेह बढ़ता है और उसके अत्यधिक गंभीर परिणाम भी होते हैं।

• भोजन में कृत्रिम मिठास लाने वाले पदार्थ

भोजन में कृत्रिम मिठास लाने के लिए कृत्रिम मीठे पदार्थों, जैसे : सैकरीन या सुकार्यल या सारबिटॉल का प्रयोग किया जा सकता है। इनके इस्तेमाल से रक्त शर्करा की मात्रा नहीं बढ़ती है। अर्थात् इनका प्रयोग किया जा सकता है।

• मधुमेह रोग का शरीर पर कुप्रभाव

मधुमेह रोगी को बीमारियाँ ज़्यादा घेरती हैं, जैसे : अंधत्व, दिल का दौरा, लकवा, गेंग्रीन, गुर्दे की बीमारी, चमड़ी की बीमारी। सामान्य व्यक्ति से कई गुना ज़्यादा रोग होते हैं। शरीर कमज़ोर हो जाता है, आँखों की ज्योति कम हो जाती है। घाव देर से भरते हैं जिससे शरीर को अत्यधिक पीड़ा का सामना करना पड़ता है। त्वचा में झुर्रियाँ आ जाती हैं। पैर कमज़ोर हो जाते हैं। कीटोसिस की अवस्था होने पर रक्त का सामान्य PH 7.4 से कम हो जाता है जिससे शरीर अम्लीयता की स्थिति में आ जाता है, जो अनियंत्रित स्थितियों में दीर्घ मूर्च्छा में चले जाते हैं।

• • •

मासिक धर्म संबंधी गड़बड़ियाँ

(Disturbances of Menstrual Discharge)

प्रकृति ने स्त्रियों के शरीर की रचना इस प्रकार की है कि गर्भ को धारण करने के लिए उनका शरीर हर मास तैयार होता है। अपने देश में 13 से 15 वर्ष की उम्र से 40 से 50 वर्ष की उम्र तक बच्चेदानी में हर महीने निश्चित समय पर बच्चे के लिए विभिन्न झिल्लियों का निर्माण होता है। यदि बच्चा गर्भ में आ जाता है तो यह बदलकर गर्भ झिल्ली की रचना करती है, अन्यथा प्रकृति उन अनावश्यक झिल्लियों को तोड़कर रक्त के साथ बाहर कर देती है। इसी प्राकृतिक अवस्था को मासिक धर्म कहते हैं। इन दिनों 200 से 250 ग्राम तक रक्त स्राव होता है। कई बार इसमें गड़बड़ी हो जाने के कारण या तो स्राव अनियमित हो जाता है, या ज़्यादा स्राव होता है या कम स्राव होता है और कम दिनों तक होता है। इसे ही मासिक संबंधी गड़बड़ियाँ कहते हैं।

मासिक धर्म सामान्यतः 4-5वें दिन कम होकर बंद हो जाता है। यही स्वस्थ मासिक धर्म माना जाता है। स्त्रियों के स्वस्थ रहने के लिए इस अनावश्यक और दूषित पदार्थ का शरीर से बाहर निकलना अत्यंत आवश्यक है। यदि यह स्राव आवश्यकता से अधिक हो और लंबा चले तो शरीर में ख़ून की कमी हो जाती है और शरीर कमज़ोर हो जाता है। चक्कर आने लगते हैं और कोई भी रोग जल्दी हो जाता है।

स्राव कम और अनियमित होने से या बंद हो जाए तो इसका उपचार अवश्य करना चाहिए। उपचार न होने पर कई तरह के स्त्री रोगों का सामना करना पड़ सकता है, जो हानिकारक होता है।

मासिक स्राव में कुछ बातों का विशेष ध्यान रखना चाहिए कि किसी तरह ठंड न लगे। एक़दम से लगी ठंड से मासिक स्राव बंद हो सकता है, पेट में दर्द हो सकता है, बुखार आ सकता है और श्वेत प्रदर (leucorrhoea) रोग भी हो सकता है। इन दिनों ठंडे पानी में हाथ नहीं डालना चाहिए जैसे ठंडे पानी से नहाना आदि। शरीर ठंडा होने पर ठंडा पानी पीना चाहिए।

- **श्वेत प्रदर (leucorrhoea)**

यह रोग साधारणतः खट्टी, चटपटी चीज़ें एवं असंतुलित आहार, आरामदेह जीवन तथा मानसिक तनाव के कारण होता है।

जननेन्द्रियों के विभिन्न अंगों से हमेशा एक प्रकार का अम्लीय स्राव निकलता

रहता है, जो उस स्थान को गीला बनाए रखता है और कीटाणुओं के प्रभाव से रक्षा करता है। परन्तु स्राव कभी भी इतना नहीं होता कि कपड़े गीले हो जाएँ, ऐसा होने पर यह रोग की श्रेणी में आ जाता है। इसे ही श्वेतप्रदर कहते हैं।

• कारण

अत्यधिक कमज़ोरी, रक्तहीनता, यकृत और फेफड़ों से संबंधित रोग, गठिया रोग के होने से, अत्यधिक चिन्ता, कामवेग का तीव्र संचार, तनावग्रस्त पारिवारिक पृष्ठभूमि, लम्बी क़ब्ज़ियत, रक्त संचालन संस्थान में गड़बड़ी, पाचनतंत्र के विकार, गर्भाशय मुख या ग्रीवा की सूजन, गर्भपात, अधिक संतानोत्पत्ति, श्रम की अधिकता और कमज़ोरी, अनियमित स्राव आदि के कारण श्वेत प्रदर रोग होता है। कभी-कभी यह रोग गर्भनिरोधक गोलियों के प्रयोग से भी हो जाता है।

• लक्षण

इस रोग के लक्षण स्वरूप स्त्री में पतला, स्वच्छ, गोंद जैसा और गंधहीन स्राव होता है एवं वस्त्रों पर सफ़ेद दाग पड़ जाते हैं। इससे कमज़ोरी, सिरदर्द, बेचैनी, जम्हाई आना, होंठों पर पपड़ी, त्वचा रूखी होना आदि लक्षण प्रकट होते हैं। कुछ समय पश्चात् इसका रंग परिवर्तित होने लगता है। यह श्वेत के बाद पीला और हरे रंग का हो जाता है।

श्वेत प्रदर के कारण बेचैनी, आलस, चिड़चिड़ापन आ जाता है और स्त्री का सौन्दर्य एवं रूप रंग ख़त्म होने लगता है। शरीर की त्वचा रूखी हो जाती है और झुर्रियाँ, झाइयाँ ये सब सौन्दर्य संबंधी समस्याओं को जन्म देती हैं। इसलिए इस रोग को सौन्दर्य का दुश्मन कहा जाता है।

श्वेत प्रदर स्वयं तो एक रोग है ही साथ ही साथ कई अन्य रोगों का लक्षण भी है। इसलिए इसे छोटी-सी बीमारी समझने की भूल नहीं करनी चाहिए। तनिक भी संकोच नहीं करना चाहिए, क्योंकि आगे चलकर यह भयंकर गुप्त रोग का कारण बन सकता है।

• मासिक धर्म संबंधी गड़बड़ियों पर योगासनों का प्रभाव

योगाभ्यास का प्रभाव इसमें दो प्रकार से पड़ता है :

1. मासिक धर्म शरीर में होने वाले हॉर्मोन की वजह से होता है। स्त्रियों की ओवरी में ही हॉर्मोन्स बनते हैं, उनका नियंत्रण पीयूष ग्रंथि तथा हाइपोथैलेमस से होता है। योगाभ्यास द्वारा हाइपोथैलेमस व पीयूष ग्रंथि में संतुलन हो जाता है।
2. कुछ अन्य आसन विशेषकर पवनमुक्तासन श्रंखला क्रमांक 3 व सुप्तवज्रासन से ओवरी व गर्भाशय के रक्त संचार में संतुलन आने से भी मासिक धर्म सामान्य हो जाता है।

• मासिक धर्म संबंधी तकलीफ़ों के लिए योगाभ्यास

षट्कर्म : कुंजल, नेति।

आसन : शशांकासन, मार्जारी तथा शवासन द्वारा कष्ट कम किया जा सकता है। पवन मुक्तासन श्रंखला क्र. 1 व 2 सूर्य नमस्कार, भुजंगासन, शलभासन, धनुरासन, पश्चिमोत्तानासन, कन्धरासन, शीर्षासन, सर्वांगासन, हलासन, हनुमानासन, उत्तानासन, योग मुद्रासन, मत्स्यासन, कूर्मासन, वीरासन, अर्धमत्स्येन्द्रासन, शवासन या योगनिद्रा, अग्निसार क्रिया, सुप्तवज्रासन, आकर्ण धनुरासन, मकरासन।

प्राणायाम : नाड़ी शोधन, अंतःकुम्भक, भस्त्रिका, कपालभाति।

मुद्रा : विपरीतकरणी मुद्रा, वज्रोली मुद्रा।

बंध : जालंधर बंध, उड्डियान बंध, मूलबंध।

• मासिक धर्म संबंधी गड़बड़ियों के लिए उपचारात्मक आहार

स्त्री रोगों की अधिकता का कारण आजकल की दिनचर्या है। आज से 40-50 वर्षों पहले, जबकि महिलाएँ अधिक बच्चों को जन्म देती थीं, तब भी इतने रोग नहीं हुआ करते थे। इसका कारण वे घर के सभी काम अपने हाथ से किया करती थीं, जिससे उन्हें भूख भी लगती थी और वे सादा भोजन ग्रहण करती थीं। इससे उनका अच्छा-ख़ासा व्यायाम भी हो जाया करता था और भूख भी ज़ोरों से लगती थी और खाना अच्छे से पच भी जाता था। परन्तु आजकल आरामपसंद और असंतुलित भोजन इसका प्रमुख कारण बन गया है। भोजन में मैदे से बनी चीज़ों का उपयोग, चटपटा भोजन इसका प्रमुख कारण बन गया है। साथ ही होटलों में खाना, अधिक मिर्च मसाले खाना, और हरी सब्ज़ियों, फल, सलाद आदि का प्रयोग न करना ही रोगों और ऑपरेशन से डिलेवरी होने का कारण है।

अपने आहार में हरी सब्ज़ियाँ, फलों का रस, कच्ची सब्ज़ियों का रस, अंकुरित अनाज आदि चीज़ों का समावेश संतुलित मात्रा में यदि प्रतिदिन किया जाए तो इन रोगों के प्रकोप से बचा जा सकता है।

यदि मासिक धर्म कम हो तो नारियल खाएँ, मटर खाएँ और भोजन में 2 ग्राम पिसी राई प्रथम निवाले के साथ रोज़ खाने से मासिक धर्म खुलकर आता है।

अनावश्यक रक्त स्राव हो तो तुलसी की जड़ को सुखाकर, पीसकर पान में खाने से रुक जाता है। मासिक धर्म में खटाई व ठण्डी चीज़ों, तले हुए पदार्थों से परहेज़ करना चाहिए।

• • •

दमा

(Asthma)

दमा मुख्य रूप से श्वास नली की गड़बड़ी है। श्वास नली में सिकुड़न हो जाती है। जिससे श्वास लेने तथा छोड़ने का सामान्य अनुपात गड़बड़ा जाता है। श्वास नली के स्तर में रहने वाली रक्त नलिकाएँ भर जाती हैं जिससे श्वास छोड़ने में विलम्ब तथा कठिनाई होती है।

कई बार पेट की ख़राबी होने से या अन्न के अपचन के कारण इस बीमारी का होना पाया जाता है। गले की श्वास नलिकाएँ सिकुड़ जाती हैं व उनमें कफ़ एकत्रित होने लगता है। जिसके कारण कई कीटाणु रेचिका के आस-पास जम जाते हैं कीटाणुओं के जमाव के कारण श्वास नलिकाएँ सूजन से व्याप्त रहती हैं तथा इन नलिकाओं में सिकुड़न आ जाती है। दूसरा कारण हमारे गले की ग्रंथियों में जो नाक बनती है वह गाढ़ी हो जाती है। यह उन थैलियों में चला जाता है जहाँ हमारे अंदर भरी हुई हवा अथवा ऑक्सीजन के आने-जाने में अवरोध पैदा हो जाता है। शुद्ध हवा और गंदी हवा के अंदर और बाहर जाने में अवरोध पैदा होता है। कफ़ के जमा होने से फेफड़ों की क्षमता कमज़ोर हो जाती है। जितनी शुद्ध हवा शरीर को चाहिए उतनी मिल नहीं पाती, रोगी को ज़ोर-ज़ोर से और जल्दी-जल्दी श्वास लेनी पड़ती है।

- **दमा के कारण (causes of asthma)**

जो तत्व एलर्जी उत्पन्न करते हैं उन्हें एलर्जेन कहा जाता है। स्वस्थ शरीर में प्रतिक्रिया को रोकने की क्षमता एक विशेष तंत्र द्वारा होती है, जिसे इम्यून सिस्टम यानी प्रतिरक्षा तंत्र कहते हैं। इस तंत्र का प्रमुख तत्व शरीर की श्वेत रक्त कणिकाएँ (डब्ल्यू.बी.सी.) होती हैं। ये कणिकाएँ शरीर में प्रवेश करने वाले सभी एलर्जेन (बाहर से हमला करने वाले रोगाणु) से निपटने में तत्पर रहती हैं तथा जो बाहरी होते हैं, उनके विरुद्ध एक प्रोटीन तत्व का निर्माण करती हैं, जिसे एन्टीबॉडी कहते हैं। यही एन्टीबॉडी उस बाहरी तत्व को तोड़ने में सहायक होती है। हमारे शरीर में ऐसी बहुत सी एन्टीबॉडीज़ होती हैं। जो उन बाह्य तत्वों के कुप्रभावों को नगण्य कर देती हैं।

दमा एक प्रकार की एलर्जी क्रिया है। जब यही क्रिया त्वचा में होती है तब उसे एक्ज़िमा कहते हैं। जब आँख व नाक में हो तो हे फ़ीवर और जब श्वसन तंत्र में हो तो दमा कहते हैं। वास्तव में शरीर के अन्दर उक्त अंगों में एक जैसी ही क्रियाएँ होती हैं। एलर्जी जब गम्भीर हो जाती है तो उसे एफ़ाइलैक्सिस कहा जाता है। यह स्थिति

जीवन के लिए एक चुनौती होती है क्योंकि इसमें वायु तंत्र केवल सिकुड़ता ही नहीं, बल्कि अन्दर सूज भी जाता है, रक्तचाप गिर जाता है और रोगी निश्चेत होने लगता है।

एलर्जी प्रायः उन लोगों में बहुधा होती है जिनके वंश में दमा, एक्ज़िमा, हे फ़ीवर जैसी बीमारियाँ होती रही हैं। ऐसा दमा किसी भी आयु में कभी भी किसी भी कारण से हो सकता है और सदैव के लिए ठीक भी हो सकता है। ऐसा कभी-कभी हॉर्मोन्स के बढ़ने व घटने के कारण भी होता है। भावनात्मक परेशानियाँ, जैसे : अत्यधिक डर, परीक्षाएँ, अथक परिश्रम भी दमा को गम्भीर करने के कारणों में अपनी भूमिका अदा कर सकता है।

कुछ दमा के रोगी खाद्य पदार्थों, जैसे : दूध, अंडे, मछली, यीस्ट या भोजन सुरक्षित रखने वाले प्रिज़र्वेटिव, जैसे : सल्फ़र डाइऑक्साइड से एलर्जिक होते हैं। वे ऐसे भोजन को कभी-कभी सूँघकर या खाने के बाद रोग से ग्रस्त हो जाते हैं। कुछ लोग गीले रंगों, वाहनों के धुएँ, सिगरेट के धुएँ व कुछ औषधियों से भी रोगग्रस्त हो जाते हैं।

दमा का कारण ऐसे सूक्ष्म तत्व हो सकते हैं जिन्हें आँखों से देख पाना असम्भव होता है। कुछ लोगों को यह रोग शयनकक्ष या स्नानकक्ष में भी हो सकता है जहाँ इस्टमाइट जैसे बहुत छोटे-छोटे जीवाणु हों। कम्बलों, पर्दों व दरियों के धूलकणों से भी मुश्किल बढ़ जाती है। प्रायः देखा गया है कि दमा के रोगी पालतू कुत्तों, बिल्लियों, खरगोश आदि बालदार जानवरों के साथ नहीं रह सकते। छोटे-छोटे कण जो मोल्ड्स व फ़ंगस के होते हैं, वे भी दमा की समस्या पैदा कर देते हैं।

• दमा के प्रकार

1. **एलर्जिक दमा :** इस प्रकार के दमा में किसी वातावरणीय तत्व के प्रति प्रतिक्रिया स्वरूप रोग के लक्षण प्रकट होने लगते हैं और एक-दो घंटे में समाप्त हो जाते हैं। जैसे : गर्त, धुआँ इत्यादि। बुखार और एक्ज़िमा भी हो सकता है।
2. **नॉन एलर्जिक :** इसमें फेफड़ों के अंदर ही रुकावट पैदा होने लगती है। जीवन के चौथे चरण में अधिकांशतः इस प्रकार का दमा प्रकट होता है।
3. **संयुक्त प्रकार का :** कुछ प्रतिशत रोगियों में एलर्जिक व नॉन एलर्जिक प्रकार का दमा संयुक्त रूप में रहता है।
4. **वातावरणीय कारक :** मौसम के तापमान का परिवर्तन, अत्यधिक शारीरिक श्रम, भावनात्मक उलझनें, अत्यधिक हँसी भी दमा का दौरा उत्पन्न कर सकते हैं।
5. **मानसिक तनाव व हृदय रोग :** मानसिक तनाव एवं हृदय रोग की वजह से भी दमा हो सकता है।

• लक्षण

1. दमा की हल्की तीव्रता के समय, साँस लेने एवं छोड़ने में तकलीफ़ महसूस होती है। खाँसी के साथ सफ़ेद रंग का बलगम भी आने लगता है।

2. अधिक तीव्रता के समय छाती थोड़ी फूल जाती है, साँस लेने में अत्यधिक कष्ट होता है, क्योंकि फेफड़ों का घनत्व बढ़ जाता है। साँस में आवाज़ भी निकलने लगती है। खाँसी के साथ बलगम भी निकलने लगता है।
3. अत्यधिक तीव्रता के साथ प्रकट होने पर साँस लेने में अत्यधिक तकलीफ़ महसूस होती है। खाँसी बहुत आने लगती है एवं हाँफने की आवाज़ भी निकलने लगती है, थूक निगलने में मरीज़ को परेशानी होने लगती है।
4. अत्यधिक तीव्रता के साथ थकान, बदन दर्द एवं डिहाइड्रेशन के लक्षण भी प्रकट होने लगते हैं।
5. तीव्रता में कमी न आने पर कुछ दिन के पश्चात् शरीर नीला पड़ने लगता है। श्वसन तंत्र में भी ज़हर बनने लगता है एवं शरीर में ऑक्सीजन की कमी हो जाने के कारण मृत्यु तक हो सकती है।

• दमा से रोकथाम एवं बचाव

उन पदार्थों एवं वस्तुओं जिनकी वजह से दमा होने लगता है उनसे मरीज़ को दूर रखना अत्यंत आवश्यक है। यह ज्ञात होने पर भी कि अमुक वस्तु से परेशानी बढ़ जाती है, उसके बचाव के साथ-साथ सतर्कता बरतना भी आवश्यक है। ऐसी अँग्रेज़ी दवाओं, जिनसे दमा प्रकट होने लगे, बचाव आवश्यक है। वातावरणीय तापमान, दबाव एवं नमी का भी ख़याल रखना आवश्यक है। ऐसे रोगियों को मानसिक परेशानियों से बचना चाहिए। साथ ही मोटे रोगियों का वज़न घटना भी आवश्यक है।

पेट साफ़ रखें, क़ब्ज़ न होने दें। ठण्ड से बचें। देर से पचने वाली गरिष्ठ चीज़ें न खाएँ। शाम को भोजन सूर्यास्त से पहले, शीघ्र पचने वाला और कम मात्रा में करें। गर्म पानी पिएँ। शुद्ध हवा में घूमने जाएँ। यहाँ वर्णित (उपचारात्मक आहार देखें) भोजन संबंधी चीज़ें नियमित कुछ महीने निरन्तर प्रयोग करने से व नियमित योगाभ्यास करने से दमा में लाभ होगा। इनके प्रयोग से दमा ठीक हो जाएगा। दमा में खाँसी हो तो खाँसी के लिए जो उपचार दिया जा रहा है उसका पालन करें। दमा का दौरा पड़ने पर हाथ पैर गर्म पानी में डुबोकर दस मिनट रखें, इससे लाभ मिलेगा।

• योगाभ्यास का प्रभाव

दमा के कई कारणों में एक कारण एलर्जी है जो कुछ हद तक शरीर की प्रतिरोधक क्षमता कम होने के कारण होती है तथा दूसरा कारण सिंपैथेटिक व पैरासिंपैथेटिक संस्थान का असंतुलन है। दमा का अटैक आने पर फेफड़ों की श्वसन नलिकाओं में जो मांसपेशियाँ होती हैं वे अत्यंत वेग से संकुचित हो जाती हैं, इससे श्वसन नलिकाओं की गोलाई (छिद्र) बहुत कम हो जाती है। इसकी वजह से साँस लेने पर वायु का फेफड़ों के अंदर जाने तथा अंदर से बाहर आने दोनों में तकलीफ़ होती है। इससे शरीर में ऑक्सीजन की कमी होने लगती है। कई बार अत्यधिक गंभीर

स्थिति भी हो जाती है। दमा साइकोसोमेटिक (psychosometic) मर्ज़ भी कहा जाता है क्योंकि किसी भी प्रकार के मानसिक तनाव को यह अटैक अधिक बार तथा अधिक तीव्र होता है।

योगाभ्यास द्वारा प्रतिरोधक क्षमता बढ़ती है जिससे शरीर किसी भी प्रकार की बीमारी से लड़ने के लिए बेहतर तैयार रहता है। पैरासिंपैथेटिक सिस्टम के तीव्र कार्य को शांत कर सिंपैथेटिक सिस्टम के साथ संतुलित करता है। इससे श्वसन नलिकाओं की मांसपेशियों का संकुचन कम होता है तथा उनके अंतः भाग से म्युकस का स्राव कम होता है, मानसिक तनाव कम होता है, जिससे अटैक आने की दर व तीव्रता दोनों कम होती हैं। फेफड़े के सभी भागों में रक्त तथा वायु संचार बढ़ता है। कुछ श्वसन कोशिकाएँ जो सुप्त रहती हैं उनको खोलकर क्रियाशील करती है, जिससे वेंटिलेशन परफ़्यूज़न मिसमैच (हवा के छिड़काव का असंतुलन) कम होता है।

• दमा का यौगिक उपचार

1. **आसन** : पवनमुक्तासन श्रंखला क्र. 1, मार्जारी आसन, सूर्यनमस्कार, सिंहासन, मत्स्यासन, पश्चिमोत्तानासन, धनुरासन, अर्धचक्रासन, शशांकआसन, जानुशीर्षासन, अर्ध मत्स्येन्द्रासन, उत्तानपादासन, उष्ट्रासन, सुप्तवज्रासन, सर्वांगासन, भुजंगासन, शलभासन, वीरासन, हस्तउत्तानासन, पादहस्तासन, बद्‌ध पद्‌मासन, योगमुद्रा आसन, आकर्ण धनुरासन, शवासन या योग निद्रा, नवजीवन श्रंखला।
2. **षट्कर्म** : कुंजल, जल नेति, सूत्र नेति, वस्त्र नेति, नौलि, शंख प्रक्षालन।
3. **प्राणायाम** : भस्त्रिका प्राणायाम, उज्जायी (बिना कुम्भक), नाड़ी शोधन, कपालभाति, सूर्यभेद।
4. **मुद्रा** : विपरीतकरणी मुद्रा, महामुद्रा।
5. **बंध** : उड्डियान बंध (अर्न्तकुम्भक)।

• दमा के लिए उपचारात्मक आहार

दमा से पीड़ित व्यक्ति गरिष्ठ भोजन का सेवन न करें एवं सूर्यास्त से पहले ही भोजन ग्रहण कर लें।

दमा के उपचार में विटामिन ई की अत्यधिक आवश्यकता होती है। यह रक्त कणों के निर्माण में सहायता करता है। वायु प्रदूषण के कारण शरीर में होने वाले हानिकारक तत्वों के प्रभाव को कम करने में सहायता करता है। इसकी दैनिक आवश्यकता 15-20 मिलीग्राम है। यह अंकुरित गेहूँ, पिस्ता, सोयाबीन, सोया तेल, नारियल, घी, ताज़ा मक्खन, टमाटर, अंगूर और सूखे मेवों में मिलता है।

दमा में कैल्शियम प्रधान भोजन लाभकारी होता है। इसकी दैनिक आवश्यकता 0.8 ग्राम है, लेकिन आवश्यकतानुसार अधिक मात्रा भी ले सकते हैं। शरीर को जितने

कैल्शियम की आवश्यकता होती है 50 ग्राम तिल खाने से मिल जाती है। यह दूध, पालक, चौलाई, सोयाबीन, आँवला, सूखे मेवे, गाजर और पनीर में पाया जाता है।

नित्य दो से तीन छोटी इलायची खाना दमा में लाभ पहुँचाता है। कफ़ अधिक हो तो नित्य शहतूत का शरबत पिएँ, लाभ होगा। एक आँवले का सेवन रोज़ करें।

• दमा रोगी के लिए दैनिक आहार योजना

7 बजे	:	1 कप चाय चुटकी भर नमक डालकर।
8 बजे	:	1 कप दूध में 5 पीपल डालकर गर्म करें। शकर मिलाकर पिएँ। 1 रोटी, 1/2 कटोरी सब्ज़ी के साथ लें या 1 कटोरी (मीडियम साइज़) नमकीन दलिया लें।
10 बजे	:	1/2 कप पोदीने का रस, डेढ़ कप पानी मिलाकर पिएँ।
12 बजे	:	2 रोटी (बिना घी), 1 कटोरी (मीडियम) मूँग दाल, 1 कटोरी करेले की सब्ज़ी, 1 प्लेट सलाद, 5 ग्राम पिसी हल्दी गर्म पानी के साथ फंकी लें।
4 बजे	:	1 छोटी प्लेट अंगूर व 4 अंजीर, या 1/2 गिलास मौसंबी का रस, 1/2 गिलास गर्म पानी, थोड़ा सा पिसा जीरा व सौंठ मिलाकर पिएँ, 1 गिलास गेहूँ के पौधे का रस पिएँ।
6.30 बजे	:	1 बाउल सूप (गाजर, शलजम, पत्ता गोभी, सेम), 2 रोटी (बिना घी), 1 कटोरी सब्ज़ी (लौकी, टिण्डे या तोरई या बथुआ साग), सलाद।
8 बजे	:	1/2 ग्राम पिसी फिटकरी शहद मिलाकर चाटें।

विशेष : सर्दियों में गुड़ और काले तिल का नित्य 1 लड्डू खाने से दमा में अत्यधिक लाभ मिलेगा। सामान्य स्वस्थ व्यक्ति यदि इनका सेवन करें तो दमा नहीं होगा।

• दमा में वर्जित भोज्य पदार्थ

दमा के रोगियों को मसालेदार गरिष्ठ भोजन का सेवन नहीं करना चाहिए। अर्थात् तले हुए भोज्य पदार्थ, मिठाइयाँ, केला, तरबूज़, अरबी, खट्टा दही, कढ़ी, चावल, राज़मा, छोले व मैदे के बने भोज्य पदार्थों का सेवन वर्जित है।

• दमा रोग से नुक़सान

दमा में फेफड़े सिकुड़ जाते हैं जिससे सम्पूर्ण शरीर को आवश्यकता से बहुत कम ऑक्सीजन मिलती है और शारीरिक शक्ति क्षीण होने लगती है। रोगी कमज़ोर हो जाता है। कार्यक्षमता घट जाती है। सभी अंग अपनी शक्ति खोने लगते हैं, अर्थात् कार्य करने में सक्षम नहीं रह पाते हैं और शरीर का सारा तंत्र गड़बड़ा जाता है। शारीरिक अंगों को ऑक्सीजन न मिल पाने के कारण मृत्यु तक हो जाती है।

• • •

गठिया

(Arthritis)

गठिया एक जीर्ण संधि शोथ (arthritis) है, जो शरीर की एक ही संधि जैसे हाथों या पैरों पर ख़ास तरह से प्रभाव डालता है। इसके लक्षण समय-समय पर प्रकट तथा लुप्त होते रहते हैं।

इस रोग से महिलाएँ पुरुषों की अपेक्षा 3 गुना अधिक प्रभावित होती हैं। यह रोग 25 से 55 वर्ष की उम्र के व्यक्तियों में अधिक होता है लेकिन शिशुओं से लेकर वयस्कों को यह बीमारी होने की संभावना रहती है।

इस रोग में सायनोवियल झिल्ली में सूजन आ जाने तथा उसके परिणामस्वरूप उसकी मोटाई में वृद्धि व उसमें तहें बन जाने से संधियों में परिवर्तन होता है। इसका कारण इसके अंदर कोशिकाओं की वृद्धि विभिन्न श्वेत रक्त कोशिकाओं की मौजूदगी तथा झिल्ली में सामान्य की अपेक्षा अधिक रक्त का संचार होता है। यह ऊतक उपास्थि के ऊपर फैलकर संधि के द्रव में एंजाइम के साथ मिलकर अपने नीचे स्थित हड्डी को प्रभावी तरीक़े से ख़त्म कर देता है। जिससे संधि क्षतिग्रस्त हो जाती है और विरूप तथा अस्थाई बना देती है। कोशिकाओं का प्रोटीन युक्त द्रव संधि के अंदर जमा हो जाता है और उपास्थि बुरी तरह से क्षतिग्रस्त हो जाती है।

• गठिया रोग होने के कारण

इस बीमारी के होने का कारण अभी तक चिकित्सकीय रहस्य बना हुआ है। शोधकर्ताओं द्वारा कई सिद्धांतों का प्रतिपादन भी किया जा चुका है। गठिया एक प्रकार के बेहद सूक्ष्म कीटाणु, जिन्हें विषाणु कहते हैं, के संक्रमण द्वारा हो सकता है। इनके क्रियाशील होने से काफ़ी पहले से शरीर के अंदर छिपे रहने की संभावना होती है।

यह रोग होने के कुछ अन्य कारण भी हो सकते हैं। ऐसा ही एक कारण जन्म-संबंधी होता है जिसमें रोगी अपने माता-पिता, दादा-दादी या उससे भी पहले के पूर्वजों से यह रोग आनुवांशिक रूप से प्राप्त करता है।

• लक्षण

रोग का प्रारंभ कई सप्ताह में क्रमशः निरंतर रहने वाले दर्द तथा एक या अधिक संधियों में कड़ेपन के साथ होता है। सामान्यतः हाथ और पैर पहले प्रभावित होते हैं। लक्षणात्मक रूप से सुबह के समय जागने पर यह कड़ापन सबसे ज़्यादा होता है

और दिन के साथ कम हो जाता है। शीघ्र ही संधियों में सूजन व नाजुकपन आ जाता है, परिणामस्वरूप उन्हें हिलने पर दर्द होने लगता है। कभी-कभी रोग के लक्षणों का तीव्र विकास होता है तथा कुछ ही दिनों में रोगी प्रातःकालीन कड़ेपन के कारण चलने-फिरने अथवा काम करने में असमर्थ हो जाता है। यह कोहनी, कंधे, नितम्ब, घुटने व टखने की संधियों में भी फैल जाता है। यहाँ तक कि जबड़े या रीढ़ विशेषकर गर्दन भी प्रभावित हो सकती है। जिससे मुँह खोलने, बंद करने अथवा बोलने और सिर को घुमाने में तकलीफ़ हो सकती है। हाथों की अंगुलियाँ बाहर की ओर ख़ास तरह मुड़कर अँग्रेज़ी के एस (S) जैसी हो जाती है और विरूप हो जाती है। इसी तरह पैरों के अंगूठे बाहर की तरफ़ मुड़ने और अंगुलियाँ हथौड़े का रूप ले लेती हैं, घुटने बाहर की तरफ़ झुकने लगते हैं, पैर धनुषाकार हो जाते हैं जिससे चलने में तकलीफ़ होती है, चाल बिगड़ जाती है।

गठिया रोग के लक्षण न सिर्फ़ संधियों पर, बल्कि सम्पूर्ण शरीर पर दृष्टिगोचर होते हैं और पूरे शरीर को हानि पहुँचती है। इसका रोगी थकान, कमज़ोरी, बुखार महसूस करता है। पीड़ादायक संधियों के निकट की मांसपेशियाँ आकार में छोटी होनी प्रारंभ हो जाती हैं। कोहनी की त्वचा के नीचे गाँठें पड़ जाती हैं, सूजन आ जाती है कभी-कभी ये गाँठें हृदय अथवा फेफड़ों के अंदर भी हो जाती हैं और हृदय व फेफड़े की झिल्लीनुमा थैली में सूजन आ जाती है जिससे दर्द महसूस होता है व परिश्रम करने में आँसुओं की कम मात्रा के कारण ख़ुश्क हो जाती है। इसके साथ-साथ लार की कमी हो जाने से मुँह में सूखापन आ जाता है। यकृत तथा तिल्ली के आकार में वृद्धि हो जाती है तथा रक्त संबंधी समस्याएँ पैदा हो जाती हैं।

रक्त में यूरिक ऐसिड (uric acid) की वृद्धि हो जाती है और यह शरीर के विभिन्न जोड़ों में एकत्र हो जाने से होता है। हमारे शरीर में यूरिक ऐसिड बनता ही रहता है। प्रोटीन युक्त पदार्थ खाने से यूरिक ऐसिड बनता है। जब हमारा शरीर किसी कारण से यूरिक ऐसिड शरीर से बाहर नहीं निकाल पाता, तब गठिया रोग उत्पन्न होता है।

• गठिया का योगासनों द्वारा उपचार

1. **षट्कर्म** : जल नेति, नौलि, कुंजल, लघु शंख प्रक्षालन विशेष लाभकारी है।
2. **आसन** : पवनमुक्तासन श्रंखला क्र. 1 व 2, सूर्य नमस्कार, सुप्तवज्रासन, शशांकासन, मार्जारी आसन, शशांक भुजंगासन, व्याघ्रासन, त्रिकोणासन, मत्स्यासन, कटिचक्रासन, पश्चिमोत्तानासन, अर्ध मत्स्येन्द्रासन, हलासन, गोमुखासन, उष्ट्रासन, मेरुदंडासन, हंसासन, मयूरासन, कूर्मासन, अग्निसार क्रिया, उत्कटासन, गरुड़ासन।

3. **प्राणायाम** : भस्त्रिका प्राणायाम, नाड़ी शोधन, कपाल भाति, सूर्य भेद।
4. **मुद्रा** : महावेध मुद्रा, महामुद्रा, विपरीतकरणी।
5. **बंध** : उड्डियान बंध, मूल बंध, महाबंध।

• गठिया पर योगासन का प्रभाव

गठिया से पीड़ित व्यक्तियों की रोग प्रतिरोधक क्षमता में र्‌यूमैटॉइड फ़ैक्टर ऐंटीन्युक्लीयर ऐंटीबॉडी आदि होते हैं। योगाभ्यास द्वारा शरीर की प्रतिरोधक क्षमता बढ़ती है जिससे गठिया में लाभ होता है। इसके अलावा मांसपेशियों तथा लिगामेंट्स में मज़बूती आने से जोड़ों में स्थिरता भी आती है और जोड़ों में तनाव कम पड़ता है। धीरे-धीरे गठिया बिलकुल ठीक हो जाता है।

• गठिया रोग के लिए उपचारात्मक आहार

हम अपने आहार के द्वारा गठिया पर काफ़ी हद तक क़ाबू पा सकते हैं। हमें ऐसे भोज्य पदार्थों का इस्तेमाल नहीं करना चाहिए जिनसे यूरिक ऐसिड बनता हो। जैसे : मांस, मछली, मसूर दाल, सेम की फली, पालक, बथुआ, चौलाई, खट्टे-मीठे अचार, चटनी, इमली आदि। इनके अलावा तला भोजन, चावल, मिर्च-मसाले, घी, मक्खन, भिण्डी, कटहल, अरबी, दही, सिरका आदि खाद्य पदार्थों का उपयोग नहीं करना चाहिए।

गठिया के रोगियों को कैल्शियम व फ़ास्फोरस युक्त खाद्य पदार्थ भोजन में लेने चाहिए। गठिया में अखरोट, पेठा, लौकी, खीरा, खरबूज़, टमाटर, गाजर, आलू, प्याज़, पोदीना, लहसुन, मेथी, अदरक, चुकन्दर, ककड़ी, नींबू और जहाँ तक हो अंकुरित अनाज का सेवन रोज़ करना लाभकारी होता है।

रोज़ गाजर, ककड़ी, टमाटर, चुकन्दर का 1 गिलास रस अवश्य पीना चाहिए। इनका मिश्रित रस पीना भी लाभकारी होता है। गेहूँ की घास का रस 1 गिलास नित्य पीने से भी इस रोग में बहुत लाभ मिलता है। दिन भर में 2 से 3 कप चाय या कॉफ़ी रोगी ले सकता है, परन्तु इससे अधिक पीना हानिकारक भी हो सकता है। चाय या कॉफ़ी में मिथाइल प्यूरिन होता है जो हमारे शरीर में यूरिक ऐसिड में नहीं बदलता है।

• एक वयस्क गठिया रोगी के लिए उपचारात्मक आहार तालिका (ग्राम/प्रतिदिन)

	महिलाएँ		पुरुष	
	मांसाहारी	शाकाहारी	मांसाहारी	शाकाहारी
1. अनाज (cereals)	300	300	400	400
2. दालें (pulses)	30	30	30	30
3. हरी पत्ते वाली सब्ज़ियाँ	100	100	100	100
4. अन्य सब्ज़ियाँ	100	100	100	100
5. फल (fruits)	100	100	100	100
6. दूध (milk)	800	800	800	800
7. चीज़ (cheese)	30	–	30	–
8. अण्डे (eggs)	–	30	–	30
9. तेल व वसा	40	40	40	40
10. शकर (sugar)	50	50	50	50

गठिया रोग में यदि हम योगाभ्यास और आहार दोनों का नियमित रूप से ध्यान रखें और रोज़ दी गई आहार तालिका के अनुसार ही भोजन ग्रहण करें व प्रशिक्षित गुरु के निर्देशन में नियमित योगाभ्यास करें तो हमें इस रोग पर काफ़ी हद तक सफलता प्राप्त हो सकती है। हमारे केंद्र में कई गठिया के रोगी जो चल भी नहीं पाते थे उन्होंने लाभ प्राप्त किया है और आज वे स्वयं चलकर अपना काम करने में समर्थ हैं। हम आशा करते हैं कि आप भी हमारी पुस्तक को पढ़कर हमारे केंद्र में आएँगे और अवश्य ही लाभान्वित होंगे।

• • •

लकवा
(Paralysis)

शरीर की मांसपेशियों व नसों में इच्छापूर्वक होने वाली गतिशीलता समाप्त हो जाती है। उनमें कठोरता आ जाती है और थरथराहट होने लगती है। इसी को लकवा कहते हैं। इस रोग में शरीर का एक हिस्सा या अधिक हिस्से भी प्रभावित हो सकते हैं। कभी-कभी पूरा अर्धांग प्रभावित हो जाता है।

• कारण

लकवा होने के कई कारण होते हैं जैसे मस्तिष्क में रक्त का थक्का (clot) बन जाने पर (चोट या उच्च रक्तचाप वगैरह के कारण) मस्तिष्क में सूजन के बाद मैंगनीज़ धातु या कार्बन मोनॉक्साइड गैस की विषाक्तता के कारण लौह की उन्मादक दवाओं के नशे के कारण या कभी-कभी यह रोग वंशानुगत कारण से भी हो सकता है।

शरीर की वायु दूषित होने पर नाड़ियाँ और कोशिकाएँ प्रभावित होने से रक्त का संचार अवरोधित होने के कारण किसी एक अंग को निष्क्रिय कर देता है। जब लकवा का प्रभाव किसी अंग, जैसे : आँख, नाक, कान पर पड़ता है तो वे विकृत हो जाते हैं। अधिक मानसिक कार्य करने वाले, अधिक चिन्ताग्रस्त, शोकग्रस्त तथा अधिक भयभीत स्त्री-पुरुष इसके शिकार होते हैं। कभी-कभी शीतल खाद्य और पेय का अधिक सेवन करने के कारण भी लकवा होने की संभावना होती है। विभिन्न रोगों के कारण जब रक्त की अत्यधिक कमी होती है या अत्यधिक संभोग करने के कारण जब शरीर में धातु अधिक क्षीण हो जाती है, ऐसी स्थिति में भी लकवा होने की संभावना होती है।

शरीर के दाहिने अंग की अपेक्षा बाएँ अंग या हृदय की ओर होने वाला लकवा अधिक घातक होता है।

• लक्षण

रोगी का मांसपेशियों पर कोई नियंत्रण नहीं रहता। कमज़ोरी व थकान के साथ समस्त मांसपेशियों में थरथराहट होती है। अंग को छूने से परेशानी होती है और पेशाब की थैली पर यदि लकवे का प्रभाव हो तो पेशाब बिस्तर पर ही निकल जाती है। मसूढ़ों के नीचे नीली रेखा बन जाती है, शरीर क्षीण हो जाता है। बार-बार मूर्छा अवस्था होने लगे। रात्रि के प्रारंभ में शरीर में विशेष प्रकार से शीत लहर कंपकंपी अनुभव होती है। त्वचा भी संज्ञाशून्य हो जाती है। शरीर में चुभन सी भी अनुभव होने लगती है।

• योगासन द्वारा उपचार

1. **षट्कर्म** : लेटे-लेटे नौलि क्रिया का मामूली अभ्यास।
2. **आसन** : पवनमुक्तासन श्रंखला क्र. 1 व 2, त्रिकोणासन, पद्मासन, धनुरासन, भुजंगासन, कन्धरासन, शीर्षासन, अश्वसंचालन, हनुमानासन, योगमुद्रासन, साइकिल चलाना, हलासन, सर्वांगासन, मकरासन, पादहस्तासन, शलभासन, शवासन।
3. **प्राणायाम** : नाड़ी शोधन प्राणायाम, उज्जायी प्राणायाम, भस्त्रिका, भ्रामरी।
4. **मुद्रा** : यदि संभव हो तो महामुद्रा।
5. **बंध** : त्रिबंध या महाबंध।
6. **मालिश** : सर्वांग मालिश।

• योगासनों द्वारा प्रभाव

योगाभ्यास और मेडिटेशन के अभ्यास से मस्तिष्क की क्रियाशीलता बढ़ती है। योग द्वारा प्रभावित मांसपेशियों का कड़ापन मेडिटेशन द्वारा कम हो जाता है। इसके अतिरिक्त लकवा से ग्रसित व्यक्तियों में मानसिक तनाव व डिप्रेशन भी हो जाता है जिसे योग द्वारा आसानी से दूर कर जीवन के प्रति एक नया दृष्टिकोण पैदा किया जाता है।

योगासन द्वारा शरीर के समस्त अंगों में रक्त का संचार सामान्य होता है। रक्त संचार सामान्य और सुचारू रूप से चलने से लकवा का अटैक नहीं होता। इसके कारण आपको पहले बताए जा चुके आसनों के करने से, विशेषकर भ्रामरी प्राणायाम करने से, जिस प्रकार हर एक शहर में एक पॉवर हाउस होता है और अन्य छोटे-छोटे सेंटर होते हैं जिनके द्वारा बिजली सभी को प्राप्त होती है। उसी प्रकार पिट्यूटरी ग्रंथि मस्तिष्क के बीच में मटर के दाने के बराबर स्थित रहती है। उससे जब किसी अन्य ग्रंथि का सम्पर्क टूटता है तो वह पेरालेटिक अटैक परिवर्तित हो जाता है लेकिन आसनों के अभ्यास करने से उनका सम्पर्क बना रहता है और जिनका सम्पर्क टूट गया है उनका सम्पर्क भी कुछ समय बाद बनने लगता है। इन आसनों से हमने हमारे सेंटर में कई लोगों को फ़ायदा पहुँचाया है जो लोग किसी के सहारे से आए थे, वे लोग कुछ समय बाद बिना किसी सहारे से आने-जाने लगे।

• उपचारात्मक आहार

लकवा होने पर दो कली लहसुन एवं एक कप दूध पिएँ। लहसुन की कली की संख्या प्रतिदिन बढ़ाते हुए 25 दिन तक लें और दूध भी एक-एक घूँट करके बढ़ाते हुए 25 दिन तक लें यानी 25 लहसुन की कलियाँ लें। 25 दिन बाद इन्हें घटाना शुरू कर दें। अगले 25 दिन तक दूध एक-एक घूँट करके घटाएँ। इस प्रकार से 50 दिन तक करने पर लकवा ठीक हो जाएगा। यदि इस प्रकार न ले पाएँ, तो सात कली लहसुन

पीसकर एक चम्मच मक्खन में मिलाकर खाएँ।

लकवा होने पर सेब, अंगूर और नाशपाती के रसों को समान मात्रा में मिलाकर पीना चाहिए। आधा किलो उड़द दाल पीसकर उसे घी में सेंकें। इसमें गुड़ स्वादानुसार और अदरक 200 ग्राम मिलाकर लड्डू बनाकर नित्य एक लड्डू खाने से लकवे में लाभ होता है।

• • •

स्थूलता या मोटापा

(Obesity)

जब आप अधिक खाते हैं और कम काम करते हैं, तो आपके पाचन-संस्थान पर व्यर्थ का भारी बोझ पड़ जाता है। इससे वे थकने लगते हैं और धीरे-धीरे उनकी कार्यशक्ति कम होती चली जाती है। परिणामस्वरूप शरीर बेडौल होने लगता है, जवानी घटने लगती है और अंगों की लोच-लचक कम होने लगती है। जल्दी दम फूलने लगता है। ज़रा-सा दौड़ने या तेज़ चलने, सीढ़ियाँ चढ़ने से ही साँस फूलने लगती है। शरीर बेदम होकर गिरने सा लगता है। जो व्यक्ति इस मोटापे को दूर करने का उपाय समय पर नहीं करते, वे इतने बेबस हो जाते हैं कि आराम कुर्सी पर बैठे-बैठे ही उनकी साँस फूलने लगती है। अतः इससे स्पष्ट है कि वे भयंकर रूप से अस्वस्थ हैं। इस अस्वस्थता का कारण है - मोटापा।

मोटापा स्वयं भयंकर रोग है, क्योंकि यह अनेक रोगों के आक्रमण से हमें बचाने की शक्ति छीन लेता है। मोटापे का निर्माण अचानक नहीं होता। बचपन से ही सुस्त, कामचोर, आलसी, अकर्मण्य और आराम पसन्द रहने से मोटापे की नींव पड़ती है और शरीर पर फ़ालतू चर्बी की तह-पर-तह जमती चली जाती है। इस वजह से सभी अंग ठीक से काम नहीं कर पाते और साँस लेने में कष्ट होता है। ज़रा से श्रम से हृदय की धड़कन बढ़ जाती है। पाचन तंत्र भोजन को ठीक से पचा नहीं पाता। न तो शरीर मेहनत का कोई काम कर सकता है और न शारीरिक व्यायाम कर सकता है।

मोटापा शरीर की प्राकृतिक या स्वाभाविक अवस्था नहीं, बल्कि अपने ही द्वारा किया गया दुष्परिणाम है। जो लोग प्रतिदिन स्वास्थ्य के नियमों का छोटी-छोटी बातों में लगातार उल्लंघन करते हैं, उनके शरीर पर चर्बी तह-पर-तह चढ़ती जाती है।

• मोटापे के कारण

1. **वंशानुक्रम** (heredity) : अक्सर बच्चों में मोटापा उनके वंश या माता-पिता से आता है।
2. **मनोवैज्ञानिक कारण** (psychological) : यदि अकेलापन महसूस हो या किसी प्रकार का भय हो तो अपना ध्यान बँटाने के लिए भोजन लेने लगते हैं या फिर उपेक्षित व्यक्ति ध्यान आकर्षित करने के लिए अधिक भोजन ग्रहण करने लगता है।

3. **भूख का नियंत्रण** (appetite control) : हमारी भूख को नियंत्रित करने के लिए ईश्वर ने हमारे शरीर के हाइपोथेलेमस में न्यूक्लीयाई के दो जोड़े होते हैं। एक होता है, मीडियम न्यूक्लीयाई का घाव भूख में वृद्धि करता है जबकि दूसरा लेटरल न्यूक्लीयाई घाव भूख में कमी लाता है। यही कारण है कि किसी व्यक्ति को भूख अधिक लगती है और किसी को कम। इसके अलावा कुछ लोगों की आदत होती है हर समय कुछ न कुछ खाने की, जिसके कारण मोटापा हो जाता है।
4. **सामाजिक संबंध** (social contacts) : हम लोगों में आपस में इतना अधिक प्यार व मेलजोल रहता है कि आपस में किसी की ख़ुशी में इतने ख़ुश होते हैं कि पार्टी इत्यादि में सबके साथ ज़्यादा भोजन ग्रहण करने लगते हैं। हर थोड़े दिन में या हफ़्ते में दो बार या तीन बार पार्टी अटेन्ड करते हैं, इससे सामाजिक संबंध तो मधुर हो जाते हैं, परन्तु दूसरी तरफ़ हम मोटापे के शिकार भी होते चले जाते हैं। हमें चाहिए कि हम अपने ऊपर नियंत्रण रखें। आवश्यकता से अधिक न खाएँ।
5. **कम क्रियाशीलता** (less activity) : कुछ लोग आलस्यवश काम करना कम पसन्द करते हैं। यदि कोई दूसरा व्यक्ति उन्हें उनकी आवश्यकताओं की पूर्ति बैठे बिठाए पूरी करता रहे तो वे अत्यन्त प्रसन्न रहते हैं, जैसे बैठे-बैठे पानी पीने की इच्छा प्रकट करना। घर में उपस्थित कोई सदस्य आपकी यह इच्छा पूरी कर दे या आपके घर में इतने नौकर-चाकर हैं कि आपको कोई भी काम करना ही नहीं पड़ता, लेकिन कभी आपने विचार किया है कि इससे आप कितने ही रोगों के शिकार हो जाते हैं। मोटापा तो इस कारण से होता ही है, साथ ही यह अन्य बीमारियों को आमंत्रण भी देता है। जितना अधिक स्वयं कार्य करेंगे, उतने ही इस भयंकर रोग से बचे रह सकेंगे। कुछ व्यक्ति ऐसे भी होते हैं जो थोड़ा-बहुत कार्य तो करते हैं परन्तु भोजन अपने कार्य करने की अपेक्षा अधिक ग्रहण करते हैं।
6. **पारिवारिक पृष्ठभूमि** (family background) : जिस परिवार में अधिक भोजन लेने की आदत होती है। वहाँ बच्चे भी अधिक भोजन लेने लगते हैं और मोटापे को जन्म मिलता है। ऐसे में लोगों में यह धारणा होती है कि उनका मोटापा उनकी अच्छी स्थिति का सूचक है, अर्थात् वे खाते-पीते घर के दिखते हैं।
7. **भोजन का अन्तराल** (meal to meal gap) : कुछ लोग दिन में तीन बार खाना खाते हैं इससे उनके शरीर में सीरम कोलेस्ट्रॉल अधिक हो जाता है और ग्लूकोज़ को उपयोग में लाने की क्षमता कम हो जाती है। जिससे शरीर में वसा का जमाव होने लगता है और व्यक्ति मोटा होता जाता है।
8. **अंतः स्रावी ग्रंथियों का प्रभाव** : पीयूष ग्रंथि, थायरॉइड ग्रंथि तथा अधिवृक्क

ग्रंथि की कम क्रियाशीलता भी कई बार मोटापे का कारण बनती है। गर्भावस्था के बाद गर्भाशय निकालने के बाद तथा रजोनिवृत्ति के समय भी मोटापा हो जाता है। शरीर में वसीय कोष का आकार बढ़ने के कारण इंसुलिन के लिए संवेदनशीलता कम हो जाती है जिससे ग्लूकोज़ को उपयोग में लाने की क्षमता कम हो जाती है।

9. **उम्र तथा लिंग** (age and sex) : किसी भी उम्र में किसी को भी मोटापा हो सकता है, परन्तु प्यूबर्टी (puberty) के बाद पुरुषों की अपेक्षा स्त्रियों में अधिक देखा जाता है।
10. **धूम्रपान छोड़ना** : ऐसी स्थिति में न केवल भोजन अधिक ग्रहण किया जाता है वरन चयापचय (metabolism) भी कम हो जाता है तथा ऑक्सीजन का उपयोग भी कम हो जाता है जिससे वज़न में वृद्धि देखी जाती है।
11. **भोजन का प्रकार** (type of food) : भोजन की मात्रा से अधिक महत्त्वपूर्ण भोजन का प्रकार होता है। भोजन जो हम ले रहे हैं वह अधिक कैलोरी देता हो परन्तु यह अतिरिक्त कैलोरीज़ शरीर में वसा के रूप में जमा होती हैं।
12. **मोटापे के लक्षण** (symptoms of obesity) : शरीर की आकृति में वृद्धि होना ही मोटापे का प्रमुख लक्षण होता है। शरीर का बेडौल होना व अन्य बीमारियों को निमंत्रण देना ही मोटापे का मुख्य लक्षण है।

• मोटापे की जटिलताएँ (hazardous effects of obesity)

मोटापा हमारा जीवन क्रम घटा देता है, अर्थात् हीनायु कर देता है। कोई भी काम फुर्ती से नहीं कर सकते हैं क्योंकि मोटापे के कारण फुर्ती में कमी आ जाती है। मोटे स्त्री पुरुष संतानोत्पत्ति में भी असमर्थ हो जाते हैं। मोटापे की वजह से पसीना भी अधिक आता है और पसीने में दुर्गन्ध भी रहती है। खाए हुए आहार या भोजन से मेद अधिक बनता है। अतः धातु क्षीण होती है। इसलिए शारीरिक शक्ति पूर्ति की उसे आवश्यकता महसूस होती है। अधिक भूख-प्यास लगती है। ऐसे व्यक्तियों को नींद भी अधिक आती है। किसी-किसी की आवाज़ भारी हो जाती है। उसके मुख से शब्द स्पष्ट उच्चारण नहीं होते। भूख और अग्नि की प्रबलता के कारण और भी दोष बढ़ते हैं, वायु विकार बढ़ जाते हैं। एन्जाइना पेक्टोरिस कोरिनरी, उच्च रक्तचाप चयापचय संबंधी रोग, जैसे : मधुमेह, पित्ताशय के रोग, आर्थराइटिस आदि को जन्म देता है। यह माना जाता है कि मोटापा बहुत से रोगों की प्रथम सीढ़ी है।

अधिकतर यह देखा गया है कि मोटापे की हृदय रोग से बड़ी घनिष्ठता है। मोटे व्यक्ति के हृदय को पतले व्यक्ति की अपेक्षा अधिक कार्य करना पड़ता है। मोटे होने के कारण फेफड़ों पर भी काफ़ी अतिरिक्त दबाव पड़ता है और कार्य करने में परेशानी होती है।

कभी-कभी चर्बी हृदय के ऊपर जमा होने लगती है और उसे चारों ओर से घेर लेती है। इससे हृदय को ठीक से धड़कने में परेशानी होने लगती है और कई बार हार्ट अटैक होने के लक्षण पैदा होने शुरू हो जाते हैं। पैरों और पेट पर सूजन हो जाती है, बिना कारण थकावट महसूस होती है। जैसे-जैसे चर्बी बढ़ती है रक्तचाप भी बढ़ने लगता है और हृदय को अधिक से अधिक कार्य करना पड़ता है और ज़्यादा शक्ति लगाकर धमनियों में रक्त पम्प करना पड़ता है।

भोजन में वसा की अधिकता धमनियों के रोग ऐथरोस्क्लेरोसिस को प्रभावित करती है।

• मोटापे से बचाव

सादा भोजन हमें नियत समय पर करना चाहिए। दिन-रात शुद्ध वायु में साँस लेनी चाहिए। प्रतिदिन व्यायाम करना चाहिए। रात में आठ घंटे सोना चाहिए। प्रतिदिन मल-मूत्र का त्याग करना चाहिए। दिन भर यथा सामर्थ्य कड़ी मेहनत करनी चाहिए। दैनिक कार्यों से निबटकर इच्छानुसार किसी खेल या मनोरंजन में भाग लें व नशीले पदार्थों से बचे रहें।

जब तक हम अपनी दृढ़ इच्छाशक्ति तथा प्रबल संकल्प से निरंतर प्रयत्न नहीं करेंगे, तब तक इस भयंकर रोग से छुटकारा नहीं पा सकते। इसके लिए हमें हमारा मन वश में करना होगा तथा अपनी इन्द्रियों को भी नियंत्रित करना होगा। इसके साथ ही निरंतर योगाभ्यास करें और बताई गई आहार तालिका का पालन करके इस रोग से अपने आपका बचाव हो जाएगा। व्यायाम के साथ-साथ आप सुबह व शाम रोज़ 20 मिनट अवश्य घूमें। रात को खाना खाने के बाद 20 मिनट घूमना ज़रूरी है। इससे भी आप मोटापे से बच सकते हैं।

• योगासन का महत्त्व

नियमित योगासन से सभी अंग स्फूर्तियुक्त बन जाते हैं। जठराग्नि तीव्र होती है, अजीर्ण अन्न पच जाता है, विकार शान्त हो जाते हैं। किसी स्थान की रुकी वायु खुल जाती है। नस-नाड़ियों तथा शिराओं में पड़ी ग्रंथियाँ खुल जाती हैं। रक्त प्रवाह तीव्र हो जाता है, बढ़े हुए वात, पित्त तथा कफ़ का शमन हो जाता है। मेद की वृद्धि रुक जाती है, आवश्यकता से अधिक मेद पच जाता है। संपूर्ण शरीर में उत्साह भर जाता है तथा कार्य करने की शक्ति और स्फूर्ति बढ़ जाती है।

• योगासनों द्वारा उपचार

1. **षट्कर्म** : कुंजल, जल नेति, नौलि, वस्त्रधौति, लघु शंख प्रक्षालन।
2. **आसन** : पवनमुक्तासन श्रृंखला क्र. 1 व 2, पद्मासन, वज्रासन, मार्जारी, सूर्यनमस्कार, पश्चिमोत्तान, धनुरासन, चक्रासन, हलासन,

सर्वांगासन, शीर्षासन, शशांक भुजंगासन, त्रिकोणासन, कटिचक्रासन, मत्स्यासन, उत्तानपादासन, साइकिल चलाना, नौकासन, व्याघ्रासन, कन्धरासन, पादहस्तासन, कूर्मासन, सुप्तवज्रासन, भुजंगासन, ताड़ासन, उदराकर्षणासन नवजीवन, सुन्दर आसन, स्लिमिंग आसन श्रंखला।

3. **प्राणायाम** : भस्त्रिका, नाड़ी शोधन, कपाल भाति।

4. **मुद्रा** : महामुद्रा, विपरीतकरणी मुद्रा।

5. **बंध** : उड्डियान बंध।

• योगासनों का प्रभाव

योगाभ्यास से मोटापे में कई प्रकार से लाभ होता है। योगाभ्यास की क्रियाओं द्वारा शारीरिक ऊर्जा का ह्रास होता है। जिसकी पूर्ति शरीर में जमी हुई चर्बी द्वारा होती है। योग व प्राणायाम से अंतःस्त्रावी ग्रंथियों विशेषकर पीयूष ग्रंथि व थायरॉइड ग्रंथि की क्रियाशीलता बढ़ती है। थायरॉइड हॉर्मोन शरीर में चयापचय की दर बढ़ाता है, जिससे चर्बी कम होती है।

प्राणायाम से इड़ा व पिंगला नाड़ियों का संतुलन आसानी से किया जा सकता है। ऐसा देखा गया है कि पिंगला नाड़ी चलने से शरीर से ऊर्जा का व्यय अधिक होता है, जो चर्बी से आती है और शरीर से अधिक चर्बी कम होती है।

कुछ लोगों में मोटापा सायकोलॉजिकली अधिक खाना खाने से होता है। योगाभ्यास द्वारा यह मानसिक असंतुलन भी ठीक हो जाता है।

• मोटापे के लिए उपचारात्मक आहार

सर्वप्रथम हमें यह जानना आवश्यक है कि मोटापा घटाने के लिए कुछ लोग अपने आप ही भोजन करना बंद कर देते हैं या एक ही समय करते हैं या कम करते हैं। यह उपाय नहीं है, बल्कि हमें हमारे भोजन को बदल देना ही श्रेष्ठ उपाय है, क्योंकि गरिष्ठ भोजन या आवश्यकता से अधिक लिया गया भोजन ही मोटापा बढ़ाता है।

मोटापा घटाने के लिए नमक की अत्यधिक कम मात्रा इस्तेमाल में लाए। कभी भी ऊपर से नमक नहीं डालना चाहिए। अतः नमक कम से कम उपयोग में लाएँ यही श्रेष्ठकर है। ठीक ऐसे ही शकर का उपयोग भी बंद कर दें।

जब हम मोटापा कम करने के लिए योगासनों का अभ्यास करते हैं और आहार पर नियंत्रण रखते हैं तो ऐसी स्थिति में टमाटर हमारे लिए हितकर है क्योंकि टमाटर हमारे शरीर से विजातीय द्रव्य पदार्थ व आँतों में रुका व अटका खाना शरीर से बाहर निकालने में पूरी मदद करता है। आलू मोटापा नहीं बढ़ाता तब जबकि हम उसे उबालकर खाएँ। यदि हम तेल मसाले के साथ खाएँगे तो यह नुक़सान भी करेगा। दही

मोटापा कम करने में मदद करता है। छाछ में काला नमक और अजवाइन मिलाकर नित्य पीने से मोटापा कम होता है।

रोज़ खाना खाने के बाद गर्म पानी, जितना गर्म आप पी सकते हैं पिएँ। यह मोटापा घटाने में आपकी मदद करेगा। अधिक से अधिक सलाद व सब्ज़ियों का सेवन करें।

• मोटापे के लिए उपचारात्मक आहार तालिका

6:30 बजे : 2 गिलास गर्म पानी में 2 चम्मच शहद व 1/2 से 1 नींबू डालकर पिएँ।

8:00 बजे : 1 प्लेट अंकुरित चना, मूँग व मोठ एवं 1 कप दूध (बिना शकर)।

12:00 बजे : 2 चपाती (बिना घी), 1 कटोरी दाल (साग मिली हुई), 1 कटोरी दही, 1 कटोरी सब्ज़ी, 1 प्लेट सलाद, 1 गिलास गर्म पानी।

4:00 बजे : 1 गिलास फलों का रस या 2 मौसमी फल या 1 प्लेट मिक्स फ्रूट सलाद।

8:00 बजे : 1 बाउल सूप, 2 चपाती (जौ 30 प्रतिशत, चना 20 प्रतिशत, गेहूँ 50 प्रतिशत के मिक्स आटे की बनी हुई)।

1 कटोरी सब्ज़ी, 1 प्लेट सलाद, 2 चम्मच हरे धनिये की चटनी।

4 सर्विंग मूँग दाल खिचड़ी, 2 चम्मच चटनी, 1/2 कटोरी दही, 1 प्लेट सलाद, 1 गिलास गर्म पानी (खाना खाने के तुरंत बाद)।

1. वसा की आवश्यक दैनिक मात्रा : 3 चाय के चम्मच प्रतिदिन।
2. दूध का प्रकार : स्किम मिल्क।

• मोटापे में वर्जित खाद्य पदार्थ

तेल व मिर्च-मसाले, अचार, पापड़, बेसन, तली हुई चीज़ें, जैसे : समोसा, कचौरी, पूरी, भजिया आदि। आइस्क्रीम, केक, कोल्ड ड्रिंक्स, मिठाई, अत्यधिक नमक, शकर, गुड़, बटर, पनीर, मलाईयुक्त दूध, उड़द दाल, अरबी, आलू, शकरकंदी, बैंगन, मूँगफली, तिल, आम, केला, अंगूर आदि।

• • •

अवसाद

(Depression)

ज़िन्दगी की एक सामान्य भावना है, बशर्ते यह कुछ घंटों या कुछ दिनों तक ही सीमित रहे, लेकिन जब उदासी दिनों के बावजूद हफ़्तों या महीनों में खिंचने लगे और दैनिक क्रिया-कलापों में बाधा पड़ने लगे, चिड़चिड़ापन अकारण ही होने लगे और ऐसा लगे कि इससे तो मरना भला, तो निश्चित रूप से यह मान लेना चाहिए कि इसने बीमारी का रूप ले लिया है या रोगी डिप्रेशन का शिकार हो गया है।

डिप्रेशन मर्ज़ की ख़राबी यह है कि व्यक्ति खुद को बहुत हीन महसूस करता है। सफल से सफल व्यक्ति चाहे वह प्रशासनिक अधिकारी हो, सफल व्यापारी तथा कुशल ग्रहणी हो, ख़ुद को ऐसा समझते हैं, मानो कुछ कर ही नहीं सकते हों।

डिप्रेशन सामान्यतः दो प्रकार का माना जा सकता है - एक तो किसी घटना विशेष के प्रतिक्रियास्वरूप, जिसे कि रिएक्टिव डिप्रेशन कहते हैं और दूसरा जब यह सब अकारण ही हो जाए। उस अवस्था में इसे इंडोजीनस या अंदर से पैदा होने वाला डिप्रेशन कहते हैं।

डिप्रेशन यूँ तो किसी को भी हो सकता है, पर औरतों व संवेदनशील पुरुषों में अधिक पाया जाता है। यह मर्ज़ कोई पागलपन नहीं है और न ही लाइलाज है। यह किसी को भी हो सकता है। इसमें इलाज कराने में भी देर नहीं करना चाहिए। यह रोग आपसी संबंधों की गड़बड़ी, किसी प्रियजन की मृत्यु अथवा किसी अन्य कारण से हानि या किसी प्रियजन का अभाव, प्रेम संबंधों का टूट जाना, किसी क्षेत्र में असफलता, व्यापार अथवा व्यापार के साथियों की ओर से कठिनाइयाँ पैदा हो जाना आदि के कारण होता है। यह आदमियों में अधिक होता है।

जो व्यक्ति आवश्यकता से अधिक उदास रहता है, उसके लिए दैनिक कार्य सही ढंग से कर पाना असम्भव होता है, उन्हें गहरी नींद नहीं आती और किसी भी कार्य को तन्मय होकर नहीं कर पाते। ऐसी स्थिति में व्यक्ति डिप्रेशन का शिकार हो जाता है। कई बार इस प्रकार का डिप्रेशन एक बार शुरू होकर बढ़ता है। इसका पता तब चलता है जब यह भयंकर रूप धारण कर लेता है और जब यह रोग विक्षिप्तता या पागलपन का रूप धारण कर लेता है। यह एक प्रकार का मानसिक या भावनात्मक विकार है। इस विक्षिप्तता की स्थिति से व्यक्तित्व आंशिक रूप से ही प्रभावित होता है परंतु दूसरी ओर मनोविक्षिप्तता (psychosis) के कारण सम्पूर्ण व्यक्तित्व ही बदल

जाता है। रोगी को इस बात की समझ नहीं रहती कि वास्तविकता क्या है? व्यक्ति निराशावादी हो जाता है, चिड़चिड़ा हो जाता है तथा उदासीन सा रहने लगता है। उसमें इस प्रकार की भावनाएँ घर कर लेती हैं कि वह रोगी है। यह स्थिति उस समय और भी बिगड़ जाती है जब रोगी की धार्मिक भावनाएँ अस्थायी रूप से समाप्त हो जाती हैं। ऐसे माता-पिता यह अनुभव करते हैं कि उनके बच्चे उनकी शक्ति से अधिक हैं। जिनका भरण-पोषण वह पूरी तरह नहीं कर सकते।

डिप्रेशन के रोगी को नींद तो कम आती ही है और बार-बार उचट भी जाती है। उन्हें भयंकर प्रकार के स्वप्न आते हैं जिनसे वे भयभीत हो जाते हैं। डिप्रेशन दिन भर मानसिक तनाव के पश्चात् शाम को और भी अधिक होता है। रोगी को किसी के द्वारा भला-बुरा कहा जाना अथवा इस प्रकार की बातें सुनना पसंद नहीं होता। इस रोग में प्रायः रोगी इस बात की शिकायत करता है कि उसने ग़लतियाँ की हैं और कभी-कभी अपनी स्थिति के लिए दूसरों पर दोष मढ़ता रहता है।

• वयस्क युवा लोगों में डिप्रेशन (depression in adults)

जीवन की इस अवधि में डिप्रेशन एक बहुत सामान्य बात है और इससे उनके परीक्षा आदि देने की प्रक्रिया पर बहुत बुरा प्रभाव पड़ता है। जब वह स्कूल अथवा कॉलेज के परिणाम में कम नम्बर पाता है तो वह अपने आपको अलग-थलग समझने लगता है। लड़की हो या लड़का, वह उदास एवं बहुत भयभीत रहने लगता है। उनकी एकाग्रता समाप्त हो जाती है और उन्हें ठीक से नींद नहीं आती। प्रायः चिन्तायुक्त व डरावने सपने आते हैं। यह बात जानने पर तनाव और भी बढ़ जाता है कि उनकी पढ़ाई-लिखाई का स्तर गिर रहा है और उनके विचार विकृत एवं अन्धकारमय हो जाते हैं।

इस अवस्था में डिप्रेशन के अनेक कारण हो सकते हैं, जिनमें परीक्षाओं के प्रति भय, माता-पिता में विरोध अथवा किसी प्रिय वृद्धजन की मृत्यु या उन पर माता-पिता की इच्छाओं के अनुरूप बनने और शिक्षा स्तर में किसी विशेष उपलब्धि प्राप्त करने का दबाव बना रहता है। किसी कारण वश यौन तथा भावनात्मक तनाव का शिकार हो जाते हैं जिसके कारण उनकी पढ़ाई पर बहुत बुरा प्रभाव पड़ता है।

• अधिक आयु में डिप्रेशन

इस आयु में डिप्रेशन एक भयंकर अव्यवस्था होती है। प्रायः यह स्थिति उस समय उत्पन्न होती है, जब शरीर की अन्तः स्रावी ग्रंथियाँ पूरी तरह काम नहीं करतीं। इन ग्रंथियों से हॉर्मोन उत्पन्न होते हैं, जो रासायनिक पदार्थ होते हैं और रक्त नलियों द्वारा शरीर के विभिन्न अंगों में पहुँचकर उन्हें कार्य के लिए उत्तेजित करते हैं। आदमियों की अपेक्षा महिलाओं में इस प्रकार का डिप्रेशन अधिक होता है। 50 वर्ष की आयु के आस-पास उन्हें परेशानी होने लगती है। उन्हें इससे बड़ी कठिनाई अनुभव होती

है। इनमें डिप्रेशन हॉर्मोन्स की कमी के अतिरिक्त भावनाओं के कारण भी होता है।

पुरुषों की आयु 60 के क़रीब होती है तो उन्हें अंर्तग्रस्ततापूर्ण डिप्रेशन अधिक होने लगता है। जीवन के इस काल में कई पुरुष अक्सर आत्मान्वेषण के दौर का सामना करते हैं। उन्हें लगता है कि उनके प्रारम्भिक स्वप्न पूर्ण नहीं हो पाए, इसलिए उनके जीवन का महत्त्व घट गया है या उसमें उद्देश्यहीनता आ गई है। अक्सर उन्हें यह दुखद एहसास सताता है कि वे पर्याप्त प्रगति नहीं कर पाएँगे। इस बीमारी में इस तरह के विचार असफल व्यक्तियों की अपेक्षा सफल व्यक्तियों के मन में ज़्यादा पैदा होते हैं। लोगों को दिल के दौरे पड़ने लगते हैं अथवा उनकी मृत्यु हो जाती है। जो लोग ज़िम्मेदारी त्याग देते हैं और जल्दी ही अवकाश ग्रहण कर लेते हैं जिसके कारण निरर्थकता का बोध उन्हें स्वयं को अनुपयोगी तथा अनावश्यक समझने पर विवश कर देता है।

जब व्यक्ति अपने स्वास्थ्य के प्रति चिंतित रहने लगता है। उस समय निराशा और मृत्यु के विचार आना सामान्य बात हो जाती है। उस समय व्यक्ति प्रायः चिड़चिड़ा रहता है। बेचैनी अनुभव करता है और अधिक क्रियाशील होने के साथ-साथ वह रोग-भ्रम की स्थिति में होता है। वह घर में इधर-उधर चक्कर लगाता हुआ प्रायः अपने हाथों को सिकोड़ता या मरोड़ता रहता है। उसे नींद कम आती है और भूख भी कम लगती है। वह किसी एक बात पर ध्यान लगाने में अथवा चित्त स्थिर करने में असमर्थ हो जाता है। उसमें निर्णय लेने की शक्ति नहीं रहती। उसमें आशाएँ समाप्त हो जाती हैं और इस कष्ट के कारण उसका स्वरूप भी बहुत बिगड़ा हुआ सा दिखाई देता है। शरीर में इस प्रकार की अव्यवस्था अथवा रोग धीरे-धीरे विकसित होता है, परन्तु जब इसका पूर्ण विकास हो जाता है तो रोगी की विचार करने की शक्ति बिलकुल बिगड़ जाती है।

• वृद्ध व्यक्तियों में डिप्रेशन

वृद्धावस्था में सामान्यतः आत्मोपेक्षा तथा अकेलेपन की प्रवृत्तियाँ पैदा हो जाती हैं। वृद्धावस्था में डिप्रेशन किसी अन्य रोग के साथ भी पैदा हो सकता है, जिनमें मस्तिष्क ट्यूमर (brain tumor), धमनियों की बीमारी तथा पेरालिसिस अथवा कँपकँपाने की बीमारी होती है, जिसमें मांसपेशियाँ अनम्य हो जाती हैं। परिवार में अथवा किसी मित्र की मृत्यु, बिलकुल अकेला पड़ जाना, सामाजिक रूप से अलग-अलग हो जाना। जिनके कारण व्यक्ति आत्महत्या करता है अथवा आत्महत्या करने का प्रयत्न करता है। इस रोग की भयंकरता के कारण 60-65 वर्ष की आयु में अस्पताल में दाख़िल होने वाले वृद्धों की संख्या बहुत अधिक होती है।

शरीर की शक्ति समाप्त होना, किसी कार्य को आगे बढ़कर न कर पाना अथवा उसके प्रति रुचि न लेना और उनके व्यक्तित्व का लोप होना आदि डिप्रेशन के कारण हैं। प्रसन्न रहने वाला और घूमने-फिरने वाला व्यक्ति इस प्रकार के डिप्रेशन से बचा

रह सकता है। बूढ़े व्यक्तियों का दिमाग़ उस समय तक ठीक रहता है जब तक वह क्रियाशील रहते हैं और वे काम में लगे रहते हैं।

कभी-कभी एक प्रकार का डिप्रेशन, जो सिर्फ़ महिलाओं में पुरुषों की अपेक्षा अधिक देखा जाता है यह वंशानुगत कारण भी हो सकता है। अधिक बुद्धिमान व्यक्ति इससे अधिक पीड़ित रहते हैं। इसका कारण एक भयंकर प्रकार का संक्रमण और भावनात्मक धक्का लगना भी है जिसके कारण ऐसा हो सकता है। रोगी किसी बात को सहन नहीं कर पाता और अपने पर नियंत्रण रखने में असमर्थ रहता है। उसमें विचार करने की शक्ति पूर्णतः नष्ट हो जाती है और निर्णय लेने में भयंकर असुविधा होती है। रोगी को भूख ख़ूब लगती है और वह हर समय बोलता रहता है। यह स्थिति पूर्ण उन्माद में बदल जाती है। उसमें रोगी पूरी तरह शक्ति खो बैठता है और उसका बातचीत करना भी बन्द हो जाता है। आस-पास के वातावरण में रुचि समाप्त हो जाती है। उस पर पूरी तरह उदासीनता तथा निराशा छा जाती है। वह अपने आप को अलग-थलग समझने लगता है। ऐसे में रोगी के लिए आराम करना और सोना बहुत आवश्यक है।

• डिप्रेशन और आत्महत्या

वयस्क लोगों में आत्महत्या का सामान्य कारण सामाजिक रूप से अलग-थलग पड़ जाना, जीवन की गतिशीलता रुकना, तलाक तथा व्यक्ति और समाज के सम्पर्क सूत्रों में कमज़ोरी आना आदि है।

आत्महत्या की प्रवृत्ति प्रायः उन व्यक्तियों में देखी जाती है, जिनमें मनोविक्षिप्तता संबंधी कोई लक्षण पहले न देखे गए हों। आत्महत्या, असह्य स्थिति से बचने, अनादर या दंड आदि के भय, सामाजिक रूप से अलग-थलग पड़ जाने, किसी प्रियजन की मृत्यु हो जाने, अत्यधिक उत्तरदायित्व आ पड़ने और आलोचना से उत्पन्न चिड़चिड़ेपन आदि के कारण की जाती है। डिप्रेशन के कारण व्यक्ति के व्यक्तित्व में परिवर्तन आता है और कई बार किसी वास्तविक विषमता के न होने पर भी अपराध बोध के कारण व्यक्ति आत्महत्या करता है।

वृद्धों में आत्महत्या का विचार शारीरिक और मानसिक योग्यता में कमी आना, अकेले पड़ जाना, स्थायी रूप से बेकार पड़े रहना, सहजता का अभाव और कई बार ठीक न होने वाले रोग के कारण उत्पन्न होता है।

• आत्महत्या संबंधी चिन्ह (symbols of sucide)

- उत्तेजना अथवा यातनापूर्ण विचारों में मिश्रित डिप्रेशन।
- अनिद्रा तथा उससे कष्ट अनुभव करना।
- आत्महत्या के पूर्व प्रयत्न।

- मृत्यु से युक्त विषम विचार। इसमें रोगी इस प्रकार के प्रश्न पूछता है कि कितनी गोलियाँ खाने के परिणाम भयंकर होंगे।
- आत्महत्या से संबंधित पारिवारिक इतिहास। कई बार केवल यही एक विशिष्ट लक्षण होता है।
- भयंकर बीमारी अथवा किसी बीमारी को भयंकर समझ लेना।
- एकाकी जीवन और संबंधियों से सब प्रकार का नाता टूट जाना।
- शराब अथवा नशीली औषधियों (alcohols and drugs) की लत वाले व्यक्ति को जब बचा लिया जाता है तो वह प्रायः उस व्यक्ति का बहुत कृतज्ञ होता है।

• आत्महत्या के संबंध में कल्पनाएँ

- जो व्यक्ति आत्महत्या की बातें करते हैं, वे आत्महत्या नहीं करते।
- दस में से आठ आत्महत्या करने वाले शाब्दिक चेतावनी देते हैं।
- आत्महत्या करने वाले आत्महत्या का प्रयत्न करने से पहले प्रायः आत्महत्या संबंधी संकेत देते हैं।
- जो व्यक्ति आत्महत्या का प्रयत्न करते हैं, वे वास्तव में मरने के लिए आमादा रहते हैं।
- आत्महत्या का प्रयत्न करने वाले अधिकांश व्यक्ति अनिश्चित स्थिति में होते हैं और सदैव इस बात को दिमाग़ में रखकर जुआ खेलते हैं कि शायद उन्हें कोई दूसरा व्यक्ति बचा ले।
- बार-बार आत्महत्या का प्रयास करने वाला सदैव आत्महत्या के विचारों में डूबा रहता है।
- आत्महत्या करने के विचार बहुत थोड़ी सी देर के लिए स्थिर रहते हैं और दस में से एक व्यक्ति ही पहली बार आत्महत्या के प्रयास में असफल हो जाने पर दोबारा आत्महत्या का प्रयत्न करता है।
- संकट समाप्त होने पर आत्महत्या का भय नहीं रहता।
- यदि आत्महत्या का आवेग अभी बाक़ी है, तो स्वास्थ्य में कुछ सुधार होने पर आत्महत्या का दोबारा प्रयत्न करने की ऊर्जा या प्रेरणा प्राप्त होती है।
- धनी व्यक्ति ही आत्महत्या के शिकार होते हैं।
- आत्महत्या के क्षेत्र में धनी और निर्धन एक समान हैं।
- आत्महत्या से संबंधित प्रवृत्तियाँ वंशानुगत होती हैं।
- इसमें संदेह नहीं कि आत्महत्या का एक कारण वंशानुगत हो सकता है, परंतु अधिकांश व्यक्तियों में यह व्यक्तिगत प्रश्न होता है।

• योगाभ्यास द्वारा डिप्रेशन का उपचार

डिप्रेशन के रोगियों को योगाभ्यास सामूहिक रूप से करना लाभकारी होता है। सामूहिक रूप से अभ्यास करने से उनमें आत्मविश्वास पैदा होता है, मन में सकारात्मक विचार आते हैं। वे यह सोचने व समझने पर मज़बूर हो जाते हैं कि कम उम्र से लेकर अधिक उम्र जैसे 60 वर्ष या इससे अधिक उम्र के व्यक्ति भी योगाभ्यास करने में सक्षम हैं तो मैं क्यों नहीं कर सकता। ऐसा विचार मन में आते ही व्यक्ति में आत्मविश्वास की झलक दिखने लगती है व वातावरण में परिवर्तन और भिन्न-भिन्न भयंकर पीड़ित रोगियों को ठीक होते हुए देखना भी उनमें इच्छा शक्ति उत्पन्न करने में मदद करता है। चूँकि डिप्रेशन के रोगियों में नकारात्मक विचार देखे जाते हैं।

डिप्रेशन का प्रमुख कारण जीवन की परेशानियाँ हैं जिससे मन तनावग्रस्त रहता है जो बाद में डिप्रेशन का रूप ले लेता है। योगासन मन को तनावमुक्त करने का उत्तम साधन है जिससे डिप्रेशन भी ठीक हो जाता है। योगासन तथा विशेषकर ध्यान मस्तिष्क के कुछ उन भागों को क्रियाशील करते हैं। साथ ही लिम्बिक सिस्टम के हाइपोथैलेमस को संतुलित करती है तथा रेटिकुलर एक्टिवेटिंग सिस्टम को अधिक क्रियाशील बनाती है। इन सबका असर डिप्रेशन ठीक होने के रूप में होता है।

1. **षट्कर्म** : जल नेति, सूत्र नेति, कुंजल, सप्ताह में एक बार लघु शंख प्रक्षालन।
2. **आसन** : पवन मुक्तासन श्रृंखला क्र. 1 व 2, पद्मासन, वज्रासन, मार्जारी आसन, शिथिलासन, सूर्यनमस्कार, शीर्षासन, सर्वांगासन, हलासन, शशांकासन, कूर्मासन, योगमुद्रासन, पश्चिमोत्तानासन, भुजंगासन, शलभासन, गर्भासन, नवजीवन, शवासन या योगनिद्रा (सुबह और शाम), त्राटक।
3. **प्राणायाम** : भ्रामरी, भस्त्रिका, उज्जायी, कपालभाति, नाड़ी शोधन, शीतली, शीतकारी, सूर्यभेद।
4. **मुद्रा** : महावेध, वज्रोली, विपरीतकरणी।
5. **बंध** : त्रिबंध या महाबंध।

• • •

थायरॉइड

(Thyroid)

थायरॉइड क्या है?

थायरॉइड तितली के आकार की इन्द्रिय (ग्रंथि) है जो गर्दन के सामने वाले हिस्से में, स्वर यंत्र के ठीक नीचे स्थित होती है। यकृत, हृदय, गुर्दे ओर दिमाग़ की तरह ही, थायरॉइड ग्रंथि का भी एक प्रमुख कार्य होता है। सामान्य व्यक्ति में थायरॉइड का वज़न 15 से 25 ग्राम होता है। इसके कार्य की शुरुआत जन्म से पूर्व ही शुरू हो जाती है। थायरॉइड T3 और T4 नामक दो हॉर्मोन्स का स्राव करता है, जो शारीरिक और मानसिक विकास के लिए बेहद महत्त्वपूर्ण होते हैं।

थायरॉइड हॉर्मोन्स क्या हैं?

T3,T4 - थायरॉइड हार्मोन्स शरीर की ऊर्जा, वृद्धि और विकास के लिए आवश्यक होने वाले अलग-अलग चयापचयी कार्यों को नियंत्रित करते हैं। इन दो हार्मोन्स की ज़रूरत शरीर के प्रत्येक अवयव, ऊतक और कोशिका को हर पल होती है। इसका स्राव ज़रूरी मात्रा जितना ही होना चाहिए, ज़रूरत से ज़्यादा या कम निर्माण होने पर कुछ संबंधित समस्याएँ पैदा होती हैं, जिनका निदान और उपचार सही समय पर करना चाहिए।

थायरॉइड का नियंत्रण किसके द्वारा होता है?

पियूषिका ग्रंथि इस अन्तःस्रावी ग्रंथि द्वारा स्रवन होने वाला थायरॉइड स्टिमुलेटिंग हॉर्मोन से और सीधे असर करता है। थायरॉइड हॉर्मोन्स के निर्माण और स्राव में शामिल अलग-अलग क्रियाओं का उत्तेजन तथा नियंत्रण टीएसएच द्वारा किया जाता है। थायरॉइड हार्मोन्स के उपलब्ध स्तरों के अनुसार, टीएसएच उन स्तरों की आवश्यक मात्रा नियंत्रित करता है।

थायरॉइड में आयोडीन की भूमिका क्या होती है?

थायरॉइड हॉर्मोन्स आयोडीन से बने होते हैं, अतः थायरॉइड कार्यों में आयोडीन विशेष भूमिका निभाता है। आयोडीन की कमी से थायरॉइड विकृतियाँ होती हैं। खाए जाने वाले भोजन से हमें आयोडीन प्राप्त होता है जो किसी प्रदेश की मिट्टी और पानी में होने वाले आयोडीन की मात्रा पर निर्भर होता है। अध्ययन से प्रदेश में भोजन और

नमक में आयोडीन की न्यूनतापूर्ति की ज़रूरत निर्देशित हो सकती है। भारत का 30-40 प्रतिशत क्षेत्र इसकी कमी के लिए जाना जाता है।

थायरॉइड विकृति क्या होती है?

थायरॉइड विकृतियों के दो प्रमुख प्रकार हैं :

- घेंघा, जो थायरॉइड ग्रंथि के असामान्य आकार और रचना के कारण होता है। घेंघे में गाँठें भी हो सकती हैं। उसके कभी-कभी इससे संबंधित लक्षण पाए जाते हैं और कभी-कभी नहीं भी।
- थायरॉइड दुष्क्रिया, जो थायरॉइड ग्रंथि के अल्प या अति कार्य करने से होती है। यह घेंघे के सिवाय भी हो सकती है।

घेंघा क्या है?

गाँठों के साथ गाँठों के सिवाय होने वाली, बढ़ी हुई थायरॉइड ग्रंथि घेंघे के नाम से जानी जाती है। इसमें आने वाली गाँठें ग्रंथि के किसी हिस्से के बढ़ने से होती हैं। इसमें एक से कई अधिक गाँठें भी हो सकती हैं। घेंघा यह सामान्य थायरॉइड ग्रंथि के आकार से 2 से 10 गुना बड़ा हो सकता है। घेंघा कुछ समय के बाद सामने आता है। थायरॉइड के हिस्से में आए किसी भी प्रकार की सूजन या असामान्य वृद्धि पर कैन्सर की संभावना जानने के लिए डॉक्टर से तुरन्त जाँच करानी चाहिए। एफ़एनएसी, अल्ट्रासाउंड और न्युक्लिअर स्कैनिंग जैसे अभ्यास इस प्रकार की असामान्य वृद्धि की विस्तृत जानकारी पता करने में सहायता कर सकती हैं।

थायरॉइड दुष्क्रिया क्या है?

किसी भी अन्य इन्द्रिय की तरह थायरॉइड ग्रंथि में भी कार्य से संबंधित असामान्यताएँ हो सकती हैं, जिससे निम्नलिखित विकृतियाँ पैदा हो सकती हैं।

थायरॉइड हॉर्मोन्स का कम स्राव जिसे हायपो थायरॉइडिज़्म (कम कार्यक्षम) कहते हैं। इससे चयापचयी कार्यक्षमता में कमी आती है और संबंधित विकृतियाँ पैदा होती हैं।

थायरॉइड हॉर्मोन्स का अति स्राव जिसे हायपर थायरॉइडिज़्म (अति कार्यक्षम) कहते हैं। इससे चयापचयी कार्यक्षमता में वृद्धि आती है और संबंधित विकृतियाँ पैदा होती हैं। सामान्य और जल्द रक्त परीक्षणों द्वारा इन विकृतियों का निदान किया जा सकता है। एक बार निदान होने के बाद योग्य औषधियों की सहायता से कुछ हफ़्तों या एक महीने में ये असामान्य स्थितियाँ सामान्य स्तर पर लाई जा सकती हैं।

थायरॉइड जाँच कैसे करानी चाहिए?

सबसे पहले लक्षणीय थायरॉइड विकृति डॉक्टर को दिखानी चाहिए। यदि डॉक्टर यह

कहते हैं कि यह थायरॉइड समस्या हो सकती है, तो वह प्रयोगशाला से मरीज़ के थायरॉइड कार्यक्षमता की जाँच सूचित कराते हैं। जाँच के सूचित किए गए परीक्षण निम्नलिखित परीक्षणों में से एक या दो या उससे अधिक भी हो सकते हैं।

- ट्रायआएडोथायरोनाइन (T3)
- थायरोक्सिन (T4)
- थायरॉइड स्टिमुलेटिंग हॉर्मोन (TSH)
- फ़्री थॉरोक्सिन (FT4)
- फ़्री ट्रायआएडोथायरोनाइन (FT3)
- ऐंटी थायरोक्लोब्युलिन ऐंटीबॉडीज़ (ATG)
- ऐंटी मायक्रोज़ोमल ऐंटीबॉडीज़ (AMA)

इतने सारे परीक्षण क्यों?

थायरॉइड बायोकेमिस्ट्री, फ़िजिओलॉजी और पैथोफिजिओलॉजी कुछ उलझे हुए हैं। ग्रंथि के कार्य तथा दुष्क्रिया के अध्ययन के लिए उपरोक्त 7 परीक्षण समूह में इस्तेमाल किए जाते हैं। किन्तु FT3, FT4 और TSH यह डॉक्टरों द्वारा सबसे ज़्यादा इस्तेमाल किया जाने वाला समूह है। यह मूल थायरॉइड जाँच परीक्षण है, जो रक्त प्रवाह में होने वाले हॉर्मोन्स की संतृप्तता निर्देशित करके उसका निदान करते हैं।

किसे जाँच करवानी चाहिए?

कुछ व्यक्ति औरों के मुक़ाबले थायरॉइड समस्याओं के प्रति अधिक संदेह रखते हैं।

- 40 वर्ष आयु से ऊपर होने वाली महिलाएँ।
- हाल ही में प्रसूत हुईं महिलाएँ।
- उच्च कोलेस्ट्रॉल वाले लोग।
- जिन लोगों का वज़न पिछले 2-3 महीनों में 2 किलो से भी ज़्यादा कम हो गया है या बढ़ गया है।
- थकान महसूस करने वाले व्यक्ति।
- मासिक धर्म में असामान्यताएँ होने वाली महिलाएँ।
- उत्पादन क्षमता की कमी होने वाले व्यक्ति।
- थायरॉइड बीमारी का पारिवारिक इतिहास होने वाले व्यक्ति।

थायरॉइड और व्यक्ति के वज़न का क्या संबंध है?

सामान्य और स्वस्थ जीवन के लिए जो भी हम खाते हैं वह ऊर्जा में परिवर्तित होना चाहिए। हायपोथायरॉइडिज़्म में हॉर्मोन्स की कमी के कारण ऊर्जा में रूपान्तरण कम होता है। इसलिए चर्बी का जमा होना और वज़न बढ़ना यह समस्याएँ हायपोथायरॉइड

के मरीज़ों में सामान्य हैं। एक बार निदान और उपचार होने के बाद, पूर्णता किए गए थायरॉइड हॉर्मोन्स चयापचयी संस्था (Metabolic System) से जुड़ जाते हैं जिससे अतिरिक्त वज़न कम हो जाता है। हायपर थायरॉइडिज़्म में, हॉर्मोन्स की मात्रा ज़्यादा होती है। इसलिए वह ज़रूरत से ज़्यादा होने वाली ऊर्जा खर्च करते हैं जिससे वज़न भारी मात्रा में कम हो जाता है। इसलिए वह ज़रूरत से ज़्यादा होने वाली ऊर्जा ख़र्च करते हैं जिससे वज़न भारी मात्रा में कम हो जाता है। कुछ मरीज़ तो एक या दो महीनों में ही 10 किलो से ज़्यादा वज़न खो देते हैं। इस प्रकार वज़न और ताक़त, थायरॉइड जाँच में दो प्रमुख बातें हैं।

गर्भावस्था के दौरान थायरॉइड कार्य का महत्त्व?

गर्भावस्था के दौरान, थायरॉइड हॉर्मोन्स की आवश्यकता बढ़ जाती है। (शिशु के लिए भी) इसलिए पहले और दूसरे तीन महीनों की समयावधि में थायरॉइड मरीज़ की सूक्ष्म जाँच करानी चाहिए। माँ और शिशु दोनों को संतुलित हॉर्मोन की आवश्यकता होती है। हायपोथायरॉइड होने वाली गर्भधारित महिलाओं में, दी जाने वाली औषधि की जाँच समय-समय पर और पूरे ध्यान के साथ की जानी चाहिए। जैसे कि हम जानते हैं कि थायरॉइड हॉर्मोन्स की कमी शिशु की शारीरिक और मानसिक वृद्धि दोनों पर भी अपरिवर्तनीय हानि पहुँचा सकती है। इसलिए इसके बेहतर व्यवस्थापन के लिए एक अच्छे एंडोक्रायनोलॉजिस्ट से शीघ्र ही सम्पर्क करना चाहिए।

हायपोथायरॉइडिज़्म क्या है?

हायपोथायरॉइडिज़्म और हायपरथायरॉइडिज़्म - इन दो प्रमुख थायरॉइड विकृतियों में हायपोथायरॉइडिज़्म ज्यादा पाया जाता है। (तक़रीबन 2 से 3 गुना)। T3 और T4 इन दो हॉर्मोन्स का निर्माण करना यह थायरॉइड ग्रंथि का प्रमुख कार्य है। जिसके ज़रिए कई स्रोत क्रियाओं की आवश्यकता होती है। इसमें से किसी भी ज़रूरत की पूर्ति न होने पर, ग्रंथि हॉर्मोन्स की पर्याप्त मात्रा निर्माण नहीं कर पाती। जब थायरॉइड हॉर्मोन्स का निर्माण शरीर की आवश्यकता से भी कम हो जाता है तब कुछ विशेष चिन्ह तथा लक्षण पाए जाते हैं जिसे हायपोथायरॉइडिज़्म कहते हैं।

हायपोथायरॉइडिज़्म के कारण क्या हैं?

क्रोनिक ऑटोइम्युनो थायरॉइडिटिस यह हायपोथायरॉइडिज़्म का सबसे आम कारण है, जो थायरॉइड ऊतक को हुई हानि तथा संसर्ग के कारण होता है। थायरॉइड हॉर्मोन्स की आवश्यक मात्रा निर्माण करने में, ग्रंथि थोड़े स्वरूप में या सम्पूर्णतः असफल हो जाती है।

हायपोथायरॉइडिज़्म की दुष्क्रिय वजहों में इनका समावेश होता है

- हायपोथायरॉइडिज़्म या थायरॉइड कैंसर के तहत थायरॉइड ग्रंथि को शल्य चिकित्सा द्वारा निकालना।
- रेडियोएक्टिव आयोडीन ट्रीटमेंट।
- कुछ कैंसरों के लिए बाहरी रेडिएशन।
- भोजन से लिए जाने वाले आयोडीन की कमी।
- आनुवांशिकता से थायरॉइड ग्रंथि न होना या असक्षमता या ख़राबी होना।
- प्राथमिक आएडिओपॅथिक।

हायपोथायरॉइडिज़्म के लक्षण क्या हैं?

थायरॉइड विकृतियों के लक्षणों का स्वरूप और गंभीरता हर व्यक्ति के अनुसार बदलते रहते हैं। हायपोथायरॉइडिज़्म के लक्षण मुख्यतः थायरॉइड हॉर्मोन्स की मात्रा में आने वाली कमी और कमी की समयावधि पर निर्भर होते हैं। कई मरीज़ों के लिए, इसके लक्षण सौम्य होते हैं, जिन्हें आयु की नैसर्गिक प्रक्रिया, रजोनिवृत्ति और तनाव समझकर नज़रअंदाज़ किया जाता है। यही एक वजह है जिसके कारण कई मरीज़ (हायपोथायरॉइड) इसकी जाँच और उपचार नहीं कराते हैं। जब चिकित्सक थायरॉइड समस्या का निदान नहीं कर पाता, तब कई थायरॉइड मरीज़ों को टॉनिक और कैलोरी युक्त भोजन लेना सूचित किया जाता है। इसके लक्षणों में निम्नलिखित बातों में से कुछ या कई बातों का समावेश हो सकता है :

- थकान या मांसपेशियों की सूजन या मरोड़।
- अंगुलियों में सनसनाहट।
- तुल्यभारता का अभाव।
- वज़न बढ़ना।
- शुष्क त्वचा और ठण्ड न सह पाना।
- पीली त्वचा।
- रूखे बाल या बालों का गिरना।
- तनाव।
- हृदय की धड़कन कम होना।
- आवाज़ में रुक्षता आना।
- घेंघा (बढ़ी हुई थायरॉइड ग्रंथि जिससे गर्दन में गांठ आती है)।
- मलबद्धता।
- स्मरणशक्ति और मानसिक दुर्बलता।
- एकाग्रता में कमी।

- बाँझपन या गर्भपात होना।
- **मिक्सिडोमा** : स्थूलता (मुख्यतः चेहरे में) लाने वाले ऊतकों के द्रव्य का अनिस्यंदन (Infitration)।
- अनियमित या भारी मासिक स्राव।

हायपोथायरॉइड मरीज़ के सामने आ सकने वाली अन्य समस्याएँ

थायरॉइड असामान्यताओं से कभी-कभी मासिक स्राव में देरी या स्राव काफ़ी कम हो सकता है और किसी भी अस्पष्ट कारण से बाँझपन या विशेषतः गर्भधारण की आरंभिक अवस्था में गर्भपात हो सकता है। इसलिए गर्भावस्था से संबंधित समस्याएँ हो सकने वाले मरीज़ की जाँच में थायरॉइड कार्य परीक्षण करना बहुत ही आम बात है। उपचार न हुए हायपोथायरॉइडिज़्म से पुरुषों के सेक्स तथा जननक्षमता में बाधा आ सकती है। महिलाओं में थायरॉइड हॉर्मोन्स स्तरों के संतुलन से मासिक धर्म में विकास होता है और जनन क्षमता की संभावना बढ़ती है।

सेकंडरी हायपोथायरॉइड

असल में यह थायरॉइड से होने वाली विकृति है ही नहीं, बल्कि यह पियूषिका ग्रंथि के कारण होने वाली विकृति है। टीएसएच थायरॉइड कोशिकाओं को नियंत्रित करता है, इसलिए पियूषिका ग्रंथि द्वारा टीएसएच की आवश्यक मात्रा निर्माण न होने पर भी थायरॉइड हॉर्मोन्स में कमी आती है। इन मरीज़ों में हायपोथायरॉइडिज़्म के सभी चिन्ह और लक्षण पाए जाते हैं। परन्तु इनमें टीएसएच के बढ़े हुए स्तर नहीं होते, जिसके कारण शायद इसका निदान समय पर नहीं होता। हालाँकि इसके इलाज में थायरॉक्सिन दिया जाता है, मगर फिर भी रक्त परीक्षण समय-समय पर करना ही चाहिए।

हायपोथायरॉइडिज़्म के अन्य कारण भी हैं

थायरॉइड कोशिकाओं में टीएसएच रिसेप्टर्स (ग्राही) होते हैं जो टीएसएच अणु पहचानकर उनसे जुड़ जाते हैं। यह रिसेप्टर ऐंटीबॉडीज़ रिसेप्टरों से बंधकर टीएसएच के कार्य में बाधा लाते हैं। जिससे ग्रंथि का कार्य कम हो जाता है।

थायरॉइड और आहार

थायरॉइड हो जाने पर सर्वप्रथम खटाई पर नियंत्रण आवश्यक है अर्थात् सभी प्रकार के खट्टे फल, खटाइयाँ, जैसे : अमचूर, अजीनोमोटो, इमली, टमाटर का उपयोग नहीं करना है।

नित्य प्रातः : 3 गिलास गर्म पानी, 2 चम्मच शहद के साथ व 1 चम्मच मेथी पावडर फाँक लें।

नाश्ते में : 1 गिलास दूध बिना शकर, 1 प्लेट पपीता।

दोपहर : 2 चपाती बिना घी लगी, 1 कटोरी हरी सब्ज़ी, 1/2 कटोरी दाल, सलाद व चटनी लें।

शाम : 1 कप चाय, 2 बिस्किट व एक सेब।

रात : 1 बाउल सूप, 1 प्लेट मूँग छिलका दाल व दलिया एवं सब्ज़ी, मिक्स खिचड़ी व चटनी।

जब थायरॉइड सामान्य आ जाए, तब टमाटर ले सकते हैं।

सभी हरी सब्ज़ियाँ उपयोगी हैं। जहाँ तक सम्भव हो तेल-मसाले कम व हरी सब्ज़ियाँ एवं रेशे वाले फल, कच्ची सब्ज़ियों आदि का अधिक उपयोग लाभदायक है।

• उपचारात्मक योगाभ्यास

षट्कर्म : सूत्रनेति, धौति, शंखप्रक्षालन।

आसन : सिंहासन, सुप्त वज्रासन, उष्ट्रासन, उत्तानपादासन, पवनमुक्तासन, शशांक आसन, पूर्ण भद्रासन, हलासन, कर्णपीड़ासन, सर्वांगासन, मत्स्यासन, सुप्तवज्रासन, उष्ट्रासन, योगमुद्रा।

प्राणायाम : कपालभाति, उज्जायी प्राणायाम, उड्डियान क्रिया (महाबंध) अनुलोम विलोम, भ्रामरी।

मुद्रा : खेचरी मुद्रा।

बंध : महाबंध।

• • •

मानसिक तनाव

(Mental Stress)

'बढ़ता तनाव, घटती ज़िंदगी' यह अटल सत्य है। आज पूरी दुनिया, हर व्यक्ति अपनी अलग भागदौड़ में व्यस्त है। न खाने का समय है, न ही परिवार व प्रियजनों के साथ समय बिताने का समय है, और तो और रात है इसलिए सोना है, काम रुक जाते हैं। लेट तो गए, परन्तु तनाव के कारण नींद ग़ायब, बस हो गई शुरुआत। तनाव बीमारियों के निमंत्रण की प्रथम सीढ़ी है, अर्थात् चिंता, तनाव आते ही बीमारियों का सिलसिला शुरू हो जाता है। तनाव 40 प्रतिशत ज़िन्दगी कम कर देता है और 30 प्रतिशत अधिक बीमारियाँ आमंत्रित करता है। आज उम्र चाहे जो भी हो, सभी तनावग्रस्त हैं।

I – मानसिक तनाव के लिए ज़िम्मेदार तथ्य :

1. आधुनिक जीवन शैली।
2. आगे बढ़ने की दौड़।
3. ज़रूरत से ज़्यादा अपेक्षाएँ।
4. प्रतिस्पर्धा की दौड़।

II. मानसिक तनाव के मुख्य कारण :

1. प्रातः काल सूर्योदय के पश्चात् उठना।
2. रात्रि में देर रात सोना।
3. खड़े होकर भोजन करना।
4. जल्दी-जल्दी भोजन ठूँस-ठूँसकर खाना।
5. आराम की कमी।
6. ईश्वर व प्रकृति में आस्था की कमी।
7. जल्दबाज़ी की आदत।
8. बीमारी।
9. कृतघ्नता।
10. बीती हुई घटनाएँ या क्षतियाँ।
11. जीवन के लिए आवश्यक वस्तुओं का अभाव।
12. लोकनिंदा।

13. थकावट।
14. भविष्य में होने वाली घटनाओं का भय।
15. अधिक नमक व फ़ास्ट फूड, बाहर खाना।

III. तनाव मुक्ति के उपाय :

1. हीन विचारों को निकाल दें।
2. अपने स्वयं के व्यक्तित्व के बारे में सोचें।
3. बेड टी (Bed Tea) को बन्द कर दें।
4. दिनचर्या व्यवस्थित करें।
5. प्रातः ब्रह्ममुहूर्त में उठें।
6. प्रातः प्राणायाम का अभ्यास करें।
7. प्रातः उठते ही 1 लीटर कुनकुना जल पिएँ।
8. नित्य योग करें।
9. पानी बैठकर घूँट-घूँट कर पिएँ।
10. भोजन के 1 घण्टे बाद घूँट-घूँट कर एक गिलास पानी पिएँ।
11. भोजन के पश्चात् वज्रासन में 20 मिनट अवश्य बैठें।
12. आँखें बंद कर बैठ जाएँ और लम्बे श्वास 5 मिनट तक लेते व छोड़ते रहें। इससे आराम मिलेगा।
13. शांत भाव से बैठकर तनाव के कारण के बारे में सोचें और मानसिक शक्ति का प्रयोग कर प्रबल विचार शक्ति द्वारा कारण समाप्त कर दें।
14. अधिक नमक का सेवन बंद करें।
15. प्रसन्न मुद्रा में रहने का प्रयास करें? जिसमें ख़ुशी मिले। आपको अच्छा लगे उस कार्य को अवश्य करें।
16. स्वयं को कमज़ोर न समझते हुए हौसले के साथ आगे बढ़ें।
17. असफलता मिलने पर हताश न हों, कमज़ोर महसूस न करें, बल्कि छोटी सी सफलता पर ख़ुश हों और आगे बढ़ने के लिए उत्साहित हों।
18. झगड़ा, क्रोध जैसी स्थिति से स्वयं को दूर रखने का प्रयास करें। जहाँ तक सम्भव हो समझौते में विश्वास करें।
19. जिस तनाव का कारण या होना आपके वश में न हो, उसे समय पर छोड़ दें।
20. शक को जीवन में स्थान न दें। इससे रिश्ते बिगड़ते हैं और तनाव बढ़ता है।
21. ज़्यादा थकावट वाले कार्यों से बचें। यथाशक्ति कार्य करें।
22. तनाव का स्रोत जानें और मुक़ाबला करने के लिए कार्य करें।

23. परिवार में झगड़ा होने पर भी आपस में बातचीत बंद न करें, इससे तनाव बढ़ता है।
24. नित्य योगासन ध्यान अवश्य करें।

तनाव मुक्ति के लिए आवश्यक है कि हम अपनी अपेक्षाओं पर नियंत्रण रखें, अंकुश लगाएँ। तनाव का सकारात्मक और नकारात्मक दोनों तरह से प्रभाव पड़ता है। सकारात्मक रूप से वह हमें काम करने के लिए बाध्य करता है, जिसके परिणामस्वरूप एक जागरूकता और नई तरह की सोच जन्म लेती है। नकारात्मक ढंग से यह अविश्वास, अकेलापन और अवसाद की स्थिति उत्पन्न करता है। ज़िंदगी को कैसा बनाया जाए यह व्यक्ति के हाथ में होता है, उसकी सोच ख़ुशी और ग़म का पैमाना तय करती है। लम्बे समय तक जिएँ, पर बिना किसी ख़ुशी के तो उसका क्या फ़ायदा। संतुष्टि और सुख के कुछ पल ही ज़िंदगी को अर्थ देते हैं। अपेक्षा से अधिक पाने की चाहत ने जीवन से रंगों को छीन लिया है, तो तनाव व्याप्त होना स्वाभाविक ही है। असंतुष्टि और आगे निकल जाने की होड़ ने सुंदरता से परिपूर्ण ज़िंदगी को इतना दाग़दार कर दिया है कि यह ख़ालीपन की सूखी नदी बनती जा रही है। ज़रूरी है कि अपेक्षाओं पर अंकुश लगाकर हम ख़ुशी के खाद-पानी से अपनी ज़िंदगी की जड़ें मज़बूत करें।

योग द्वारा नियंत्रण :

1. षट्कर्म : नेतिक्रिया।
2. आसन : पवन मुक्तासन श्रंखला क्र. 1, 2, 3, यौगिक श्वसन क्रिया, वज्रासन, साइकिल चलाना, उदर आसन, तितली आसन, गौमुखासन, हलासन, उष्ट्रासन, ताड़ासन, शवासन, योग निद्रा, ध्यान का अभ्यास।
3. प्राणायाम : भ्रामरी प्राणायाम, उज्जायी प्राणायाम, शीतली, शीतकारी, अनुलोम विलोम प्राणायाम।
4. मुद्रा : विपरीतकरणी मुद्रा।
5. बंध : त्रिबंध, शवासन, योग मुद्रा, ध्यान।

उपचारात्मक आहार : सर्वप्रथम आवश्यक है कि खाने का समय निश्चित करें। न ही भूखे रहें और न ही ठूँस-ठूँसकर ज़्यादा भोजन ग्रहण करें या हर समय कुछ न कुछ मुँह में डालते न रहें। यह स्वास्थ्य के लिए हानिकारक है। खाने के बाद सोना भी नहीं है। इससे हृदय रोग की सम्भावना व मोटापा बढ़ता है।

हल्का, सुपाच्य, रेशेयुक्त भोजन, जैसे : सभी मौसमी फल विशेषकर पपीता, नाशपाती, सेब, मौसंबी, पाइनएपल आदि लें। सलाद व सब्ज़ियों में सभी सब्ज़ियाँ लेनी हैं परन्तु बैंगन, अरबी, आलू, कद्दू नहीं लेना है। अन्य भोज्य पदार्थों में अनाज सभी ले सकते हैं परन्तु तले पदार्थ, जैसे : समोसा, कचौड़ी, भजिये, बेसन की चीज़ें,

चावल पर नियंत्रण रखना आवश्यक है। विशेषकर रात का भोजन हल्का और सुपाच्य हो और सोने के ढाई घण्टे पूर्व लेना चाहिए।

रात के भोजन में दलिया, खिचड़ी, हरे धनिये की चटनी से लें और खाने के 1 घण्टे बाद शांत बैठकर 1 गिलास पानी घूँट-घूँट कर पिएँ।

प्रातः 1 चम्मच मेथी दाना पावडर पानी से फाँकें, प्रातः 1 लीटर कुनकुना गर्म पानी पिएँ।

वज़न तालिका
25 वर्ष या अधिक उम्र वाले पुरुषों का अपेक्षित वज़न

ऊँचाई से.मी.	ऊँचाई फ़ीट	संकरा फ्रेम किलोग्राम	मध्यम फ्रेम किलोग्राम	चौड़ा फ्रेम किलोग्राम
158	5'2"	50.5 - 54.5	53.5 - 58.5	57 - 64
160	5'3"	52 - 56	55 - 61	58.5 - 65
163	5'4"	53.5 - 57	56 - 62	60 - 67
165	5'5"	55 - 58.5	57.5 - 63	61 - 69
168	5'6"	56 - 60	58.5 - 65	62.5 - 71
170	5'7"	58 - 62	60 - 66.5	64.5 - 73
173	5'8"	60 - 64	62.5 - 69	66.6 - 75
175	5'9"	62 - 66	64.5 - 71	68.5 - 77
178	5'10"	63.5 - 68	66 - 72.5	70 - 79
180	5'11"	65 - 70	68 - 75	72 - 81
183	6'0"	67 - 71.5	70 - 77	74 - 83.5
185	6'1"	69 - 73.5	71.5 - 79	77 - 85.5
188	6'2"	71 - 76	73.5 - 81.5	78.5 - 88
190	6'3"	72.5 - 77.5	76 - 84	80.5 - 90.5
193	6'4"	74 - 79	78 - 86	82.5 - 92.5

वज़न तालिका
25 वर्ष या अधिक उम्र वाली स्त्रियों का अपेक्षित वज़न

ऊँचाई से.मी.	फ़ीट	संकरा फ्रेम किलोग्राम	मध्यम फ्रेम किलोग्राम	चौड़ी फ्रेम किलोग्राम
146	4'10"	42 - 44.5	43.5 - 48.5	47 - 54
150	4'11"	42.5 - 46	44.5 - 50	48 - 55
152	5'0"	43.5 - 47	46 - 51	49.5 - 56.5
155	5'1"	45 - 48.5	47 - 52.5	51 - 58
158	5'2"	46.5 - 50	48.5 - 54	52 - 59.5
160	5'3"	47.5 - 51	50 - 55	53.5 - 61
163	5'4"	49 - 52.5	51 - 57	55 - 62
165	5'5"	50.5 - 54	52.5 - 58.5	57 - 64.5
168	5'6"	52 - 56	54.5 - 61	58.5 - 66
170	5'7"	53.5 - 57.5	56 - 63	60 - 68
173	5'8"	55 - 59.5	58 - 65	62 - 70
175	5'9"	57 - 61	60 - 66.5	64 - 71.5
178	5'10"	58.5 - 63.5	62 - 68.5	66 - 64
180	5'11"	61 - 65	63.5 - 70	67.5 - 76
183	6'0"	63 - 67	65 - 72	69.5 - 68.5

निम्न बीमारियों में किए जाने वाले आसन

व्याधि	षट्कर्म	आसन	प्राणायाम	मुद्रा	बंध
सिरदर्द	जल नेति, सूत्र नेति कुंजल।	पवनमुक्तासन, सूर्यनमस्कार, वज्रासन, सुप्तवज्रासन, मार्जारी, शशांक भुजंगासन, अर्धमत्स्येन्द्रासन, धनुरासन, उत्कटासन, पश्चिमोत्तानासन, योगमुद्रा, शवासन।	भ्रामरी, नाड़ीशोधन, शीतली, शीतकारी, अग्निसार, कपालभाति।	विपरीतकरणी, महामुद्रा।	त्रिबंध।
एनिमिया	कुंजल एवं लघुशंखप्रक्षालन।	पद्मासन, पश्चिमोत्तानासन, उष्ट्रासन, शिथिलासन, मत्स्यासन, शीर्षासन, सर्वांगासन, योगनिद्रा, शवासन।	उज्जायी, नाड़ीशोधन, अग्निसार, कपालभाति।	विपरीतकरणी।	महाबंध।
हृदय रोग उच्च रक्त-चाप (हाई ब्लड प्रेशर)	जल नेति (गुरु के मार्गदर्शन में ही करें)।	पवन मुक्तासन सीरीज नं.1, हृदय स्तम्भन आसन, यौगिक श्वसन क्रिया, साइकिल चलाना, पद्मासन, सिंहासन, गोमुखासन, हलासन, हस्त-पाद उत्तानासन, वीरासन, पश्चिमोत्तान, ताड़ासन, योग निद्रा, ध्यान, शवासन।	भ्रामरी, उज्जायी, नाड़ी शोधन, शीतली, शीतकरणी, भस्त्रिका, अनुलोम-विलोम।	विपरीतकरणी।	त्रिबंध।

व्याधि	षट्कर्म	आसन	प्राणायाम	मुद्रा	बंध
लो ब्लड प्रेशर	कुंजल, जल नेति (गुरु के मार्गदर्शन में ही करें)।	पवन मुक्तासन सीरीज नं. 1 व 2, पद्मासन व पद्मासन में ध्यान, हलासन, मार्जारी, पश्चिमोत्तानासन, शीर्षासन, सर्वांगासन, कर्णपीड़ासन, वीरासन, नवजीवन सीरीज, सिद्धासन, बद्धकोणासन, अश्वसंचालन, ध्यान, योग निद्रा, शवासन।	भ्रामरी एवं नाड़ी शोधन (बिना कुंभक)।	विपरीतकरणी।	जालंधर, उड्डियान बंध, मूल बंध या महा बंध।
वायु विकार या गैस	कुंजल, वस्त्र धौति, जल नेति लघुशंखप्रक्षालन।	पवन मुक्तासन सीरीज नं. 1 व 2, शशांक आसन, सूर्यनमस्कार, वज्रासन, सुप्त व्रजासन, चक्रासन, उदरासन, नौकाचालन, ताड़ासन, उदराकर्षणासन त्रिकोणासन, मत्स्यासन, पश्चिमोत्तानासन तितली आसन, भद्रासन, हलासन, जानुशिरासन, शवासन।	कपाल भाति, भस्त्रिका, अग्निसार, उज्जायी।	महा मुद्रा, महा बंध।	उड्डियान, महा बंध।

व्याधि	षट्कर्म	आसन	प्राणायाम	मुद्रा	बंध
ऐसिडिटी (अम्लता)	कुंजल नेति, वस्त्र नेति, नौलि, लघुशंखप्रक्षालन।	वज्रासन, पद्मासन, सूर्य नमस्कार, पवन मुक्तासन 1,2,3, मुक्त वज्रासन, धनुरासन, पश्चिमोत्तनासन, जानुशिरासन, मत्स्येन्द्रासन, हलासन, मेरुदण्डासन, ब्रह्माचर्यासन, अग्निसार, योग मुद्रासन, मत्स्यासन, शशांकासन, भुजंगासन, सर्वांगासन, पादांगुष्ठासन, उत्तानासन, मरीच्यासन, शवासन।	उज्जायी, शीतली, शीतकारी, नाड़ी शुद्धि, अनुलोम-विलोम।	महा मुद्रा, महावेध मुद्रा।	उड्डियान बंध।
कब्ज़	कुंजल, नौलि, शंखप्रक्षालन।	पवन मुक्तासन सीरीज नं. 1,2,3, पद्मासन, वज्रासन, योगमुद्रा, अर्द्धमस्येन्द्र मत्स्यासन, सुप्त वज्रासन, उदरासन, शशांक, उत्कटासन, चक्की संचालन, नौकासन, सर्वांगासन, हलासन, भुजंगासन, तितली, भद्रासन, धनुरासन, कटिचक्रासन, अर्द्धचक्रासन, अग्निसार, सूर्य नमस्कार।	भस्त्रिका, उज्जायी, नाड़ी शोधन, कपाल भाति, अनुलोम-विलोम, अग्निसार।	महा मुद्रा।	उड्डियान, महा बंध।

व्याधि	षट्कर्म	आसन	प्राणायाम	मुद्रा	बंध
मधुमेह (डायबिटीज़)	लघुशंखप्रक्षालन।	वज्रासन, पद्मासन, योग मुद्रा, मण्डूकासन, गोमुखासन, अर्द्धमत्स्येन्द्रासन, सुप्तवज्रासन, पश्चिमोत्तानासन, सूर्य नमस्कार, उदरासन, उष्ट्रासन, शशांकासन, शलभासन, भुजंगासन, हलासन, सर्वांगासन, धनुरासन, पवन मुक्तासन, चक्की संचालन, नौकाचालन, ध्यान, योगनिद्रा।	कपाल भाति, भस्त्रिका, उज्जायी, नाड़ी-शोधन अनुलोम-विलोम अग्निसार।	विपरीतकरणी, महा मुद्रा, अश्विनि मुद्रा।	उड्डियान, मूल, जालंधर।
मासिक धर्म सम्बंधित या गायनिक प्रॉब्लम्स	कुंजल।	पवन मुक्तासन 1,2, शशांकासन, मार्जारी, सूर्य नमस्कार, सुप्तवज्रासन, योगमुद्रा, भुजंगासन, शलभासन, धनुरासन, कन्धरासन, पश्चिमोत्तानासन, शीर्षासन, हलासन, हनुमानासन, उत्तानासन, मत्स्यासन, कूर्मासन, वीरासन, आकर्ण-धनुरासन, अर्द्धमत्स्येन्द्रासन, तितली आसन, भद्रासन, योग निद्रा, ध्यान, शवासन।	नाड़ीशोधन, अन्तर कुम्भक, भस्त्रिका, कपाल भाति।	विपरीतकरणी, वज्रोली।	जालंधर, उड्डियान, मूल।
थायराइड	सूत्र नेति, शंखप्रक्षालन।	सिंहासन, सुप्त वज्रासन, उष्ट्रासन, पवन मुक्तासन, शशांकासन, पूर्ण भद्रासन, मत्स्यासन, हलासन, सर्वांगासन, कर्णपीड़ासन, योग मुद्रा।	उज्जायी, कपालभाति, अनुलोम-विलोम, भ्रामरी।	खेचरी।	त्रिबंध, जालंधर।

व्याधि	षट्कर्म	आसन	प्राणायाम	मुद्रा	बंध
आर्थराइटिस	जल नेति, कुंजल।	पवन मुक्तासन सीरीज नं. 1,2, चक्की संचालन, नौकाचालन, मार्जारी, कटि-चक्रासन, ताड़ासन, सूर्य नमस्कार, भुजंगासन, जानुशिरासन, योग मुद्रा, पश्चिमोत्तानासन, उत्तानासन, उष्ट्रासन, अर्द्ध मत्स्येन्द्रासन, गोमुखासन, योग निद्रा, शवासन।	नाड़ी-शोधन, कपाल भाति।	वज्रोली।	उड्डियान, मूल बंध।
स्लिप डिस्क/कमर दर्द	कुंजल, जल नेति।	पवन मुक्तासन सीरीज नं. 1,2, नवजीवन, मरकटासन, मकरासन, भुजंगासन स्थिति-I,II,III एवं तिर्यक भुजंगासन, शशांक भुजंगासन, मेरुवक्रासन, सेतुबंधासन, शलभासन, वीरासन, धनुरासन, शैथिल्यासन, शवासन नोट : पवन मुक्तासन सीरीज 2 व 3-2 महीने बाद मार्गदर्शन में सूर्य नमस्कार - 1 माह बाद कौआ चाल - 2 माह बाद।	उज्जायी, भ्रामरी, नाड़ी-शोधन, कपाल भाति - (4 सप्ताह बाद करें रुक-रुक कर अभ्यास करें)।		मूल बंध।

व्याधि	षटकर्म	आसन	प्राणायाम	मुद्रा	बंध
डिप्रेशन	जल नेति कुंजल लघु शंख- प्रक्षालन।	पवन मुक्तासन सीरीज नं. 1 व 2, पद्मासन, वज्रासन, मार्जारी, शिथिलासन, सूर्य नमस्कार, मरकटासन, कूर्मासन, भुजंगासन, शलभासन, योग मुद्रा, पश्चिमोत्तानासन, शशांकासन, हलासन, योग निद्रा सुबह-शाम, ध्यान, शवासन।	भ्रामरी, भस्त्रिका, कपाल भाति, उज्जायी, शीतली, नाड़ी-शोधन, शीतकारी, सूर्य भेदी।	विपरीतकरणी, वज्रोली, महावेध।	त्रिबंध या महा बंध।
मोटापा	कुंजल, नेति, लघु शंखप्रक्षालन।	पवन मुक्तासन सीरीज नं. 1 व 2,3,4 पद्मासन, वज्रासन, मार्जारी, सूर्य नमस्कार पश्चिमोत्तानासन, धनुरासन, चक्रासन, हलासन, सर्वांगासन, शीर्षासन, शशांक- भुजंगासन, त्रिकोणासन, कटिचक्रासन, सेतु बंधासन, पादहस्तासन, कूर्मासन, सुप्तवज्रासन, ताड़ासन, उदराकर्षणासन, मरकटासन, सुन्दर आसन, फ़ेशियल योगा, स्लिमिंग आसन सीरीज, भद्रासन, पूर्ण भद्रासन, उष्ट्रासन, वकासन, उदरासन, गत्यात्मक पश्चिमोत्तानासन।	भस्त्रिका, नाड़ी-शोधन, कपाल भाति।	महा मुद्रा।	उड्डियान, त्रिबंध।

व्याधि	षट्कर्म	आसन	प्राणायाम	मुद्रा	बंध
दमा	कुंजल, जल नेति, वस्त्र धौति, शंख प्रक्षालन।	पवन मुक्तासन सीरीज नं. 1 व 2, मार्जारी, सूर्य नमस्कार, सिंहासन, शशांकासन, मत्स्यासन, पश्चिमोत्तानासन, धनुरासन, अर्धचक्रासन, जानुशिरासन, अर्धमत्स्येन्द्रासन, उत्तानपादासन, उष्ट्रासन, सुप्तवज्रासन, हस्तानासन, पादाहस्तासन, शलभासन, वीरासन, आकर्ण धनुरासन, मरकटासन, योग निद्रा, ध्यान, शवासन।	भस्त्रिका, कपाल भाति, सूर्य भेद, नाड़ी-शोधन, उज्जायी।	विपरीतकरणी, महा मुद्रा।	उड्डियान (अर्न्तकुम्भक महा बंध)।

मानवता की सेवा में समर्पित

(An ISO 9001:2008 Certified Organisation)

पिछले 75 वर्षों से योग के बारे में अगर म.प्र. में किसी का नाम आता है, तो भोपाल सबसे पहले आता है। योग का पर्याय बने योगरत्न अंतर्राष्ट्रीय ख्याति प्राप्त योगाचार्य डॉ. के.एम. गांगुली (विश्व चैम्पियन 1989) का नाम आता है। संस्थान ने म.प्र. का नाम भारत वर्ष में रोशन कर दिया था। उक्त संस्था म.प्र. में मानवता सेवा के लिए बेहद प्रसिद्ध है और समाज सेवा का अनूठा उदाहरण प्रस्तुत कर रही है। डॉ. गांगुली जी 22.11.2006 को इस संसार को अलविदा कह गए। परमहंस स्वामी सत्यानंद जी सरस्वती के शिष्य बनकर योग का प्रचार-प्रसार किया।

योग के ज़रिए इस महान मानवता की सेवा को डॉ. गांगुली जी के विशेष स्नेह प्राप्त शिष्य योगाचार्य पवन गुरु पिछले 40 वर्षों से करते हुए भोपाल म.प्र. और बाहर भी योग का प्रचार कर रहे हैं। पाँच लाख से ज़्यादा लाभान्वित। भोपाल के डॉ. गांगुली योग विद्यापीठ संस्था, मुख्यालय आचार्य नरेन्द्र देव पुस्तकालय, टॉप फ़्लोर, कमला पार्क से 55 वर्षों में 5 लाख लोग योग का प्रशिक्षण प्राप्त कर चुके हैं। भोपाल में 20 योग कक्षाओं, भारत में लगभग 40 कक्षाओं, भोपाल के अलावा नागपुर, मुंबई, चैन्नई, बेंगलूरु, कलकत्ता, पुणे, दिल्ली, इंदौर, देवास, हैदराबाद, जयपुर, ग्वालियर तथा भारत के बाहर न्यू यॉर्क में 2 योग कक्षाओं के माध्यम से और ढाका, बांग्लादेश में भी योग की परम्परा निरन्तर चल रही है।

संरक्षण गण : आयुक्त नगर निगम भोपाल, महापौर नगर निगम भोपाल, श्री रमेशचन्द्र अग्रवाल (चेयरमैन भास्कर ग्रुप), श्री दिलीप सूर्यवंशी उद्योगपति, आलोक संजर (सांसद), उमाशंकर गुप्ता, रामेश्वर शर्मा (विधायक), सुरेन्द्रनाथ सिंह (विधायक)। **योग विशेषज्ञ :** ममता गुरु (योगाचार्य एवं आहार विशेषज्ञ), मुकेश मूलचंदानी (इंदौर), अशोक गोदानी, सोनल मिश्रा (मुम्बई), राकेश श्रीवास्तव (गुड्डू)। **विशिष्ट गण :** डॉ. निर्भय श्रीवास्तव, डॉ. शैलेन्द्र दुबे, डॉ. सुभाष जरवरिया, डॉ. राघवेन्द्र साध, डॉ. मनुज शर्मा, डॉ. दीपक शाह, डॉ. अमिता दुबे, डॉ. रंजनी हजेला, डॉ. लियाकत अली, डॉ. एल.एन. अग्रवाल, डॉ. ज्योति लहरी, डॉ. सचिन के. गुप्ता, डॉ. दीपक मेहता, डॉ. पंकज मनोरिया, डॉ. अशोक बाटनी, डॉ. वी.के. निचलानी, डॉ. निर्मला दुबे, डॉ. अंजली केकरे (मुम्बई), डॉ. मनीष राठौर, डॉ. जय श्रीवास्तव, डॉ. प्रकाश गौड़। **स्वागतकर्ता :** विजय अग्रवाल, जसबीर सिंह, अजय श्रीवास्तव (नीलू), सुनील मूलचन्दानी, विमल

भास्कर, उत्तम गांगुली, अनिल श्रीवास्तव, डॉ. अर्पणा चाणौदिया, रूपम गांगुली आशा रोमन, श्रीमती एस.डी. श्रीवास्तव, जी.पी. मेहरा, राजेश नायक, एस. परिता, गगन नारंग, शंकर भोजवानी, संदीप चौरसिया, रवि वाधवानी, एस.के. शर्मा, सुनील साठे, एस. कृष्णन, सत्येन्द्र सिंघल, संजीव चाणोदियां, मनोज जैन, मनोज शर्मा, दीपा चंदानी, शशि मुझेरिया, मनोरमा रघुवंशी, मुरली मूरन्दानी, पुष्पा कुलेश, मोहनी राना, दुर्गा ठाकुर, सोनाली खंगन, अशोक कपिलेश, बिन्दु खन्ना, मंगेश नामदेव, दीपक अग्रवाल, रोहित सेठी, राजेश वर्मा (कन्टू), एस.के. नारंग, डी.के. कपूर, धीरज पाहुजा, मुनेन्द्र वैघ, पी.एस. चण्डोक, विनय अग्रवाल, ब्रजेश चौहान, राज अरोरा।

विशेष प्रोत्साहन : I.A.S. एवं मध्य प्रदेश प्रशासनिक सेवा संघ के अधिकारी एवं सदस्य गण - श्रीमती अरुणा शर्मा, श्रीमती जयश्री कियावत, श्री शैलेन्द्र कियावत, श्री कविन्द्र कियावत, श्री राजेश जैन, श्री राजेश बहुगुणा, श्री रामेश्वर गुप्ता, श्री अशोक वर्मा, श्री दीपक सक्सेना, श्री उमर फारुख़ खट्टानी, श्री जी.पी. माली।

योग साधना एवं अनुसंधान केन्द्र एवं आकांक्षा योग केन्द्र का आरम्भ 2002 में किया गया। इसके अध्यक्ष योगाचार्य पवन गुरु, ममता गुरु (योगाचार्य/आहार विशेषज्ञ) के यहाँ से भी लगभग 30,000 लोग प्रशिक्षण लेकर लाभ प्राप्त कर चुके है। संस्था को विशेष स्नेह "नगर निगम भोपाल" का मिला जो जनहित में पिछले 35 वर्षों से योग भवन प्रदान कर रहा है। इस स्नेह के बिना यह सफ़र यहाँ तक नहीं पहुँच सकता था।

परिचय

- योग में विशेष योगदान हेतु "स्वामी विवेकानंद राज्य स्तरीय योग अवार्ड" वर्ष 2010-011 (व्यक्तिगत)।
- जनसंपर्क विभाग म.प्र. शासन द्वारा "योग का जादू" प्रकाशित।
- C.R.P.F. में विशेष सलाहकार नियुक्त।
- जवानों में डिप्रेशन/एन्जाइटी/अकेलापन एवं बीमारियों से बचाने हेतु निःशुल्क सेवा। 2000 जवान लाभान्वित वर्ष 2013।
- जन परिषद द्वारा राष्ट्रीय स्तर पर योग द्वारा समाज सेवा क्षेत्र हेतु राष्ट्रीय स्तर पर सम्मानित, वर्ष 2013।
- पिछले पांच वर्षों में "योग व आहार" क्षेत्र में किए गए विशेष निःशुल्क शिविर, जिनसे जन सामान्य और ग़रीब जनता/बस्तियों में स्वास्थ्य का प्रचार प्रसार।

(अ) सामाजिक सद्भाव -

- 5 कैंसर से बचाव हेतु कार्यशाला (कैंसर विशेषज्ञों द्वारा)।
- 2 गर्भावस्था दौरान समस्याएँ एवं निदान।
- 10 नेत्र ज्योति बचाव हेतु आई चैकअप शिविर।
- 4 हृदय रोग कारण, निवारण हेतु कार्यशाला।
- 11 रक्तदान शिविर (ग़रीब असहाय और थैलेसीमिया मरीजों की मदद हेतु), 8 बोन डेन्सिटी टेस्ट।
- 8 मोटापा भयानक रोग, नियंत्रण हेतु कार्यशालाएँ। 8 डेन्टल चैकअप कैम्प, मधुमेह रोग बचाव कार्यशाला।

(ब) सामाजिक उत्थान हेतु -

- जोड़ दर्द, पीठ दर्द, आर्थराइटिस रूमेराइटिस कारण, निवारण अस्थि विशेषज्ञ योग व आहार द्वारा निदान 6 कार्यशालाएँ।
- सामाजिक उत्थान हेतु, महिलाओं से संबंधित रोग व समस्याओं के कारण व निवारण शिविर। गांधी मेडिकल कॉलेज में योग शिविर आयोजित। 500 से ज़्यादा डाक्टरों द्वारा योग किया गया।
- स्वामी विवेकानंद जन्म दिवस वर्ष 2012।

(स) सामाजिक स्तर पर स्वास्थ्य लाभ हेतु -

- राज्य स्तरीय योग, आहार, ज्योतिष आयुर्वेद द्वारा ग़रीब, असहाय की जनसेवा हेतु कार्यशाला मध्यप्रदेश के प्रमुख विशेष 2012।
- सागर पब्लिक स्कूल में आयोजित "स्ट्रेस रिलीफ़" वर्कशॉप में 1200 विद्यार्थी और 25 अध्यापक लाभान्वित वर्ष 2013।
- 5 लाख से ज़्यादा लाभान्वित।

(द) स्वस्थ समाज के विकास हेतु, "स्वास्थ्य चालीसा" का प्रकाशन 2011 -

- *रोज़गार निर्माण* में लगातार 100 आलेख प्रकाशित।
- स्वस्थ समाज के विकार हेतु डी.डी.-1 के माध्यम से 1992 में लगातार म.प्र. में योग कार्यक्रम लाइव एवं रिकार्डेड प्रसारित। (200 एपिसोड)।
- बी.टी.वी. भोपाल द्वारा उनके समस्त केन्द्रों पर योग के कार्यक्रम दो वर्षों से प्रसारित। एफ़.एम. पर 5 प्रोग्राम।
- 500 से ज़्यादा आलेख, रचनाएँ प्रमुख अख़बारों एवं पत्रिकाओं में प्रकाशित।

- श्री जनरल इंस्टीट्यूट, भोपाल द्वारा आल ओवर इंडिया में योग को स्कूलों में जोड़ने के लिए 5 दिवसीय वर्कशॉप के लिए भारत के 9 लोगों में शामिल।
- *आयुष्मान* मैग्ज़ीन में 10 वर्ष से लगातार आलेख।
- *आकांक्षा* मासिक पत्रिका में 8 वर्षों से नियमित आलेख।
- निरोग दर्पण में 1 वर्ष से नियमित आलेख।

बिहार महाविद्यालय की योग परम्परा

स्वामी शिवानंद सरस्वती :

स्वामी शिवानंद का जन्म तमिलनाडु के पट्टामडई में 8 सितंबर 1887 को हुआ। मलाया में चिकित्सक के रूप में कार्य करने के पश्चात् वे चिकित्सा कार्य छोड़कर ऋषिकेश आ गए तथा 1924 में स्वामी विश्वानंद द्वारा दशनामी संन्यास-परंपरा में दीक्षित हुए। 1925 में उन्होंने सत्य सेवाश्रम औषधालय की स्थापना की। सम्पूर्ण भारत वर्ष में भ्रमण करते हुए लोगों को योगाभ्यास तथा आध्यात्मिक जीवन व्यतीत करने की प्रेरणा दी। 1936 में ऋषिकेश में दिव्य जीवन संघ की स्थापना की। 1945 में शिवानंद आयुर्वेदिक फ़ार्मेसी, 1948 में योग वेदान्त अरण्य आकादमी तथा 1957 में शिवानंद नेत्र चिकित्सालय की स्थापना की। योग स्वास्थ्य तथा आध्यात्मिक जीवन पर दो सौ से भी अधिक पुस्तकों का प्रणयन किया।

स्वामी सत्यानंद सरस्वती :

स्वामी सत्यानंद सरस्वती का जन्म उत्तरप्रदेश के अल्मोड़ा ग्राम में 1923 में हुआ। 1943 में उन्हें ऋषिकेश में अपने गुरु स्वामी शिवानंद के दर्शन हुए और उन्होंने दशनामी संन्यास पद्धति अपना ली। 1955 में उन्होंने परिव्राजक रूप में भ्रमण करने के लिए शिवानंद आश्रम छोड़ दिया। तत्पश्चात् 1963 में उन्होंने अन्तर्राष्ट्रीय योग मित्र मण्डल एवं 1964 में बिहार योग विद्यालय की स्थापना की। अगले 20 वर्षों तक वे योग के अग्रणी प्रवक्ता के रूप में विश्व भ्रमण करते रहे। अस्सी से अधिक ग्रन्थों के प्रणेता स्वामी जी ने ग्राम्यविकास की भावना से 1987 में दातव्य संस्था 'शिवानंद

मठ' की एवं योग एवं योग पर वैज्ञानिक शोध की दृष्टि से योग शोध संस्थान की स्थापना की। 1988 में अपने मिशन से अवकाश ले, क्षेत्र संन्यास अपनाकर सार्वभौम दृष्टि से परमहंस संन्यासी का जीवन अपना लिया।

योगरत्न डॉ. के.एम. गांगुली :

डॉ. कृष्ण मोहन गांगुली जी ने योग की दुर्लभ विद्या को बचपन में ग्रहण कर लिया था। वे मात्र 19 वर्ष की आयु में योग प्रशिक्षण देने लगे थे। हम सब उन्हें श्रद्धा और सम्मान से "गुरुजी" कहते थे। वे ही योग साधना केन्द्र, कमला पार्क के संस्थापक थे। गुरुजी ने बिहार योग महाविद्यालय से सम्बद्ध रहकर योग को आगे बढ़ाया। वे महान समाज सेवी थे। न्यू यॉर्क की स्टेट यूनिवर्सिटी में 6 महीने योग शिक्षा दी तथा वहीं विश्व परिवार संस्था ने उन्हें डॉक्टर ऑफ़ फ़िलॉसफ़ी की मानद उपाधि दी। 1989 में पांडिचेरी में 18 देशों की योग स्पर्धा में उन्हें विश्व चैम्पियन योगरत्न के पुरस्कार से नवाजा गया।

गुरुजी का जन्म 24 मार्च 1919 को वर्तमान बांग्लादेश के मैमनसिंग जिले के एक गाँव के शिक्षित सम्मानित परिवार में हुआ। 1942 में नागपुर कॉलेज में योगाभ्यास कराते हुए वे रामकृष्ण आश्रम से जुड़े और होम्योपैथी के चिकित्सक बन गए थे। वे निःशुल्क इलाज करते थे। गुरुजी आस्थावादी, धर्मनिरपेक्ष समाजसेवी थे। हर सम्प्रदाय के लोग उनके शिष्य थे। उन्हें पूर्व राष्ट्रपति आर. वैंकटरमण, डॉ. शंकर दयाल शर्मा, जस्टिस हिदायतुल्ला, पूर्व राज्यपाल भगवत दयाल शर्मा, कुँवर महमूद, अजी खान, भाई महावीर, पूर्व मुख्यमंत्री अर्जुन सिंह, मोतीलाल वोरा, कैलाश जोशी, सुन्दरलाल पटवा, दिग्विजय सिंह, मदर टेरेसा ने सम्मानित किया था। अंतरर्राष्ट्रीय योग कांग्रेस नई दिल्ली ने उन्हें योग महापुरुष की टाइटल से अंलकृत किया। मध्यप्रदेश सरकार ने सर्वश्रेष्ठ अध्यात्मिक पुरुष का सम्मान दिया। डॉक्टरेट ऑफ़ इंडियन काउंसिलिंग ऑफ़ योग एंड नैचुरोपैथी से केन्द्र सरकार ने नवाजा। वे अद्‌भुत शख़्सियत थे। हिमाचल के राज्यपाल विष्णुकांत शास्त्री ने निःस्वार्थ सेवा का सम्मान दिया। गुरुजी की योग कक्षा पूरे देश में ए-वन श्रेणी में आँकी गई थी। 22 नवंबर 2006 को अनन्तलीन हुए। गुरुजी (डॉ. के.एस. गांगुली) की महान विरासत का संचालन, उनके बाद समाज सेवी, योगाचार्य श्री पवन गुरुजी कर रहे हैं। इनकी पुस्तक 'योग का जादू' को म.प्र. शासन ने प्रकाशित किया है।

योगाचार्य पवन गुरु, समाज सेवी एवं लेखक :

योगाचार्य पवन गुरु ने स्व. मनोरमा देवी एवं हिन्दी के वरिष्ठ पत्रकार एवं साहित्यकार स्व. जगदीश गुरु की संतान के रूप में 26 जून 1964 को जन्म लिया। पवन गुरु ने योग एवं नैचुरोपैथी कोर्स में स्नातकोत्तर डिग्री प्राप्त की। पिताजी से समाज सेवा व स्वतंत्रता संग्राम सेनानी ताऊजी डॉ. सी. वी. गुरु से जुझारूपन, संकल्प शक्ति व सकारात्मक विचारों का महत्त्व सीखा। 10 वर्ष की उम्र में बड़े भ्राताश्री रत्नेश गुरु ने 1976 में योगरत्न स्व. डॉ. के. एम. गांगुली से मिलवाया। इस मुलाक़ात ने पवन गुरुजी की जीवनधारा निश्चित कर दी। डॉ. गांगुली ने इनका समर्पण व सेवाभाव देखा और परखा तथा वे इतने प्रभावित हुए कि वे सन् 1981 से अपने निर्देशन में योग क्लास का

संचालन पवन गुरु से करवाने लगे। डॉ. गांगुली जी ने अपने जीवनकाल की पूर्णता से पूर्व योग संबंध समस्त कार्यों का संचालन पवन जी को सौंप दिया। डॉ. गांगुली ने कहा कि पवन द्वारा इतनी कम उम्र में मानवता की सेवा प्रशंसनीय है, ये मेरी तपस्या को जारी रख सकेंगे। पवन गुरु 40 वर्षों से योग के माध्यम से पीड़ित मानवता हेतु समर्पित है।

योगाचार्य ममता गुरु, आहार विशेषज्ञ एवं लेखिका :

योगाचार्य एवं डायटिशियन ममता गुरु ने योग एवं नैचुरोपैथी में उपाधि प्राप्त की है। आहार एवं पोषण विज्ञान में स्नातकोत्तर उपाधि प्राप्त की, साथ ही मुम्बई में ट्रेनिंग कर अन्य कोर्स भी किए। ममता गुरु का जन्म भोपाल के एक प्रतिष्ठित सुसंपन्न परिवार में 19 जून 1973 को हुआ। माँ सरला पाराशरी एवं कैलाश चन्द्र पाराशरी से हमेशा आगे बढ़ने और जीवन में कुछ कर गुज़रने की व स्वयं की पहचान बनाने की प्रेरणा मिली एवं योग के मार्ग पर निरन्तर आगे बढ़ने के लिए प्रोत्साहन मिला। विवाह पश्चात् योग का मार्ग और प्रशस्त हुआ। पति पवन गुरु की लगातार प्रेरणा और योग के प्रति समर्पण भाव से समय-समय पर प्रोत्साहन प्राप्त होता रहा और लगातार आगे बढ़ने

में सहायता प्राप्त हुई। ममता गुरु स्व. डॉ. गांगुली की प्रिय शिष्या थीं और आज मानवता की सेवा के लिए निरन्तर सक्रिय हैं। पिछले 25 वर्षों से निःस्वार्थ भाव से योग व आहार विशेषज्ञ के रूप में सेवा कर रही हैं। आप योग साधना एवं अनुसंधान केन्द्र का संचालन समर्पित भाव से कर रही हैं।

मुख्य उपलब्धियाँ

1938 – बांग्लादेश में योग शिक्षा प्रारंभ।
1942 – नागपुर में योग शिक्षा प्रारंभ।
1956 – भोपाल में योग शिक्षा प्रारंभ।
1988 – 50 वर्ष की सेवा के उपलक्ष्य में राज्यपाल द्वारा सम्मान।
1988 – योग महापुरुष की उपाधि।
1989 – डॉ. के. एम. गांगुली बने वर्ल्ड चैम्पियन।
1990 – पवन गुरु योग स्टेट चैम्पियन।
1990 – इंटरनेशनल योग सेमिनार स्वामी डॉ. गीतानन्द गिरि का संबोधन।
1991 – मानसिक कार्य नेशनल वर्क शॉप, डॉ. स्वामी गीतानन्द गिरि, पायलट बाबा, ए. बैंकर, रेड्डी, डॉ. बग्ल ने विचार व्यक्त किए।
1992 – नेशनल वर्क शॉप।
1992 – नेशनल योग चैम्पियन, बेंगलूरु में म.प्र. का प्रतिनिधित्व।
1994 – संचालक, डॉ. नरेश कुमार केन्द्रीय एवं प्रकृति चिकित्सा अनुसंधान परिषद्, दिल्ली द्वारा भारत की सर्वश्रेष्ठ योग क्लास।
1996 – नेशनल वर्क शॉप।
मदर टेरेसा ने डॉ. गांगुली के प्रति स्नेह प्रदशित करते हुए पैरेनियल फ़ाउंटेन ऑफ़ योग द्वारा सम्मानित किया गया।
पुस्तकें : *योगम् शरणम् गच्छामि* – अंग्रेज़ी/हिन्दी/बांग्ला, *चिकित्सक योग उच्च रक्त चाप एवं हृदय रोग* प्रकाशित।
2007-08 – म.प्र. शासन द्वारा योग में योगदान के लिए स्वामी विवेकानंद राज्य स्तरीय सांत्वना पुरस्कार।
2008-09 – म.प्र. शासन द्वारा योग में योगदान के लिए।
2010 – स्वामी विवेकानंद राज्य स्तरीय योग पुरस्कार।
2011 – *योग का जादू* पुस्तक प्रकाशित।
2013 – 'सूर्य नमस्कार' पर पुस्तक प्रकाशित/शिविर।
2013 – *गुरु योगम्* स्वास्थ्य त्रैमासिक पत्रिका का प्रकाशन।
2013 – जन परिषद् द्वारा राष्ट्रीय 'माँ प्रभादेवी सम्मान' योग क्षेत्र में प्राप्त।
2014 – अखिल भारतीय राष्ट्रीय आवार्ड।
2014 – भोपाल नागरिक सम्मान समाज सेवा (नागरिक कार्यालय समिति)।
2014 – *योग का जादू* द्वितीय संस्करण।
2015 – योग द्वारा मानवता सेवा में समर्पित "उद्धवदास मेहता" राज्य स्तरीय चिकित्सा पुरस्कार।
2016 – *योग का जादू* का तृतीय संस्करण।